长江师范学院武陵山片区绿色发展协同创新中心
长江师范学院武陵山区特色资源开发与利用研究中心 资助

涪陵经济地理

FULING ECONOMIC GEOGRAPHY

何侍昌 刘开华 吴黎围 谢正发◎著

中国经济出版社
CHINA ECONOMIC PUBLISHING HOUSE
北京

图书在版编目（CIP）数据

涪陵经济地理/何侍昌等著．
—北京：中国经济出版社，2019.8
ISBN 978-7-5136-5873-7
Ⅰ.①涪… Ⅱ.①何… Ⅲ.①经济地理—涪陵区 Ⅳ.①F129.971.93
中国版本图书馆 CIP 数据核字（2019）第 188523 号

责任编辑 姜 静 赵立颖
责任印制 马小宾
封面设计 华子设计

出版发行 中国经济出版社
印 刷 者 北京富泰印刷有限责任公司
经 销 者 各地新华书店
开　　本 710mm×1000mm 1/16
印　　张 21.5
字　　数 359 千字
版　　次 2019 年 8 月第 1 版
印　　次 2019 年 8 月第 1 次
定　　价 78.00 元
广告经营许可证 京西工商广字第 8179 号

中国经济出版社 **网址** www.economyph.com **社址** 北京市东城区安定门外大街 58 号 **邮编** 100011
本版图书如存在印装质量问题，请与本社销售中心联系调换（联系电话：010-57512564）

序

人类经济活动，包括生产和再生产过程中的生产、交换、分配、消费等活动，都是在特定的地域范围内进行的。以地域为单元研究人类经济活动与地理环境的关系，揭示产业结构及其布局演变规律的学科就是经济地理学。

涪陵位于长江和乌江交汇处，处于神秘奇幻的地球北纬30度地带，素有“两江福地，神奇涪陵”之美誉。2013年5月17日，涪陵区委、区政府将“两江福地，神奇涪陵”明确为涪陵城市形象定位，将“美丽涪陵、幸福涪陵”明确为涪陵发展战略目标。为了给涪陵城市形象以清晰丰满的事实描述，给涪陵发展战略目标以充分的决策依据和参考建议，涪陵区政府委托涪陵区社科联主席何侍昌同志负责重大课题“涪陵经济地理”（编号：FLZDKT2016001），以求用专著形式全面彰显涪陵经济地理全貌和涪陵产业结构及其布局的前瞻性、系统性、科学性、创新性。

何侍昌同志接受任务后，及时选调既有扎实理论功底，又热心涪陵经济社会发展研究且有突出成果的刘开华、吴黎围、谢正发等专家学者组成“涪陵经济地理”课题组，协调区政府办公室组织召开由区级部门、乡镇街道等单位负责人参加的“涪陵经济地理”调研动员会，落实课题调研、资料提供等相关任务。课题组以新经济地理理论为指导，在经过全面调查、获取大量历史和现实的涪陵经济地理资料的基础上，认真创作，扎实研究，深入探讨，严格审改，数易其稿，最终将此书奉献给读者。

《涪陵经济地理》共由十章构成。第一章导论，阐明研究的对象、意义、现状、主要内容与方法。第二章历史沿革与经济区划，厘清涪陵行政区划、经济地理、战略地位的历史演变。第三章自然地理资源，从涪陵的地质与矿产、地形、气候、河流、土壤、植被、生态环境等方面分析涪陵自然资源状况、特点与经济价值。第四章人文社会资源，从社会文化、人口、基础设施、市场经济环境等方面分析涪陵的人文社会资源状况与特点。第五章第一产业经济地理，在厘清涪陵第一产业生产条件的基础上，重点分析种植业、林业、畜牧业、渔业等产业的生产与布局。第六章第二产业经济地理，在梳理涪陵第二产业禀赋条件之后，重点分析化工化纤、食品医药、重要材料、装备制造、信息技术、清洁能源、建筑业等产业的生产与布局。第七章第三产业经济地理，在阐明涪陵第三产业资源条件之后，重点分析商业、对外经济、金融、房地产、旅游、运输物流、公共服务、生产性服务等产业的发展与布局。第八章特色产业经济地理，在概述涪陵特色经济地理状况之后，重点阐述榨菜、胭脂萝卜、油醪糟等产业的生产与布局。第九章城镇经济地理，分析涪陵城镇体系的形成、发展及其布局。第十章涪陵经济地理布局优化，在阐明涪陵经济地理特征及其对经济地理布局客观要求的基础上，揭示涪陵经济地理布局存在的问题，提出优化发展方向。这十章既自成体系，又相互关联，共同组成了涪陵经济地理的完整体系。

《涪陵经济地理》是认识涪陵的一大窗口。目前学界还没有一部全面系统介绍涪陵自然人文地理，尤其是经济地理资源、环境、产业及其布局演变的著作。《涪陵经济地理》设专章分析了涪陵历史沿革与经济区划、自然资源禀赋的历史演变与现状、人文地理环境的历史演变与现状、一二三产业及其布局的历史演变与现状、特色经济的历史发展与现状、城镇经济的历史发展与现状等，形成了一部关于涪陵经济地理的完整工具书。从这本书中，我们不仅能够了解涪陵经济地理的全貌，而且能够把握“两江福地，神奇涪陵”的众多内涵及现实状况。例如，涪陵的两大区位特征——长江与乌江的交汇处和地球北纬30度地带；六大历史名片——古巴人西迁之巴都与王陵、巴寡妇清的丹砂王国、贵妃荔枝与荔枝古道、世界第一古代水文站的白鹤梁题刻、程朱理学发祥地、涪陵榨菜原产地；三大国家级平台——重庆涪陵综合保税区、涪陵高新技术产业开发区和涪陵现代农业产业园；三大特色产业——涪陵榨菜、胭脂萝卜和油醪糟；七大风景名胜区——白鹤梁水下博物馆、北岩周易园（涪州古城）、“816”工程、武陵山大裂谷、武陵山国家森林公园、大木花谷、小田溪巴文化遗址；等等。这些独特的资源禀赋共同构筑了“神奇涪陵，两江福地”的发展内涵，使人留恋又痴迷，促使人们认识涪陵、走进涪陵、建设涪陵。

《涪陵经济地理》是建设涪陵的重要参考书。认清区情，是制定正确的区域发展战略的客观基础，也是确定适宜的发展目标、策略的前提。《涪陵经济地理》不仅从历史与现实、个别与整体的结合上分析了涪陵经济地理发展的全貌，而且还运用新经济地理学理论，按照理论梳理—区情考察—理性分析—对策建议的研究思路，遵循“资源禀赋—现有基础—存在问题—对策建议”的研究路径，剖析了涪陵资源禀赋条件、一二三产业布局、特色经济发展、城镇体系布局等问题，最后从总体上阐述了涪陵经济地理特征及其对经济地理布局的客观要求、存在的问题和优化发展方向。这些都有利于从整体上更深层次地认清区情，了解涪陵的历史和现状，看到它的有利条件和制约因素，明确它的优势和不足，进而制定出切合区域实际的社会经济发展战略。遵循客观规律，扬长避短，实现建设“美丽涪陵、幸福涪陵”的战略目标。

《涪陵经济地理》是学习研究区域经济地理的重要范本。已有的区域经济地理研究专著基本上还停留于省、市、自治区一级。地、市、州及区、县级经济地理个案研究的专著尚不多见。《涪陵经济地理》以涪陵为个案，以认清区情、因地制宜、发展涪陵、造福人民为宗旨，通过全面、系统的调查研究，获取大量历史与现实的经济地理资料，通过去伪存真、由此及彼、由表及里的分析研究，不仅阐明了涪陵经济活动，特别是产业结构和产业结构布局与地理环境关系的历史、现状、问题及对策，而且还做出了一些新的理论论证和理论概括。这不仅为我国区域经济在制定产业转型、城镇规划、区域合作机制等发展战略规划中提供决策参考，而且也为经济地理学习、研究者提供了一个特定区域经济地理研究的案例，在一定程度上丰富和发展了区域经济地理学。

由于《涪陵经济地理》涉及的资料面广时长，需要研究的问题复杂多样，参与调查、研究和撰稿的部门和人员较多，统改稿难度较大，虽经过多次讨论和审改，仍有不尽如人意的地方。但是，在区县经济地理研究领域，毕竟有了一部全面、系统和比较成熟的专著。这无论是对于区县经济领域的实际工作者，还是对于区域经济地理的学习、研究者，都无疑是一件幸事，相信都能从中获得不少启示。

2019 年 8 月

目录

第一章 导 论

第一节 涪陵经济地理的研究对象

一、经济地理的含义

经济地理学是一门古老而又年轻的科学。

说其古老，是指早在2000多年前，人类就开始研究有关地理环境、生产活动等分布情况。早期有关经济地理的著作如古希腊斯特拉波的《地理学》，记录了各地的地理、风俗、物产等经济地理特征；到9世纪，阿拉伯地志记述了当地物产、交通和商业情况。

说其年轻，是指到19世纪才形成系统的经济地理科学理论。15世纪，伴随着地理大发现，人们开辟了新航道，扩大了世界市场，对世界各地区的地理、资源、生产、交通、商业等开展了广泛的调查，促进了经济地理学的发展。1760年，俄国的罗蒙诺索夫首先提出了"经济地理学"的概念。其后，德国的杜能（J. H. Thünen，1826）提出农业区位论；格茨（W. Goetz，1882）阐述了经济地理学的性质与任务，标志着经济地理学成为一门独立的学科；韦伯（Alfred Weber，1909）提出工业区位论；德国的克里斯塔勒（W. Christaller，1933）和廖什（A. Lösch，1940）分别提出中心地理论，经济地理学相关理论得以逐渐发展成熟。随着工业化和城市化的急剧发展，新技术革命迅速改变了传统的经济结构和生活环境，在人类活动与地理环境等方面出现了一系列新问题，向经济地理学提出了新的挑战。

综上可见，经济地理学是研究特定区域经济活动区位、空间组织及其与地理环境相互关系的学科①。《涪陵经济地理》就是研究涪陵经济活动的

① 李小建．经济地理学研究中的尺度问题［J］．经济地理，2005，25（4）：433-436.

区位、空间组织或布局的形成、发展条件、特点和规律的一部专著。

二、涪陵经济地理的研究对象

《涪陵经济地理》主要研究涪陵地区经济与地理的相互关系，其研究对象包括以下几方面：

（一）涪陵经济活动

经济活动是以满足人们需求为目的，在一定的社会组织与秩序之下，通过劳动或支付适当代价以获取各种商品或服务的相关活动。从生产过程看，包括生产、交换、分配、消费的生产再生产；从产业角度看，包括第一产业、第二产业、第三产业等。涪陵经济活动是在涪陵区这个具体的地域上以一定的空间组织进行的动态发展过程。因此，《涪陵经济地理》对于经济活动的研究主要包括涪陵经济发展的历史演变，涪陵的自然地理资源、人文社会资源，涪陵三大产业发展情况，涪陵特色产业发展状况等，分析涪陵经济地理系统的自然要素、社会文化、经济活动的数量特征、质量特征、空间特征、动态变化特征及其相互作用关系等。

（二）涪陵经济活动区位

经济活动区位是指地区经济增长在地理上的辐射范围。区位既是经济要素资源高度集聚的地区，也是经济发展较快的地区，如美国的硅谷，我国的长三角、珠三角、京津冀等。经济活动区位的兴起与发展将极大地带动其周边地区的经济增长。《涪陵经济地理》对于经济活动区位的研究主要包括涪陵经济活动（生产、流通、分配、消费）的空间布局的形成、发展条件、特点和规律，如涪陵城区与小城镇的发展，涪陵新城区发展规划与布局，涪陵新型小城镇与乡村振兴规划探讨，涪陵交通运输物流业的发展与布局，等等。

（三）涪陵经济活动空间组织

经济活动空间组织是指一定地域范围内经济要素的相对区位关系和分布方式，是经济活动的空间表现方式，反映经济活动的区位特征及其在地域空间中的相互关系。即在一定的自然资源、技术条件下，在地理空间中因地制宜，确定经济活动的位置、强度和关系等，使经济活动与地理环境呈现相宜和谐、可持续发展的状态，是将经济活动落实到具体地理空间的过程，基本组织方式有用地选择与用地平衡、组团布局与功能分区、关系优化与结构优化等。主要研究对象包括涪陵经济地理的集聚与分散、地区专门化与综合化发展等。

1. 集聚与分散

集聚，指资源、要素和经济活动在地理空间呈集中分布状态、趋势和过程。根据经济活动在技术、生产和经济上的联系，通过缩短市场、劳动力、基础设施、资源等生产要素之间的空间距离，优化要素之间的空间联系，使它们在技术、生产、经济上互补、共享，从而节约社会资源消耗，产生更大的集聚效益。经济集聚包括工业集聚、农业集聚、商业集聚、交通运输业集聚和城市集聚等。本书主要研究涪陵的工业园区、农业园区发展、经济部门的空间布局与环境协调等方面内容。

分散，指资源、要素和经济活动在地理空间上分散分布的趋势与过程。当集聚达到一定程度之后，可能产生交通拥堵、运输费用增加、水电资源紧缺、住房拥挤、环境污染严重等集聚不经济问题，促使资源、要素、企业、经济部门在空间上趋于扩散，形成相对均衡状态，从而缩小地区间差距和经济发展差距。

2. 地区专门化与综合化发展

地区专门化，指一个地区根据当地自身的资源禀赋优势条件，集中发展一个或几个骨干产业经济部门，这些产品或服务的品种、产量、质量、产值等经济指标都比较优越。综合化发展，指除发展有比较优势的产业部门外，还要对次要的资源进行开发利用，发展辅助配套的部门和自给性部门，实行综合发展，使得区域内资源得以各尽其用、各得其所，从而形成涪陵合理的经济结构和空间结构。

（四）涪陵经济活动与经济环境的关系

经济地理研究的经济地理环境包括自然环境、社会文化环境、经济环境等，这些环境与经济发展的关系密切。涪陵经济活动与地理环境关系的研究分为 3 个层次：一是从微观角度研究涪陵企业区位与环境的关系；二是从中观角度研究涪陵经济可持续发展；三是从宏观角度研究国家、省市经济社会发展，以及经济全球化对涪陵经济的影响和利用等。

三、学科性质与特征

（一）学科性质

经济地理学所研究的经济活动与地理环境的关系是一种复杂的社会经济现象，它的形成和发展受自然条件、技术条件和社会经济条件等多种因素的共同影响和制约，因此，经济地理学是介于自然、经济、技术三者之间的边缘科学。经济地理学综合运用地理规律和经济规律，充分借鉴经济学的理论和方法阐述经济地理事实，并在此基础上研究产业布局与经济地理组织形式，通过创造性的改造形成地理理论与规律。①

（二）学科特征

1. 地域性

地域性或区域性是经济地理学的根本特性。地域指地表的空间，经济地理学所研究的对象都必须落实到一定的地表空间上，即落实到地域上，这就是地域性。经济地理学地域性的核心问题是地域分布规律。

2. 综合性

经济地理学的综合性具有 3 层含义：一是经济地理学学科性质要求对自然、技术、经济等条件进行综合分析；二是经济地理学的地域性既要求对特定地域内的诸多条件进行综合分析，也要求对地域之间的差异与分工进行综合分析；三是经济地理学研究对象的历史性和发展性，要求对产业布局的历史、现状与发展方向进行综合研究。

第二节　涪陵经济地理的研究意义

一、涪陵经济地理研究的必要性

（一）经济在空间地理集聚特征成为现代经济发展的必然趋势

国内外大量事实表明，经济布局的合理程度，对一个国家或地区社会经

① 陈才．区域经济地理学的学科性质与任务［J］．经济地理，2008，28（6）：918-922.

济发展有着巨大的影响。许多地区都存在一个经济资源长期不断集聚的趋势(Fujita M., 1999)[①]。从纽约、东京等国际化都市群，到中国珠三角、长三角、京津冀的区域发展战略，都体现出集聚的巨大效应。例如，韩国首尔以占全国11.8%的面积，聚集着45.3%的人口，GDP总量占比达到50%；日本的东京以占全国5.2%的面积，聚集着30%的人口，GDP总量占比达到50%。美国的硅谷聚集着上万家高科技企业，成为全球高科技产业的象征。

改革开放以来，随着中国经济的高速发展，经济资源也在空间地理上呈现显著的集聚特征。东部沿海城市遍地是摩天大厦，光鲜超越某些发达国家，而西部贫困现象堪比某些最落后国家。随着西部大开发和中部崛起等重大战略的实施，中西部经济迅速发展，小步快跑追赶着东部。与此同时，以秦岭—淮河为界的南北差异逐渐扩大。南方的深圳、杭州、成都、重庆、贵州等大批量明星城市频频崛起，光彩照人。越来越多的学者认为，与南方相比，北方存在较大的地理劣势，南方有舒适的温度和适度的降水，极其适合人类居住，人口自然有向南方聚集的趋势。虽然哈尔滨与法国巴黎、英国伦敦在同一纬度，但是一月平均温度却比这些发达地区低15℃~20℃。涪陵作为重庆的工业强区，经济集聚发展态势明显，因此，摸清涪陵区地理资源现状、产业布局特点，能够为制定和优化经济战略提供良好的借鉴。

（二）中国区域发展的战略性调整为涪陵跨越式发展带来历史性机遇

近年来，国家先后提出“一带一路”倡议和长江经济带发展战略等重大部署。“一带一路”倡议高举和平发展的旗帜，基于开放、包容、均衡、普惠的共识，积极开展与沿线国家的经济合作。同时，在长江经济带发展规划中提出，坚持生态优先战略，以沿江国家级、省级开发区为载体，以现有产业资源为基础，加快经济转型升级，打造电子信息、高端装备等世界级高新技术产业集群。涪陵作为成渝城市群的领跑者，在“一带一路”倡议和长江经济带战略中处于中心枢纽地位，将为涪陵经济发展提供重大的历史机遇。

---

① Fujita M., Krugman P. R., Venables A. J. The Spatial Economy: Cities, Regions, and International Trade [M]. MIT Press, 2001.

（三）经济全球化要求对涪陵经济地理进一步深化研究

经济全球化促进了各国资源要素在全球地理区域范围内自由流动，如何应对全球化发展中中国的经济地理问题，对中国的经济地理研究提出了新的要求。在全球化进程中，对外贸易和外商投资对推动经济增长的作用日益显著。目前，资源要素和对外贸易主要集中在沿海地区，中西部地区则颇为受限，外贸的区域差距加剧了我国区域经济发展的不平衡。涪陵如何利用、构建地区自身的地理、资源优势，优化营商环境和制度政策，吸引资本、劳动等各种要素资源落地涪陵，成为地方政府面临的巨大考验。近年来，中美经贸冲突日益加剧，全球经济地理格局处于动荡期，各种城市群和经济带的崛起为经济地理增加了新鲜素材，客观上要求加强涪陵经济地理的基础理论研究。

（四）生态资源约束对经济发展与布局影响增大，已成经济发展瓶颈

党的十八届五中全会提出创新、协调、绿色、开放、共享“五大发展理念”，党的十九大报告要求必须树立和践行“绿水青山就是金山银山”的基本理念，把节约资源和保护环境作为一项长期的基本国策。改革开放以来，虽然我国经济保持长期的高速增长，成为世界第二大经济体，但同时也出现了一系列的问题，其中生态环境问题日益突出。涪陵地处长江经济带，必须遵循国家发展的战略定位，将改善生态环境放在第一位，坚持生态优先，推进绿色发展，共抓大保护，不搞大开发，由要素驱动向创新驱动转变，以创新驱动促进产业转型升级。涪陵工业在GDP中占据“半壁江山”，其重化工业污染已成为地方经济可持续发展的隐患。为坚定不移走生态优先、绿色发展之路，涪陵如何调整经济结构，协调人口、经济与地理环境的关系，已是迫在眉睫。

二、涪陵经济地理研究的意义

（一）理论意义

1. 丰富和完善县域经济地理的理论体系

《涪陵经济地理》以涪陵为例，通过收集和分析大量的数据资料，以生产力的合理布局为研究目标，分析涪陵的产业布局、人口分布和城镇布

局等规律，能够在一定程度上推动市区经济地理领域的理论发展，为我国区域经济在制定产业转型、城市规划、区域合作机制、区域协调等发展战略规划中提供理论参考。

2. 丰富和扩展新经济地理理论内涵

传统经济地理研究对经济系统中的空间特征研究较少，经济集聚趋势的现实与传统一般均衡分析存在冲突。本书将新经济地理理论的空间要素引入一般均衡分析，探索涪陵区域经济集聚过程，以及产业部门和人口分布的影响机制和影响特征，丰富和扩展新经济地理理论内涵，探索新经济地理理论与市区经济发展战略的理论联系。

（二）实践意义

1. 有利于了解区情，摸清家底

区情是指一个地区相对稳定的，对经济发展起决定性作用的限定因素。认清区情，是制定正确的发展战略、拟定有效发展目标的客观依据。目前，针对涪陵经济地理的研究成果较少，《涪陵经济地理》的研究具有一定的原创性和开拓性价值，可以通过梳理涪陵经济布局的历史和现状，形成一部关于涪陵经济地理的完整的工具书。有利于深刻认清区情，了解涪陵区的历史和现状，熟知它的优势和不足，看到它的有利条件和限制因素，进而制定出切合实际的社会经济发展战略，遵循客观规律，扬长避短，使社会经济建设各项事业沿着正确道路向前发展。

2. 有利于制定正确的经济社会发展战略

地理因素是除资本、劳动、技术等生产要素外的重要影响因素。针对不同地方特殊的地理因素提出相应的区域发展战略，成为当前学术界和政府亟待解决的关键问题。涪陵区地处重庆市中部及三峡库区腹地，辖区面积 2942.34 平方公里，扼长江、乌江交汇要冲，历来有“川（渝）东南门户”之称。涪陵在经济上处于 3 个区（三峡库区、武陵山片区、乌江少数民族聚集区）的接合部，是承东启西的战略要地。改革开放以来，涪陵经济呈现高速发展态势。2017 年，涪陵区国民生产总值 992.2 亿元，人均 GDP 达 8.6 万元，高于重庆市人均 GDP6.4 万元的水平，居区县排名第五位，其中工业增加值居全市区县排在第二位。在现代经济高速发展的同时，必然会产生很多新的经济地理现象，需要对其进行进一步认识和解释。如地域环境承载力、经济布局形态等，都会对区域经济结构和经济布局产生深远的影响。目前，涪陵区在多年的工业化和城镇化快速推进过程中，经过数十年高密度、高强度的经济建设，建设与配置了庞大的产业体系、城市体系和基础设施系统。地理环境承受巨大压力，面临重化工、高耗能、重污染等突出问题。与经济高速增长相伴而至的是巨大的生态损耗、资源损伤，以及经济布局结构隐患等。同时，区域分化乃至社会分化问题也接踵而至，更增加了问题的复杂性。《涪陵经济地理》拟运用区域比较研究法，探明涪陵各个区域经济发展、产业布局的特点、优势和劣势，为科学制定切合区情的社会经济发展战略和规划提供依据。

3. 有利于实现区域经济的协调发展和可持续发展

《涪陵经济地理》试图厘清经济发展的地区差异，了解地区经济发展的不平衡情况，有助于探讨涪陵地理资源与经济布局的合理性，真正做到从实际出发，因地制宜，量力而行，避免“一刀切”。提出适合各地方的经济布局优化方案，通过优势资源的集聚，实现一部分地区的优先发展，进而带动其他落后地区发展，降低区域经济差距，实现区域协调发展。这将有利于提高涪陵的经济效率和社会效益，提升其区域综合竞争力。此外，基于涪陵重化工产业集聚的背景，本书通过厘清经济与环境的空间关系，优化涪陵产业布局与城镇布局，协调经济、人口与环境的关系，有利于打造绿色环保的人居环境，实现“幸福涪陵”的奋斗目标。

第三节　涪陵经济地理的研究现状

一、传统经济地理学与新经济地理学

（一）传统经济地理学的发展历程

传统经济地理学主要关注运输成本和要素流动成本对经济资源空间分布的影响。早在 1662 年，William Petty[①] 就认为距离市场的远近导致级差

① （英）配第．配第经济著作选集［M］．北京：商务印书馆，2009.

地租的产生。Thünen（1826）① 提出了农业区位杜能环模式，指出由于运输成本和产品特征的差异，中心城市周围的农业产品结构呈现同心圆结构。Marshall（1890）② 认为地租价值部分来自国家基础设施投资带来的土地使用效率提高。Haig（1926）③ 认为，交通基础设施的改善降低了地租，促进了经济集聚的扩张。Barton 等（1987）④ 基于商贸企业的调研发现，交通运输成本是企业进行区位选择的关键因素。Kilkenny（1998）⑤ 研究发现，企业集聚的驱动力来自运输成本下降和基础设施共享。企业选择外围地区的主要原因是劳动力资源的相对廉价。

（二）新经济地理学的兴起

因技术分析条件的限制，传统经济学研究长期忽视空间因素，经济地理学没有受到主流经济学家们的广泛重视（安虎森，2009）⑥。Lsard（1949）⑦ 认为传统经济学一直没有结合具体的经济地理特点，其研究假设犹如“没有空间维度的仙境”。后来 Samuelson（1952）⑧ 提出冰山成本理论，Dixit 和 Stiglitz（1975）⑨ 提出垄断竞争模型，构建了不完全竞争的技术分析框架。直至克鲁格曼（1991）⑩ 基于规模报酬递增和垄断竞争的研究假设，将空间要素纳入一般均衡分析，新经济地理学逐渐发展成熟。

新经济地理的中心思想是，由于交易成本和规模报酬递增的存在，促使

---

① （德）杜能．孤立国同农业和国民经济的关系［M］．北京：商务印书馆，1986.

② （英）马歇尔．经济学原理［M］．北京：商务印书馆，1964.

③ Haig R. M. Toward an Understanding of the Metropolis：II. The Assignment of Activities to Areas in Urban Regions［J］. Quarterly Journal of Economics，1926，40（3）：402-434.

④ Barton S. L.，Gordon P. J. Corporate Strategy：Useful Perspective for the Study of Capital Structure［J］. Academy of Management Review，1987，12（1）：67.

⑤ Kilkenny M. Transport Costs，the New Economic Geography，and Rural Development［J］. 1998，29（3）：259-280.

⑥ 安虎森．新经济地理学原理［M］．北京：经济科学出版社，2009.

⑦ Isard W. The General Theory of Location and Space-economy［J］. Quarterly Journal of Economics，1949，63（4）：476-506.

⑧ Samuelson P. A. Spatial Price Equilibrium and Linear Programming［J］. American Economic Review，1952，42（3）：283-303.

⑨ Dixit A. K.，Stiglitz J. E. Monopolistic Competition and Optimum Product Diversity［J］. American Economic Review，1975，67（3）：297-308.

⑩ Krugman P. Increasing Returns and Economic Geography［J］. Journal of Political Economy，1991，99（3）：483-499.

企业向市场潜力区域集聚，以靠近消费者和生产者（Krugman，1991）①。经济在地理空间的集聚效应与扩散效应规律，也会对经济的布局和演变产生重要影响。集聚效应使落后地区的生产资源大规模向发达地区集聚，将进一步扩大区域经济差距和收入差距。当发达地区发展到一定规模，将产生工资成本上升、交易成本上升等效应，促使经济向落后地区扩散，产生扩散效应，进而有助于缩小区域差距。新古典增长理论（Solow，1956）② 侧重人均资本拥有量（资本深化）对经济增长的影响，指出由于资本的边际报酬递减，落后地区应该比发达地区增长更快，两者的人均收入差距应该逐渐缩小，但该理论不能解释发达国家与发展中国家两者差距越来越大的事实。内生经济增长理论认为仅靠要素投入并不能解释全部经济增长。因此，将技术进步作为可变的外生变量因素，并认为技术进步比资本和劳动对经济增长更有决定作用（Romer，1990）③。资本边际收益保持不变或递增的源泉在于人力资本投资、知识积累、技术进步与干中学（Lucas，1988）④；发达地区采用先进技术能够消除资本边际报酬递减的影响，对发达地区经济的持续增长作出较好的解释。林毅夫等（2004）⑤ 认为一个地区要素禀赋结构内生决定了地区的最优产业结构和技术结构，选择适合地方比较优势的技术将对地区的经济增长速度产生重大影响。Gallup（1999）⑥ 研究指出，内陆地区运输成本较高，热带地区疾病发病率较高，均对经济增长产生影响。早期的新经济地理理论基于静态假设，即假设长期经济增长率为零，忽略了经济内生增长与经济集聚的联系。Baldwin 和

① Paul Krugman. Increasing Returns and Economic Geography [J]. Journal of Political Economy, 1991 (99): 483-499.

② Solow R. M. A Contribution to the Theory of Economic Growth [J]. Quarterly Journal of Economics, 1956, 70 (1): 65-94.

③ Romer P. M. Endogenous Technological Change [J]. Journal of Political Economy, 1990, 14 (5): 71-102.

④ Robert E., Lucas Jr. On the Mechanics of Economic Development [J]. Journal of Monetary Economics, 1988, 22 (1): 3-42.

⑤ 林毅夫，董先安，殷韦．技术选择、技术扩散与经济收敛 [J]. 财经问题研究，2004 (6): 3-10.

⑥ Gallup J. L., Sachs J. D., Mellinger A. D. Geography and Economic Development [J]. Cid Working Papers, 1999, 22 (2): 179-232.

Forslid (1997)[①] 将罗默的内生增长模型引入中心—外围模型，指出产业集聚通过知识溢出、技术溢出、马歇尔外部性等促进经济增长（Baldwin R. E.，Martin P.，2001)[②]。

（三）新经济地理的核心理念

首先，将垄断竞争引入模型（D-S 模型），考虑了需求的价格弹性与替代弹性。Ottaviano，Tabuchi and Thisse (2002)[③] 运用二次线性方程和运输成本构建了 OTT 垄断竞争模型；鲍德温等（2004)[④] 在垄断竞争模型中引入了异质性，解释了较大市场规模的区域更能吸引经济的集聚。其次，针对集聚与增长关系进行研究。Baldwin 等（2001)[⑤]、Martin 和 Ottaviano (2001)[⑥] 指出，经济增长与经济集聚相互促进，贸易自由化、较大的市场规模和较低的交易成本，促进了经济集聚与经济增长。最后，针对本地市场效益进行研究。Tomoya Mori 等（2008)[⑦]、Behrens 等（2004)[⑧] 等指出，由于规模报酬递增，市场规模较大的国家更容易实现经济集聚，获得规模效应和成本降低，从而增强出口竞争力。

---

① Baldwin R. E.，Forslid R. The Core-periphery Model and Endogenous Growth [J]. Social Science Electronic Publishing，1997，67 (67)：307-324.

② Baldwin R. E.，Martin P.，Ottaviano G. I. P. Global Income Divergence，Trade，and Industrialization：The Geography of Growth Take-offs [J]. Journal of Economic Growth，2001，6 (1)：5-37.

③ Ottaviano G.，Tabuchi T.，J. F. T (hisse). Agglomeration and Trade Revisited [J]. International Economic Review，2002，43 (2)：409-435.

④ Baldwin R. E.，Okubo T. Heterogeneous Firms，Agglomeration and Economic Geography：Spatial Selection and Sorting [J]. Cepr Discussion Papers，2004，6 (3)：323-346.

⑤ Baldwin R. E.，Martin P.，Ottaviano G. I. P. Global Income Divergence，Trade，and Industrialization：The Geography of Growth Take-offs [J]. Journal of Economic Growth，2001，6 (1)：5-37.

⑥ Martin P.，Ottaviano G. I. P. Growth and Agglomeration [J]. International Economic Review，2001，42 (4)：947-968.

⑦ Mori T.，Nishikimi K.，Smith T. E. The Number-average Size Rule：A New Empirical Relationship between Industrial Location and City Size [J]. Journal of Regional Science，2008，48 (1)：165-211.

⑧ Behrens K.，Lamorgese A. R.，Ottaviano G. I. P，et al. Testing the Home Market Effect in a Multi-country World：The Theory [C]. Econometric Society 2004 Far Eastern Meetings，Econometric Society，2004.

二、中国经济地理的研究

中国经济地理的研究大致经历了4个时期[①]。

一是萌芽时期（从先秦到1909年）。前5—前3世纪，我国的《尚书·禹贡》《山海经》等著作均涉及经济地理相关知识。司马迁的《史记》中的《货殖列传》，班固《汉书》中的《地理志》和《食货志》，叙述了地方的人口、物产 、漕运、城市和贸易等。以后历代正史、地方志的编撰也积累了丰富的经济地理资料。1909年，中国第一个地理学研究组织“中国地学会”的创建，标志着中国区域经济地理学的创立。因此，从先秦至1909年为中国区域经济地理的萌芽阶段。

二是奠基时期（1910—1949年）。这一时期张其昀（1932）出版了《中国经济地理》，指出我国稻米、小麦等作物栽培以秦岭—淮河为分界线。此外，高玉钟（1933）出版了《中国产业地理》；胡焕庸（1936）出版了《中国之农业区域》《中国商业地理大纲》；吴传钧（1943）出版了《中国粮食地理》，将我国粮食生产分为11个区；冯绳武（1946）出版了《中国地理区域》；等等。这些著作奠定了我国经济地理学思想的基础。

三是形成时期（1950—1978年）。这一时期中国对经济发展的实践探索为经济地理学的发展提供了丰富的素材。国外的区域地理学研究进入蓬勃发展阶段，大批中国留学生回国和外派留学深造，为我国区域经济地理学的形成提供了理论条件和人才，留苏博士陈才（1962）提出经济地理学的研究内容应包括人地关系、生产配置、经济区划等，并于1980年开设“经济地理学”相关课程，成为中国现代经济地理学诞生的标志。

四是成熟时期（1979年至今）。这一时期，国家层面的经济与区域政策秉持经济特区—沿海开放城市—浦东开发—西部大开发—振兴东北老工业基地的发展战略，一直具有显著的倾斜性特征。我国区域经济地理学者基于中国区域经济社会发展的实际，秉承前人的传统，深入耕耘，砥砺前行，形成一大批研究成果。吴传钧院士在1997年出版的《中国经济地理》一书突破了当时传统经济地理著作模式，从理论上建构了中国经济地理的

---

① 朱苏加，韩瑞玲，范智超，路紫．中国区域经济地理研究发展历程评述及其现实意义［J］．地理与地理信息科学，2009（3）：49-53.

理论体系；在实践中研究中国人地关系、区域协调发展、经济建设和资源环境关系等问题。李小建（2006）的《经济地理学》改变了先前中国传统的经济地理著作以部分作为论述框架的做法，以经济活动的基本单元——企业作为论述的出发点。金煜、陈钊和陆铭（2006）研究表明，经济地理、新经济地理和经济政策在工业集聚的形成中均有显著的影响因素。林理升和王晔倩（2006）基于运输成本和劳动力流动的作用机制，提出制造业选址在沿海地区和内陆地区的新空间“二元”结构。陈才的《区域经济地理学》以劳动地域分工和经济地域运动理论为主线，以经济地域与经济地域系统为研究客体，系统地阐述了区域经济地理学的基础理论、基本内容和主要研究方法。胡欣（2010）[①] 在《中国经济地理——经济体成因与地缘架构》一书中指出，我国面临工业化和城镇化快速推进，自然地理状况不佳，高强度的经济建设，庞大的产业体系和基础设施系统，以及重化工业和高耗能重污染伴随而至的巨大生态损失，劳动力资源损伤，布局性、结构性环境隐患问题，保护与开发矛盾突出，农业的过度开采容易引发多种灾害，荒漠化、地质灾害、生态恶化等对经济发展布局带来约束条件，这些都对经济发展和布局产生重大影响。杨伟兵（2015）[②] 在《中国近代经济地理：西南近代经济地理》一书中以四川（包括重庆）、云南、贵州、西藏为例，指出西南经济地理环境对经济发展有不利的制约影响，被称为边陲地区，但随着交通条件的改善，市场和流通开发对经济发展产生积极影响，由于各地区发展模式的不同，地区之间、行业之间的发展存在不平衡现象。2013 年，全国经济地理研究会决定成立《中国经济地理》丛书编委会，开始编撰新时期的《中国经济地理》丛书，计划于 2018 年全部完成。《中国经济地理》丛书共计 39 册：概论 1 册，“四大板块”共 4 册，34 个省、市、自治区、特别行政区共 34 册。丛书准确把握国际经济地理学科前沿发展状况，及时跟踪国外学科发展的最新动态，总结国际国内经济地理学科理论进展情况。它总体评价了改革开放以来我国生产力布局的经验教训，不仅囊括地理空间中的所有人文现象的时空演化过程，还包括我国行政区域生产力布局的时空演化过程。

---

① 胡欣. 中国经济地理——经济体成因与地缘架构［M］. 上海：立信会计出版社，2010.

② 杨伟兵. 中国近代经济地理：西南近代经济地理［M］. 上海：华东师范大学出版社，2015.

三、涪陵经济地理的研究

据考古实地调查，涪陵城西2.54公里的石鼓溪一带，已发现新石器时代的石器和“大石文化”遗址，距今3000~4000年，当时涪陵的祖先已经在这一带聚居和生活，有文献可考的历史也有2200多年。关于涪陵地区的经济开发活动，最早见于史籍的是夏、商、周时期。

在夏、商时期（前21—前11世纪），四川已形成蜀和巴两大部落，生活在现今岷江上游及邛崃山一带，盆地东北大巴山麓及长江、嘉陵江沿岸的山地、丘陵地带。周代初，这两个部落演变为两个奴隶制国家，杜宇“教民务农一号杜主……巴亦化其教而力农务”。巴地“土植五谷，牲具六畜”，畜牲、农耕、蚕桑已相当发达①。

春秋战国时期，据《华阳国志·巴志》记载：“巴子时虽都江州，或治垫江，或治平都，后治阆中。其先王陵墓多在枳。其畜牧在沮，今东突峡下畜沮是也。又立市于龟亭北岸，今新市里是也。其郡东枳有明月峡、广德屿（峡），故巴亦有三峡。”《太平寰宇记》记载：“涪州，州境，东西六百九十里，南北九百一十里。”由此可知，涪陵古名“枳”，含今天涪陵、丰都全境，长寿大部分及武隆、南川、忠县、垫江部分区域。

秦汉时期，据《史记·货殖列传》记载：“夫山西饶材、竹、穀、纑、旄、玉石；山东多鱼、盐、漆、丝、声色；江南出楠、梓、姜、桂、金、锡、连、丹沙、犀、玳瑁、珠玑、齿、革；龙门、碣石北多马、牛、羊、旃裘、筋、角；铜、铁则千里往往山出棋置”；“乌氏倮畜牧，及众，斥卖，求奇缯物，间献遗戎王。戎王什倍其偿，与之畜，畜至用谷量马牛。秦始皇帝令倮比封君，以时与列臣朝请。而巴（蜀）寡妇清，其先得丹穴，而擅其利数世，家亦不訾。清，寡妇也，能守其业，用财自卫，不见侵犯。秦皇帝以为贞妇而客之，为筑女怀清台。夫倮鄙人牧长，清穷乡寡妇，礼抗万乘，名显天下，岂非以富邪”。说明重庆、涪陵地区盛产炼丹用的朱砂。巴寡妇，名清，其家族从事的是丹砂采矿业，因掌握了独特的丹砂开采和冶炼技术，所以垄断丹砂开采的生意历经数代，积聚了数不清

① （晋）常璩撰，刘琳注．华阳国志校注［M］．成都：巴蜀书社，1984：182，25.

的资财，僮仆千人，依附者上万人，私家保镖2000余人，凭借雄厚的财力而保一方平安，秦始皇以上宾之礼待她，为她修筑了女怀清台，名扬天下，万乘之尊对她以礼相待。

从“鸦片战争”后长江内河口岸重庆开埠，到抗战时期国民政府西迁重庆，再到“三线建设”时期，关于四川、重庆经济发展的专题研究，涉及一些涪陵经济发展的研究内容。自“鸦片战争”后，帝国主义势力开始侵入四川。19世纪末，重庆先后被英、日开为商埠，万县设海关，外轮进入川江地区。在帝国主义各国以重庆、万县为据点进行原料掠夺、商品倾销以及本国“洋务运动”的影响下，四川以自然经济为基础的农业、手工业遭到破坏，半殖民地半封建社会性质的商品性工业原料作物生产出现。

1937—1945年是四川经济畸形发展、短暂繁荣时期。1937年，日本帝国主义发动全面侵华战争后，国民政府退据四川，以重庆为陪都，资本和民族工业迁入四川，使四川的工业发生了畸形的变化：工厂的年用工成本急剧增加。当时，为军事、政治、经济的需要，修筑了川湘、川鄂、汉渝、渝绵等公路的未完成线段，并在成、渝附近修筑了一些短途公路，川江轮船吨位也增加两倍多。重庆作为政治、军事、经济中心，市区人口新增140万人，比1937年增加1.8倍①。中华人民共和国成立后，四川是全国建设的重点地区之一，特别是“三线建设”的重点发展，以及后来的调整，使四川工业生产得到快速发展。

关于四川、重庆经济地理的研究，也涉及涪陵的一些经济发展情况。中国科学院成都地理研究所（1981）总结了四川省（包括涪陵）的耕地资源特征：首先，田、土块面积小、坡度大。耕地主要分布在丘陵地区，耕地分布零碎、地块面积小②。其次，水土流失严重，土层薄。由于陡坡开荒、乱砍滥伐，植被遭到破坏，导致大面积水土流失严重。再次，低产田土比例大，全省低产田土约占耕地的45%。四川化学工业是中华人民共和国成立后发展起来的，主要分布在重庆、成都、自贡、宜宾等地。其中，尤以重庆化学工业比重较大，占90%以上（包括重庆天原化工厂、四川维尼纶厂、重庆化工研究所等）。塑料主要集中在宜宾、重庆和成都3个市，

① 孙敬之．西南地区经济地理［M］．北京：科学出版社，1960.

② 中国科学院成都地理研究所．四川农业地理［M］．成都：四川人民出版社，1981.

可以生产聚氯乙烯、酚醛塑料和氨基塑料、有机玻璃、环氧树脂、离子交换树脂等16种塑料树脂产品。

1989年，重庆出版社出版了向伯殳撰写的《涪陵经济概况》一书，详细描述了涪陵解放40年，特别是改革开放10年来涪陵经济社会发展取得的重大成就。1989年，涪陵粮食总产量达到当时的历史最高水平，农业主要产品是青菜头、蚕桑、柑橘、烤烟、苎麻、茶叶、生猪等。电力工业水火并举，1990年装机容量达到10万千瓦以上，境内天然气生产从无到有，城市民用气化率达到35%，城市供水量在5年内增长两倍。以港口和水运为特色的水陆运输联运交通格局基本形成，涪陵乌江大桥建成通车。工业生产快速发展，在食品、机械、化工、建材、轻纺等行业中，已拥有上百个国优、部优和省优产品，如涪陵榨菜、腌腊肉制品、柴油机配件、汽车化油器、火柴、肥皂、彩釉墙地砖、金属包装桶、丝麻服装及羽绒产品、红碎茶等，在国内外均享有盛誉。重工业首推中国核工业总公司816厂，年产30万吨合成氨化肥。以水泥、陶器为主的建材工业已具规模。轻纺工业以地方经济作物为原料，年产能力1万纺锭的第二苎麻纺织厂加紧建设，织绸、织布、针织设备上千台，多家服装厂已开始承接出口服装加工业务。该书是全面、系统地阐述涪陵解放40年经济发展状况的第一部专著，是涪陵历史上少有的历史文献，具有重要的参考价值。其中关于涪陵自然地理特征和经济地理特征的概括、产业结构布局及其发展的阐述都颇有见地，但其毕竟是以涪陵经济发展为主线，经济地理方面的论述极其概括和简洁。

1993年12月，四川人民出版社出版了鲁锡海、严卫东撰写的《跨世纪工程与三峡地区经济发展——理论探讨及决策建议》一书。该书依据巨大工程的增长极效应和大推进理论，阐述了三峡工程必然为该地区的发展注入大推力，三峡地区特别是涪陵、万州核心地带，更应以此为历史性契机，把着眼点放在整个地区的工业化、城市化乃至现代化的宏伟进程之中，重新审视该地区的工业发展与城镇化推进、产业结构重组和优化布局。该书无论是在理论分析还是操作建议对我们研究涪陵经济地理都很有启发，值得借鉴。但该书毕竟是立足于整个三峡库区来论述问题的，直接论述涪陵经济地理发展状况及其优化的内容并不多。

2005年2月，中国戏剧出版社出版了李乾德、姚茂春主编的《建设全面小康涪陵初探》一书。该书依据小康建设指标体系，全面、深入、翔实地阐述了涪陵经济各产业、政治、文化、社会各方面的现实状况、发展目标、途径和措施，是研究涪陵经济地理不可多得的参考书。但该书主要是总体小康涪陵建设阶段的总结和全面小康涪陵建设阶段的规划及其实施，从时间段和专业性方面都给涪陵经济地理研究留下了空间。

第四节 涪陵经济地理的研究内容与方法

一、涪陵经济地理的研究内容

本书运用经济地理学的分析框架，按照“理论梳理—区情考察—理性分析—对策研究”的研究思路，遵循“资源禀赋—现有基础—存在问题—政策建议”的研究路径，首先分析资源禀赋条件，进而针对第一、第二、第三产业的经济布局特征进行分析；其次分析了城镇的经济地理，进而分析经济地理布局中存在的不足之处；最后提出对涪陵经济地理的优化建议，其主要内容如下：

（一）导论

导论包括涪陵经济地理的研究对象、研究意义、研究现状、研究内容和方法等。

（二）历史沿革与经济区划

梳理涪陵行政区划的历史演变，涪陵经济地理的变化历程，涪陵历次战略定位与经济区划调整，以及涪陵经济地理演变的决定因素等。

（三）自然地理资源

通过调查研究收集和分析数据，分析涪陵自然环境与资源、生态环境的可持续发展，分析对涪陵经济地理的产业经济发展布局有重大影响的主要条件。

（四）人文社会资源

通过调查研究收集和分析数据，分析自然条件、劳动人口资源、经济—产业发展布局的历史基础、技术条件以及其他社会经济条件等，进行科学的综合分析，探讨经济—产业布局的成因。

（五）第一产业经济地理

分析涪陵第一产业的生产条件与布局情况。包括第一产业的种植业、林业、畜牧业、渔业的生产与布局。

（六）第二产业经济地理

分析第二产业的化工化纤、食品医药、重要材料、装备制造、电子信息、清洁能源、建筑业等的生产与布局。

（七）第三产业经济地理

分析第三产业的商业、对外经济、金融业、旅游业、运输物流业、公共服务业、生产性服务业等的生产与布局。

（八）特色产业经济地理

分析涪陵特色产业与地理标志，涪陵特色经济的地理分布；主要以涪陵三大特产为例，分析涪陵榨菜、红心萝卜、油醪糟的生产与布局。

（九）城镇经济地理

分析涪陵城镇体系的形成与分布现状；涪陵城镇化、城乡一体化与人口迁移；涪陵城镇的优化布局，分析涪陵城镇布局存在的问题，城镇布局的影响因素，以及涪陵城镇的发展与布局优化。

（十）涪陵经济地理布局优化

分析涪陵经济地理存在的主要问题，然后提出涪陵经济地理布局的优化路径。经济布局优化主要包括工业结构优化和地域空间布局，工业园区及其上下游产业链项目配套布置，还包括农业发展的地域组合，城镇体系的规划和建设，以及城乡建设中重大基础设施项目的选址和建设等。

二、涪陵经济地理的研究方法

（一）宏观分析与微观分析相结合

首先，区域经济地理分析要有宏观思维，要从大局出发思考问题，将涪陵经济地理的布局与国家的区域经济发展战略相结合，如“一带一路”、长江经济带和成渝经济区等发展战略，要从国家宏观战略大局出发分析涪陵区域经济地理问题。其次，运用微观分析方法，掌握各地方自然资源、社会文化资源等基本情况，对三次产业中各个细分行业的生产与布局情况进行实地调研，解剖个案，研究涪陵经济地理的产业布局规律。只有将宏观分析与微观分析相结合，才能在顺应国家区域发展战略的背景下，提出涪陵经济地理的优化方略。

（二）理论分析与实证分析相结合

在理论研究方面，在总结归纳现有研究文献和经济地理理论的基础上，充分借鉴杜能的农业区位论、韦伯的工业区位论、克里斯塔勒的中心地—市场区理论，以及不平衡发展理论等，构建本书的理论分析框架。在研究路径上基于“提出问题—实证研究—对策研究”的思路，通过对涪陵的资源禀赋条件和产业结构与城镇布局进行研究，从总体上把握产业布局与城镇的特征，探寻涪陵在经济布局中存在的问题，最后得出相关研究结论。

（三）动态分析与静态分析相结合

对涪陵经济地理目前的均衡现状进行静态分析，研究涪陵经济地理空间均衡所需要具备的条件，是一种静止的孤立的考察某些经济现象的方法，只考察当前时点上的均衡状态。而动态分析是从历史演化的角度分析涪陵经济地理的动态变化。考虑到时间维度，自然资源和社会文化等条件随着时间发生变化，经济现象均衡状态也会相应变化，这些变量随着时间的演变而相互影响和彼此制约，因此，需要对涪陵经济地理现象连续变化过程进行动态分析。

三、涪陵经济地理的研究创新

（一）从地理区位挖掘潜力，将涪陵打造为成渝连接长江中下游的门户

门户是指某地区在地理区位、交通条件等方面具有较强的区位优势，成为区域范围内招商引资的首选之地和物流运输的集聚中心。如何基于某地条件进行综合分析，挖掘其可能的门户特性，是经济地理区位分析的重要功能，也是最有难度的工作。涪陵区经济地理分析，重点围绕如何将涪陵打造成为重庆市乃至成渝地区的门户。显然，长江黄金水道的治理和港

口的升级改造将决定其辐射范围的大小，成为确立其未来门户地位的关键一环。此外，交通条件的可达性，丰富的土地资源，以及资源环境的承载能力等都是区位门户优势能否充分发挥的重要条件。

（二）探明涪陵经济地理的优势劣势，有利于了解区情，摸清家底

目前，针对涪陵经济地理的研究成果较少，本书通过梳理涪陵经济布局的历史和现状，形成一部关于涪陵经济地理的完整的工具书，有利于深刻认清区情，了解涪陵区的历史和现状，熟知它的优势和不足，看到它的有利条件和限制因素。进而制定出切合实际的社会经济发展战略，遵循客观规律，扬长避短，使社会经济建设各项事业沿着正确道路向前发展，为制定正确的发展战略、确定适宜的发展目标、拟定有效发展政策提供根本依据。因此，本书的研究具有一定的原创性和开拓性价值。

（三）根据涪陵实际条件，探析经济地理优化路径，推动经济快速发展

地理因素是除资本、劳动、技术等生产要素外的重要影响因素。针对不同地方特殊的地理因素提出相应的区域发展战略，成为当前学术界和政府亟待解决的关键问题。从世界各国经济地理的历史演变看，经济资源的集聚推动着地区经济的高速发展。根据新经济地理理论，涪陵如何利用、构建地区自身的地理、资源优势，优化营商环境和制度政策，吸引资本、劳动等各种要素资源落地涪陵，获得集聚效应，进而促进地区的经济增长，成为地方政府面临的巨大考验。本书运用区域比较研究法，探明涪陵各个区域经济发展、产业布局的特点、优势和劣势，为科学制定切合区情的社会经济发展战略和规划提供依据。

第二章　历史沿革与经济区划

涪陵地处长江上游，很早以前就是中华民族的繁衍生息之地。有史料记载，最早为濮人居住区。在此后漫长的时期里，历经朝代的更迭和岁月的洗礼，涪陵人民以自己辛勤的劳动，在这片富饶的土地上，耕耘不辍，使涪陵成为中国经济发展中的重要组成部分。

第一节　行政区划的历史演变

一、古代涪陵行政区划

夏商至春秋前期，为濮人居住区；春秋中后期至战国中期为巴国地（曾为巴国国都，巴先王陵墓所在地）；战国中后期为楚国枳地。

秦朝，属巴郡地。秦昭王三十年（前 277 年）置枳县，为区境置县之始，属巴郡。

东汉时，分枳县置平都县。三国蜀汉时，增置汉平县，隶涪陵郡。东晋，穆帝永和三年（347 年），在巴郡枳县侨置涪陵郡，治汉复城，为区境置郡之始。东晋后期还治涪陵县。南齐建元二年属巴州。北周保定四年（564 年）置涪陵镇。

隋开皇初年（581 年），撤销涪陵郡。开皇十三年（593 年）置涪陵县、丰都县、垫江县，分隶巴郡、巴东郡和宕渠郡。

唐武德元年（618 年）置涪州，属江南西道，辖武龙县、涪陵县、乐温县。贞观十一年（637 年）分巴县置隆化县（后改为宾化县），隶涪州。天宝初年，改为涪陵郡。乾元初年，复名为涪州。

北宋改宾化县为宾化砦，建置同唐。南宋置涪州，辖涪陵县、乐温县、武隆县。

元置涪州，至元二十年（1283年）并涪陵、乐温二县入州治，辖武隆县。

明置涪州，辖武隆县，隶四川重庆府。

清置涪州，康熙元年（1662年），并武隆县入涪州，不领县，隶四川重庆府。

二、民国时期涪陵行政区划

1912年，置涪州，直隶四川省。

1913年，废涪州为涪陵县，隶川东道。

1928年，直隶四川省，后隶属于四川省第八行政督察区。

1941年5月，因涪陵县第五行政督察区地广，划为武隆设治局。

1944年，由武隆设治局升格为武隆县。

三、中华人民共和国成立后重庆直辖前涪陵行政区划

中华人民共和国成立以后，1950年1月置川东行署区涪陵专区，辖涪陵、南川、丰都、石柱、武隆、彭水、长寿7个县。

1952年9月，酉阳专区及所辖黔江、酉阳、秀山3个县并入涪陵专区，隶四川省人民政府。

1953年，垫江县划入涪陵专区。

1958年，长寿县划归重庆市。

1968年，涪陵专区改为涪陵地区。

1983年，撤涪陵县设涪陵市（县级）。

1988年，分黔江、酉阳、石柱、秀山、彭水5个（自治）县，设立黔江地区。涪陵地区辖涪陵市、南川县、丰都县、垫江县和武隆县。

1994年，撤南川县，设南川市（县级）。

1995年11月5日，经国务院批准（国函〔1995〕106号），撤县级涪陵市，设枳城区、李渡区；撤涪陵地区设地级涪陵市，下辖枳城、李渡2个区和垫江、武隆、丰都3个县，代管南川市。其中枳城区面积1431平方公里，人口57.2万人，辖5个街道、6个镇、8个乡，区政府驻敦仁街道；

李渡区面积1400.8平方公里，人口49.5万人，辖12个镇、6个乡，区政府驻李渡镇。

1996年9月15日，涪陵市划归重庆市代管。中华人民共和国成立后重庆直辖前涪陵区划调整一览见表2-1。

表2-1 中华人民共和国成立后重庆直辖前涪陵区划调整一览

时间	名称	隶属关系	辖区县个数	市、区、县名
1950—1952年	川东行署区涪陵专区	川东行署区	7	涪陵县、南川县、丰都县、石柱县、武隆县、长寿县、彭水县
1952—1953年	涪陵专区	四川省	10	涪陵县、南川县、丰都县、石柱县、武隆县、长寿县、彭水县、酉阳县、黔江县、秀山县
1953—1958年	涪陵专区	四川省	11	涪陵县、南川县、丰都县、石柱县、武隆县、长寿县、彭水县、酉阳县、黔江县、秀山县、垫江县
1958—1968年	涪陵专区	四川省	10	涪陵县、南川县、丰都县、石柱县、武隆县、彭水县、酉阳县、黔江县、秀山县、垫江县
1968—1983年	涪陵地区	四川省	10	涪陵县、南川县、丰都县、石柱县、武隆县、彭水县、酉阳县、黔江县、秀山县、垫江县
1983—1988年	涪陵地区	四川省	10	涪陵市、南川县、丰都县、石柱（自治）县、武隆县、彭水（自治）县、酉阳（自治）县、黔江（自治）县、秀山（自治）县、垫江（自治）县
1988—1994年	涪陵地区	四川省	5	涪陵市、南川县、丰都县、武隆县、垫江县
1994—1995年	涪陵地区	四川省	5	涪陵市、南川市、丰都县、武隆县、垫江县
1995—1996年	涪陵地级市	四川省	6	枳城区、李渡区、南川市、丰都县、武隆县、垫江县
1996—1997年	涪陵地级市	重庆市	6	枳城区、李渡区、南川市、丰都县、武隆县、垫江县

资料来源：根据以下资料整理——四川省涪陵市志编纂委会．涪陵市志［M］．成都：四川人民出版社，1995；1986—1998年涪陵统计年鉴整理。

四、重庆直辖后涪陵行政区划

1997年3月14日，全国人民代表大会八届五次会议审议通过国务院关于提请审议设立重庆直辖市的议案，涪陵市正式改隶重庆直辖市。

1997年12月20日，经中共中央办公厅和国务院办公厅批准，撤销原地级涪陵市和枳城区、李渡区，设立重庆市涪陵区，重庆市涪陵区辖原枳城区、李渡区的行政区域。原涪陵市所辖的武隆县、丰都县、垫江县，代管的南川市，改归重庆市直接管辖。

1998 年 3 月 23 日，重庆市政府以渝府〔1998〕37 号文批复同意涪陵市枳城区江北街道办事处驻地从黄旗口迁移到点易村。1998 年 5 月，经重庆市政府批准，设立“重庆涪陵李渡私营经济示范区”，实行“区镇合一、政经合一”的管理体制。1998 年末，涪陵区户籍总人口 109.23 万人，其中非农业人口 23.72 万人。辖 1 个开发区（桥南开发区）、1 个示范区（李渡示范区）、5 个街道（敦仁街道、崇义街道、荔枝街道、江北街道、江东街道）、22 个乡（仁义乡、中峰乡、丛林乡、山窝乡、龙塘乡、卷洞乡、罗云乡、酒店乡、石龙乡、惠民乡、明家乡、同乐乡、两汇乡、增福乡、石和乡、新村乡、聚宝乡、太和乡、梓里乡、天台乡、大木乡、土地坡乡）、18 个镇（珍溪镇、百胜镇、清溪镇、南沱镇、白涛镇、焦石镇、镇安镇、义和镇、李渡镇、致韩镇、马武镇、龙潭镇、青羊镇、新妙镇、石沱镇、蔺市镇、堡子镇、龙桥镇），726 个村民委员会，71 个居民委员会。

2001 年末，涪陵区户籍总人口 110.93 万人，其中非农业人口 25.8 万人。辖 1 个开发区、1 个示范区、5 个街道、22 个乡、18 个镇，707 个村民委员会，62 个居民委员会。

2002 年 4 月 30 日，重庆市政府以渝府〔2002〕50 号文批复同意将龙塘乡更名为武陵山乡。2002 年末，涪陵区户籍总人口 111.46 万人，其中非农业人口 27.61 万人。辖 1 个开发区、1 个示范区、5 个街道、22 个乡、17 个镇（不含李渡示范区），707 个村民委员会、62 个居民委员会。

2003 年 10 月 21 日，重庆市政府以渝府〔2003〕233 号文批复同意将丛林乡杉树湾村 5 组划归珍溪镇管辖。调整后，丛林乡面积 75.813 平方公里，总人口 13928 人；珍溪镇面积 52.128 平方公里，总人口 26551 人。

2004 年末，全区户籍总人口 111.57 万人，其中非农业人口 30.47 万人。辖 1 个开发区、1 个示范区、5 个街道、22 个乡、17 个镇，354 个村民委员会，63 个居民委员会。

2008 年 5 月 15 日，重庆市政府以渝府〔2008〕68 号文批复同意涪陵区撤销李渡镇、龙桥镇、白涛镇、镇安镇、堡子镇、致韩镇、石龙乡、中峰乡、仁义乡、丛林乡、土地坡乡、天台乡、卷洞乡、山窝乡、梓里乡、酒店乡、惠民乡、太和乡、聚宝乡、新村乡、石和乡、两汇乡；设立涪陵区李渡街道、龙桥街道、白涛街道；将明家乡更名为大顺乡；调整崇义街道、敦仁街道、荔枝街道、江东街道、江北街道、义和镇、百胜镇、焦石镇、珍溪镇、清溪镇、马武镇、龙潭镇、新妙镇、石沱镇、蔺市镇、同乐乡的行政区域；保留南沱镇、青羊镇、增福乡、罗云乡、大木乡、武陵山乡的行政区域和政府驻地不变。此次调整后，涪陵区辖 8 个街道（敦仁街道、崇义街道、荔枝街道、江北街道、江东街道、李渡街道、白涛街道、龙桥街道）、6 个乡（武陵山乡、罗云乡、大顺乡、同乐乡、增福乡、大木乡）、12 个镇（珍溪镇、百胜镇、清溪镇、南沱镇、焦石镇、义和镇、马武镇、龙潭镇、青羊镇、新妙镇、石沱镇、蔺市镇），341 个村民委员会，75 个居民委员会。

2014 年，珍溪镇、蔺市镇、新妙镇 3 个镇被列为全国重点镇。

2016 年 6 月 3 日，重庆市政府以渝府〔2016〕30 号文批复同意涪陵区调整义和镇管辖范围、李渡街道管辖范围和办事处驻地，增设马鞍街道。调整后，义和镇辖机房、松柏、高峰、鸭子、朱砂、华东、临江、石岭、庄子、黄草、红春、石堡、镇安、大柏、宏义、建新 16 个村（社区），镇政府驻兴义南路 88 号（原址）；李渡街道辖石院、水磨滩、垭口、百花、云星、梨园、岚马、堰桥、龙塘、两龙、山仑、韩龙、新龙、明家湾、致远、桂花园、龙桥、断桥、石龙 19 个村（社区），街道办事处驻致远路 36 号（原致韩镇政府驻地）；马鞍街道辖原李渡街道高岩口、双河口、太乙门、石马、两桂、玉屏、红星、马鞍、大石庙、和平、均安、大鹅、双溪、盘龙、金银、人和、倪峰、新阳、杨二坪 19 个社区和原义和镇鹤凤社区，街道办事处驻鹤凤大道 6 号（原涪陵新城区管委会办公楼）。此次调整后，涪陵区辖 9 个街道（敦仁街道、崇义街道、荔枝街道、江北街道、江东街道、李渡街道、白涛街道、龙桥街道、马鞍街道）、6 个乡（武陵山乡、罗云乡、大顺乡、同乐乡、增福乡、大木乡）、12 个镇（珍溪镇、百胜镇、清溪镇、南沱镇、焦石镇、义和镇、马武镇、龙潭镇、青羊镇、新妙镇、石沱镇、蔺市镇）。2017 年末，有 9 个街道办事处、6 个乡、12 个镇，303 个村民委员会，119 个居民委员会。重庆直辖后涪陵行政区划调整一览见表 2-2。

表 2-2　重庆直辖后涪陵行政区划调整一览

年份	街道办事处（个）	乡（个）	镇（个）	村民委员会（个）	居民委员会（个）	户籍总人口（万人）
1998	5	22	18	726	71	109. 23
1999	5	22	18	726	71	110. 13

续表

年份	街道办事处（个）	乡（个）	镇（个）	村民委员会（个）	居民委员会（个）	户籍总人口（万人）
2000	5	22	18	726	71	110.75
2001	5	22	18	707	62	110.93
2002	5	22	17	707	62	111.46
2003	5	22	17	356	63	111.50
2004	5	22	17	354	63	111.57
2005	5	22	17	351	66	111.78
2006	5	22	17	350	68	112.45
2007	5	22	17	348	68	113.45
2008	8	6	12	341	75	113.80
2009	8	6	12	339	77	114.51
2010	8	6	12	334	83	115.66
2011	8	6	12	316	101	116.5
2012	8	6	12	316	102	116.66
2013	8	6	12	310	109	116.77
2014	8	6	12	308	111	116.67
2015	8	6	12	306	116	116.19
2016	9	6	12	303	118	116.42
2017	9	6	12	303	119	115.83

资料来源：根据历年《涪陵统计年鉴》数据整理。

第二节　经济地理的历史演变

一、古代涪陵经济地理

在漫长的原始社会、奴隶社会和封建社会时期，涪陵社会经济长期以农业为主，手工业有一定的发展，商贸流通借助长江、乌江水运之利具有得天独厚的优势。总的来说，自给自足的自然经济是此阶段涪陵各产业的共同特点，商品经济不发达，以自产自销为主。

涪陵属浅丘山地，气候温和，雨量充沛，适宜多种农作物生长，农业发展历史悠久。新石器时代晚期，沿江一带已有原始农业。巴国时代，已有五谷种植和六畜养牧。秦汉时，一些平坝已辟为农田。唐宋时，农业兴旺，产品多样，荔枝、茶、麻、丝等皆为有名或有较多产量。明清两代，江西、贵州、湖广等地移民迁入，广泛垦殖，州境大量荒地、荒山变为耕地。至乾隆、嘉庆年间，耕地和人口迅速增加，除水稻外，玉米、红苕等旱粮作物也广泛种植，农业得到进一步发展。据《涪州志》载，嘉庆元年（1796 年）涪州户数达到 86821 户，课税耕地 106.8 万亩，分别比康熙六年（1667 年）增长 3.2 倍和 68.8 倍；田赋、盐税和杂税收入白银 1 万余两（不包括地方征派），比康熙六年增长 4 倍。至清末，涪州粮食总产量约 31 万吨，人均占有量约为 330 公斤。

涪陵矿业有记载的以《史记・货殖列传》中记载的巴寡妇清丹砂业最为有名，是涪陵经济地理的一大历史名片。加工制造业则早至巴国时代。战国时期的土陶，东汉的墓砖，北周的锦罽，唐代的文刀、绢扇、獠布、蒟酱，宋代和明代的盐，清代的煤、陶器、土布、造纸、木船等手工业产品都较有名。煤炭方面，清代同治、光绪年间，州境已开办有新庙石合场宝华煤窑和天台场老荒田等小煤窑。陶瓷制品方面，清乾隆四十九年（1784 年），州境清溪乡有窑厂，烧制缸、坛、钵等日用品。纺织方面，明代及其以后，乡村植木棉，妇女夜事纺织，至清康熙以后愈盛。清道光、咸丰年间湖北棉花大量输入，花行将棉花分售各地农户纺纱。造纸方面，清乾隆年间，州境新妙、两汇等地已有以嫩竹为原料的草纸生产。

涪陵开发较早，商贸流通繁荣，一直是区域性商贸中心。巴国时代人口已较多，已使用货币。秦汉时，枳城是延江（今乌江）流域盐、丹、漆、蜜、蜡、茶的集中贸易地和中转地，枳县人口超过 10 万人，其中贵族大姓多，从今涪陵境内秦汉墓中出土的丰富多彩的陪葬物品看，当时消费水平较高，已有较发达的商品交换。西晋以后，枳地战争频繁，人口大量减少，至北周时期渐有恢复，北周时涪陵人善织锦罽，城中有锦绣阁，是手工艺品的专业市场。唐代涪州有市场，是今渝东一带的主要贸易地之一。宋代涪州是西蜀六大贸易中心之一。元代和明代前期，涪州人口不多，经济增长缓慢。明代后期，经济有所发展，场镇开始增多，商业贸易渐趋兴旺。清代乾隆年间及其以后，社会相对安定，朝廷实行休养生息政策，加上旱粮作物的广种，粮食充裕，人口倍增，促进了经济资源的开发和商品交换的发展。清道光年间以后，消费总量成倍增加，更刺激了生产和流通的增长，涪陵城、李渡、蔺市、珍溪、白涛等都是长江和乌江沿岸繁荣的商业城镇，而涪陵城更是乌江流域最大的物资集散、中转地。

二、近代涪陵经济地理

鸦片战争以后，随着科学技术的传播和外国资本的侵入，涪陵自给自足的农村经济开始发生变化，涪陵经济有了一定的进步和发展。农业上有良种和新的农业技术的引进、试验和推广，工业上现代工业兴起，手工业行业增多，尤其是榨菜加工，形成了一个独具特色的行业。涪陵港与乌江中下游流域的经济流通量增大，涪陵成为当时川东南最大的物资集散中转地，从而使商业、金融业也兴旺起来。

粮食作物以水稻、玉米、小麦、红苕为主，大麦、燕麦、洋芋、高粱、黄豆、绿豆、饭豆、巴山豆、白豆、米豆、胡豆、豌豆、荞麦、小米、天仙米、鹅掌米、青稞等20多种杂粮也有种植，但比重不大。粮食产量方面：1932年，总产量305443吨，人均312.2公斤；1940年，总产量255010吨，人均313.7公斤；1945年，总产量212940吨，人均274.2公斤；1949年，总产量167950吨，人均242.2公斤。这一阶段农业方面值得注意的还有罂粟（鸦片）和青菜头（茎瘤芥）。清道光末期到1938年以前，涪陵广种罂粟，罂粟成为当时的主要经济作物，涪陵也成为国内产鸦片较多的县份之一，人民深受其害。清光绪中叶，涪陵130个场均产鸦片，每年约6000担（每担1140两，约折合342吨）。1918—1928年最多，年产量曾达10万余担（每担1000两，约合3300吨）。1939年，国民政府宣布终止烟土运销，全面禁种。清光绪二十四年（1898年）涪陵人邱寿安发明榨菜以来，其原料青菜头逐渐成为涪陵人大量种植的一种经济作物。1938年以前，青菜头种植多集中在沿江一带，鸦片禁种之后，渐扩种于后山地区。20世纪30年代，全县年种植面积2万~5万亩，每年随沪、汉榨菜市场波动而增减，1949年为2.35万亩。

涪陵现代工业的萌芽始于清末，至民国初期，采煤、冶铁、织布、制革、榨菜等行业有较大发展。1917年以后，洋货充斥市场，军阀割据，加上灾害和疫病流行，社会动荡，工矿业萎缩。1925年以后渐有回升，并出现了火柴、电力、机械等行业。1932 年，全县采矿业 39 家，从业人员 1000 余人；加工制造业 2893 家，从业人员 1.4 万人；工矿业年产值 321 万元（银圆），其中加工制造业占 98.6%。抗日战争时期，工业、手工业有一定发展，至 1945 年有工厂 20 余家，主要分布在炼油、轻化工、机械、电力、粮食加工等行业。1949 年，全县有工业、手工业户 4518 家，从业人员 8911 人，工业总产值 862 万元。总的来说，全县工业生产规模小、资金短缺、设备简单，绝大多数仍是手工操作。由于受通货膨胀冲击，有的倒闭，有的因资金短缺而处于歇业或半歇业状态。

鸦片战争以后，外国资本主义势力闯入内地市场，涪陵商业也大受其影响。一方面，本地手工业产品不断受到洋货的排挤，生产逐渐萎缩；鸦片种植、贸易不断扩大，市场货币流通量相应增加，对商品经济的依赖性增强，粮食由以前的大量输出变为大量输入，土布也由输出变为输入，造成涪陵商业经济的虚假繁荣；贫富分化加剧，乡村农民日益贫困化。另一方面，内地日益成为外国资本主义的原料市场，山区资源不断被开发出来。光绪年间，涪陵已成为乌江中下游流域最大的桐油、山货集散市场。1912—1936 年，涪陵的商业经济格局大致仍如清末，其主要特征是鸦片输出总值始终居整个商品输出的首位。1937 年后，桐油、榨菜和山货成为涪陵输出商品大宗。1945 年后，国民党发动内战，大肆搜刮民财，滥发钞票，物价不断上涨以至飞涨，商业经济趋于萎缩、崩溃。据统计，1949 年涪陵县社会商品零售总额 2000 万元，人均 28.84 元；经商者商品购进总额 450 万元，其中农副产品购进 412 万元，农业人口人均 6.64 元。

三、现代涪陵经济地理

1949 年中华人民共和国成立以后，广大涪陵人民在中国共产党和人民政府的领导下，废除封建剥削制度，大力发展经济，基础产业逐步增强，技术条件不断改善，劳动者素质得到提高，地方财力逐步增加，银行信贷资金规模不断扩大，涪陵经济社会发展进入快速发展的新阶段。

为充分利用自然资源，发展农业生产，把涪陵农业区划分为三个区域。一是沿江丘陵粮、菜、果、桑种植区，位于长江河谷两岸丘陵地带，辖区面积 1300.7 平方公里，耕地面积 62.2 万亩。本区以丘陵为主，一般海拔 200~500 米，热量丰富，雨量充沛，土地垦殖系数高，耕地多，人口稠密，劳动力充足，交通方便，生产水平较高，是粮食作物、经济作物和水果的主要产区。二是坪上低山稻、油菜、茶种植区，位于区境南部龙潭坝、蔺市坪一带，辖区面积 679.4 平方公里，耕地面积 26.82 万亩。属坪状低山，宽谷带坝地形地貌，一般海拔 600~800 米，森林覆盖率 16.3%。气候温和，降水充足，田多土少，是水稻、油菜、茶叶主产区。三是后山低中山水稻、玉米、薯类、药材种植区，位于区境东南部、中部和北部的广大石灰岩地区，辖区面积 965.53 平方公里，耕地面积 21.54 万亩，属田少土多的地区，地形较复杂，气候差异大，坡陡土瘦，自然条件差，人少地多，交通不便，生产水平低。

20 世纪 90 年代以后，涪陵加快农业产业结构调整步伐，重点推进“榨菜、蔬菜、畜牧、桑果”四大特色农业基地建设。榨菜产业方面，青菜头种植涉及全区 23 个乡镇街道，16 万农户，60 余万农业人口。2013 年，全区产销成品榨菜 45 万吨，榨菜产业总收入 46 亿元，农民人均榨菜纯收入 1813 元。桑果产业方面，蚕桑产业涉及全区 21 个乡镇街道，1.66 万户蚕农。2013 年，全区桑园面积 7.2 万亩，蚕农户平均售茧收入 5826 元；2013 年，全区果树面积 33.8 万亩，产量 12.2 万吨，实现产值 26000 万元。畜牧产业方面，2013 年，全区出栏生猪 81.4 万头、山羊 6.2 万头、家禽 725.5 万只，肉类总产量 7.32 万吨，禽蛋产量 11105 吨，畜牧业实现产值 15.86 亿元。蔬菜产业方面，2013 年，全区蔬菜（青菜头除外）播种面积 36.1 万亩，产量 44.2 万吨。

自中华人民共和国成立以来，伴随着经济社会的发展，涪陵工业的发展大体经历了三个阶段。

第一个阶段（1949 年至 20 世纪 60 年代）主要特征为规模小，基础差，发展条件不足。工业门类单一，以手工业+轻工业为主，没有重工业，工业只有为数不多的几家竹木、酿造等手工作坊。能源工业几乎没有，十分弱小，区内只有几座小型煤矿，采用手工开采方式。水陆交通运输条件有限，水上运输尚无大马力机驳，工业生产的运输条件很差。

第二个阶段（20 世纪 60 年代至 80 年代末）主要特征为打基础，上规模，现代工业开始起步，发展条件有所改观。能源工业从无到有，沙子沱煤矿、白涛煤矿等一批中小型煤矿相继建设投产；电力能源有了飞跃发展，相继建成涪陵电厂、青烟洞水电站、土坎水电站，为涪陵工业的电力负荷增长和规模化发展奠定了良好的基础。与此同时，涪陵地方工业开始由门类单一向多产业发展，冶金、机械、化工（化肥）、纺织等行业相继兴起，传统的轻工、食品行业技术提升，发生质的变化，涪陵工业开始出现轻重并举的格局。同一时期，国家开始大规模的“三线建设”，大量的沿海军工企业迁往内地，在较短时间内在涪陵区域形成了企业集群，产业门类得以扩展，壮大了涪陵工业经济的整体实力。

第三个阶段（20 世纪 90 年代至今）主要特征为工业实力增强，支撑作用突出，主导地位确立，发展前景广阔。特别是 20 世纪 90 年代初开始实施工业重点发展战略以来，以工业为主的第二产业结构比例不断攀升，工业对涪陵经济和社会发展的影响及贡献十分突出，且越来越大。目前涪陵工业经济基本形成了具有地方特色的产业结构，形成医药食品、装备制造、重要材料、电子信息、清洁能源等六大产业集群，培育了以涪陵烟厂（宏声集团）、太极集团、榨菜集团等为代表的优势企业群体，工业向园区化、集群化转变，李渡、龙桥、白涛、清溪四大园区基础设施不断完善，2017 年实现规上工业总产值 1300 多亿元。

中华人民共和国成立后，经过几十年的发展，涪陵的商贸业也发生了翻天覆地的变化。商贸业发展突飞猛进，社会零售商品总额不断增长，居民购买力和消费水平不断提高，基本实现了商贸向商圈化、市场化转变。江南老城百亿级商圈基本成形，十大专业市场启建或投用，涵盖农副产品、家居建材、汽车销售等多个领域，市场主体增长迅猛。金融服务体系更加完善，担保公司、农副产品电子交易中心，小额贷款、企业债券、基金投资等新型金融服务业加快发展，拥有各类金融机构 70 家，成为主城之外数量最多、门类最齐的区县。物流行业初步形成了以铁路、公路、水陆为骨架的交通网络架构，境内航道里程 179 公里，全市“1+3”枢纽型港口之一的龙头港已建成开港；“三高二铁”（渝涪高速、沿江高速、南涪高速、渝怀铁路、南涪铁路、渝利铁路）的公路铁路网络已基本形成。旅游业快速发展，拥有国家 4A 级旅游景区 4 个（武陵山大裂谷、白鹤梁水下博物馆、大木花谷、武陵山森林公园），中国传统村落 1 个（蔺市凤阳村），全国乡村旅游示范点 1 个（南沱休闲观光生态农业园）。

第三节　战略地位与经济区划

一、涪陵的区位优势与战略地位变迁

涪陵位于四川盆地东南边缘、重庆市域中部和三峡库区腹地，长江横穿东西，乌江纵贯南北，东邻丰都县，南接武隆、南川区，西连巴南区，北靠长寿区、垫江县。城区处于长江和乌江交汇处，自古地连“五郡”、舟会“三川”，西通渝戎，东走宜汉京沪，南进酉秀湘黔，历来是川（渝）东南水上交通枢纽和乌江流域最大的物资集散地。

春秋战国时期，巴国曾以枳为国都。

秦、汉时置枳县。

唐代以来，涪州一直为州、县治所在地。

宋代，涪州是巴蜀六大商贸中心之一。

清光绪年间，涪州有“小重庆”之称。

民国时期，由于涪陵港与乌江中下游的经济流通量增大，涪陵成为川（渝)东南最大的物资集散地，商业、金融业随之繁荣。

中华人民共和国成立后，涪陵一直为地、县（市）所在地，是川（渝)东南政治、经济、文化、科技的中心，辐射范围覆盖丰都、垫江、南川、武隆等市县。

涪陵区归重庆直辖后，经过几年的探索，“十五”计划初期，重庆市提出建设都市发达经济圈、渝西经济走廊和三峡库区生态经济区的“三大经济区”发展战略。“都市发达经济圈”包括主城 9 区，“渝西经济走廊”包括主城以西和以南的 12 个区县，“三峡库区生态经济区”包括重庆市东部剩余的 19 个区县。涪陵属于“三峡库区生态区”，由于经济基础较好，在地理位置上与“都市发达经济圈”相邻，涪陵成为连接主城与库区的战略支点，承担起带动库区发展的任务。

经过“十五”时期的实践，重庆市在“十一五”规划中提出了“三大经济区、四大板块”发展战略，将三峡库区生态经济区划分为渝东北、渝东南，加上渝西经济走廊和都市发达经济圈共四大板块。涪陵被划分到

渝东北板块，再次被定位为主城和渝东北、渝东南的连接点，并成为全市建设的六大区域性中心城市之一。

2006年底，也即重庆直辖10周年之际，涪陵被定位为“一小时经济圈”的东部增长极，重庆市重要的工业基地，重庆中部的综合交通枢纽和商贸物流中心，长江三峡旅游服务接待基地之一，具有完善综合服务功能的山水园林城市，重庆市六大区域性中心城市之一。

2010年12月21日，重庆市委、市政府下发《关于加快涪陵经济社会发展的决定》（渝委发〔2010〕37号），指出“涪陵是我市区域性中心城市，是三峡库区工业重镇和乌江流域物资集散中心，是一小时经济圈辐射带动渝东北、渝东南地区的重要枢纽，在全市经济社会发展中具有特殊重要地位”。决定给予涪陵全市重要经济增长极、全市重要工业基地、国家中心城市重要腹地等战略定位。

2013年9月，中共重庆市委四届三次全会召开，明确将涪陵定位为重庆“全市综合产业基地”“区域综合交通枢纽”“区域性教育、医疗、应急中心”和“现代化城市”。

2014年9月，《国务院关于依托黄金水道推动长江经济带发展的指导意见》一出台，长江经济带建设上升为国家层面的重大战略决策；2015年3月，国家发展改革委、外交部、商务部联合发布《推动共建丝绸之路经济带和21世纪海上丝绸之路的愿景与行动》，提出把重庆打造成为西部开发开放重要支撑。涪陵位于长乌两江交汇口，是长江、乌江水运通道的重要节点，辖区内龙头港是重庆“1+3”核心枢纽港之一。在此背景下，涪陵依托长江黄金水道，积极融入国家“一带一路”建设和长江经济带发展战略，涪陵工业园区被确定为长江经济带国家级转型升级示范开发区。

2015年10月，重庆市政府印发《关于重庆大都市区规划的批复》（渝府〔2015〕50号），重庆大都市区包括主城9区及周边12区，是重庆建设国家中心城市的功能载体，是国家“两横三纵”城镇化战略格局中重庆成都城市群的重要组成部分。涪陵位于大都市区的“涪陵—长寿板块”，重点打造综合产业基地，引导化工、钢铁、装备、材料、汽车等产业集群发展。意在在产业体系、城镇建设、交通配套上全面融入主城，在更高的平台上发展涪陵。

2016年4月，国家发展改革委、住房和城乡建设部联合印发《成渝城市群发展规划》，规划包括重庆的渝中、涪陵、万州等27个区县及四川省的成都、泸州、南充等15个市，总面积18.5万平方公里。该规划对涪陵的定位是：重庆重要的先进制造业基地，区域综合交通枢纽，宜居宜业的山水园林之城。特别是涪陵和万州，以及四川泸州、南充一起，被国家定位为成渝城市群的4个区域综合交通枢纽。

二、涪陵的经济区划分析

经济区划是指国家或地方政府根据社会长远发展的目标和规划，结合社会劳动地域分工的规律、区域经济发展的水平和特征的相似性、经济联系的密切程度划分的部分区域。

按照促进全区一体化、区域发展差异化、资源利用最优化和整体功能最大化的原则，涪陵可分为城市功能核心区、沿江工业集聚区、坪上现代农业区和后山生态发展区四大板块（见图2-1）。

图2-1 涪陵经济区划示意

注：地理底图采用审图号为渝S（2019）066号的标准地图。

城市功能核心区：包括涪陵新城区和老城区，总面积339平方公里。该区域突出“扩量增效”和“优化提升”，优化城市空间结构，适度有序扩大城市建设空间，控制工业建设空间，增加城区生态空间。率先转变经济发展方式，提升经济增长质量和效益，增强自主创新能力，尽快形成以高端制造业和现代服务业为主体的功能区域，建成具有较强创新活力和公共服务辐射能力、传承历史文脉、彰显城区魅力的中心区域，成为构建现代化城区的核心区域和带动全区实现科学发展的龙头区域。

沿江工业集聚区：主要包括龙桥（含新石工业拓展区）、白涛、清溪工业园和沿江乡镇（街道）沿江区域，总面积910平方公里。该区域突出城镇化和工业化“两化提速”。加快配套基础设施建设，改善投资创业环境，增强产业和人口的聚集和承载能力。积极承接国内外、重庆主城和涪陵城市功能核心区的产业转移，适度有序承接城郊农业区和生态发展区的人口转移，尽快形成以提供工业和服务产品为主体功能的区域，成为全区经济实现持续快速发展的重要支撑区域。

坪上现代农业区：主要包括坪上乡镇和沿江乡镇（街道）非沿江区域，总面积1178平方公里。该区域突出“特色发展”和“山水田园”。有效控制开发强度，因地制宜适度发展农林牧渔产品生产和加工、乡村旅游、观光休闲农业等。限制大规模的工业和城镇开发，加强对耕地、林地、果园、水产养殖水域和生态环境的保护，形成以提供农副产品为主的功能区，保障城区基本农产品供应。

后山生态发展区：主要包括后山乡镇，含大木乡、武陵山乡、罗云乡全境，焦石镇武陵山脉区域和李渡街道、义和镇黄草山脉区域，总面积515平方公里。该区域突出“绿色生态”。严格控制开发强度，围绕生态旅游和新能源开发两大主线，适度发展农林牧渔产品生产和生态产品。该区域是全区自然保护区、森林公园、地质公园的主要聚集区域，对核心保护区域要依法实施强制性保护，严禁各类开发活动，引导人口转移，逐步实现污染物零排放，形成以提供生态产品为主的功能区，成为维持生物多样性和生态产品多样化的承载地。

第四节　经济地理的影响因素

经济地理学所研究的经济活动的地域系统，既包括各经济部门在地域上的布局，也包括各地区经济部门的结构、规模和发展，以及地域布局和部门结构的相互联系。因此经济地理受到自然、社会经济、技术条件多方面因素的影响，具有综合性特征。同时经济活动必然发生在一定的地域内，与一定的地理环境相关，因此经济地理具有明显的地域性。

一、地理位置与环境

涪陵位于四川盆地东南边缘，地处四川盆地和山地过渡地带，位于东经 106°56′~107°43′、北纬 29°21′~30°01′之间。地势以丘陵为主，横跨长江南北、纵贯乌江东西。地势大致为：东南高而西北低，西北—东南断面呈向中部长江河谷倾斜的对称马鞍状。全区海拔最高 1977 米，最低 138 米，多在 200~800 米。涪陵居重庆市中部、三峡库区腹地，位于长江、乌江交汇处，有“渝东门户”之称；经济上处于长江经济带、乌江干流开发区、武陵山扶贫开发区的结合部。

涪陵区属于中亚热带湿润季风气候，常年平均气温 18.1℃，2017 年降水量为 980.4 毫米，无霜期 365 天，日照时间 1201 小时。

二、自然资源禀赋

涪陵辖区面积 2942.34 平方公里，其中耕地 10.28 万公顷，林业用地 14.03 万公顷，内陆水域 1.11 万公顷。区域内资源富集，开发前景广阔。

矿产资源品种较多，主要矿产有煤、天然气、铁、铝土矿、石英砂、石灰石、页岩气等 10 余种，其中原煤储量 3071 万吨，石灰石储量 4 亿吨，天然气储量 17 亿立方米，铁矿储量 2249 万吨，铝土矿储量 54 万吨。此外，沿江分布的河沙、卵石、砂岩是取之不尽的建筑材料。

尤其值得一提的是，涪陵页岩气资源丰富。2012 年以来，中石化在涪陵的页岩气勘探开发取得重大突破，初步估计涪陵页岩气田埋深小于 4500

米的有利区面积近 4000 平方公里，资源量 2.1 万亿立方米。2013 年 9 月，国家能源局正式批准设立涪陵国家级页岩气示范区，涪陵页岩气田是中国首个大型页岩气田，也是全球除北美外最大的页岩气田。2016 年涪陵页岩气产能达到 70 亿立方米。2017 年建成年产能 100 亿立方米的页岩气田，相当于建成一个 1000 万吨级的大型油田。

水、电资源丰富，全区水总量 24.9 亿立方米（不含长江、乌江年过境流量 4024 亿立方米），水资源理论蕴藏量 14.8 万千瓦，可供开发量 7.46 万千瓦，极具开发潜力。目前地方电网自成体系，涪陵电网属全国最大的三大地方小电网之一。

生物资源，主要有松、杉、柏、香樟、楠木、竹等森林植被资源 200 多种，柑、橘、龙眼、桑、茶、油桐等经济林木资源 150 多种，野生中药材（含草药）800 多种，野生动物资源 50 多种，江河鱼类资源 50 多种。农产品资源亦较丰富，独具特色的有茎瘤芥（俗名青菜头）、红心萝卜、涪陵水牛等，闻名全国。

旅游资源得天独厚，人文历史与自然风光交相辉映。主要的旅游景点有白鹤梁水下博物馆、武陵山大裂谷、武陵山国家森林公园、大木花谷、林下花园、“816” 核军工洞、乌江画廊、小溪自然风景区、雨台山、御泉河、北岩点易洞、陈万宝庄园等。

三、生产技术条件

近年来，涪陵坚定不移地实施工业强区战略，工业经济保持持续快速发展的良好势头，形成了化工化纤、装备制造、材料、医药、食品、能源六大传统支柱性产业，以及包括页岩气、新一代信息技术、MDI 下游、新能源汽车及智能汽车等在内的六大新兴产业，并涌现出中石化涪陵页岩气公司、涪陵卷烟厂、太极集团涪陵制药厂、榨菜集团等一大批有实力的工业企业。2017 年，涪陵实现工业增加值 508 亿元，在全市区县排名第二，仅次于渝北。

涪陵依托资源优势和产业特色，积极推动特色效益农业发展，重点建设好榨菜、畜牧、桑果和蔬菜四大特色农业基地。涪陵榨菜成为全国品牌价值最高的农副产品，“涪陵青菜头” 被认定为全市蔬菜第一品牌，涪陵区被授予“中国绿色生态青菜头之乡”“中国绿色生态龙眼之乡” 称号。

与此同时，涪陵在生产技术条件方面也存在传统产业结构偏重，新兴产业规模较小，科技创新能力不足，核心竞争力不强等问题，产业进一步优化升级面临较大压力。

四、劳动资源要素

目前，涪陵城乡二元结构突出，农村人口比重大，富余劳动力多，农民进入城镇还存在诸多体制性障碍，应大力实施劳动力转移战略，开展职业技能培训，促进农民向城镇转移，加快统筹城乡发展。截至2017年末，全区户籍人口115.83万人（2000年110.75万人），常住人口116.02万人（2000年105.19万人），其中城镇人口77.94万人，农村人口38.08万人；常住人口城镇化率67.18%，比2000年提高28.88个百分点（2000年40.8%）。从业人员77.60万人，比2000年增加14.88万人（2000年62.72万人）。分产业看，第一产业就业17.68万人，第二产业就业27.60万人，第三产业就业32.32万人。分城乡看，年末城镇从业44.36万人，农村从业33.24万人。2017年全员劳动生产率（地区生产总值与全部就业人员的比率）为12.79万元/人，比2000年提高10倍（2000年为1.12万元/人）①。

五、基础设施条件

交通方面，涪陵正加快构建区域综合交通枢纽。涪长高速公路、涪南高速公路、涪丰高速公路、涪陵至主城江南4条高速公路建成通车，在区内呈“十”字交叉，里程数达130公里。渝利铁路、渝怀铁路横穿全境，渝怀铁路复线重庆至涪陵段建成通车，铁路总里程数168公里。拥有航道里程135公里，其中长江一级航道77公里，乌江三级航道33公里，重庆四大枢纽港之一龙头港建成开港。

邮电方面，2017年末固定电话用户17.09万户（2000年24.08万户），固定电话普及率37.4%（按2017年户籍户数45.71万户计算）；移动电话用户107.86万户，移动电话普及率93.1%（按2017年户籍人口115.83万人计算）。互联网用户24.91万户，互联网普及率54.5%（按2017年户籍

① 《涪陵年鉴》。

数 45.71 万户计算）。

能源方面，国家电网、聚龙电网实现互联互通，年供电量 112.6 亿千瓦时，金子山风电项目启动实施，国家级页岩气示范区加快建设。

金融服务方面，截至 2017 年，有银行、保险、担保、小贷、私募等各类金融机构 70 家，成为主城之外数量最多、门类最齐的区县，银行机构各项贷款余额达到 458 亿元。

教育科技方面，2017 年有高等教育学校 3 所，中等专业学校 1 所，中等职业学校 6 所；科研事业机构 2 个（农科所、信息所），从事科技活动人员 98 人；有研发活动的企业 60 个，研发人员 3378 人；有全国首个页岩气院士专家工作站，国家及市级工程技术研究中心 14 个、市级重点实验室 1 个、国家高新技术企业 25 家，高新技术产品 124 个，中国驰名商标 10 件。

医疗卫生方面，2017 年有卫生机构 230 个，其中医院、卫生院 56 个，妇幼保健院 1 个，疾病预防控制机构 2 个；有床位 6367 张，卫生技术人员 6583 人，其中执业医师、执业助理医师 2518 人、注册护师和护士 2354 人。

虽然近年来涪陵的基础设施建设取得了一定的成绩，但仍存在不少短板需要弥补：一是区域发展不平衡，城镇与农村，沿江与坪上、后山在发展水平和能力上存在较大差距，提高城镇化水平、推进城乡一体化发展还有很多难题需要破解；二是经济发展、城乡建设对资源、能源平衡和环境承载能力提出更高要求，节能减排、生态环境面临更多考验；三是按照现代城市发展要求，城市管理水平、社会公共服务水平、社会管理协调能力和自主创新能力面临新的考验，市民素养和城镇软实力亟待提升。

六、市场供求因素

涪陵地处长江、乌江两江交汇处，是成渝城市群资源要素进出长江的东大门，是乌江流域最大的物资集散地，积极融入国家“一带一路”建设和长江经济带发展战略。涪陵经济区域合作和对外开放水平比较高，在“四大园区、六大支柱产业”的工业发展布局中，其市场供求范围可分为 4 个层次：一是涪陵区内合作，围绕支柱产业配套化、园区化集聚发展，产业链条上的上下游企业相互合作，提供产品，比如化工产业。二是涪陵区与主城、渝东南、黔北、川东北等周边区域合作，比如为主城笔电产业提供配件，从渝东南、云贵川等地购买原材料等。三是涪陵区与沿海经济发达地区、长江经济带地区合作，主要是涪陵为这些地区提供工业原材料、初级产品等。四是涪陵与境外、国外的合作。比如2017年全区对外贸易进出口总额46.93亿元，其中出口22.32亿元，进口24.61亿元。其中，主要出口到中国香港、俄罗斯、日本及欧美等96个国家和地区，主要从巴西、欧美、中国台湾等47个国家和地区进口。

由于涪陵的工业产业大多处于行业的中低端，缺乏定价话语权，抗市场风险能力不强，受国内和国际宏观经济环境影响较大。近年来，由于全球经济形势低迷，涪陵的化工、船舶制造等产业产能严重过剩，亏损严重，部分企业甚至停工停产，如蓬威石化PTA项目于2013年底停产。

七、政策环境因素

近年来，涪陵区不断加大招商引资力度，先后出台一系列招商引资优惠政策。对来涪投资企业，2010年前企业所得税按15%税率征收，区级留成部分（40%）“两免三减半”；企业增值税区级留成部分（25%）的50%返还2年；企业经营团队个人所得税区级留成部分（24%）全额返还3年。

2014年3月，涪陵区出台《关于加快旅游产业发展的意见》（涪陵委发〔2014〕14号），明确了涪陵旅游总体思路、发展目标、主要任务和保障措施。全力塑造“两江福地，神奇涪陵”城市形象，把涪陵建成具有浓郁地方特色的巴国故都游览胜地和长江上游重要旅游集散区。

2015年10月，涪陵区出台《重庆市涪陵区人民政府关于推进大众创业万众创新的实施意见》（涪陵府发〔2015〕70号），激活创业创新主体，搭建创业创新平台，强化金融服务支撑，完善财税支持体系，力争到2020年，把涪陵建设成为西部知名、全市领先、充满活力的创新型城市，成为适宜各类人才创业创新的乐园和高地。

2016年5月，涪陵区出台《重庆市涪陵区人民政府关于加快发展生产性服务业促进产业结构优化升级的实施意见》（涪陵府发〔2016〕27号），大力发展现代物流、金融保险、科技服务、商务服务、电子商务等生产性服务业，推进生产性服务业与先进制造业和现代农业融合互动发展，提高生产性服务业整体素质和市场竞争力，推动涪陵生产性服务业跨越式发展。

2016 年 7 月，涪陵区出台《重庆市涪陵区人民政府关于进一步支持金融服务中小微企业发展的实施意见》（涪陵府发〔2016〕37 号），制定 20 条政策助推中小微企业发展。包括设立 300 万元小额贷款保证保险风险补贴专项资金、2000 万元“助保金”风险补偿金、5000 万元出口退税应急周转资金，对中小微企业担保费和新型农村金融机构贷款实施补贴，对创业担保贷款、鼓励类微型企业贷款及其他 9 项政策性保险给予财政补贴等。

目前，涪陵制定的促进发展政策较多。但各地、各行业、各部门制定的政策各自为政，存在体系不完善、财政优惠政策不完整、技术扶持政策不到位等问题。政策体系缺乏协同效应，政策环境尚需进一步优化。

第三章 自然地理资源

一个地方资源禀赋的优劣对当地的社会经济文化发展会产生极为重要的影响，诸如该地的产业结构、生产方式、社会生活、文化面貌、外来投资、基础设施建设、旅游发展等均会留下“资源禀赋”的痕迹。如今，涪陵正处于建设重庆区域中心城市的重要历史时期。因此有必要系统、全面地把握涪陵发展的资源禀赋，为经济发展提供助力。一个地方的资源禀赋所包含的内容甚多，大体分为自然资源禀赋和人文资源禀赋两大类。本章主要考察涪陵的自然资源禀赋。

第一节 地质与矿产

涪陵地处四川盆地的东南边缘，位于东经106°56′~107°43′、北纬29°21′~30°01′之间，总面积2945.63平方公里。在地质上属扬子淮地台区，地壳稳定，无6级以上地震；地貌类型多样，有河谷、丘陵、低山、低中山；属中亚热带湿润季风气候，水热充足；生物繁多，种类丰富；长江和乌江两江在此交汇，良好的水系发育带来航行、灌溉、发电之利。优越的自然环境和丰富多样的自然资源为涪陵社会经济的发展提供了有利的物质基础。

一、涪陵地质

在地质构造中，涪陵曾经历过吕梁运动、燕山运动、喜马拉雅运动，属古老的扬子淮地台区。地质构造对资源禀赋的意义在于：其一，其化石不仅具有历史、文化的意义，还具有经济学的价值。其二，其矿产会影响到产业结构和投资方向等方面。其三，通过影响地理、地貌，进而影响植被、动植物等构成，进而影响资源“集合”。其四，有无“灾变”型资源会影响到旅游开发等问题①。

（一）地质构造

涪陵地质构造分属两大构造体系和两个构造带。两大体系，即新华夏、南北径向构造体系；两个构造带，即四川沉降带中的川东褶皱带、川黔南北构造带。其中，川黔南北构造带向北延伸楔入川东褶皱带之中，在涪陵形成明显的复合构造。涪陵为两大构造体系的交汇过渡地带。

川东褶皱带地质构造和川黔南北构造带地质构造，分别分布在长江以北地区和长江以南地区。川东褶皱带地质构造主要包括明月峡背斜、箐口场—黄草峡背斜、大池千井背斜、方斗山背斜、拔山寺向斜、珍溪向斜、丰都—忠县向斜、狮子滩—沙河褚曲组等。川黔南北构造带地质构造主要含南北向褶皱和北东向褶皱。南北向褶皱主要包括四合场背斜、梓里场—勾家场背斜、大耳山背斜、石溪向斜、堡子场向斜、土地垭向斜等。北东向褶皱主要包括太和场背斜、弹子山背斜、凤凰寨向斜、金子山向斜、桐麻湾背斜及老场—悦来褶曲组等。

南北构造带地跨川黔两省，在向北延伸中，其势渐弱，直至消失。其背斜和向斜呈短轴状；因受基地构造的控制和新华夏系挤压，部分背斜两翼比较紧凑。所有构造行迹均在北纬29°50′附近消失，且扭性断裂不发育。

南北向构造体系与新华夏构造体系在涪陵的接触部位产生复合构造形态：其一，反接。如太和场鼻状背斜反接于南北向的梓里背斜。其二，横跨。如大耳山、羊角背斜相接的斜鞍部被新华夏系的小向斜所横跨。其三，斜接。如弹子山、桐麻湾背斜和金子山向斜北东端受南北向的大耳山背斜阻挡而向北偏转形成“S”形弯曲，并与大耳山背斜西翼构成限制性斜接关系，产生“多”字形构造的次生背、向斜群。其四，菱形盆地。因南北向构造体系与新华夏系的反接复合，形成一些大小不等的菱形盆地。其中形态最明显、规模最大的是蔺市盆地。

（二）地层

在涪陵出露有古生界志留系、二迭系，中生界三叠系、侏罗系和新生

① 四川省涪陵市志编纂委员会．涪陵市志［M］．成都：四川人民出版社，1995.

界第四系地层，总厚度4800~6750米。

志留系地层主要为罗惹坪组，又称韩家店组，这是涪陵出露的最古老的地层，约形成于4.2亿年前。主要分布在龙塘上寨境，面积5.6平方公里，出露厚度大于10米，有灰绿色页岩、黄绿色页岩、粉砂质页岩、夹粉砂岩，以灰绿色页岩为主。

二迭系地层分上、下统，面积69.5平方公里，占总面积的2.36%。主要分布在白涛、龙塘、山窝、卷洞等地，即大耳山、弹子山背斜和金子山向斜轴部，共5组，即下统梁山组、栖霞组、茅口组；上统吴家坪组、长兴组。厚626~693米。

梁山组，又称铜矿溪层。出露于白涛、卷洞。为灰绿、浅灰色黏土岩或铝土矿，含鲕状绿泥石透镜体，顶部夹煤线。厚3~8米。

栖霞组，为深灰、灰色中厚层，含有机质生物碎屑灰岩，下部夹薄层灰黑色有机质页岩，含虫筳、珊瑚、腕足类等化石。厚89米。

茅口组，曾与栖霞组合称阳新灰岩。存在有机质灰岩、厚层灰岩，含大量燧石团块及少许有机质页岩，含虫筳、珊瑚、腕足类等化石。厚377米。

吴家坪组，曾被称为乐平煤系或龙潭组，为海陆交替相的滨海沉积。主要由深灰、棕灰、浅灰色灰岩和生物碎屑灰岩组成，含燧石结核。砂质、炭质页岩和粘土岩等占12.1%。底部为厚2~3米的灰白色粘土岩，顶部为黑色砂质页岩，均含黄铁矿。页岩、生物碎屑灰岩中含腕足类动物化石，底部含植物化石。厚126米。

长兴组，为浅海相碳酸盐沉积。深灰、灰色中至厚层状致密石灰岩、生物碎屑灰岩，含燧石结核，夹泥质、硅质灰岩。上部含星散状黄铁矿。含腕足类等化石。厚95米。

三叠系地层有下、中、上统，主要分布在焦石、白涛向斜部位和箐口、勾家场、梓里场背斜轴部。总面积886.2平方公里，总厚度1049~1985米。共4组，即下统飞仙关组、嘉陵江组；中统雷口坡组；上统须家河组。

飞仙关组分布在罗云—白涛一线以西、梓里北部、丛林东北部等地。有上下两部分，下部从下至上分为4段，第一段主要为灰色薄至厚层泥质灰岩夹中厚层假鲕状灰岩，含菊石、瓣鳃类化石；第二段为灰色中厚层状灰岩，中夹紫灰、灰色泥质灰岩；第三段为灰色薄至厚层泥质灰岩，中上部夹假鲕状灰岩，含瓣鳃类化石；第四段为灰绿色薄层状泥质灰岩夹暗紫、灰绿色钙质页岩，含瓣鳃类、腕足类化石。上部主要为紫红色、黄色钙质页岩，中夹薄层泥质灰岩。飞仙关组东南部与大冶组为渐变过渡关系，西北部岩性主要为灰色灰岩，紫红色钙质页岩、泥灰岩及部分泥质灰岩，总厚 341~502 米。

嘉陵江组主要分布于大木、龙塘、白涛、山窝、罗云、和兴、复兴、梓里、丛林等地的溶蚀洼地。从下至上分为 4 段：第一段为灰色薄层至中厚层泥质灰岩、灰色中厚层块状灰岩，夹含泥质灰岩；第二段为灰色中至厚层状白云质灰岩、白云岩、夹盐溶角砾岩；第三段为紫红、黄绿色页岩，中夹 1~2 层薄层泥质灰岩，页岩中具有较多的网状方解石脉；第四段为浅灰色中厚层白云岩、深灰色块状白云质灰岩，顶部有一层厚数米的盐溶角砾岩。含有孔虫、瓣鳃类等化石。厚 425~591 米。

雷口坡组主要分布于大木、白涛、天台、靖黔、太和等地。按其岩性分为 3 段。第一段中上部为灰黄、灰绿色含钙质页岩夹薄层泥质灰岩，下部为灰、浅灰色中至厚层状灰岩和白云质灰岩，夹少许角砾状灰岩；底部有厚约 0.6 米的浅绿灰色水云母粘土岩（绿豆岩），是与嘉陵江组的分界标志层。第二段主要为紫红、灰色砂质页岩。第三段为灰黄色、灰绿色含钙质页岩夹灰、黄灰色薄层至中厚层泥质灰岩。含瓣鳃类、菊石及腕足类化石。总厚 115~161 米。

须家河组地层原称下侏罗系“香溪群”或“香溪煤系”，为陆相湖泊、沼泽沉积。主要分布在涪陵区境背斜轴部及其附近，有 2 个亚组。下亚组以黄灰、浅灰色长石石英砂岩、石英砂岩及深灰黑色砂质泥岩为主，夹页岩、粉砂岩及薄层煤、煤线。底部时有砾岩。上亚组为灰白、黄灰白色中至粗粒长石石英砂岩、灰黑色泥岩、砂质泥岩夹粉砂岩、页岩、薄层煤和似层状或结核状菱铁矿，底部砂岩常含砾石。上下亚组均含植物化石。总厚 168~331 米。

侏罗系地层有上、下统，是涪陵分布最广的地层，面积 1965.6 平方公里，总厚度 3163~4029 米，共 7 组，即早侏罗世的珍珠冲组、自流井组；中侏罗世的新田沟组和上下沙溪庙组；晚侏罗世的遂宁组、蓬莱镇组。

珍珠冲组地层系“自流井群”下部，属河湖相沉积。其下部为灰绿、深灰色中厚层状岩屑石英砂岩、粉砂岩，夹泥岩、赤铁矿。上部为紫红色砂质泥岩夹石英砂岩。含瓣鳃类、腹足类化石。厚188~213米。

自流井组地层包括自流井群大安寨（下）、马鞍山（中）、东岳庙（上）3个岩性段。下部为灰色钙质页岩夹薄层介壳灰岩、页岩、粉砂岩，底部夹鲕状绿泥石菱铁矿层。中部为紫红色砂质页岩夹泥质粉砂岩及细粒岩屑石英砂岩。上部为紫红色钙质泥岩夹粉砂岩及生物碎屑灰岩。含瓣鳃类等化石。总厚154~300米。

新田沟组地层为自流井群的凉高山段，其下部为黑灰、黄绿色页岩夹石英砂岩及介壳灰岩。上部为灰色厚层岩屑长石砂岩与页岩互层。含瓣鳃类化石。总厚120~250米。

下沙溪庙组地层由紫红色粉砂质泥岩、泥质粉砂岩夹青灰、黄灰色长石砂岩构成。顶部为黄绿色叶肢介页岩。含瓣鳃类、叶肢介和植物化石。总厚371~465米。

上沙溪庙组地层由紫红、棕红色泥岩，粉砂质泥岩与紫灰、浅灰绿色长石砂岩、夹粉砂岩等构成。含鱼类化石。总厚1482~1719米。

遂宁组地层主要分布于向斜轴部。有鲜紫红色泥岩、粉砂质泥岩、粉砂岩夹数层灰色砂岩，普遍含钙质，时夹石膏小薄片。总厚440~674米。

蓬莱镇组地层主要分布于向斜轴部。下部以棕红色泥岩为主，与白色石英砂岩、长石质砂岩不等厚互层构成。泥岩含钙质团块。上部为灰白色长石质砂岩与棕红色泥岩互层。总厚408米。

第四系地层主要为洞穴、河流阶地和残坡以及现代河漫滩的堆积物，其中后二者的总面积为15.3平方公里。厚0~34米。

在洞穴堆积物中，涪陵石灰岩分布较广。因溶蚀作用产生大量的溶洞，按其所处高程可分6层，标高在200~1700米。在洞穴中多发育有第四系的钙华（钟乳石）、砂土堆积物。河流阶地堆积物主要分布在长江、乌江两岸及其支流的河漫滩、宽谷阶地和侵蚀面上。

二、涪陵矿产资源及其分布

涪陵矿产资源丰富，主要有煤、天然气、铁、石灰石、页岩气等。矿产在经济地理中的意义在于：第一，它本身是经济的重要构成；第二，它可能孕育特色经济产业；第三，它决定着经济布局、开发利用的投资方向。

煤是一种燃料矿，在涪陵零星分布。20世纪80年代之前发现有20多个小型矿床（点），大部分煤层都很薄且不稳定，累计探明储量3071万吨。涪陵的煤主要有两大矿系。其中，吴家坪煤系是涪陵主要产煤地层，主要在乌江水系和背斜北端的弹子山和桐麻湾背斜地区，厚0.59~1.06米；须家河煤系位于三叠系须家河组地层底部，含有3~7层煤，煤层最大厚度为0.37米，平均煤层厚度为0.2米。

天然气，属燃料矿，主要产于蔺市盆地的三叠纪地层。1984年，在四合钻探1井，每天的天然气产量为24万立方米，预计储量达到17亿立方米，发热量8500千卡/立方米，含硫46毫克。

铁，属金属矿。涪陵铁矿石主要有菱铁矿和赤铁矿两种。其中，菱铁矿累计探明储量2200余万吨，主要分布于大柏树、荔枝、珍溪等地，含铁量26%~31%；赤铁矿累计探明储量400余万吨，主要分布于太和、梓里、酒店等地，含铁量27%~30%。

石灰石，属非金属矿。涪陵石灰石累计探明储量超过4.1亿吨。北岩口石灰石矿体厚51~167米，氧化钙含量为48%~52%，氧化镁含量约为1%，储量1亿吨以上。大堡山石灰石总厚166~181米，氧化钙含量51%~53%，氧化镁含量0.66%~1.19%，大多数在1%以下，储量2.7亿吨。此外，白涛、焦石等地均发现一些有开采价值的矿点。

页岩气。涪陵页岩气资源量大，页岩气分布广、厚度大、丰度高、埋深适中、品质优，初步探明储量超过2.1万亿立方米，为典型的优质海相页岩气。2017年建成年产能达100亿立方米的页岩气田，相当于一个1000万吨级的大型油田，既是我国首个大型的页岩气田，也是全世界除北美之外最大的页岩气田。

第二节 地　形

涪陵地形地貌发育经历了漫长的地质演变，包括三叠纪、燕山运动、喜马拉雅运动等。地貌现状轮廓受地质构造线控制，处于四川盆地东部的“盆东平行岭谷区”与“巫山大娄山中山区”过渡地带。乌江与长江干流在涪陵交汇，涪陵地质明显呈河谷地貌发育特征。地形总趋势是：西北地区地势低，多为山谷和低山；东南部较高，多为丘陵和山地。各地相对高差：长江沿岸的低山丘为50~150米，东南山区一般为200~700米，西北部的深丘低山为100~200米。由于岩性和地质构造的差异，呈现两种不同类型的地貌景观。西部和北部的碎屑岩分布广泛，主要特征是构造侵蚀，河谷宽阔；东南部大片出露碳酸盐地层，主要特征是岩溶地貌，河谷多为窄谷。地形地貌的经济地理在于：一是它决定着农业、畜牧业的经济布局；二是它决定着作物的适用品种；三是它影响着特定地域的经济开发特别是旅游开发。

一、地貌类型

在涪陵，地貌类型按其成因可分为7类：其一，侵蚀堆积地形（如河漫滩、阶地）；其二，构造剥蚀地形（平谷圆顶浅丘，宽窄谷斜面状、脊状中深丘，坪状高丘）；其三，剥蚀—侵蚀地形（脊状、单斜状窄谷低中山）；其四，构造侵蚀地形（长恒状，环状列峰低山山垄，鳍脊状尖峰峡谷中山）；其五，溶蚀构造地形（垄岗谷地中山、垄脊槽谷低中山）；其六，溶蚀—侵蚀地形（溶蚀、侵蚀峡谷中山）；其七，溶蚀地形（溶丘谷地低山等）。按其外观形态，地貌可分为山地、丘陵、平坝、台地、山原、河漫滩、阶地7个基本类型。这里主要按溶蚀地形进行分类。

（一）山地

在涪陵，海拔大于500米、相对高差大于200米的山地面积达1508.17平方公里，占总面积的51.2%。按其相对高度可分为低山和低中山两个亚类。

低山，主要分布在长江沿岸深丘部分的雨台山，东南部铜矿山、武陵山脉海拔1000米以下部分，乌江西岸，南部大梁子山，中部勾家场背斜，西北部黄草山、五宝山、木鱼山一线。面积1352.05平方公里，占总面积的45.90%。按其成因及形态特征，又可分为长垣状、环列状列蜂低山，溶丘谷地低山两类。

长垣状、环列状列蜂低山，主要由背、向斜两翼的三叠系须家河组砂、页岩组成。海拔高度一般为600~1000米，相对高差500~600米。此类低山主要分布在涪陵西北部，属构造侵蚀地形。

溶丘谷地低山，主要分布于大耳山背斜西翼焦石坝至山窝一带。海拔一般 500~800 米，相对高差 50~100 米。山丘呈浑圆状，山间往往有平坦的谷地。

低中山，主要分布在武陵山、铜矿山区，其次是大梁子山区。集中分布在大木、龙塘两地，零星分布在焦石、罗云、卷洞、山窝、太和、同乐、聚宝等地。其特点是海拔 1000 米以上，山高坡陡，相对高差 200~500 米，甚至更大。总面积 156. 12 平方公里，占总面积的 5. 3%。按其成因和形态又可分为脊状、单斜状窄谷低中山，鳍脊状尖峰峡谷中山，垄脊槽谷低中山，垄岗谷地中山，溶蚀、侵蚀峡谷中山 5 类。

脊状、单斜状窄谷低中山，主要分布在长江以南的向斜翘起部位，由侏罗系砂、泥岩经剥蚀、侵蚀而形成。海拔 500~1400 米，相对高差 200~500 米。山势从向斜翘起部位递升，形成高耸的单斜山或脊状山地。河谷深切，常呈“V”形峡谷。

鳍脊状尖峰峡谷中山，主要分布于龙塘，由志留系砂、页岩组成，海拔 1000 米以上，相对高差 500 米以上。鳍状山脊与窄谷相间，属构造侵蚀地形。

垄脊槽谷低中山，主要分布于箐口场、勾家场、梓里场背斜核部。由嘉陵江组、飞仙关组及下二迭系等地层组成。在背斜轴部或两翼形成与构造线方向一致的条形槽谷，中间高，两侧低，垄脊山脉与槽谷互相平行。海拔 700~1500 米，相对高差约 500 米。

垄岗谷地中山，主要分布于向斜内，由雷口坡组、嘉陵江组及飞仙关组等地层组成。表现为条形谷地与向斜轴向一致，两侧为对称的垄岗状山脉屏列，山顶海拔 1000~1700 米，山顶与谷地相对高差 200~500 米。

溶蚀、侵蚀峡谷中山，主要分布于大耳山、羊角等背斜轴部及翼部。由飞仙关组及二迭系灰岩等地层组成。海拔 1000 米以上，相对高差 500 米以上。其山势耸峭，峡谷深邃，地形十分险峻。此类地形以乌江峡谷为代表。

在涪陵，主要山脉包括铜矿山脉，武陵山脉，大梁子山脉，黄草山—五宝山脉，勾家场—梓里场山脉等。

铜矿山脉，在涪陵城东 23 公里，与丰都县交界处。为大耳山背斜形成的台状低中山。它横贯南北，贯穿罗云、焦石和卷洞 3 地的东部。山脊呈“一山一槽二岭”的形态。山顶峰丛发育，主峰包括大顶山（海拔 1372

米），鸡石尖（海拔1319米）和奁耳山（海拔1224米）等。

武陵山脉，在涪陵东南33公里，位于丰都县和武隆区交界处，方斗山、大耳山和羊角背斜交汇地带。主脉向北东，在武隆区木根以西转北西向，海拔约2000米。最高的部分位于大木、龙塘和武隆区交界处。山脊呈锥形，山顶岩溶地貌，山峰和山脊被密集覆盖。

洼地有落东坝、龙塘坝等，海拔约1000米，主峰磨槽湾（海拔2033米），次有歇马台（海拔2016米）、大山堡（海拔1977米）、猫儿山（海拔1944米）等。海拔1700~1800米以上山峰甚多。大山堡下有涪陵林场，为良好的消夏避暑地。

大梁子山脉，在城西南29公里，与武隆区交界处。系太和场背斜两翼发育成的单斜构造中山，主要由侏罗系自流井组岩层构成。山脉走向北东（南端）转南北向，两侧横谷发育；为龙潭河、小溪水系与大溪河水系分水岭。主峰大梁子（海拔1347米），次有上峰岩（海拔1268米）、甘家山（海拔1035米）、雷劈山（海拔903米）等。

黄草山—五宝山脉，位于涪陵西北边界，与长寿区和巴南区交界处。为箐口场背斜的南端分出的西面一支，即由黄草峡背面形成的背斜的低山，北东—南西走向，在黄草峡为长江所切割，延伸至石和转向南北，形成五宝山脉。主峰包括大尖山（海拔1100米）、黄景井（海拔1050米）、毛马山（海拔1000米）、尖峰顶（海拔981米）、太平寨（海拔942米）、木鱼山（海拔907米）、五宝山（海拔881米）等。

勾家场—梓里场山脉，在涪陵中部，箐口场背斜东支，即勾家场背斜，向南伸展至龟龙关（古鸡鸣峡）为长江所切割，再南伸即接梓里场背斜，为南北走向的背斜低山。主要出露地层均为三叠系中下统灰岩。山脉北段一般海拔600~800米，南段500~700米。呈“一山一槽二岭”和“一山二槽三岭”组合形态，山顶岩溶残丘、峰丛、洼地展布。山体两翼为三叠系上统须家河组砂页岩，被横谷切割后呈锯齿状山峰。主要山峰有兰花岗（海拔1166米）、文家山（海拔1006米）、望丰都（海拔974米）、插旗山（海拔742米）等。

（二）丘陵

在涪陵，相对高差小于200米的丘陵面积913.14平方公里，占总面积的31.0%。其中，相对高差在30~50米的低丘陵约占丘陵总面积的

31.61%，其余为中高丘陵。按其高度、形态差异，丘陵可分 3 个类型。平谷圆顶浅丘，主要分布在长江两岸，与台地相间；坪上平坝或台地周围，宽窄谷斜面状、脊状中深丘，主要分布在珍溪向斜；坪状高丘，主要分布于蔺市盆地内。

（三）平坝、台地、山原

在涪陵，平坝多为零星分布，总面积 67.75 平方公里。有两种类型。其一是冲积平坝。多分布于河谷两岸的阶地上，如长江南岸的北拱坝、龙潭河两侧的龙潭坝、陈家坝、余家坝等，主要属于海拔 600~700 米的坪上低山丘陵地区。在涪陵，300 亩以上的稻田坝子有 20 余个。其二是河谷平坝。多分布于山间槽谷地带，如山窝水源坝、罗云罗云坝、干龙坝等。一般见于海拔 550~650 米的后山地区。在涪陵，300 亩以上的稻田坝子有 10 多个。

台地，主要有长江两岸的高阶地、洪积台地和溪河两岸发育成的台地，与丘陵地相间分布。绝大多数在海拔 500 米以下，总面积 217.98 平方公里。

山原，主要分布在涪陵西北部的黄草山、木鱼山、五宝山和东南部的铜矿山、大梁子山的山腰、山顶平缓地带，以及坪上地区地形起伏较大的地方，如双石等地。总面积 164.96 平方公里。

（四）河谷

在涪陵，河谷地貌按其形态可分为宽谷、窄谷两种，前者分布于长江及其西、北部支流沿岸，后者以乌江峡谷区较为典型。按其成因可分为河漫滩和阶地，阶地又有一、二、三级阶地之分。

河漫滩，零星分布于长江、乌江沿岸的石质河漫滩和沙碛坝。一般长 1000~3000 米，以蔺市发育最为良好。

在阶地中，一级阶地主要分布于长江、乌江两岸，以白涛附近发育较好。二级阶地断续分布于长江、乌江沿岸，以蔺市、白涛等地保留较为完整。三级阶地与二级阶地的分布一致。

二、地貌区划

涪陵地貌类型多样，交错分布。根据地质构造、地形趋势和地貌类型的结合，将地貌划分为沿江丘陵低山区、坪上低山带坝区和后山区等 3 个一级区，以及沿江丘陵区、沿江低山区、后山丘陵带坝区、后山低中山区等 4 个二级区。

（一）沿江丘陵低山区

主要分布在长江以北和乌江以东雨台山以北的沿江地带，包括李渡、珍溪、新妙及蔺市、马武等的一部分。面积 1172. 36 平方公里。地貌组合以丘陵为主，次为低山、台地，分别占该区面积的 56. 8%、27. 2%、12. 1%；山原、平坝很少，只占 3. 9%。丘陵台地主要分布于沿江两岸，低山集中分布于西北部的黄草山背斜和中部的勾家场背斜。该区有两个二级区：沿江丘陵区，主要分布在长江两岸海拔 500 米以下地区；沿江低山区，主要分布在西北部低山地带。其地貌组合分别以丘陵、低山为主，其面积分别占该区面积的 69. 9%和 30. 1%。该区平均垦殖率 49. 1%，其中丘陵区较高，为 54. 1%；低山区次之，为 37. 45%。

（二）坪上低山带坝区

主要分布在涪陵南部，包括龙潭坝区的绝大部分和马武、蔺市两地台坎以上部分，面积 786. 48 平方公里。地貌组合以低山为主，占该区面积的 50%；次为丘陵，占 28. 9%；旱坝、台地、山原占 21. 1%。平坝主要分布在龙潭河和同乐河两岸；丘陵主要分布在平坝四周；低山主要分布在大梁子山一带。该区农业生态环境较好，历来有“米粮仓”之称，垦殖率超过 35%。

（三）后山区

主要分布在涪陵东南部，包括焦石、白涛全部和清溪、马武的一部分，以及龙潭坝区同乐、聚宝的小部分，面积 986. 79 平方公里。地貌组合以低山为主，占该区面积的 67. 2%；次为中山，占 15. 8%；山原、高丘以及平坝、台地分别占 6. 6%、6. 4%、4. 0%。该区以焦石、罗云山谷平坝为中心，向西北逐步发育成高丘、低山；向东南逐步由低山到低中山。该区有两个二级区：后山低山槽谷带坝区主要分布在涪陵中部、西北部海拔较低的地区，一般海拔 300~700 米，包括和兴、复兴、天台、靖黔、石门等全部，焦石、罗云、卷洞、山窝、白涛等大部，以及土地坡、清溪、凉塘、菜场、太和等的小部分，面积占该一级区的 83. 1%。地貌组合以低山为主，占本区的80.8%；次为高丘、山原、平坝、台地，分别占本区的7.6%、6.7%、3.2%、1.7%。后山低中山区主要分布在涪陵东南部海拔1000米以上地区，包括大木、龙塘全部，罗云、焦石、卷洞、山窝、白涛、梓里、太和、同乐、聚宝等的一部分，面积占该区的16.9%。地貌组合方面，低中山占93.7%，山原占6.3%。

第三节　气　候

涪陵属中亚热带湿润季风气候，四季分明，热量充足，降水丰沛。地势从西北向东南升高，气温递降，降水增加，立体气候明显。四季的特点是：春早，常有“倒春寒”；夏长，炎热，旱涝交错，伏旱频繁；秋短，凉爽而多绵雨；冬迟，无严寒，雨雪少，干燥。气候在经济地理中的意义在于：第一，它最为直接地影响着农作物的生长、发育、授粉、结实等；第二，它影响着民众出游、避暑、休憩等。

一、气温

年平均气温：据国民政府中央气象局涪陵测候所的记录，1937—1946年涪陵城年平均气温为19.4℃。据涪陵地区气象台（海拔273米）1952—1985年气象观测资料记载，历年平均气温为18.1℃。80%以上年份平均气温为17.7℃~18.7℃。

月平均气温：7月、8月最高月平均气温28.6℃，月较差21.5℃，月际最大差值26.8℃。

最高气温：历年各月平均气温22.1℃，极端最高气温42.2℃。气温在14时左右最高，日出前和夜间最低，日变化曲线呈一峰一谷型。5月下旬至9月下旬，日最高气温不低于30℃的天数为81.4天，不低于35℃的天数为35.1天，不低于40℃的天数为1.7天，均比重庆多。涪陵夏长而炎热。11月至次年2月日较差低，在6℃以下；7月、8月日较差高，在9℃~10℃；其余各月日较差平均为7.2℃。

最低气温：涪陵气温从9月开始明显下降，历年平均最低气温15.1℃。全年1月最冷，平均气温为5.2℃，极端最冷的月平均气温为2.9℃。

二、日照

日照：涪陵是全国日照低值中心之一，全年云雾多，日照时间少。年平均日照时数比同纬度的湖北少500~1000小时，比西藏拉萨少1700多小时。在一年中，常年月平均日照时数8月最多，达221.9小时，占可照时数的55%；7月次之，达212.6小时。常年7月中旬至9月上旬（大春作物开花结实期）日照总数450小时，平均每天7.26小时。日照12月最少，1月次之，分别为31.7小时、35.9小时，分别占10%和11%。在四季中，冬季日照时数112.3小时，占年日照的9%；春季313.7小时，占25%；夏季563.3小时，占45%；秋季258.7小时，占21%。

晴天与阴天：天空云量少于两成者为晴天。据1952—1985年观测资料，涪陵城多年平均年晴天数25.3天，在一年内晴天最多的月份是8月，平均5.2天。天空总云量多于八成者为阴天。据观测资料，1952—1985年年平均阴天日数为206.9天。平均阴天天数最多的月份是12月，为20.5天，8月最少，为10.4天。5月、6月和10月、11月，常出现连绵阴雨天气，阴天日数在18~20天。

三、降水与湿度

大气降水：据涪陵测候所1937—1946年观测记录，涪陵城年平均降水量919.7毫米。根据涪陵气象台1952—1985年的观测记录，涪陵城区年平均降水量为1072.2毫米。85%以上年份降水量超过900毫米。全年降水量有3个高峰：5月下旬57.8毫米，6月下旬70.6毫米，9月中旬53.0毫米。

在涪陵，四季降雨分布情况是夏秋季最高，占全年的66%；冬春次之，占34%。夏季常年平均雨量422.4毫米，占年总量的39%；降雨日数是38天，占全年降雨日数的25%。秋季常年降雨量为284.7毫米，占全年的27%；降雨日数42天，占全年的28%。

在涪陵，春季温度逐渐升高，但冷空气仍然经常南下，导致寒潮、低温阴雨或“倒春寒”天气，常年降雨量为308.4毫米，占全年的29%，其中一半以上降于5月。常年春季有大雨、暴雨2.7天，其中5月为1.6天。

在涪陵，1 月降水量最少，不足 15 毫米。冬季结束后雨量逐月上升，3 月降雨量为 46.0 毫米。3—4 月开始出现大雨天气。5 月常有雷雨、绵雨天气，月平均雨量约 160 毫米。6 月进入全年降雨高峰，月平均雨量 174.9 毫米。7 月和 8 月，雷暴和暴雨频繁，降雨集中但分布不均。有的年份雨量特别少，伴有伏旱。9 月和 10 月，降雨量分别达到 122.6 毫米和 107.9 毫米，为全年雨季之一。12 月进入冬季，降雨量显著下降至 23.5 毫米，但略高于次年 1 月和 2 月的降水量。

在涪陵，降雨日数常年 150.2 天。从月份看，5 月最多，平均 18 天；6 月、10 月次之，平均 16 天；1 月、2 月最少，仅 8 天。常年大到暴雨日数 10.2 天，其中暴雨 2 天。

在涪陵，年降雨量一般在 1000~1400 毫米。其一，沿河谷的丘陵区，年降雨量一般为 1000~1100 毫米，每年的雨天为 140~150 天。其二，坪上的低山区，年降雨量一般为 1100~1200 毫米，每年的雨天为 170~190 天。其三，后山低中山区，年降雨量一般为 1200~1400 毫米，每年的雨天为 170~190 天。随着地势的升高，这 3 类地区的年降雨量增加，并与热资源的垂直分布相反。

空气湿度：平均相对湿度 11 月最高，为 85%；8 月最低，为 71%，相差 14%。秋冬季相对湿度最高，夏季最低，月变化曲线为“双峰”型，11 月最高峰，6 月第二峰；最低谷为 8 月，第二谷为 3 月。日出前后相对湿度最大，14~16 时最小，与日常温度曲线正好相反。

蒸发量：各月蒸发量主要受光照、气温、风力、降水、湿度等因素影响。冬季阳光照射少，气温低，风力弱，相对湿度大，故蒸发量小。冬季平均蒸发量 12 月最小，只有 24.4 毫米。1—3 月蒸发量为 137.4 毫米，比同期降水多 60 毫米，故常有冬干间春旱，5—6 月是降水高峰季节，降水量超过蒸发量近 90 毫米，故洼地易成渍涝。盛夏阳光强，气温高，风力人，相对湿度小，蒸发量大，平均以 8 月最多，达 196.0 毫米。7—8 月蒸发量超过同期降水量 140 毫米，故易出现严重伏旱。4 月、9 月、12 月蒸发量约与降水量相当。

四、气压与风

气压：涪陵的大部分地区海拔高度为 200~800 米，比同纬度的海平面气压低。气压从1月到7月逐渐下降，并从8月到12月逐渐增加。气压的日变化曲线有两个峰和两个谷，一个周期为12小时，高值出现在10：00和23：00，前者最高；低值出现在6：00和16：00左右，后者最低。

风：涪陵多静风，频率高达57%。全年主导风向为东北风，频率7%；次为北风，频率6%。静风从10月到12月，频率为65%；7月静风最少，频率为49%；其余各月在50%~62%。每年7月至8月为东南风，9月为西风，其余各月以偏北风为主。

五、四季划分

四季划分：涪陵以平均气温高低划分四季，低于10℃为冬，不低于22℃为夏，10℃~22℃为春秋。涪陵有春早、夏长、秋短、冬迟和四季分明的特点。

积温和生长期：据涪陵气象台1952—1985年观测资料，日平均气温全年均在0℃以上，不存在终日冰冻现象。历年0℃以上平均年积温为6642.8℃，最多年积温达6878.9℃（1959年），最少年积温为6370.3℃（1982年），最多与最少年之间相差508.6℃。80%以上年份积温可保证在6500℃以上。

不低于10℃为大春作物开始生长的界限温度。各地出现早迟有一定差异。沿江河谷、沿江丘陵、平坝低山、后山低山、后山中山地区分别出现在3月中旬、3月中旬至下旬末、3月下旬末至4月初、4月上中旬和4月中旬至5月初，沿江丘陵等地区分别较沿江河谷地区推迟1个星期、半月、20天至30余天和1个月至1.5个月。

不低于20℃为大春作物扬花授粉的下限温度。沿江河谷丘陵、平坝低山、后山低山、后山中山地区分别出现在4月下旬和9月下旬、5月上中旬和9月中旬、6月上旬至7月上旬和7月下旬至8月。

不低于23℃为杂交水稻抽穗扬花下限湿度。沿江河谷丘陵、平坝低山和后山地区的初、终日出现时间分别为5月下旬和9月上旬、6月中下旬和8月中下旬、7月中旬初和8月初。

大春作物安全生长期（不低于10℃，不高于23℃）的持续天数，据1952—1980年观察资料，沿江河谷区170~183天，积温3921℃~4275℃；沿江丘陵区175天，积温4055℃，基本可满足大春作物两季生长发育要求；平坝低山区 130～147 天，积温 2829℃～3301℃，满足大春作物一季生长发育有余；后山低山区不低于 120 天，基本满足大春作物一季生长需要。

气温地理分布：涪陵属丘陵山地地貌，年平均气温垂直分布差异均较川西平原和川中丘陵区突出。地处中山地区的大木林场（海拔 1400 米）年平均气温 11.3℃，地处沿江河谷地区的河岸（海拔 160 米）年平均气温 19.8℃，两者相差 8.5℃。按年平均气温地域分布情况，涪陵可分为 4 种类型：其一，沿江河谷区，即长江、乌江沿岸的狭长地带，年平均气温 18℃以上。其二，沿江丘陵区，即沿江河谷以上的浅丘和深丘地带，年均 17℃～18℃。其三，坪坝低山区，即蔺市坪、龙潭坝、马武、焦石坝、罗云坝一带，年均 15℃～17℃。其四，后山低中山地区，年均 11℃～15℃。其中，低山和中山有区别，海拔 500～1000 米的低山区，年平均气温 13.9℃。海拔在 1000 米以上铜矿山、武陵山等中山地区，年平均气温仅 9.4℃。沿江河谷年均气温高于沿江丘陵，沿江丘陵高于平坝，平坝高于低山，而低山高于中山，垂直分布规律明显。

地温：据涪陵气象台观测资料，年平均地面温度为 19.8℃，较离地面 1.5 米高处气温高 1.7℃。其变化趋势与气温一致。1 月为全年最低，地面平均温度为 7.6℃，较气温高 0.5℃；8 月地面温度最高，平均温度达 31.9℃，较气温高 3.3℃。年际相差 1.8℃。

地中温度：在 5 厘米深度年平均地温 19.6℃，比地面温度低 0.2℃。10 厘米深度平均地温 19.5℃。5～20 厘米深度年平均地温 19.6℃～19.4℃，比地面温度低 0.2℃～0.4℃，夏季地中温度由地面太阳辐射传递，每增加 5 厘米，地温约降低 0.5℃。冬季地面平均温度较气温高，地中温度随土壤深度增加，一般每增加 5 厘米，地温升高 0.3℃～0.4℃，故冬季上层土壤热量来自地下。

太阳辐射：据涪陵气象台观测资料，太阳辐射量为平均 80506.8 卡/(平方厘米·年)。其中，直接辐射量 31975.4 卡/(平方厘米·年)，占 40%；散射辐射为 48531.4 卡/(平方厘米·年)，占 60%。一年中，太阳辐射 8 月最多，达 12.57 千卡/平方厘米，12 月最低，只有 2.50 千卡/平方厘米，两者相差 10.07 千卡/平方厘米。

春季，太阳高度角渐增高，辐射渐增强，辐射量为 21.96 千卡/平方厘米，占27%。夏季，太阳高度角最高，辐射量最大，为33.53千卡/平方厘米，占42%。秋季，高度角渐降低，辐射减弱，辐射量为16.40千卡/平方厘米，占20%。冬季，太阳高度角最低，太阳辐射量为8.62千卡/平方厘米，占11%。大春作物生长季（4—10月）太阳辐射总量为63.30千卡/平方厘米，占79%。小春作物生长季（10月至次年4月），辐射总量为30.30千卡/平方厘米，占38%。大春季节辐射总量是小春季节的2.1倍。

六、特殊天气

有霜期与无霜期：据1951—1985年气象资料，年平均有霜日为7.6天。霜期平均开始于1月1日，止于2月9日。96%集中在12月至次年2月，平均有霜期为41.3天。

涪陵冬季气温比同纬度地区高，故初霜晚，终霜早，有霜期短，无霜期长。1951—1985年涪陵城平均无霜期为317.4天，80%以上年份无霜期在298天以上。涪陵区内海拔每升高100米，无霜期递减7天。沿江河谷无霜期为315天，沿江丘陵区为307天，平坝低山区为282天，后山低山区为226天。后山中山区部分地区全年约有1/3的时间土壤处于冻结状态，不宜耕作。

雪：1952—1985年涪陵城冬季平均降雪日数0.6天，约2/3年份无降雪，积雪更少。

雾：1953—1985年年平均雾日数37.8天，占全年天数的10.4%，比雾城重庆少10天。雾日的年际变化较大，1953—1960年雾日天数为236天，平均每年29.5天；20世纪60年代（缺1967年）为268天，平均每年30.0天；20世纪70年代为366天，平均每年36.6天；1980—1985年为339天，平均每年67.8天。全年雾日以10月至次年1月为多，占57%；盛夏最少，占8%；春秋两季各占14%和31%。

雷暴：1953—1985年共出现雷暴日1510天，平均每年45.8天。各月雷暴日以7月、8月最多，各11天；12月、次年1月最少，平均0.2天。全年均可出现雷暴天气。

寒潮：秋季、冬季、春季一次降温过程的气温下降，春季、秋季不低于8℃和冬季不低于6℃的天气，即强寒潮。1952年秋至1985年春，除1980—1981年、1983—1984年外，均出现强寒潮天气，频率94%。春季寒潮最多，频率79%，强度最大。

第四节 河 流

水体的分布和循环运动，是涪陵区自然环境的重要构成因素，与生态平衡和社会经济发展密切相关。涪陵水域面积 209.27 平方公里（不含水工建筑物占地面积），占总面积的 7.1%。其中河流 178.8 平方公里、水库 13.07 平方公里、坑塘 16.33 平方公里、沟渠 1.07 平方公里，分别占水域面积的 85.44%、6.25%、7.80%、0.51%。据估计，涪陵水资源总量为 24.91 亿立方米（年平均水量，不包括长江和乌江过境水流量）。河流与水资源在经济地理中的意义在于：第一，它影响着渔业的发展；第二，它影响着交通、航运、物流等领域的发展；第三，它影响着人畜饮水问题；第四，它影响着人们的休闲娱乐。

一、水系

（一）总况

涪陵属于长江水系，长江由西向东贯穿涪陵北部；乌江从南到北汇入涪陵城东部的长江。根据河道汇聚关系，35 条一级支流汇入长江，一级支流 10 条直接汇入乌江。

涪陵河流大多数属雨水补给型，多夏洪秋汛，暴涨暴落，水位变幅大。径流的时间分布不均匀，大部分集中在 4—10 月的雨季，占年径流量的 85%。9—11 月占 25.7%，一般在 9 月左右达到顶峰。8 月经常出现高温干旱，不少溪河会在 8 月左右旱期或冬春枯水期断流。

涪陵溪河泥沙含量中等，多年平均输沙模数（悬移值）300 ~ 470 吨/（平方公里·年）。水质浑浊度随季节变化，丰水期较浑浊，枯水期透明和接近透明。虽然都受到不同程度的污染，但总体污染较轻，水体自净力较强，水质基本良好。

涪陵溪河自然落差大，水能资源丰富。据水电部门对 44 条溪流的调查和计算，流域面积达 8217.2 平方公里，累计流程 678.8 公里，自然落差 18231.7 米，水能理论蕴藏量 14.8 万千瓦，可建单机容量 50 千瓦电站 124

处，可供开发量达 74590 千瓦。

（二）长江水系

长江经长寿东黄草峡瓦罐窑流入涪陵区境，自西向东，凡 4 折，于龙驹场东朱家嘴入丰都县境，长 86 公里，中水位时水位落差 1.5 米，中水期水面面积 73.6 平方公里，占总面积的 2.5%。接纳一级支流 35 条（含乌江）、二级支流 53 条、三级支流 24 条，合计 112 条。其中，较大的支流在南岸有梨香溪、乌江；北岸有碧溪、渠溪等。多年平均流量在涪陵龙王嘴为 1.13 万立方米/秒（1938—1939 年），接纳乌江后增至 1.35 万立方米/秒（1950—1956 年，溪场水文站观测数据）。流经涪陵区境的长江河段，古称大江、蜀江、岷江，本地人习称大河。

长江干流横贯涪陵中部，按其河谷地貌特征可分 4 段。其一，在长寿永丰场附近进入黄草峡。峡长约 3 公里。河谷狭窄，呈“V”字形，壁岸陡峭，两岸山峰高出江面约 200 米，峡谷方向南 15 度东，与黄草山背斜轴线几成直角。最宽处在中段，枯水期，峡的首（北）段宽 350 米，中段宽约 500 米，南端仅 130 米，是重庆—涪陵段最窄的地方。峡口北岸黄鱼岭，南岸老马岭，紧束江流，形成对口急流滩，为川江高洪水期著名急流滩险之一。当流量达 2 万~3 万立方米/秒时，小马力船只上行困难，须“扎水”（停驶）。

其二，黄草峡口—蔺市段，长 14 公里，河谷下切于侏罗系砂页岩内，两岸地形起伏不大，形成对称宽谷，最宽处在军田坝与白沙坝之间，洪水期江面达 1.5~2 公里，枯水时仅 150 米。河床上石质河漫滩、暗礁及靠江岸的卵石河浅滩分布甚广，较大的有反水碛、军田坝、磨盘滩、飞老鼠、茶壶碛、腰卡子、红眼碛等，枯水时露出水面，洪水时成为险滩。江中有不少岛屿，最大的是与青岩子相对的金川碛（俗称上中坝），呈短纺锤形，枯水时长 1700 米、宽 700 米，高出江面 18 米；长草面积 5 万平方米，高洪水期基本淹没。黄草峡口—蔺市段河谷谷坡高出江面 80 米以上的地方比较平缓，坡度一般 15~20 度，80 米以下者则达 40 度左右；两岸冲沟发育。在黄草峡至青岩子段航行，无论枯、洪水期，都有不便，因枯水阻于滩，洪水阻于峡，唯中水位时最佳。

其三，江水过蔺市由东南折向东北流。蔺市—涪陵段，长 24 公里，除龟龙峡有三叠系灰岩出露外，余皆出露侏罗系地层，并为浅丘起伏地带。

此河段以北拱上下最宽，谷坡最平缓；剪刀峡、龟龙峡段最窄。此河段还有两个特点：一是阶地发育，以蔺市附近最为典型；出露江北砾岩。二是河漫滩多沿北岸分布，如关刀碛、鹤凤滩、石板滩、杆子碛、锯子梁等。靠南岸的有下中坝，该坝枯水时长 2800 米、宽 800 米，高出江面 10 米，坝上水草丰茂，下端土质肥沃。亦有靠河床中部分布的大石梁，著名的有两处：一是北拱附近剪刀梁，长 1600 米，枯水时与北岸相连，靠南面较高，平均宽 100 米，剪刀梁南侧是约 800 米长的剪刀峡，最窄处河漕宽约 140 米。二是涪陵城北靠江心南岸的白鹤梁，长 1600 米，宽 12~36 米，枯水时高出江面 4~5 米。江水过李渡镇折向东南流，横穿勾家场背斜，夹岸山峰耸峭，海拔 400 米以上，形成 600 米长的龟龙峡。

其四，江水过涪陵复折向东北流。涪陵—龙驹以下朱家嘴段，长 45 公里，河流基本沿向斜发育，为典型的向斜河谷。两岸出露侏罗系地层，丘陵起伏，冲沟稠密，干流宽谷与窄谷相间，平面形态呈藕节状；宽谷地段河谷宽敞，谷坡坦缓，阶地发育，河床多分汊。因向斜轴部岩层一般近于水平，常有构造阶地出现。此河段还有 3 个特点，第一是河道弯曲，呈“S”形，典型的是大石鼓—南沱 15 公里河段流呈一个“几”字形。这是长江在涪陵的第四折。第二是江中滩险，如群猪滩、银杯子滩、白浅（百纤）滩等，均是川江著名险滩。第三是碛坝面积大，著名的有“几”字形河段中的坪西坝，枯水时长 3400 米、宽约 1000 米，洪水期呈“戈”形，长 2400 米、宽 300~500 米。坝上为沙洲，土质肥沃，有耕地 700 余亩，居民 200 余户、1000 余人；盛产桂圆、榨菜、花生和烟叶，质量甚佳。还有珍溪镇附近的兔耳坝（又名丝瓜碛），长 10 公里，宽约 180~600 米，高出江面 5~10 米，系川江中最大的卵石碛坝。枯水时，坝上有长 500 米、宽约 200 米的小湖泊，当地人称珍溪凼，盛产肉质细嫩的圆口铜鱼，此湖唯洪水期方与大江相连。

江水至龙驹场以上，北岸石壁陡立，南岸山崖斜卧，江面变窄，故被称为半边峡。江水过龙驹场，于朱家嘴附近南受罗云溪（古名卜岁溪），长江涪陵区段止。

长江涪陵段主要支流有：梨香（黎乡、梨乡）溪、油江河、同乐河、溪沟、上桥河、渠溪河、碧溪河等。

（三）乌江水系

乌江发源于贵州西部乌蒙山东麓，在涪陵汇入长江。全长1052公里，总落差2123.5米，总流域面积87920平方公里。乌江在流经贵州省沿河后称下游，长344.6公里，其下游河段古称延江、别江、涪陵江、巴江、白沙水、黔江、涪陵水、龚滩河，涪陵人习称小河。

乌江自川黔交界的黑獭堡流入重庆市境，至涪陵段总长235公里，落差144米。乌江下游穿行于四川盆地东南部山地丘陵地带，山地峡谷与丘陵宽谷交替出现。峡中河谷深窄弯曲，滩多水急（流速4~7米/秒），素有“乌江天险”之称。宽谷河道稍平直，水流较缓，涪陵人称其为“滟”。酉阳龚滩—涪陵乌江河段有“九滟十三峡”，大小险滩195处。其中涪陵区境有一滟一峡，险滩17处。

乌江自武隆北的边滩峡尾白沙沱流入涪陵区境，由南向北，在涪陵城东汇入长江。境内流长35公里，水域面积7.5平方公里，枯水期平均深1.3米以上，可通行100吨级轮船。涪陵乌江河段，据其地貌特征可分为3段。

其一，白沙沱—三门子，即白涛滟，全长18公里。江流穿行于白涛向斜侏罗系珍珠冲组地层中，河床一般宽200~300米；东岸谷坡较陡，西岸平缓，且阶地、冲沟发育比较成熟。但枯水期江中水流分散，河漕较浅，一般深2米左右。此段浅滩多。20世纪60年代靠东岸筑挡水堤，使水流归槽，航行称便。

其二，三门子—白岩口，即三门峡，又名鹦鹉峡。全长10公里。江流横切老场背斜南端的天台山（切割最低处海拔151米），形成夹岸深谷，壁岸坡度70~90度，壁上古纤道犹存。水面一般宽60~100米，窄处40~80米，水深达20~40米。

其三，白岩口—涪陵城，全长7公里，江流进入涪陵向斜，切割侏罗系地层，于涪陵城东麻柳嘴汇入长江。此段河道稍宽，但谷岸仍较陡，沿江山崖滑坡崩塌，江中礁石与乱石甚多，有牛屎碛、鸡子、白浪、老君等险滩。乌江每年4—9月流量最大，洪峰比长江提早1~2个月；每年12月至次年3月最小，水位最低，枯水期涪陵大东门段流速1.4米/秒。一般乌江下游大雨后16小时涪陵水位升高2米，河口多年平均流量1650立方米/秒，为黄河河口流量的92%。年径流量538.6亿立方米。河口最枯水面海拔136.6米（黄海高程）。

乌江涪陵段主要支流有小溪、后溪、麻溪河等。

二、地下水

据1982年调查，涪陵地下水资源总量在枯水期（频率75%）为1.43亿立方米，多年平均4.51亿立方米。20世纪80年代利用率仅1%，资源相对丰富。涪陵地下水按其成因和赋存形式可分4类。

其一，松散堆积物空隙水。主要分布于长江、乌江两岸，面积16平方公里，占总面积的0.54%。其地下水赋存于阶地、河漫滩砂砾石中。

其二，基岩裂隙水。主要分布于蔺市、龙潭盆地和珍溪向斜部分，面积802.7平方公里，占27.3%。地下水枯季径流量1095.71万立方米，占枯季地下水径流总量的7.7%；多年平均径流量3444.81万立方米，占地下水总量的7.6%。

其三，碎屑岩类裂隙孔隙水。有两种：第一，一般碎屑岩裂隙孔隙水，分布在各背斜翼部，呈条带状、环状展布。面积158.5立方米，占5.4%。富水级别中等，枯季径流量1091.88万立方米，占7.7%；平均径流量3368.89万立方米，占7.5%。第二，红层承压水。分布于蔺市、龙潭盆地与珍溪向斜周围广大地区，含水层为侏罗系珍珠冲组至上沙溪庙组的红色地层，面积1078.6平方公里。富水情况贫乏至中等。枯季径流量439.69万立方米，占3.1%；平均径流量1205.94万立方米，占2.7%。

其四，碳酸盐岩类裂隙水。主要分布在永义、丛林、靖黔、梓里及白涛、焦石两地，其展布形状犹如一个收笔很细的大写的“C”字。面积818.7平方公里。除大型的槽谷洼地内有少量的第四系覆盖外，其余均为裸露型，这一带岩溶（喀斯特）地貌发育成熟，岩溶水丰富，是涪陵最主要的地下水类型。岩溶水特别丰富的往往是在背斜翼部质纯的厚层碳酸盐岩层地带，如箐口场背斜、勾家场背斜、弹子山背斜翼部和大耳山背斜西翼等地，这一地带地下水主要以溶洞水的形式出现，溶洞水枯季径流量11622.72万立方米，占81.5%；多年平均径流量37050万立方米，占82.2%。

涪陵浅层地下水水质可分为3个类型。其一，重碳酸盐型水。广泛分布于各宽缓向斜及褶皱紧凑的背斜部位，面积2361.6平方公里，占总面积的80.3%。其二，重碳酸硫酸盐型水。主要分布在各背斜两翼三叠系上统须家河组与侏罗系中、下统的新田沟组等含水岩组，面积547.6平方公里，占18.6%。其三，重碳酸氯化物型水。分布在聚宝，面积32.8平方公里，占1.1%。

暗河及大泉。已查明暗河8条，分布在三叠系嘉陵江组灰岩中，为顺层发育；总长度27.2公里，平均每条长3.4公里，最枯总流量707.02升/秒，平均每条88.38升/秒。岩溶大泉21个，正常流量为659.81升/秒，平均每个31.42升/秒，暗河及大泉总流量1366.83升/秒，占全区岩溶地下水流量的11.6%。

第五节　土　壤

1978年末，涪陵土壤总面积2265.19平方公里，分别占总面积和陆地面积的76.9%和83.0%，因地形、地貌、土壤母质、气候条件、自然植被分布和人类生产活动的影响，形成涪陵区境的土壤组合：三叠系雷口坡组、飞仙关组和侏罗系出露地层，形成大片紫色土，占土壤总面积的50.4%；三叠系的须家河组、嘉陵江组以及二迭系、志留系出露地层，形成后山地区大片山地黄壤，占土壤总面积的49.1%；长江、乌江水系沿岸在第四纪后形成带状、零星分布的冲积土，约占土壤总面积的0.5%。根据土壤属性并结合成土条件和成土过程的分类原则，涪陵土壤可分为4个土类，6个亚类，18个土属，64个土种。4个土类按耕作方式划分，除水稻土外，其余3类合称旱作土。

一、土壤类型

（一）水稻土

水稻土是各种自然土壤经人们开垦种植水稻后熟化而形成的特殊土类。良好的水稻土，其水、肥、气、热协调，土体健壮，很适宜水稻、小麦、油菜等生长。在涪陵，水稻土总面积57.4万亩，占耕地面积的51.6%，从海拔200米左右的河谷地区至1000米以上的低中山地区皆有分布。水稻土分长期淹水的冬水田和季节性淹水的小春干田（水旱轮作两季田）两大类。因受到的水文作用方式和强度不同，在剖面形态上有所差异，可分为淹育、渗育、潴育和潜育4种形态类型。

1. 水稻土剖面形态

淹育型水稻土，主要分布于塝田和新开田、子湾、支冲及多年实行水旱轮作的田块。其耕作层绒而不烂，爽水透气，但耕作层较浅，不耐干旱；若水源得到保证，即可稳产高产。剖面层次一般为淹育/渗育/母质。泥夹石骨子田、半沙半泥田等即属此类。

潴育型水稻土，主要分布于丘陵坡脚、支冲沟转弯处，溪河两岸和宽谷带坝区。此类土壤因重力水下渗潴留或因地下水侧渗，土体受到淋洗，盐基物质流失、多黄化至漂白，使水稻生长不良。剖面多为淹育/渗育/潴育型。豆瓣泥、死黄泥、白鳝泥田等属此类。

潜育型水稻土，主要分布于深沟窄谷以及长年关蓄冬水的稻田。土体分散，灰蓝色，含还原物质较多。剖面以淹育/潜育/渗育为特征，具冷、烂、毒、串等低产特征，各种烂包田、鸭屎泥田等属此类。

2. 水稻土属性

水稻土按其属性特征可分为3个亚类，9个土属，28个土种。

冲积水稻土亚类，占水稻土类面积的0.3%。据母质的来源不同，可分为两个土属。其一，灰棕冲积水稻土，占水稻土面积的0.26%，系长江流水搬运淤淀于两岸的灰棕色土壤母质经水耕形成。矿物质养分较丰富，土壤层次分明，多为淹育/渗育组合，水旱两用。有沙田、油沙田2个土种。其二，紫色冲积水稻土，占0.04%，零星分布于龙潭河、渠溪河等中小溪河两岸，由紫色土母质水耕熟化而成，有冷沙田1个土种。

紫色水稻土亚类，占水稻土类面积的89.9%。主要分布于丘陵低山区。据母质的来源不同，可分为4个土属。其一，暗紫色水稻土，占水稻土面积的14.3%，多分布于深丘、低山山麓，顺沟谷发育，形成冲漕田。该土属光热条件差，水分侧渗大；土壤黏重，田深烂；土体处于分散还原状态。有黄沙泥、黄泥、大眼泥3个土种。其二，灰棕色水稻土，占水稻土面积的39.1%，分布于沿江丘陵区。由沙溪庙组砂页岩发育而成，矿物质养分高，吸收量大，呈中性或微酸性，多为麦—稻两熟田。地处沟、冲的，排水困难，土壤呈潜育态。地处塝上、垭口的，易遭干旱。有砂田、黄泥、豆瓣泥、白鳝泥、大泥5个土种。其三，红棕色水稻土，占水稻土面积的13.8%，由遂宁组钙质页岩、泥岩、粉砂岩等发育而成。分布于350~700米的丘陵、低山向斜轴部。土壤发育较浅，钙质、硫化物、氯化物较多，胶体品质甚差，潜育层深厚。失水快、吸水慢，干后硬结成块，耕作困难，有效磷被固定，水稻极易坐蔸，多为低产水稻田。有红石骨子沙田、豆瓣泥、紫黄泥、泥夹沙田4个土种。其四，核紫色水稻土，占水稻土面积的22.7%，由蓬莱镇组棕紫色砂页岩发育而成。分布于龙潭—蔺市向斜轴部，海拔650~900米。土壤黏化和富铝化过程明显，土质偏酸至中性，磷素缺乏。有冷沙、沙夹泥、黄泥、大泥田等4个土种。

山地黄壤水稻土亚类，占水稻土面积的9.8%，由山地黄壤水耕熟化而成。主要分布于焦石、白涛等岩溶带坝区和低山背斜山麓，海拔500~1500米。有3个土属。其一，矿子黄泥水稻土，占水稻土面积的7%，主要由嘉陵江灰岩发育而成。处于漕坝地形，溶洞发育，水分渗漏大，土壤黏化、富铝化过程同时发生，剖面通体黄化，多有淋溶现象。以潴育态为主。土内有机质含量较高，矿质化强度较弱，有效养分明显缺乏。有黄泥、白鳝泥、鸭屎泥3个土种。其二，冷沙黄泥水稻土，占水稻土面积的2.6%，由须家河组砂页岩发育而成。因所处地势较高，砂岩透水性较强；土壤剖面通体向白黏化发展，具酸、沙、冷、瘦特点，有效磷缺乏，水稻极易坐蔸。有冷沙田、黄泥田、炭渣田、白鳝泥田4个土种。其三，老冲积黄泥水稻土，占水稻土面积的0.14%，由老冲积黄泥和卵石黄泥水耕而成，同旱作土为复区分布。有黄泥田、卵石黄泥2个土种。

（二）冲积土

冲积土，又名潮土，系江河、溪流冲刷搬运沉积而成。主要分布于长江、乌江沿岸河漫滩和一、二级阶地上。其特点是土层深厚，颜色多样，矿物质成分复杂。在涪陵，冲积土总面积4500亩，占耕地面积的0.4%。潮土归为河流冲积土亚类，有2个土属，4个土种。其一，灰棕冲积土。占冲积土总面积的60.4%，分布于长江两岸的大、小中坝和黄旗坝、坪西坝、兔耳坝及乌江边的小溪、三门子、网背沱等一、二级阶地上，主要有潮沙泥、潮泥2个土种。其二，紫色冲积土。占冲积土总面积的39.6%，零星分布于涪陵区境溪河两岸。有夹沙泥、冷沙2个土种。

（三）紫色土

紫色土主要由物理风化形成，故其理化性质直接受母质影响。如在富含盐基物质的母质上发育成的土壤，则养分含量较高，呈中性或微酸性；具明显的黏土化过程，沿江丘陵区的紫色土即属此类。如在先天性潴育的母质上发育成的土壤，由于深受古气候、古水文作用的影响，则有富铝化特征，常可见镁、锰的酸性淋溶和白土化的成土过程，如龙潭坝、蔺市—五马坪的紫色土。在涪陵，紫色土总面积39.23万亩，占耕地面积的35.4%，主要分布于海拔800米以下的沿江丘陵区和坪状低山区。

紫色土据其母质来源的不同，可分4个土属，21个土种。

其一，棕紫泥土。占紫色土类总面积的12.7%，集中分布于龙潭—蔺市坪和珍溪—大胜向斜轴部。有冷沙土、夹沙土、石骨子、黄泥、大泥5个土种。

其二，红棕紫泥土。占紫色土类总面积的13.5%，分布于龙潭—蔺市坪和珍溪—大胜向斜轴部，有红石骨子、红沙大土、豆瓣泥、硝白鳝泥4个土种。

其三，灰棕紫泥土。占紫色土类总面积的46.0%，主要分布于海拔200~500米的沿江丘陵区，以李渡、新妙、清溪最多，珍溪、城郊次之。有石骨子土、沙土、夹沙土、紫黄泥、豆瓣泥5个土种。

其四，暗紫泥土。占紫色土类总面积的27.8%，主要分布在黄草山、木鱼山山麓和勾家场—梓里场背斜之东西两翼，以及焦石、溪区交界的单斜高丘地带。有黄沙土、油石骨子、夹沙土、炭渣土、黄泥、鸭屎泥、大眼泥7个土种。

（四）山地黄壤

山地黄壤总面积14.02万亩，占耕地面积的12.6%，分布于海拔500~1500米的低中山背斜轴部。有3个土属，11个土种。

其一，冷沙黄泥。占山地黄壤土类总面积的23.2%，分布于沿江丘陵低山和背斜低中山翼部，大部分处于山岭和长岗状地形带内。有冷沙、黄沙泥、炭渣土、黄泥4个土种。

其二，矿子黄泥。占山地黄壤土类总面积的72.7%，集中分布于焦石、白涛两地和勾家场—梓里场背斜的嘉陵江灰岩出露地区，以及龙塘、大木的背斜中山轴部二迭系灰岩出露区，处于岩溶漕坝低中山地形，海拔多数在500~800米。有黄泥、火石子黄泥、死黄泥、大泥4个土种。

其三，老冲积黄泥。占山地黄壤土类总面积的4.1%，零星分布于离长江岸数百米的丘陵坡地上，为古河道流经区，在大山朱砂坪、焦岩睦和有较集中的分布。有卵石黄泥、黄泥、白鳝泥3个土种。

二、土壤区划

1979年2月25日至1980年10月，涪陵集中200人进行第二次土壤普查，对土壤资源状况进行全面普查，并在此基础上作出土壤区划，将土壤分为3个土区、8个亚区。

沿江丘陵—紫色土区。位于长江沿岸，包括李渡、新妙、清溪全部，城郊大部，马武、蔺市的一部分，面积达1178.25平方公里，占总面积的40%。其中，1978年末农耕地62.6万亩，占总耕地的56.4%。该区耕地田土各半，人口稠密，复种指数高，是粮食和经济作物的主产区。该区下分两个亚区：其一，沿江河谷浅丘—灰棕紫泥、冲积土亚区。主要分布在长江河谷地带，是粮食、茎瘤芥（榨菜原料）、蚕桑、柑橘、桂圆、蔬菜主产区。其二，深丘低山—暗紫泥亚区，分布于黄草山背斜东翼和勾家场—梓里场背斜两翼，是粮、经、竹、木主产区。

坪状低山宽谷带坝—紫色土区。位于区境西南部，包括龙潭坝和蔺市、马武两地坪上部分，面积达736.41平方公里，占总面积的25%。其中，农耕地28.2万亩，占总耕地的25%。该区是涪陵水稻、油料基地，下分两个亚区：其一，宽谷带坝—红棕紫泥、棕紫泥亚区。海拔650~750米，主产水稻、油菜。其二，侵蚀低山—棕紫泥亚区。比平坝区高100~200米，粮、林、经各占一定比重。

岩溶漕谷带坝—山地黄壤区。包括白涛、焦石全部和珍溪的永义、丛林，城郊的黄旗、天台、靖黔，马武的梓里等地，总面积1030.97平方公里，占35%。其中，耕地20.2万亩，占总耕地的18.2%。该区田少土多，地广人稀，林地和草地面积大，为旱粮和林牧业区。该区下分4个亚区：漕坝—矿子黄泥亚区、低山矿子黄泥亚区、中山—石灰岩黄泥亚区和丛林—梓里黄泥亚区。

第六节 植 被

涪陵植物因环境有利而终年生长，以常绿植物为主。农作物可四季栽培，粮食作物可一年两熟和两年五熟。因自然地理环境比较复杂，植物种类丰富多样。还因古地理环境关系而保存有不少古老的珍稀植物。据粗略统计，植物种类有孢子植物（含菌类、地衣、苔藓、蕨类）和种子植物（含裸子、被子植物），动物种类繁多，但一大批珍稀动物早已绝迹。

一、植物

（一）植物种类

植物种类分为两种类型：野生植被和栽培植物。

野生植被：其一，藻类植物。涪陵区境内8个门的藻类均有分布。除普通的衣藻、水绵等外，还有各种藻类生长在溪流、稻田和池塘水中。其二，菌类植物。常见的有香菇、蘑菇、平菇、草菇、竹荪、松毛菌、石灰菌等常见食用菌，以及药用植物中的茯苓、雷丸等。其三，地衣、苔藓植物。据统计，分别有20余种和300余种。其四，蕨类植物。这类植物具有很强的适应性，各地皆有生长，常见的有铁芒萁、大叶蕨、铁线蕨、舌蕨等。其五，裸子植物。马尾松、杉木和雪松最为常见，苏铁、银杏、松树、柏树和红豆杉也有分布。其六，被子植物。双子叶植物最为常见。

栽培植物：分为陆地和水生植物。其一，陆生植被群。主要有木本、草本、菌类等。其二，木本类。用材林木有杉树、柏树、桉树、泡桐等。经济林木包括柑橘、橙子、柚子、龙眼、荔枝、梨子、苹果、桃子、李子、樱桃、板栗、核桃、葡萄、猕猴桃、桑树、茶、桐树、山茶等。观赏树木包括桂花、紫荆花、罗汉松和柳树等。其三，草本类。一年生的有红苕、玉米、小米、花生、芝麻，以及豆类和甜瓜等粮食、油料和蔬菜作物。多年生的有黄连、天麻等。其四，水生植物。主要是水稻，其次有芋头、莲藕、高笋、菱角等。

（二）植被类型

涪陵属于川东盆地特有的常绿阔叶林分区。涪陵主要有5种植被类型，包括针叶林、阔叶林、竹林和灌木等。

针叶林：是涪陵的主要森林植被，由马尾松、杉木和柏树等组成为各种亚热带常绿针叶林。其中以马尾松林为主体，森林面积和木材储量居首位。与许多其他树种一起分布，混合成森林，呈现不同的结构。

阔叶林：分常绿和落叶两类，为亚热带偏湿性常绿阔叶林。在海拔200~2000米均有分布，基本无成片保存，残存阔叶林由乔木层、灌木层等组成。落叶阔叶林属常绿阔叶林演替过程中的次生植被，多呈小块零散分布，常见的有青㭎林等。

竹林：主要由竹类植物组成。竹子适应性强，分布在涪陵各地。天然竹林主要是混交林，与其他常绿阔叶树种或针叶树种混生。涪陵的主要竹林类型包括慈竹林、毛竹林、荆竹林和水竹林等。其中，慈竹林最为常见，新妙是涪陵慈竹林的集中产区，其次是西河和坪上地区的山沟。

灌木：从河谷到山顶皆有分布，海拔1000米以下，大多数位于陡峭的山坡和薄土地带，生长不茂盛。在海拔1000米或以上的地方，生长茂盛，高度为1~2.5米，覆盖率为80%左右。

（三）植物资源

涪陵植物种类较多，尤其是一些独特的品种，成为当地经济发展的优势。

农作物品种资源：粮食作物主要有水稻、玉米、小麦、红苕、土豆、豌豆等。经济作物主要有油料类、蔬菜类、药材类等。青菜头和红心萝卜等是涪陵的著名特产。

涪陵林木以用材林为主，其次为薪炭林、经济林、防护林和风景林。

用材林主要有马尾松、杉木和柏树，还有香樟、楠木和红豆杉等珍贵树种，以及水杉、雪松和银杏等珍稀树种。经济林主要有荔枝、龙眼、柑橘、枇杷、苹果、梨子、李子和桃子，还有桐树、桑、茶、木瓜、杜仲等。

松：以本地马尾松为主，兼有少量引种营造的华山松和火炬松等。各地均有分布，以坪上和后山生长较多。

杉：以本地杉为主，一般分为对节杉和错节杉；也有引种的少部分水杉和柳杉等。多与马尾松同生为林。成片的杉木林以涪陵林场人工林为主，其次是龙塘、大木、山窝等地自然林。

柏：多为本地树种，涪陵各地普遍能生长。

桉树、千丈、泡桐、榆树等多为20世纪50年代以后引进种植的，主要分布在行道、河岸，场镇、民宅周围。楠木、香樟、红豆等珍稀树木，零星分布于涪陵各地。

薪炭林：主要树种是青㭎、槲栎，也有黄荆、马桑及其他灌木等。主要分布在复兴、太和、梓里、大木等地。

经济林：主要有果、桑、茶、桐、乌桕、漆、棕等。

果树：有100多个品种。柑橘、龙眼、香蕉、荔枝等主要分布于沿江地带。桃、李、杏、梨，历史上多零星种植于房前屋后，少数地方也有集中成片种植的，如黄旗碧筱村的柑橘，点易村的桃树和梓里、永胜两地的李树等。苹果，1965年引进种植，主要分布于马武和靖黔两地；柿多分布于复兴；板栗多分布于卷洞；梨、樱桃多零星分布于坪上地区。

桑树：民国时期石沱和珍溪有成片种植。1966年开始大抓育苗栽桑。1985年后分布涪陵各地，以珍溪、李渡、新妙等地分布较多。

茶：20世纪50年代以前多为零星种植，主要分布于菜场、梓里、太和、聚宝、同乐、大木、卷洞等地。60年代末期以来，引进云南大叶茶等良种，在宜茶地区集中成片种植。1985年后主要分布在菜场、天台、焦石、罗云、太和、惠民、万寿、五马、堡子、龙泉、青羊、同乐、聚宝、双石、大顺、明家、新村等地。

桐：分布较广，海拔800米以下中低山地带均有生长。1981年后因焦石、合兴、大木、卷洞等地抓油桐生产基地建设，桐树多有恢复。

乌桕：俗名棬子。主要分布于梓里、白涛、山窝、石门等地。

油茶：1956年始种于山窝、大木、焦石、永胜、同乐、双石、天台等地。

油橄榄：1978—1980年，引种在城郊、蔺市、龙潭、新妙、珍溪、清溪等地38个公社，栽种23.98万株。以珍溪较多。

棕树：也称棕榈。多为自然生长，主要分布于白涛、焦石山区，其次为坪上地区，沿江生长较少。

漆树：主要分布于大木、山窝、龙塘等海拔较高的地区。

木本药材：成片的主要有木瓜、栀子、枳壳、吴茱萸、厚朴、杜仲等类，木瓜主要分布于酒店；栀子主要分布在堡子；枳壳主要分布在清溪；吴茱萸分布于珍溪、李渡、马武等地；杜仲、厚朴分布在焦石、白涛山区的一些村组。

防护林：包括水源林、护岸林和护路林。水源林，即塘库、分水岭及积雨区的防护林。现分布在塘库周围的多是后来的人造林。护岸林，乌江两岸多为冷竹和一些灌木，长江沿岸以枫杨（麻柳）、洋槐、桤木及龙眼、柑橘等为主，并生长有巴茅；梨香溪、龙潭河两岸则以慈竹为主。护路林，清代和民国时期，劳动人民习惯在大路边栽黄桷树，供行人遮阴歇凉；也有人在路旁栽种木槿花一类的灌木丛，把耕地和道路隔开，以免行人践踏庄稼。尤其是近年来，逐年修筑公路，林业、交通、市政等部门配合绿化公路，营造护路林，主要栽桉树、松树、枫杨、银桦、洋槐、香樟等树种，也栽有桑树及其他杂树。

珍稀古树：历史上各地皆有。20 世纪 50 年代，林业部门曾对古树挂牌立标保护。今残存的树龄百年以上的树木和珍稀树种有大路红豆树、迎龙红豆树、迎龙银杏树、干龙坝大柏树、艾子礌酸枣树、太和银杏树、桃园马尾松、新生小叶樟树、五一罗汉松、新生五角枫树、新生刺柏、黄荆树、日本樱花树。

竹：沿江地区多实心竹和冬竹；坪上和后山地区多慈竹、斑竹、水竹，分布于民宅周围、山麓和溪河两岸；后山地区还产刺竹、箐竹、荆竹和风竹等。慈竹分布最广，是造纸的主要原料，石合、新妙、开平、增福、四合、龙塘等是慈竹的集中产区。1974 年从广西引进楠竹试种成功，两年后在龙潭坝、珍溪等地区开始成片造林。

花：传统品种主要有牡丹、芍药、茶花、百合花、海棠、吊兰、桂花、玉簪、金凤、木槿、芙蓉、瑞香、茉莉、菊花、月季、玫瑰、杜鹃、胭脂、绣球、梅兰花、凤仙、鸡冠花、紫薇、牵牛、葵花、栀子花、风草莲、鱼子兰、美人蕉、虞美人、仙人掌、昙花、仙人球、天竺葵、夹竹桃、棕榈、金橘、含笑、萝花、樱花、蔷薇、紫荆、石榴、金边兰、吊兰、珊瑚豆、马蹄莲、朱顶红、龙舌兰、三棱柱、铁树、无花果、迎春、火棘、棕竹、锦带花、六月雪、朱蕉、滴滴金、细剪罗等品种，其中部分为野生，其余多为人工栽培。1978 年以来，林业部门和城市园林管理部门先后从外地引进翠菊、瓜叶菊、千日红、雪莲、广东万年青、香豌豆、茼蒿菊、君子兰、文竹、水仙、睡莲、令箭荷花、虎刺梅、石莲、景天、黄毛掌、叶仙人掌、鼠尾掌、仙人山、吹雪柱、一品红、扶桑、米兰、白兰花、橡皮树、象牙红、珊瑚等数十个品种在苗圃培育，供美化环境需要。

涪陵主要有以下几种果树资源。

柑橘：清末已有柑橘园。民国时期，柑橘林已遍及长江、乌江沿岸。以长江沿岸的碧筱溪、毛角溪、沙溪沟、二塍岩、涪陵城周围的蔡家坡、千块石、汪家山、菜场沱、盘舌子、沙背沱、石柱子等地较为著名。

梨：历来多在房前屋后栽植，有秤砣梨、汤圆梨、半节黄、早谷梨等品种。20 世纪 60 年代和 70 年代中期从四川苍溪、金川引进大量梨苗栽植，数量达 130 万株以上，后又从河北定县引进鸭梨穗条和苗木作为授粉株栽培。主要种植在马武、龙潭、焦石、李渡、城郊等地。

苹果：1965 年始由山东、河南、南川等地引进苗木栽植 50 余万株。主要分布在马武、靖黔两地。

桃：历史上多为零星种植，以红、白花桃为主，其次为香桃。20 世纪 60 年代初由巴县、长寿引进蟠桃、水蜜桃等良种桃苗 5 万余株，除黄旗碧筱、点易两村有成片种植外，其余皆零星栽种于房前屋后。

李：除梓里、永胜两地有成片林外，其余皆为零星种植。1981 年由福建引进芙蓉李苗 3.6 万株，种于黄旗。

龙眼：主产于焦岩坪西村、六合村一组、焦岩村一组及河岸乡八卦村五组，北拱、蔺市、石沱、珍溪、百汇、清溪、南沱、李渡等地也有分布。其中以坪西坝所产的龙眼个大肉厚味甜，质量最好。

荔枝：唐代，城西荔枝园所产荔枝在天宝（742—756 年）时曾为贡品，因贵妃杨玉环甚爱，故又名妃子园。现在，全区只有南沱镇睦和村有成片荔枝林，面积约 220 亩，品种有“妃子笑”“大红袍”“糯米糍”“楠木叶”等，产量约 8 万斤。

葡萄：原多零星栽培。20 世纪 60 年代以后，先后几次从河南、新疆和重庆北碚引进良种葡萄种植。

猕猴桃：野生猕猴桃主要分布于大木、龙塘、山窝、罗云、焦石、卷洞、太和、梓里、土地坡等海拔较高的山地，面积 3.7 万亩。所种植的猕猴桃以红心猕猴桃为主，主要分布于大木、罗云、武陵山、焦石、马武、龙潭、新妙等地。

其他水果：有枇杷、香蕉、柿、枣、杏、板栗、核桃、樱桃、石榴、无花果、银杏等，但数量不多，产量较少。

桑：北周至唐、宋，涪陵已有桑树。光绪三十年（1904年），涪州知州邹宪章推广种植桑树。主要品种为6071、广东桑、小冠桑、湖桑、中桑5801等，珍溪、李渡、新妙三个“万担区”中，人均达到100株桑的有珍溪、中峰、仁义、百胜、大胜、河岸、百汇、永义、河场、李渡、马鞍、大山、义和、石泉、金银、新妙、开平、酒井、两汇、石沱、焦岩等21个乡镇。

蜜源植物有油菜、龙眼、乌桕、黄荆、桉树等；辅助蜜源植物有泡桐、柑橘、刺槐、乌泡、五倍子、荞麦、瓜类等；粉源植物主要有玉米、胡豆、水稻等。

油菜：涪陵区境内广泛种植，是主要蜜源。沿江地区在2月上中旬进入始花期，2月下旬开始流蜜，3月中旬为盛期，3月底结束。坪上地区花期稍晚，正常年景一群蜂能产菜花蜜15~20千克。

龙眼：主要分布于焦岩、河岸乡等地，5月上旬初花流蜜，下旬结束。采蜜期半月左右。1975年以前一群蜂可产蜜2.5~4千克。

乌桕：主要分布在梓里、白涛、石门乡的一部分村、组。6月上旬初花流蜜，中旬为盛期，7月上旬结束。正常年景一群蜂能产蜜15~20千克。

黄荆：主要分布在河岸、珍溪、百胜、焦石、卷洞、白涛等地。7月上中旬初花流蜜，8月底到9月初结束，流蜜期40余天。但流蜜极不稳定，有大、小年之分。如在花前雨水调匀，荆条长势良好，花期长，日照高温，流蜜良好，每群蜂产蜜可达15~20千克。

桉树：主要分布在世忠、清溪、金银、致韩等乡和马武、酒店等地公路沿线上。9月下旬初花流蜜，10月下旬为尾期，正常年景一般每群蜂产蜜2.5~5千克。

二、动物

据历史文献资料记载和考察，涪陵北部（岭谷区）和南部（中低山地区）动物种类繁多，但珍稀野生物种较少，伴随人类开发活动的增多，很多物种已经绝迹。

（一）野生动物

分水生和陆栖两类。水生动物鱼类主要有青鲤、鲫鱼、草鱼、白鲢、鳙鱼等，主要分布在长江、乌江及一些溪流中。陆栖动物中常见的两栖类动物有中华大蟾蜍、黑斑蛙、泽蛙、沼蛙、大鲵等；爬行动物有乌龟、鳖、蹼趾壁虎、蓝尾石龙子、白条草蜥、乌梢蛇、黑眉锦蛇、水赤链游蛇、翠青蛇、赤链蛇、烙铁头等。鸟类动物主要有白鹭、夜鹭、黄鸭、老鹰、鹞子、野鸡、山斑鸠、阳雀、布谷鸟、鸳鸯、啄木鸟、燕子、喜鹊、乌鸦、画眉等。哺乳类动物有蝙蝠、岩蝠、黄鼠狼、泥猪、果子狸、野猫、狗豹子、獐子、野猪、山羊、青麂子、野兔、松鼠、刺猪、竹鼠等。

野生动物按其经济意义划分为珍贵稀有动物，毛皮、羽用动物，肉用动物，药用动物，还有其他一些主要对农、林、牧、副及人类卫生保健有益的动物。

（二）家畜家禽

家畜有猪、牛、羊、马、骡、兔、狗、猫等；家禽有鸡、鸭、鹅。

猪：以本地黑猪为主，兼有荣昌猪、内江猪、约克猪、长白猪、杜洛克猪等。养猪历来为农民传统副业。农户少则一二头，多则四五头，个别户也有养上几十头的。

牛：有水牛、黄牛和奶牛。涪陵水牛是地方良种，与德昌、滨湖、广西水牛并称全国四大地方良种水牛。黄牛以本地黄牛为主，属南方山地品系，体形较小。水牛主要用作耕畜，多分布于沿江和坪上地区。山区以养黄牛为主，一部分用于耕作，一部分作肉用菜牛。奶牛在 20 世纪 40 年代后期始有饲养。

羊：有本地白、黑、麻、杂色山羊，主要分布在焦石、白涛两个区和太和、梓里、靖黔、天台、菜场等地。兼有武隆板角羊、丰都铁石羊，1985 年引进罗姆尼羊。

马：以本地棕色、红棕色马为主。主要分布在靖黔和焦石、白涛一带。马骡主要从武隆、贵州等地购买，本地繁殖较少。

兔：有本地白、黑、麻、杂色兔和 1950 年以后引进的大耳白兔、青紫蓝兔、安哥拉长毛兔、西德长毛兔等。

狗：有本地黑、白、花、黄狗和猎狗、狮子狗、警犬等。

猫：有本地黄、黑、花、麻猫。

鸡：有本地黑、黄、花鸡和来航鸡、可白鸡、京白Ⅲ系、星杂288、星杂579、罗斯鸡、红育鸡、澳洲黑鸡、九斤黄鸡、白洛克鸡、芦花鸡、杂鸡等。农户普遍养鸡，少则几只十几只，多则数十只。农家多用鸡蛋作为礼品和换取食盐。

鸭：有本地麻、白、黑、杂色鸭和康贝尔鸭、北京鸭、樱桃谷鸭等。农民历来有养鸭的习惯，一般养几只十几只，少数放养季节性群鸭的达几百只上千只不等。

塘库稻田养殖的主要鱼类是草鱼、鲢（白鲢）、鳙（花鲢）、鲫鱼、鲤鱼、革胡子鲶、青鳊等。

长江、乌江涪陕段经济鱼类产卵场。鲤鱼产卵场多分布在缓流的石砾湾、凼、浩处。其中，长江涪陵段主要有反水碛、腊月浩、珍溪浩、沙背沱、乌羊溪、大曲浩、小溪口、外碛槽、麻柳滩、八角亭、黄泥凼、菜子梁、长石浩、鸽子沱、龙门浩、牛口下沱、有船浩、早鱼塘、庙岩河、千斤凼、杨家滩、小石盘、进步滩、熨斗滩、茶壶碛等20多处；乌江涪陵段主要有大溪河口、菜场沱、鸭儿凼、麻腊溪等处，产卵时间一般从2月上旬开始，分批产卵至4月上旬。鲶鱼的产卵场在激流鹅卵石上，产卵时间从春分左右开始，至5月结束。白甲鱼产卵场在激流多沙石的地方，产卵时间从3月初到4月底。

第七节 生态环境

在人地关系上，一方面，生态环境为人类社会的发展与延续提供了物质保障，另一方面，人的活动则会极大地改变生态环境的面貌，导致生态环境的变迁。在生态环境历史演变的过程中，影响最大的因素有三个：其一是人口的增长；其二是人类的活动；其三是作物的栽培。

一、涪陵生态环境的历史演变

在生态环境的变迁中，最能反映生态环境变迁的评价因素是森林覆盖率和气候的变化。因此，下面主要探讨涪陵区森林覆盖率。

涪陵森林资源极为丰富，早在新石器时代涪陵就已有人居住，但由于人们的活动还没有现代人这样"强势"，再加上涪陵在宋代以前还是"边蛮之地"，所以人们的活动还是相对有限的，对森林的破坏也极为有限，故直到唐代，长江两岸山上森林还相当茂密。宋代因在涪陵大量吸卤煮盐，沿白马驿上下的森林被伐作薪炭。这是涪陵历史上对森林的一次较大利用。元末至明，从江西、湖北、贵州等地组织大量移民入涪，大面积垦荒种粮，再加上红薯、玉米、马铃薯等高产作物的引进，森林面积急剧缩小。清代经济发展，商贸繁荣，涪陵木材已行外运。至民国时期，涪州人口超过百万，由于过量采伐和毁林开荒种粮，原始森林已残存无几。

从宋代开始，人们已经开始注意生态保护问题。"遵州示设放生塘，自一阳桥起鱼跳坎止，永禁毒鱼网虾，一并渔船鹰獭等情，违者挐获议罚。"此环保碑刻于一阳桥桥墩上。该桥建于道光二十三年癸卯岁（1843年），至今 170 多年。这是境内已发现的最早的环保宣示碑刻文字。

中华人民共和国成立后，人民政府重视保护森林，严禁乱砍滥伐。从 1954 年起将木材纳入国家计划管理。从 1957 年起，发动群众开展植树造林活动，并建立林业专门管理机构，管理林业生产；创办国营林场和经营所，由国家投资经营国有林，1957 年森林覆盖率 30.2%，木材蓄积量 1200 万立方米。后因人为因素，1978 年森林面积下降到 51.6 万亩，覆盖率 11.5%，木材蓄积量 145.85 万立方米。对此，《石刻涪州》云："据《涪陵市志》：1958 年 9 月，在上级指令下，中共涪陵县委迅速抽调农村 30 万精壮男女劳动力和 80%以上的机关干部上山采矿、伐木炼钢。当时全县总人口 80 余万，社会劳动力 38 万，抽 30 万劳动力去炼钢以后，从事农业秋收的几乎全是老弱病残。由此导致当年大量成熟的稻谷、红苕、杂豆等烂在地里。全民炼钢运动轰轰烈烈展开，全县建洋高炉 9 座，土高炉 3500 多座。大量森林被倒林式砍伐，众多千年古树瞬间变成炭灰。当时全县森林覆盖率已达 30%以上，木材蓄积量为 1200 万立方米。几个月后，森林覆盖率猛降至 10%以下，木材蓄积量仅余 300 万立方米，生态环境遭到毁灭性破坏。炼出'土钢'67 吨，'毛铁'（铁和矿渣混合物，实是废品）5217 吨。"

1978 年以后，纠正林业生产上的"左倾"错误，通过认真落实林业"两制"（林权所有制和林业生产责任制）和贯彻执行《中华人民共和国森林法》，植树造林和森林保护出现新局面。据1983年第一季度统计数据，国有林144540亩；社有林17处，23040亩；大队有林420处，12150亩；2793个生产队有林65387亩；对社员房前屋后的树木发放林权证的有4846个生产队173607户，37190亩；划给社员自留山的有3169个队113721户，176291亩。

而今，加强生态文明建设更是上升到国家战略的层面。强调不能“只要金山银山，不管绿水青山”，而是“既要金山银山，更要绿水青山”。事实上，“绿水青山本身就是金山银山。”

二、涪陵生态保护区的地理分布

根据《重庆市涪陵区空间发展战略规划（2013年）》，将涪陵区划分为6个一级生态功能区，8个二级生态功能区，14个三级生态功能区。其中一级生态功能区包括Ⅰ北部沿江丘陵低山水土保持农业生态区、Ⅱ中部低山丘陵城市生态修复与污染控制区、Ⅲ南部坪上低山平坝水源涵养与水土保持区、Ⅳ江东后山丘陵山地石漠化生态保护区、Ⅴ黄草山重要生态系统维护区和Ⅵ武陵山重要生态系统维护区。

北部沿江丘陵低山水土保持农业生态区（一级），耕地429.17平方公里，占本区面积的59%；林地124.10平方公里，占本区面积的17%；居民用地61.44平方公里，占本区面积的8.29%。包括资源引导性开发区、控制性资源利用区2个二级生态功能区，其中资源引导性开发区包括溪铜铝产业建设区（80.25平方公里）、新妙—石沱乡镇工业发展区（185.21平方公里）、南沱乡镇工业发展区（65.95平方公里）3个三级生态功能区；控制性资源利用区包括长江（涪陵西段）丘陵低山水土保持区（51.96平方公里）、长江（涪陵东段）丘陵低山水土保持区2个三级生态功能区（219.99平方公里）。

中部低山丘陵城市生态修复与污染控制区（一级），耕地156.76平方公里，占本区面积的39%；林地134.54平方公里，占本区面积的34%；居民用地54.33平方公里，占本区面积的13.59%。包括城市经济建设区、控制性资源利用区2个二级生态功能区，其中城市经济建设区包括江南老城核心经济发展区（34.75平方公里）、龙桥—李渡外延经济发展区（221.31平方公里）、白涛化工业建设区（30.94平方公里）3个三级生态功能区；控制性资源利用区包括城区外延生态修复区（218.08 平方公里）1 个三级生态功能区。

南部坪上低山平坝水源涵养与水土保持区（一级），耕地 341.45 平方公里，占本区面积的 47%；林地 274.27 平方公里，占本区面积的 38%；居民用地 31.86 平方公里，占本区面积的 4.40%。包括资源引导性开发区 1 个二级生态功能区，龙潭城镇外延经济发展区（94.41 平方公里）、西南坪上生态农业区（630.31 平方公里）2 个三级生态功能区。

江东后山丘陵山地石漠化生态保护区（一级），耕地 92.53 平方公里，占本区面积的 43%；林地 112.27 平方公里，占本区面积的 52%；居民用地 8.16 平方公里，占本区面积的 3.77%。包括沿山生态丘陵建设保护区 1 个二级生态功能区，焦石—罗云丘陵低山石漠化及农业水土保持生态功能区（272.81 平方公里）1 个三级生态功能区。

黄草山重要生态系统维护区（一级），耕地 184.48 平方公里，占本区面积的 34%；林地 307.43 平方公里，占本区面积的 56%；居民用地 22.03 平方公里，占本区面积的 4.04%。包括重要生态屏障区 1 个二级生态功能区，黄草山重要生态系统维护与屏障区（521.04 平方公里）1 个三级生态功能区。

武陵山重要生态系统维护区（一级），耕地 55.46 平方公里，占本区面积的 18%；林地 242.48 平方公里，占本区面积的 77%；居民用地 4.26 平方公里，占本区面积的 1.36%。包括重要生态屏障区 1 个二级生态功能区，武陵山重要生态系统维护与屏障区（314.35 平方公里）1 个三级生态功能区。

三、涪陵生态环境的承载力分析

人类赖以生存和发展的环境是一个为人类活动提供空间和载体的大系统。对于人类活动而言，环境系统的价值体现在其为人类社会生存和发展活动需求提供支撑能力。由于环境系统的构成材料在数量和空间的某种分配规律方面具有一定的比例关系，因此它对人类活动的支持能力有一定的限度，也就是环境承载力问题。

环境承载力是指在某一时期、某种环境状态下，某一区域环境对人类社会、经济活动的支持能力的限度。具体来说，它是指在未来不同的时间尺度上，一个区域利用其自身的资源所能持续稳定支撑经济社会发展的能力。

以此为据考察涪陵的环境承载力，我们发现，一方面，随着社会的发展，现代化、城镇化的发展进程加快，不可避免地给涪陵的未来发展带来了一些问题，如“现代病”“城镇病”“区域病”“拓展病”等。具体地说，包括水土流失问题较为严重、东南部地区石漠化威胁较大、人类活动造成植被退化、中心城区环境污染等问题。另一方面，涪陵甚至整个国家都在大力强化生态文明建设，力求为子孙后代留下生存发展的空间。

涪陵区的总面积为 2942. 34 平方公里。到 2017 年，涪陵区有人口 116 万人，平均每平方公里约 400 人。为解决涪陵的生态问题，涪陵积极加强生态文明建设。依据《涪陵区生态功能区布局及管制规划研究》，都市圈环境调控生态功能区的生态环境问题是：水环境问题突出；水土流失严重，也存在大量的人为地质灾害；固体废物污染潜在威胁大；都市区生态环境系统很脆弱，森林覆盖率低；新的环境问题不断出现；城市发展容易对梓里场山脉造成环境破坏。故生态环境保护建设方向及重点是：治理产业污染；美化都市环境，构建城市生态屏障；促进制造业转型升级和加快农业现代化进程，大力发展生产性服务业，加快促进生活性服务业；挖掘近郊城乡接合部的优势，发展布局文化休闲等新兴消费性服务业，以及大型卖场等近郊项目；注重桫椤自然保护区及市级风景区的生态系统保护。

沿江丘陵低山主导产业区的森林覆盖率低，生物多样性减少，农村面源污染严重，次级河流水污染较严重，地质灾害频率较高，大型清洁能源基地、有色金属产业对环保压力较大。为此，生态环境保护建设的方向及重点应该是：建设长江—乌江流域环境保护示范区；优化水质，保护水源；修复植被体系，建设水源涵养林；推进乡村生态文明建设；着重发展特色优势产业，推进循环经济和生态型产业转型，发挥园区集聚优势，发展两江四岸新型服务产业，优化农业产业结构；严格控制大型能源基地对生态环境潜在的负面影响。

坪上低山平坝农林区生态系统退化趋势更加明显，植被生态系统的保护面临着更大的压力，农村面源污染严重，水资源较缺乏且存在次级河流水质污染问题。故生态环境保护建设的方向及重点应该是：加大对环保基础设施的投入，减少环境污染；加强水资源的保护与利用，提升农业生态系统的生产力水平和可持续性；加大植被恢复力度，加快裸岩山地的植被覆盖率；打造坪上现代农业示范区，积极发展优质农产品生产和加工业，发展特色蔬菜、早市青菜头、畜禽、伏淡季水果和苎麻等特色农业；建设生态农业基地、现代生态农业园区等，发展以农耕文化、休闲康养、自然风光、历史人文为主题的乡村旅游。

后山丘陵山地山林旅游区土地石漠化敏感性严重；森林多为针叶林，部分地区呈森林→灌木→草地的退化之势；国家级页岩气示范区、化工产业都对环境存在潜在的威胁和负面影响。故生态环境保护建设的方向及重点应该是：加强森林公园和自然保护区管理，加强森林保护与生物多样性保护，合理开发利用保护区内自然资源；注意防治荒漠化，解决人居的能源、饮用水和灌溉等问题；严控化工、有色金属等产业的环境污染；以康养、避暑、休闲为主题，发展生态旅游；严格控制国家级页岩气示范区建设对生态环境潜在的影响。

第四章　人文社会资源

社会资源与自然资源一样，也是区域资源禀赋的重要组成部分。涪陵历史悠久，文化灿烂，人文社会资源丰富①，枳巴文化、白鹤梁题刻、北岩易理学文化、涪陵榨菜文化、“816”工程、“涪陵现象”等构成了涪陵文化生成、发展的谱系。人口资源结构合理，基础设施成效显著，市场经济基础状况良好，政策环境不断改善，丰富的人文地理环境共同构筑了涪陵独有的社会资源禀赋。

第一节　社会文化

涪陵社会文化资源，早在《华阳国志》《水经注》等史籍中即有记载。唐代有白鹤梁、荔枝园、铁柜山、鉴湖等名园胜地，还有不少伽蓝名苑。宋代王象之《舆地纪胜》记载涪州景物达 80 余处，其中有山 20 余处、古迹 30 余处；白鹤梁、北岩等成为著名游览胜地，留下不少山水旅游咏赞诗文。民国时期列入名胜登记的有钩深堂、三畏斋、荔枝园、望州关、插旗山、观音阁、聚云寺（天子殿）、太乙门、夏子山、普陀寺、天宝寺、泡桐寺、鹦鹉寺、蔺市大桥等 18 处。列入古迹古物的有点易洞、尹子读书处、四贤祠、黄庭坚题刻、铁柜城和聚云寺贞观年号壁碑、宋版淳化阁帖、花蕊夫人诗碑、历代古钱及出土的铜鼎、陶鸡、陶犬等数十种。1978 年 4 月，涪陵县革委将白鹤梁题刻列入重点文物保护单位，并布告全县；1984 年 3 月，涪陵市人民政府又公布李家祠堂、弋阳国民师范学校旧址、

① 因历史沿革变迁，各历史时期的涪陵地域范围存在较大差异；本书中涪陵地域指当代涪陵，为重庆市下面的一个辖区，属行政和地域双重概念。而本章所统计的涪陵历史文化资源，均指历史时期涪陵辖区内的资源，与当代涪陵区范围有所不同。

罗云坝、涪陵市烈士陵园、涪陵专区烈士纪念塔，白塔、邱家院、龙门桥、龟陵城（三台寨）、涪州明清城墙、北岩点易洞，蔺市、镇安新石器时代遗址，小田溪巴人墓群、徐邦道墓、周煌墓等20处文物点为市级重点文物保护单位。1985年末，涪陵市文化馆对全市文物古迹进行管理和研究，已掌握的地面文物点资料或线索518处。其中古遗址17处、古建筑148处、古墓葬229处、石窟寺及石刻71处、其他53处；馆藏出土、征集文物1000余件。据涪陵第三次文物普查资料，涪陵不可移动文物有古遗址55处，古墓葬558处，古建筑190处，石窟寺及石刻112处，近现代重要史迹及代表性建筑89处，其他2处。合计1006处（见表4-1）。

表4-1 重庆市涪陵区不可移动文物统计

类别	数量（处）
古遗址	55
古墓葬	558
古建筑	190
石窟寺及石刻	112
近现代重要史迹及代表性建筑	89
其他	2
合计	1006

资料来源：涪陵区博物馆提供。

一、古遗址

涪陵各类历史遗迹、遗址甚多。如分布于长江、乌江沿岸的石器时代遗址，战国时期巴国阳关遗址，汉晋枳城遗址，北周时尚存的石门、石鼓台，唐代荔枝园、关池冶铁遗址等。其中最为重要的就是蔺市东场口新石器时代遗址、镇安河嘴新石器时代遗址、三台寨遗址、望州关遗址。

据涪陵第三次文物普查资料，古遗址类有聚落遗址12处，城池遗址1处，陶窑遗址1处，矿冶遗址1处，古战场遗址1处，驿站古道遗址1处，军事设施遗址31处，祭祀遗址1处，水下遗址2处，寺庙遗址2处，其他古遗址2处。总计55处（见表4-2）。

表 4-2　重庆市涪陵区古遗址统计

类别（大）	类别（小）	数量（处）
古遗址	洞穴遗址	0
	聚落遗址	12
	城池遗址	1
	陶窑遗址	1
	窖藏遗址	0
	矿冶遗址	1
	古战场遗址	1
	驿站古道遗址	1
	军事设施遗址	31
	桥梁码头遗址	0
	祭祀遗址	1
	水下遗址	2
	水利设施遗址	0
	寺庙遗址	2
	宫殿衙署遗址	0
	其他古遗址	2
合计		55

资料来源：涪陵区博物馆提供。

二、古建筑

涪陵各类各时期古建筑，如城市、桥梁、宅第、园林、陵墓、祠堂、寺庙等，均有一定特色。

涪陵最有名的宅第建筑是石龙井、邱家院、陈万宝庄园等。

涪陵寺庙建筑甚多。据《同治重修涪州志・寺观》记载，涪州寺观就有三清观、东岳庙、观音阁、元天宫、准提阁、三官殿、圣母殿、奎星阁等 263 处。如今代表性建筑有碧云亭、白塔（文峰塔）、天宝寺等。

涪陵桥梁建筑极多。据《同治重修涪州志・津梁》记载，涪州桥梁建筑有 160 余座。据原涪陵市交通部门初步调查，市境尚存宋至近代古桥 420 余座。代表性桥梁建筑有碑记桥（蒲江）、龙门桥（蔺市）、太平桥（李渡）、神仙桥（双石）、广济桥（开平）、弋阳桥（新妙）、安澜桥（蔺市)、张家湾新桥（山窝)、离厚桥（聚宝）等。

据涪陵第三次文物普查资料，古建筑类有城垣城楼 1 处，宅第民居 60 处，坛庙祠堂 18 处，店铺作坊 1 处，牌坊影壁 4 处，寺观塔幢 8 处，桥涵码头 89 处，池塘井泉 5 处，其他古建筑 4 处，合计 190 处（见表 4-3）。

表 4-3 重庆市涪陵区古建筑统计

类别（大）	类别（小）	数量（处）
古建筑	城垣城楼	1
	宫殿府邸	0
	宅第民居	60
	坛庙祠堂	18
	衙署官邸	0
	学堂书院	0
	驿站会馆	0
	店铺作坊	1
	牌坊影壁	4
	亭台楼阙	0
	寺观塔幢	8
	苑囿园林	0
	桥涵码头	89
	堤坝渠堰	0
	池塘井泉	5
	其他古建筑	4
合计		190

资料来源：涪陵区博物馆提供。

三、古墓葬

涪陵人类活动历史悠久，新石器时代及其以后，各时期均有墓葬存在，尤其是汉墓、明墓、清墓分布广泛，数量最多。战国时期墓葬亦发现不少，多分布于长江、乌江两岸台地上，出土的随葬品丰富多彩，且有浓厚的巴文化特色。其中尤以白涛镇的巴人墓群最为著名。汉墓中，西汉墓形制与战国和秦代相似，多为土坑木椁墓；东汉墓有砖室墓和崖墓两类，前者多分布于沿江地区，后者主要分布于后山和坪上地区。东汉墓墓砖厚重，端面饰各种几何纹，尚未发现画像砖。代表性古墓葬有小田溪巴人墓群（白涛小田溪）、北岩东汉崖墓（黄旗点易村）、狮子嘴崖墓群（龙潭乡狮子嘴）、周煌墓等。

据《同治重修涪州志·茔墓》记载，涪州名人墓葬有齐东昏侯墓、唐长孙无忌墓、宋进士任昌大墓、尹氏娘子墓、明万户侯何德明墓等308座。

据涪陵第三次文物普查资料，古墓葬类有名人或贵族墓3座，普通墓葬555座，总计558座（见表4-4）。

表4-4　重庆市涪陵区古墓葬统计

类别（大）	类别（小）	数量（座）
古墓葬	帝王陵寝	0
	名人或贵族墓	3
	普通墓葬	555
	其他古墓葬	0
合计		558

资料来源：涪陵区博物馆提供。

四、革命文物

从“鸦片战争”开始至涪陵解放时，涪陵人民在反帝反封建的革命斗争中留下许多珍贵的遗物、遗迹。20世纪50年代以来，部分革命文物已被文物部门征集或进行保护，有的尚散存民间和其他有关部门。截至1985年，列入县文物保护范围的革命遗址、纪念地有9处：李家祠堂、弋阳国民师范学校旧址、罗云坝、涪陵市烈士陵园、涪陵专区烈士纪念塔和李蔚如、钟善辅、张光垡、郑光宗烈士墓。现属区、乡和单位管理的烈士陵园、烈士墓有20余处。原涪陵市文物、档案、党史研究等部门还收藏有部分革命文物，如图书、照片、文件和烈士遗物等。

据涪陵第三次文物普查资料，近现代重要史迹及代表性建筑有重要历史事件和重要机构旧址4处、名人故居旧居4处、传统民居26处、宗教建筑2处、名人墓葬2处、烈士墓及纪念设施15处、工业建筑及附属物4处、水利设施及附属物14处，医疗卫生建筑1处、军事建筑及设施4处、典型风格建筑或构筑物3处、其他近现代重要史迹及代表性建筑10处，总计89处（见表4-5）。

表 4-5　重庆市涪陵区近现代重要史迹及代表性建筑统计

近现代重要史迹及代表性建筑	重要历史事件和重要机构旧址	4
	重要历史事件纪念地或纪念设施	0
	名人故居旧居	4
	传统民居	26
	宗教建筑	2
	名人墓葬	2
	烈士墓及纪念设施	15
	工业建筑及附属物	4
	金融商贸建筑	0
	中华老字号	0
	水利设施及附属物	14
	文化教育建筑及附属物	0
	医疗卫生建筑	1
	军事建筑及设施	4
	交通道路设施	0
	典型风格建筑或构筑物	3
	其他近现代重要史迹及代表性建筑	10
合计		89

资料来源：涪陵区博物馆提供。

五、石窟碑刻

据涪陵第三次文物普查资料，重要的石窟碑刻有摩崖石刻63处、碑刻36处、石雕4处、其他石刻9处，总计112处（见表4-6）。

表 4-6　重庆市涪陵区石窟寺及石刻统计

类别（大）	类别（小）	数量（个）
石窟寺及石刻	石窟寺	0
	摩崖石刻	63
	碑刻	36
	石雕	4
	岩画	0
	其他石刻	9
合计		112

资料来源：涪陵区博物馆提供。

六、馆藏器物、书画

涪陵的馆藏器物、书画，一部分为20世纪50年代初期由民间收藏者捐献，一部分为政府文物部门所征集和收藏。器物中的大部分为近30余年的地下出土文物。至1985年，涪陵文物部门收藏的器物、书画近1000件。1982年12月，四川省文化局文物鉴定小组来涪陵，对主要藏品进行鉴定，鉴定出国家3级及以上文物93件，其中一级1件，二级5件，三级86件；属于工艺品的12件，兵器13件，中国画42件，书法作品26件。

器物：在民国时期，涪陵文献委员会、民教馆收藏有少数出土文物、古钱币等。城内徐氏宗祠藏有抗日爱国将领徐邦道的盔甲、大刀，涪陵解放后交县文物部门保管。1982年文物鉴定时，工艺品中，有铜鍪1件被定为国家二级文物，其余有陶俑、陶勺、铜镜、铜带钩、银杯和明清的瓷碗、帽筒、朱砂瓷花瓶等10件被定为三级文物。古兵器中，有铜矛1件被定为二级文物，其余有石矛、铜戈、铜钺、铜剑、铜矛（5件）、箭簇等12件被定为三级文物。

书画：涪陵明清时代文人雅士多、寺僧多，有的互相交换书画作品，有的爱好收藏，故有不少古代书画作品流传下来。中华人民共和国成立后，省、县举办书画展览，市（县）文化部门亦收藏部分优秀作品。1982年文物鉴定时，对数百件馆藏书画作品进行鉴定，上等级的书画作品名录如下：中国画二级有《王翚嘉陵山水长卷》《钱杜山水直幅》；三级有《唐寅墨竹画》《陈老莲人物条幅》《胡淡泉山水（2件4帧）》《张应绢本山水画》《辰农懋花卉图》《宋石门山水条幅》《恽南田着色菊石立轴》《钱雪樵山水画》《赵文舒花岛直幅》《邹一桂花鸟画》《田程和山水画》《龚晴皋画石直幅》《黄山寿菊花图》《彭玉麟墨梅横幅》《汪士道西溪图》《杨违屏荷花图（2件）》《王学浩山水立轴》《吴淑娟仙女楼阁图》《陈仙裳花卉条幅》《无款人物横幅》《云泉翁山水条幅》《徐筱波山水立轴》《徐朗轩人物画》《恽水花卉直幅》《毛凤朝牡丹图》《道腴山水条幅》《冯会人物立轴》《鲁参等绘扇面（5幅）立轴》《司马钟花乌条幅》《丰子恺山水条幅》《无款仕女图》《陈东壁画鱼直幅》《刘锡玲寒山积雪图直幅》《张善子画虎立轴》《竹禅人物画》《万从木溪访友图》《邹竹君山水立轴》《汤涤山水画》《程万里耄耋富贵图》《王质花鸟画》。书法作品均为三级，主要有《周煌寿对》《翁同龢字对》《周煌临王右军禊帖》《赵藩行书条幅》《钱陈群等跋周煌登舟图（图已失，仅存题跋）》《万青藜行书直幅》《成亲王赠海山字对》《邹履和小楷孝经》《查士标行书立轴》《李薇典字对》《何绍基隶书横披》《白石道人行书字屏》《戴虚谷字条》《沈贤修隶书横披》《林则徐赠石麟士字对》《王逸小楷孝经》《石麟士屏联一堂》《公孙长子双钩条幅》《石麟士七言字对》《何鲁跋唐寅人物画》《何鲁字对》《石麟士丁巳行书轴》《石麟士行书轴》《赵墀农字对》《石麟士字条》《赵墀农草字对》。

七、名胜风景

涪陵奇山胜水和文物古迹甚多，南宋以来，白鹤梁和北岩一直是著名的名胜游览地。明代增加龟龙山（又名赛丰都、聚云寺）、“涪陵八景”，清代新增观音阁、天台寺和金堂寺等。民国时期增加城内中山公园。20 世纪 80 年代以来，随着经济和交通事业的发展，旅游业迅速兴旺起来，除白鹤梁、北岩和新建的望州公园外，乌江山水自然风光、小溪天生桥、丛林龙洞、望州关林区、大木林场、黑龙洞、“816”工程等也已开始辟为或建设、规划为名胜风景旅游地。目前，主要的名胜风景地有水下碑林白鹤梁、北岩点易洞、武陵山大裂谷、“816”工程、乌江画廊、大木花谷等。

八、总体评价

涪陵位于我国西南部的长江上游，地处长江、乌江交汇处，人文资源众多，经济发展历史底蕴深厚，但也存在一些不足，有较大开发利用空间。

文化资源众多。其中最有影响的是枳巴文化、白鹤梁题刻文化、北岩易理学文化、涪陵榨菜文化等。涪陵是巴人故都，巴人先王陵寝所在之地，巴文化重镇，是目前考古界确认的全国巴文化历史遗存等级、历史文化信息最为丰厚的地区。巴文化是涪陵文化的源头。白鹤梁记录了唐代广德元年（763 年）以来 1200 年间 72 个枯水年份的水文资料，被誉为“世界第一水文站”，有“水下碑林”的美誉，世界著名工程——

葛洲坝、三峡大坝的兴建均曾参考利用过白鹤梁水文资料，而今已经建成世界首座水下博物馆对白鹤梁题刻加以保护，足见社会对其价值的高度肯定。程颐北岩点注《易经》，开启程朱理学源宗，开创“涪陵学派”，使涪陵人才蔚起，教育发展，科技昌明，北岩成为涪陵人文圣地。涪陵榨菜源远流长，由一碟咸菜做大做强，演变为巴蜀四宝、中国三大出口菜、世界三大名腌菜之一，榨菜产业已经成为中国农业产业化的领头羊。

同时，涪陵的社会文化也存在一定的不足，有很大的开发利用空间。本书全方位系统梳理了涪陵的历史文化资源，但由于历史沿革的变迁，行政区划的调整，很多历史上涪陵的文化资源现在已经不在涪陵区的辖区范围内。且古墓葬、碑刻开发利用价值不大，古遗址、古建筑仅仅留存在古书的记忆中，馆藏器物、书画等开放力度不大，名胜风景依托旅游已得到初步开发。目前，仅就四大特色文化而言，白鹤梁题刻文化依托于白鹤梁水下博物馆。北岩易理学文化依附于“涪州古城”项目，但该项目已被紧急叫停。涪陵榨菜文化依托于榨菜企业、涪陵榨菜文化小镇等。而巴文化则是“魂不附体”。这都是人文资源遗存不多所致。此外，除白鹤梁在主城以外，其他人文资源则显得比较分散，如巴人先王陵寝所在之地就远在白涛。比如北岩文化，内容丰富，但点易洞只容纳得下一尊佛像。钩深书院只有题字，教室、书院遗存已经荡然无存。

第二节　人　口

人口“是一个具有许多规定和关系的丰富的总体”①，这个总体是由一定的人数所组成的。文物考古资料证明，长江和乌江两岸在新石器时代即有人类居住。春秋战国时期，枳曾为巴国政治、经济、文化中心，境内有较多的人口。秦及两汉时，枳县人口主要分布在沿江一带。东汉时遍及坪上，并开始向后山迁徙。

① 中共中央马克思恩格斯列宁斯大林著作编译局．马克思恩格斯选集（第2卷）[M]．北京：人民出版社，1995：103.

一、人口的增长与变化

历史上，涪陵境内人口数量并不多。汉平帝元始二年（2年），枳县居民14422户，6.4万余口。汉桓帝永兴二年（公元154年）增至33199户，134124口，平均13.54人/平方公里。人口密度较元始二年（2年）增加1.89倍，152年间人口数年平均增长4.8‰。明末清初20余年战争，涪州几乎“百里无烟”，人口损失严重。康熙四年（1665年），逃亡避难者始逐渐返涪。此后，大批“湖广”移民入涪“插占落业”，大量垦殖。康熙五十年（1711年）后，政府实行“盛世滋生丁口永不加赋”政策；乾隆年间，玉米、红苕、洋芋等旱粮作物广泛引种，粮食产量增加，人口随之增长。其后至清末，涪州人口增长最快。光绪三十一年（1905年）《涪乘启新》载，全州“户20万，口百万有奇”。清末至“中华民国”建立之初，人口基本上是连续增长。1916年，涪陵县人口达到108.9万人，人口密度182.39人/平方公里。后受战争、饥荒、瘟疫等因素影响而波动。1950—1985年的人口数量经历了发展、下降、猛增、稳定发展4个阶段。到2017年末，全区有45.71万户，115.83万人。

春秋中后期，巴人、荆（楚）人迁居枳地。西晋末，巴族人东下荆、襄，其后有僚族人迁入。南朝时有盘瓠族人迁入。宋末以后，“夏、巴、蛮、夷”等族，或已融合于汉族，或徙居外地。元末明初，涪州基本上无土著居民，湖北麻城等籍移民大举迁入。清代前期，又增加江西、广西、贵州籍移民的迁入。乾隆年间有数十家苗民移入。民国时期，除抗日战争初期外，多数年份是迁出人口大于迁入人口。据1941—1949年不完全统计，迁入36615人，迁出47857人，净迁出11242人。1953年因建狮子滩水电站，有较多的长寿县移民迁入。1954—1985年全县迁入人口534436人，迁出544491人，净迁出10055人。1979—1985年贯彻“改革开放”搞活经济的政策，加上升入大、中专学校的人数增多，人口流动量增大。2017年，全区人口115.83万人，比上年度减少0.59万人。

二、人口分布和人口密度

人口分布是人口在空间上的集聚状态，人口密度则是人口在一定范围内的集聚程度。目前，涪陵人口分布的基本特征如下：

（一）自然区划间人口分布差异大

从自然区划分布看，涪陵人口分为沿江、坪上、后山3个自然区划。沿江地区海拔较低，气候温暖，交通方便，开发较早，经济发达，故历来人口密度最大；坪上地区次之；后山地区再次。总体来看，沿江地区、坪上地区、后山地区的人口密度逐步增长，但沿江地区人口密度增长快，坪上地区次之，后山地区人口密度增长最慢。

（二）人口密度的地域差异明显

从人口密度看，据1982年第三次全国人口普查数据，总人口96.16万人；涪陵城区人口密度达到326人/平方公里，明显高于涪陵地区196人/平方公里和四川省176人/平方公里，属于人口稠密区。1982年，全县11个区的人口密度，以城关镇人口密度最大，平均14575人/平方公里，其次是李渡，562人/平方公里，均明显高于涪陵全市平均密度。小于平均人口密度的有焦石、白涛、马武、龙潭、新妙和蔺市等6区。人口密度最小的是焦石，151人/平方公里，仅有涪陵平均密度的46%。2015年末，涪陵区有46.20万户，总人口116.19万人，平均每户2.52人，人口密度395人/平方公里。2017年末，涪陵区共有户籍数45.71万户，户籍人数115.83万人，人口密度393.79人/平方公里。

（三）城镇人口区域分布极不平衡

从城镇人口分布看，1949年，涪陵有敦仁、崇义、李渡、蔺市、珍溪、清溪、新妙7镇。1950年增设白涛镇。其后，除自然增长外，20世纪60年代中后期，“三线建设”厂矿迁入，城镇人口逐渐增加。1985年末，新妙、龙潭坝、马武、蔺市、李渡、白涛、清溪、珍溪8镇及涪陵城共有城镇人口61189户，253188人，分别比1978年增长2.41倍、1.11倍；人口占比26.01%，比1978年上升13.29个百分点；其中非农业人口141012人，增长38.31%，占城镇总人口的55.69%。到2017年末，全区城镇人口517400人（公安局户籍人口口径），具体见表4-7。

表 4-7　2017 年涪陵区各乡镇、街道人口数统计一览

乡镇、街道名称	年末户数（户）	年末人数（人）	城镇人口（人）
马鞍街道（新城区）	36679	76766	74711
敦仁街道	30183	74079	74079
崇义街道	21377	52248	52248
荔枝街道	39998	99438	88284
江东街道	20347	51582	29137
江北街道	18695	53168	19409
李渡街道	16741	40340	9218
龙桥街道	18801	41785	27069
白涛街道	19112	47349	36795
百胜镇	18160	48156	6696
珍溪镇	29671	82767	12485
清溪镇	13191	33298	7853
南沱镇	13148	37503	9478
蔺市镇	20146	50010	12448
石沱镇	14244	33973	6535
义和镇	19795	48050	5995
新妙镇	17346	46918	13126
马武镇	16254	39476	9554
青羊镇	9932	25640	6153
龙潭镇	15690	46467	7061
同乐乡	8581	24367	0
大顺乡	9065	24178	0
增福乡	7602	19582	0
焦石镇	10998	30810	9033
罗云乡	6315	18131	0
大木乡	1831	4229	0
武陵山乡	3162	7974	0

资料来源：《涪陵年鉴 2018》。

三、人口构成特点

人口构成是人口总体内部各种属性的数量比例关系的表现，涪陵人口构成的基本特征如下：

（一）人口的性别构成基本平衡

2017 年，全区有男性 58.91 万人，女性 56.92 万人，性别比（以女性为 100）为 103.5，男性和女性人口均比 2016 年底少，性别比也有所降低，具体见表 4-8。

表 4-8　2017 年涪陵区各乡镇、街道人口性别构成统计一览

乡镇、街道名称	乡村人口（人）	年末人数：男（人）	年末人数：女（人）
合计	640917	589086	569198
涪陵新区（含马鞍街道）	2055	37683	39083
敦仁街道	0	36531	37548
崇义街道	0	25862	26386
荔枝街道	11154	49124	50314
江东街道	22445	26048	25534
江北街道	33759	26302	26866
李渡街道	31122	20887	19453
龙桥街道	14716	20638	21147
白涛街道	10554	24416	22933
百胜镇	41460	24942	23214
珍溪镇	70282	42647	40120
清溪镇	25445	17139	16159
南沱镇	28025	18916	18587
蔺市镇	37562	25532	24478
石沱镇	27438	17265	16708
义和镇	42055	24667	23383
新妙镇	33792	24251	22667
马武镇	29922	20504	18972
青羊镇	19487	13480	12160
龙潭镇	39406	24185	22282
同乐乡	24367	12668	11699
大顺乡	24178	12657	11521
增福乡	19582	10402	9180
焦石镇	21777	16354	14456
罗云乡	18131	9605	8526
大木乡	4229	2244	1985
武陵山乡	7974	4137	3837

资料来源：《涪陵年鉴 2018》。

（二）少数民族构成比例小且分散

西晋以前，枳县多巴人，后增盘瓠人（苗族等民族的先民）、僚人（仡佬等族的先民）等。唐宋时代，涪州有“夏、巴、蛮、夷”4种民族。宋以后主要为汉族。清代乾隆年间“改土归流”后，小溪附近安置有数十家苗民居住，后来逐步他迁。2017年，涪陵区有38个民族，其中少数民族37个，人口7600余人，占户籍总人口115万人的6.6%。少数民族分布在26个乡镇街道办事处，尤以土家族和苗族为主，占涪陵少数民族总人数的近90%。

（三）人口的姓氏构成趋于复杂

东汉至西晋时，枳县有章、常、连、黎、牟、阳等6大姓。北周至隋，涪陵田氏是大姓，唐宋时姓氏已渐复杂。明代，刘、何、陈、夏、周、谭、张、文、潘、向、曹、蔺等姓皆望族。清代移民进入，姓氏增多。近现代以来，姓氏更趋复杂。地处长江边的李渡和地处坪上地区的万寿，在姓氏总数中以张、刘、李姓最多，分别为2380人、2202人、1560人，占总人口的8.06%、7.45%和5.28%。占2%~5%的有王、陈、黄、周、吴、胡6个姓，占1%~2%的有郑、徐、何、杨、郭、罗、夏、谭、余、毛、冉、朱、卢、韩、唐、蒋、傅、钟18个姓。其余259个姓的人数均在1%以下，其中47个姓的人数仅各1人。随着改革开放的深入推进，市场经济的迅猛发展，户籍制度的改革，城镇化进程的持续发力，社会人口的快速流动，再加上异地就业的普遍化，据统计，到2017年，居住在涪陵的姓氏已达300个以上。

（四）行业与职业构成分化大

清末以后，涪陵手工业、运输、商业比较发达，故其从业人员占有一定比例，而无业人口所占比重也不小。1916年，当时县知事公署统计，全县1089253人，各职（行）业人口比重分别是：农林牧渔业占65.90%，手工业和矿业占9.88%，商业占7.38%，下力（运输业）占2.08%，官吏、公务、警察等占0.04%，教员、医生、记者、律师等占0.22%，生徒（在校学生）占3.41%，僧侣占0.54%，杂业占1.58%，娼妓占0.05%，无业（包括老幼残和无业妇女）占8.92%。中华人民共和国成立以后，农村人口均分有土地，故从事农业的人口比重较大。1985年末，全市整劳动力和半劳动力 48.56 万人，其中农村劳动力 39.06 万人，分别比 1976 年增加 9.79 万人、6.25 万人，占当年总人口和农业人口的 49.88%、48.39%，分别上升 25.27%、19.06%。1985 年，农村劳动力实际从事农、林、牧、渔、副业的 34.39 万人，有剩余劳动力 4.67 万人。据《涪陵年鉴（2018）》所载，2017 年末，涪陵劳动力资源总数 94.39 万人，经济活动从业人员 78.06 万人（其中城镇 44.82 万人，农村 33.24 万人）。2017 年年末，城镇失业人员登记数 4640 人，城镇登记失业率 2.89%。年末全部从业人员 77.60 万人。

（五）人口的文化程度仍然较低

1932 年，涪陵县建设科调查，全县农村人口 827390 人，识字的占 15%。中华人民共和国成立后，贫苦劳动人民受教育的人数大大增加，人口文化结构不断改善。1982 年第三次人口普查，全县各种文化程度人数和占 6 岁及 6 岁以上人口（902330 人）的比重分别是：大学（含肄业）占 0.47%、高中占 4.61%、初中占 18.11%、小学占 46.96%、文盲半文盲占 29.85%。各种文化程度人口中，女性所占比例均少于男性：大学毕业人数中女性占 25.40%，大学肄业和大学在校占 16.19%，高中占 40.89%，初中占 41.25%，小学占 42.80%。而 12 岁及 12 岁以上文盲半文盲人口中女性占 69.68%，其绝对数为 139718 人。据《涪陵年鉴（2018）》，2017 年，全区有高等学校 2 所，中等专业学校 1 所，中等职业学校 6 所，普通中学 48 所，小学 99 所。全年高校招生 7666 人，在校生 26000 人，毕业 7788 人；中专招生 2168 人，在校生 6211 人，毕业生 2024 人；普通中学招生 18132 人，在校生 5.16 万人，毕业 19101 人；小学招生 10521 人，在校生 7.56 万人，毕业 10145 人。学龄儿童入学率、小学完成率及升学率均为 100%；初中毛入学率 102.59%；初中升高中升学率 99.0%。全区报考大学人数 11564 人，上线 10960 人，录取人数 10328 人，高考录取率达 90.0%。2017 年，全区有各级各类学校 157 所，在校生 16.9 万人；专任教师 10473 人；全区人口平均受教育年限为 10.5 年；全年教育经费总投入 25.09 亿元，总支出 26.42 亿元。

从以上分析可以看出，涪陵区的人口分布是很不平衡的。这种不平衡是在涪陵区的自然条件、历史基础、生产布局等多种因素的综合影响下长期形成的。涪陵人口分布的不均衡，对经济的发展既有有利的因素，也有不利的因素。有利的是城镇化比率大；不利的是高层次人才少，新型职业农民少，支撑涪陵生态优先、绿色发展人才乏力。因此，合理调节涪陵的人口分布，加快涪陵的经济社会转型发展具有十分重要的意义。

第三节　基础设施

涪陵区位于长江与乌江交汇处，素有“乌江门户”“千里乌江第一城”之称，地处重庆市发展新区核心增长极。涪陵地理位置优越，交通便捷，四通八达，紧挨沪渝、渝怀、南涪 3 条铁路和沪渝（南线）、重庆三环、渝涪等 3 条高速公路，通过涪陵高铁车站可直达北京、上海、广州、武汉、福州、成都等地，30 分钟可到达重庆火车北站。长期以来，涪陵极为注重基础设施建设，取得了显著的成效，涪陵区的农田水利设施基本完善，工业基础设施发展迅猛，水陆交通便捷，为涪陵的经济增长和社会发展做出了重大的贡献。具体的基础设施建设呈现如下几个典型的特征。

一、农田水利设施日趋完善

据《涪陵市志》记载，截至 1985 年，国家用于水利建设的投资共计 2785. 25 万元；修建水库 139 座、大堰 3 条、山平塘 3113 口、小堰 142 条、输水渠道 1369. 16 公里，总蓄引提水量 17043 万立方米，有效灌溉面积 42. 03 万亩，其中保灌面积 25. 1 万亩，占总田面积的 44. 4%。但农田水利设施老化，很多都是 20 世纪 60 年代到 80 年代建设的，年久失修，不能满足现代农业发展的需要。

山平塘：1985 年共有 11491 口，蓄水量 3554 万立方米，有效灌溉面积 122 万亩。

水库：1985 年蓄水在 1000 万立方米以上的中型水库有水磨滩和卫东水库两座。蓄水在 1000 万立方米以下 100 万立方米以上的小（一）型水库有后坝、金钗堰、雪峰、高梯子、红旗、龙桥、跃进、田家沟、堤口、小坪湾、王家嘴、东风、塞马口、百胜、洪湖、联合、双石桥、郑家沟、兴隆、清水塘、同心等 21 座。蓄水在 100 万立方米以下 10 万立方米以上的小（二）型水库 116 座。全部水库总蓄水量为 11696. 5 万立方米，有效灌溉面积27.14万亩（保灌面积18.13万亩）。

饮水工程：1985年共有大堰3条，总引水量为246.9万立方米，有效灌面8300亩；小堰913条，总引水量740.1万立方米。著名的大堰有鱼碑大堰、建设大堰、水源大堰（散水坝堰）等。

提灌工程：1985年尚存电灌站109处，装机4592千瓦，提水量804万立方米，有效灌溉面积4.53万亩，其中保灌1.52万亩。

喷灌工程：到1978年底，动工修建喷灌池2557个（其中石池334个），完工1665个，总蓄水量310万立方米，并铺设各种管道（包括钢管、铁管、水泥管、陶管、石管等）247.3公里，其中固定管道27.9公里，半固定管道9.4公里、活动管道210公里，配备机泵331台，喷头1014个，国家投资71万元。

人畜饮水工程：截至1987年3月，已完成人畜饮水工程项目2740处，其中人工井795眼、蓄水池1854口，整修塘4口、提水站26处，管道引水线8条（11.1公里）、渠道引水线53条（47.27公里），共增加蓄引水量11.5万立方米，解决了10.15万人和3.8万头牲畜的饮水问题。

二、工业基础设施迅猛发展

涪陵是重庆工业重镇，工业基础设施建设成效显著。

煤：据《涪陵市志》记载，到1985年末，共有煤炭工业企业13个，产值211万元。主要企业有韩龙工农煤矿、白涛煤矿、梓里石龙坡煤厂、和兴煤厂、致韩皂角煤厂、酒店煤厂、开平八岩煤厂、大柏鹰嘴岩煤厂、菜场煤厂等。

燃气管：“一二五”期间，主要新建有龙桥分输站—城西配气站、白涛工业园区气源管线；李渡、白涛、龙桥工业园区天然气主干管线；城市中、低压天然气管网。

页岩气：已经建成梓白复线（24.5公里）、涪陵白涛至石柱王场外输管线（141公里）。到2015年底，涪陵页岩气勘探开发公司累计开钻290口井，完钻257口井，投产180口井；完成焦石至白涛50亿立方米/年集输工程、5亿立方米/年脱水装置、35000立方米/年供水系统、1座110千伏变电站、47座地面集输站的建设工程。还拟在涪陵新城区规划用地1500亩，建设页岩气研发中心。2016年，开钻18口、完钻40口、完成试气70口，投产66

口，产气 50.37 亿立方米、同比增长 759.03%，销售 48.36 亿立方米，日均产 1377 万立方米、销售 1322 万立方米，产值 64.57 亿元，同比增长 33.73 亿元。建成 141 公里梓白复线，成功连接“长南线”；建成 141 公里涪陵白涛—石柱王场外输管线，顺利实现涪陵页岩气“川气东送”。

火力发电：到 1985 年末，有独立核算火电企业涪陵电厂 1 家。

水力发电：到 1985 年末，建成水电站 52 座，装机 93 台，总容量 17116.7 千瓦，年发电量 7620.8 万千瓦时。其中地方国营水电站 4 座，装机 8 台，6805 千瓦，年发电量 3582.3 万千瓦时。正在修建中的电站 2 座，装机 4 台，装机容量 820 千瓦。主要的水电站（厂）有：双石青烟洞（一、二、三、四级）电厂、两汇红沙子电站、马武骡马洞（一、二级）电站、惠民电站、和兴老龙洞电站、新妙鱼跳坎电站、罗云五一电站、仁义乱石圪垴电站、河场石菩萨电站、百汇电站、蔺市红旗电站、三合李家沟电站、蔺市竹林四队电站、丛林三涨水电站、仁义高滩电站、复兴高桥洞电站、酒店滴水塘电站、河场螺蛳三队、百胜大石电站、黄旗碧筱溪电站、义和双溪电站、大胜坪水电站、永义先锋电站、永义中乐电站、两汇石膏洞电站、马鞍电站、梓里小溪电站、蔺市竹林二队电站、卷洞悦来电站、大山大竹电站、四合大跳蹬电站、李渡上桥电站、永义南阳滩电站、百胜红花电站、新妙弋阳桥电站、四合上坝电站、荣桂烧狗洞电站、大胜木瓜洞电站、卷洞焦石电站、罗云电站、三合红砂岩电站、增福电站、荣桂白水洞电站、明家马鞍桥电站、马武骡马洞二级电站、大同毛里石电站、梓里骡马洞四级电站、荣桂龙桥电站、开平羊石溪电站、明家洪河电站、三合金善桥电站。

变电站：1985 年，涪陵主要有酒店变电站、白涛主变电站、涪陵变电站、荔枝海陵变电站、李渡红星变电站、荔枝观音阁变电站、荣桂沙溪沟变电站、酒店马武开关站、荣桂大桥变电站、溪变电站、望江变电站、兔耳坪变电站。主要电网配电线路有詹酒线（长寿詹家湾—但渡—石会—涪陵大柏树—金银—马鞍—青羊—李渡—荣桂—酒店）、北酒线（南川北固—沿塘—鸣玉—冷水—涪陵龙潭坝—大同—青羊—蒲江—马武—酒店）、酒白线（酒店—马武—梓里—永胜、白涛）、酒沙线（酒店—靖黔—荣桂—沙溪沟）、酒红线（酒店—荣桂—李渡—红星厂）、酒马线（酒店—马武）、酒海线（酒店—靖黔—荔枝—海陵厂）、酒观线（酒店—靖黔—荔枝—观音阁）、观望线（观音阁—望江厂）、白线（溪—白沙站）、大青线（大桥—大溪河）、大兔线（大桥—兔耳坪）、观水线（观音阁—新建水泥厂）、观新线（观音阁—新华厂）、观曲线（观音阁—曲酒厂）、观纸线（观音阁—新光纸厂）、观城线（观音阁—城内各站）、观河线（观音阁—小河边）、大李线（大桥—李渡）、大县磷线（大桥—县磷肥厂）、大地磷县（大桥—地磷肥厂）、大世线（大桥—世忠）、大丰线（大桥—新丰厂）、焦线（溪—焦石）、珍线（溪—珍溪）、月线（溪—月亮坵）、涪线（溪—涪钢厂）、大北线（大桥—北拱）、大慧线（大桥—惠民）。在“十二五”期间，涪陵重点建设电力项目。其中，隶属川东电力公司的已经投运的有220千伏龙桥输变电工程、110千伏东门输变电工程、110千伏花桥输变电工程、110千伏北拱输变电工程、110千伏杨柳冲输变电工程；在建的有涪陵至万达二期110千伏线路工程、110千伏石沱输变电工程、500千伏五马输变电工程、农网升级改造工程、弃管小区电力设施改造工程。隶属聚龙电力公司的已经投运的有隆盛至黄山220千伏线路工程项目、110千伏华峰供电工程、220千伏旗能电铝送出工程、220千伏平原输变电工程；部分建成的有白涛热岛11万千瓦热电厂、中机龙桥热电64万千瓦装机工程；缓建的有220千伏光明输变电工程、110千伏哨楼输变电工程；在建的有220千伏贵州夜郎至黄山开关站输电线路工程、220千伏中机龙桥至油房变电站输电线路工程。2017年，基本形成以中机龙桥、白涛热电、电力股份、聚龙电子为代表的发供电网络，以涪陵燃气、四合燃气为代表的燃气网络，以贵鑫煤矿、正佶煤业为代表的煤炭采供体系。国家电网有220千伏变电站3座，变电容量108万千伏安；地方电网（聚龙电网）有220千伏变电站4座，变电容量120万千伏安，打通“贵电入涪”第二通道；国家电网、地方电网实现互联互通；气网建成李渡、龙桥、白涛、清溪工业园区天然气主干管线和城市中、低压天然气管网；地方气网（四合燃气）供气工程一期建成，日供气能力达600万立方米。

三、水陆交通设施日趋便捷

铁路交通，2000年在涪陵沙溪沟建设火车站（涪陵南站）；2011年在涪陵新城区开工建设涪陵北站（动车站），2013年建成通车。2015年，渝怀铁路二线涪陵至梅江段项目开始提速推进，预计2020年完工。

公路交通：1985年前主要为县道、乡道和专用道。县道主要有涪垫路（涪陵—垫江）、涪长路（涪陵—长寿）、涪巴路（涪陵—巴县）、涪南路（涪陵—南川）、涪鸭路（涪陵—武隆鸭江）、涪彭路（涪陵—彭水）、涪丰路（涪陵—丰都）、珍坪路（珍溪—坪山）、涪白路（涪陵—武隆白马）、涪石路（涪陵—石柱）、蔺安路（蔺市—马鞍山）、石龙路（石沱—龙潭）、火柴厂路（崩土坎—乌杨树）、青卡路（蔺安路9公里—龙泉）、白焦路（白涛—焦石白蜡）、增太路（石龙路43公里—南川太平乡界）、李大路（李波—明家湾）、世忠路（双亭子—农科所）、同寿路（寿坝—团结）、沙溪路（长江渡口—沙溪沟）、蔺酒路（蔺市—酒店）、涪垫路（黄旗小拱—垫江界）、珍溪路（珍溪—珍溪道班）、明大路（明家—大顺）、蔺五路（蔺市—五马）、涪蒿路（易家坝—蒿枝坝）、涪蔺路（沙溪沟—蔺五路斑竹林）、珍虎路（涪十二中—丰都虎威界）；乡道主要有焦大路（尖角—大木）、堡子路（新桥—长冲）、兴隆路（石朝门—兴隆）、三合茶园路（三合—茶园）、安桂路（安镇—桂花）、罗云路（脚马架—罗云）、复兴路（大田湾—复兴）、新四路（徐家湾—四合）、清干路（清溪—干龙）、太和路（涪南路28.5公里—太和）、涪垫甲线（杨柳冲—杉树湾）、三茶路（三合—茶园煤矿）、崇兴路（龙潭—崇兴）、石门路（华兴坝—石门）、马鹤路（马鞍花桥—鹤凤滩）、聚宝路（团结—聚宝）、太平路（毛里石—太平）、永胜路（白涛大桥—永胜）、松荫路（五马—松荫）、马堡路（马武—堡子粉馆）、涪天路（菜场—天台）、凉复路（凉水铺—复兴煤矿）、李致路（李渡—致韩）、石石路（石泉—石龙）、镇大路（大柏—镇安）、义镇路（义和—东岳）、石合路（崇石岩—石合）、龙安支路（范家山—龙安）、大林路（大坪—林场）、龙塘路（红椿塘—龙塘）、合龙路（龙骨坑—龙驹）、大龙路（荣桂—大龙）、世忠支路（观音桥—世忠）、红花路（黄旗小拱—红花）、双石路（李渡镇双龙—石马）、酒南路（酒店—荣桂斗叨石）、惠五路（惠民—五马）、焦石路（焦石—水淹坝）、悦复路（悦来—复兴）、焦复路（焦石—复兴）、大胜路（大胜—渠溪口）、中峰路（中峰—张家塘）、百汇路（团田—百汇）、双丛路（双河—丛林桂花）、太永路（百胜太平寺—永安）、仁汤路（汤元石—仁义）、干龙路（学堂堡—平安）、清龙路（清溪—龙驹）、焦岩路（王庄—焦岩）、南沱路（关东—南沱）、土地坡路（尖山子—土地坡）、蔺酒路

（蔺市—酒井）、太明路（明家—太平）；专用道主要有八岩煤厂路（羊石溪—八岩煤厂）、工农煤矿路（楠木院—工农煤矿）、青电路（八一桥—乐家坝电站）、李川路（李渡—川东造船厂）、向阳厂路（龙洞桥—向阳厂）、八一六厂路（白涛—小马福垭）、卫东水库路（太和—卫东水库）、三叉河水库路（明家—三叉河）、花桥煤厂路（增福—花桥煤厂）、山窝硫矿路（老三窝—琉矿厂）、焦石硫矿路（火石沟—琉矿厂）、悦来硫矿路（悦来—硫矿厂）。随着现代交通事业的发展，许多路道或废弃，或升级改造，已经逐渐被高速路所取代。目前，经行涪陵的高速公路主要有渝涪高速、渝湘高速、沿江高速等。到 2017 年末，境内公路里程 5827 公里，其中高速公路 130 公里，铁路通车里程 170 公里。新建行政村通畅公路 135 公里，撤并村通达公路 640 公里，全区行政村公路通达率、通畅率均为 100%。年内新增和优化城市公交线路 10 条、农村客运线路 8 条，新投放电动公交车 70 辆、出租车 30 辆、农客 16 辆，行政村农客通车率 90%。2017 年底，共有国道 269. 23 公里、省道 385. 65 公里、县道 366. 04 公里、乡道 766. 22 公里、村道 3794. 00 公里，公路里程总计 5581. 14 公里。其中，一级路国道 10. 25 公里、省道 3. 09 公里、县道 10. 91 公里、村道 12. 40 公里，总计 36. 65 公里；二级路国道 190. 10 公里、省道 72. 26 公里、县道 8. 90 公里、乡道 31. 28 公里、村道 36. 68 公里，总计 339. 22 公里；三级路国道 9. 64 公里、省道 42. 95 公里、县道 10. 12 公里、乡道 1. 28 公里、村道 1. 75 公里，总计 65. 74 公里；四级路国道 54. 12 公里、省道 267. 35 公里、县道 318. 91 公里、乡道 716. 24 公里、村道 3079. 65 公里，总计 4435. 27 公里；等级外公路国道 5. 13 公里、县道 17. 21 公里、乡道 17. 43 公里、村道 664. 54 公里，总计 704. 31 公里。

水路交通：1985 年以前，主要港口有涪陵港（长江港区有荔枝园码头、龙王嘴码头、龙王沱码头、官码头及上下码头、李渡码头；乌江港区有麻柳醉码头、水巷子码头、大东门码头、泗王庙及上下各码头、中渡口码头）、石家沱港、蔺市港、珍溪港、白涛港。目前，因三峡工程的兴建，部分码头已经不复存在，正被更高层级的集装箱码头所取代或整合。2017 年，全年完成公路、水上运输货运量 7328 万吨，增长 9. 3%，货运周转量 606. 6 万吨公里，增长 14. 0%；完成客运量 2324 万人次，下降 11. 7%，客运周转量 9. 44 亿人公里，同比下降 22. 2%；全年港口货物吞吐量 3052 万吨，增长 10.3%。全区规上交通运输企业 104 户，实现营业收入 65.13 亿元，增长 20.0%。交通运输、仓储和邮政业实现增加值 76.83 亿元，同比增长 9.7%。

桥梁：据原涪陵市交通局 1983 年调查资料，市境共有长度在 3 米以上的民桥 462 座，总长 5169.7 米；公路桥 96 座，总长 3331.23 米（其中 13 座为民桥改建）。558 座桥梁按质料和造型结构可分为石平桥 333 座、石拱桥 201 座、木桥 11 座、钢筋混凝土板桥 7 座、钢筋混凝土梁桥 3 座、钢筋混凝土双曲拱桥 2 座、钢架桥 1 座；按规模可分为大型桥梁 5 座、中型桥梁 58 座、小型桥梁 495 座。著名的桥梁有白涛桥、白涛红桥、双碑桥、两汇大桥、黄家滩大桥、红星大桥、龙驹桥。随着现代桥梁技术的发展，很多跨江大桥得以建立，如涪陵长江大桥、重庆长江二桥、乌江二桥、李渡长江大桥、蔺市长江大桥等。

截至 2017 年底，全区有长涪高速、涪陵至南川高速、沿江高速涪陵至丰都段、沿江高速主城至涪陵段 4 条，共 130 公里；公路有国道 319 厦成线、省道 103 渝巴路、省道 105 渝建路、省道 204 长习路、省道 303 开綦路、省道 306 渝丰路、省道 407 葛丛路、省道 408 桃大路、省道 413 龙金路等。乡镇通畅率 100%，行政村通畅率 100%。全区有各类汽车站 7 个，其中一级站 1 个，二级站 1 个，四级站 5 个；有农村招呼站亭 846 个，汽车维修业户 396 户。境内有航道里程 33 公里，其他库区支流和水库航道 51 公里。全区有规模化水运企业 54 家，注册船舶 354 艘，运力总规模 141.3 万吨。

四、移动通信基本全覆盖

通信方面，到 2017 年，涪陵互联网宽带用户达到 24.91 万户；电话用户达到 124.94 万户，其中固定电话用户达到 17.09 万户，移动电话用户达到 107.85 万户；电话普及率 100.78%，其中移动电话普及率 84.87%；电信营业收入 60700 万元。目前，涪陵区已建成投运的物理基站总数 1665 个，其中涪陵中心城区物理基站总数 652 个。涪陵联通有管道长度 93.6 管沟公里，光缆长度 8453 皮长光缆，主干光缆交接箱 87 个。涪陵电信有管道长度 36.56 管沟公里，光缆长度 10408 皮长光缆，主干光缆交接箱 197 个。涪陵移动有管道长度 193.78 管沟公里，光缆长度 10346 皮长光缆，主干光缆交接箱 440 个。涪陵有线有管道长度 56.78 管沟公里，光缆长度 2368 皮长光缆，主干光缆交接箱 36 个。总计有管道长度 380.72 管沟公里，光缆长度 31575 皮长光缆，主干光缆交接箱 760 个。

第四节　市场经济环境

涪陵有长江、乌江水运之利，境内自然资源丰富，具有发展商品生产和促进商品流通的优越条件。巴国时代人口已较多，已使用货币。秦汉时，枳城是乌江流域盐、丹、漆、蜜、蜡、茶的集中贸易地和中转地。从今涪陵区境秦汉墓中出土的丰富多彩的陪葬物品看，当时消费水平较高，已有较发达的商品交换。北周时涪陵人善织锦罽，城中有锦绣阁，是手工艺品的专业市场。唐代涪州有市场，是今渝东一带的主要贸易地之一。宋代涪州是西蜀六大贸易中心之一。明代后期，经济有所发展，场镇开始增多，商业贸易渐趋兴旺。清代光绪年间，涪陵已成为乌江中下游流域最大的桐油、山货集散市场。中华人民共和国成立后，尤其是改革开放初期，商品经济获得了重大发展。据《涪陵市志》记载，1985 年，社会商品零售总额 26224 万元，人均购置商品 269.38 元，分别比 1978 年增长 1.62 倍、1.54 倍，比 1949 年增长 12.11 倍、8.34 倍。国营、合作商业系统（含物资部门）国内纯购进 26754 万元，分别比 1978、1949 年增长 1.23 倍、58.45 倍；纯销售总值 30180 万元，比 1978 年、1949 年增长 1.04 倍、14.24 倍。特别是 1991 年后，中国开始建立和完善社会主义市场经济体制，涪陵也同全国其他地方一样，市场经济得到了极大的发展。

据《涪陵年鉴（2012）》载，2011 年，涪陵区有限额以上商贸企业 243 户，其中年销售额过 10 亿元企业 4 户，过亿元企业 33 户。各类商业网点 2.8 万个，其中连锁经营企业 47 户，经营网点 1346 个；各类专业市场 15 个，其中有 8 个市场年商品成交额过亿元。全年完成社会消费品零售总额 130.3 亿元，比 2010 年增长 23.3%，居全重庆市第九位。全区有外贸进出口经营权企业 123 户，进出口实绩企业 42 户，同比分别新增 15 户、6 户，其中蓬威石化、新涪食品、川东船舶、剑涛铝业 4 户企业进出口额均超过 1 亿美元，跻身全市进出口企业 30 强。全年外贸进出口总额突破 10

亿美元，达到14.2亿美元，增长77.5%，居全市第六位。实际到位外资6216万美元，增长98.2%，外贸进出口依存度提高至16.1%。服务外包实现零突破，实现199万美元。

2017年，全年实现地区生产总值992.24亿元，同比增长9.7%，人均生产总值8.6万元。三次产业结构从2000年的12.3∶48.7∶39.0调整为6.1∶61.0∶32.9。全年社会消费品零售总额295.34亿元，比2016年增长13.5%。全区有银行系统金融机构22家，金融机构从业人员2108人。2017年末金融机构本外币存款余额743.92亿元，贷款余额537.66亿元。金融机构实现利润收入7.34亿元，上缴税金1.87亿元。截至2017年末，共有新型金融业机构13家，资产总计65.84亿元。

2017年，通过检验检疫机构申报的涪陵出口货物品种有榨菜、保鲜面、肉类罐头等农副食产品；精己二酸、香精香料、磷酸二铵等化工产品；铅酸蓄电池、塑胶玩具等工业品。通过检验检疫机构申报的涪陵进口货物主要为氨纶卷绕机等生产设备；漆皮线胶皮线、碱式碳酸镁铝（镁铝水滑石）等生产原料；蜂蜜等农产品；连续油管、无二氯化钴湿度指示卡（三点式）等装置配件。主要进口企业有：华峰重庆氨纶有限公司、伍尔特电子（重庆）有限公司、华通电脑（重庆）有限公司等。主要出口企业有：凯高玩具（重庆）有限公司、重庆市涪陵榨菜集团股份有限公司、重庆市涪陵三峡物产有限公司、中化重庆涪陵化工有限公司、重庆市涪陵区绿陵实业有限公司、重庆市涪陵区咸亨食品有限公司、重庆正元香料有限公司、重庆乐厨食品有限公司、重庆江森自控电池有限公司、重庆华峰化工有限公司、重庆市同进食品有限公司。

涪陵有良好的政策环境。一方面，涪陵区委、区政府紧跟中央的大政方针政策，抓住国家战略机遇，加快涪陵发展；另一方面，立足涪陵实际，大胆探索创新，优化发展环境，谋求发展之路。自2013年提出“工业强区”战略、“重点企业”战略和“重点企业无小事”的服务理念之后，得到历届党委政府的坚持和发展，发展环境不断优化。如2018年8月9日，涪陵区召开全区树立企业无小事理念优化营商环境“三百”行动动员会，贯彻落实党中央、国务院和重庆市委、市政府关于优化营商环境工作部署，启动全区优化营商环境“三百”行动，大力营造稳定公平透明、可预期的营商环境。区委办公室、区政府办公室牵头制订《涪陵区树立企业无小事理念优化营商环境“三百”行动方案》，开展为期 5 个月的树立企业无小事理念优化营商环境“三百”行动，即“百名领导联系企业，百个科室对接企业，百项涉企问题化解”行动。

在政策的具体实施上，涪陵区更是通过实实在在的优惠政策推动经济社会的可持续发展。如在开放高地建设方面，涪陵区不断优化商贸发展环境，先后出台物流业 15 条、金融业 20 条等优惠政策，从税费、物流、能源、资金、土地等方面支持商贸发展。努力打造低融资成本、低要素成本、低土地房产成本、低物流成本、低税费成本的“五低”环境。2011 年以来，香港六福、台湾华通及华润万家、横店影院、重庆建玛特、华为云计算等一批国际、国内知名企业相继入驻涪陵。

第五章 第一产业经济地理

涪陵农业生产历史悠久，其生产发展具有自然条件多样，资源丰富，开发潜力巨大等有利因素。同时，也有山高坡陡、地面崎岖破碎、耕地少、质量差，山地生态系统脆弱，水土流失严重，自然灾害频繁等不利因素。这既有利于其农业生产的合理布局和综合发展，同时又给农田水利、交通建设和机械化耕作带来一定困难，在很大程度上制约了现代农业的发展。为此，必须从涪陵的实际出发，因地制宜，扬长避短，调整结构，合理布局。

第一节 农业资源禀赋与布局

一、涪陵农业生产条件

涪陵区的农业生产条件从自然条件、社会经济条件和技术条件来看都比较成熟。这里拟从劳动力、耕地、农机具、肥料、改田改土、农田水利6个方面加以考察。涪陵区的劳动力年龄结构比较稳定，有充足的后备劳动力。在城市化过程中，涪陵区的耕地面积在逐年减少，公路、厂矿、建筑房屋都占用了大量的耕地。农机具条件比绝大多数区县先进，而且使用机械化的农机具代替传统的农机具的时间要早于许多区县。肥料方面，主要采用化肥和农家肥相结合的施肥方式，再加上科学的施肥步骤，对涪陵区的农业生产起着积极的推进作用。在政府的大力支持下，涪陵区进行大规模的改田改土，使耕地面积大大增加，贫瘠的土地也变成肥沃的土地。此外，涪陵区充分利用水资源，大力兴修水利工程也给农业生产创造了良好的条件。

（一）劳动力资源

2017 年末，涪陵区从业人员总计 77.6 万人，其中城镇 44.36 万人，乡村 33.24 万人。2017 年比 2016 年总计增长 0.7 万从业人员，城镇从业人员有小幅增加，乡村从业人员持平。按产业类型将从业人员分为第一产业（农、林、牧、渔业）、第二产业（采矿业，制造业，电力、煤气及水的生产和供应业，建筑业）和第三产业（除第一、第二产业以外的其他行业）。在这 3 种经济类型中，第三产业的从业人员人数是最多的，其次是第二产业，第一产业从业人员人数最少。按照国民经济行业划分为农、林、牧、渔业，工业，建筑业，批发和零售业，交通运输、仓储和邮政业，住宿和餐饮业，信息传输、软件和信息技术服务业，金融业，房地产业，租赁和商务服务业，科学研究、技术服务业，水利、环境和公共设施管理业，居民服务、修理和其他服务业，教育、卫生和社会工作，文化、体育和娱乐业，公共管理、社会保障和社会组织 17 个行业。农、林、牧、渔业是 17 个行业中从业人数较多的一个行业，从业人数在 2017 年达 17.68 万人（见表 5-1）。信息传输、软件和信息技术服务业，金融业，房地产业，科学研究、技术服务业，水利、环境和公共设施管理业，文化、体育和娱乐业从业人数在 2017 年都不足 1 万人。工业、建筑业、批发和零售业从业人员占的比例大，均超过 10 万人。

表 5-1　2015—2017 年涪陵区从业人员人数（从业人员按产业类型和行业划分）

单位：万人

指标名称	2015 年			2016 年			2017 年		
	合计	城镇	乡村	合计	城镇	乡村	合计	城镇	乡村
合计	76.50	42.21	34.29	76.90	43.66	33.24	77.60	44.36	33.24
一、按产业类型分									
1. 第一产业	18.68	0	18.68	17.68	0	17.68	17.68	0	17.68
2. 第二产业	26.70	19.15	7.55	27.40	19.85	7.55	27.60	20.05	7.55
3. 第三产业	31.12	23.06	8.06	31.82	23.81	8.01	31.82	23.81	8.01

续表

指标名称	2015年			2016年			2017年		
	合计	城镇	乡村	合计	城镇	乡村	合计	城镇	乡村
二、按国民经济行业划分									
合计	76.5	42.21	34.29	76.9	43.66	33.24	77.6	44.36	33.24
1. 农、林、牧、渔业	18.68	0	18.68	17.68	0	17.68	17.68	0	17.68
2. 工业	14.20	9.65	4.55	14.50	9.95	4.55			
3. 建筑业	12.5	9.5	3.0	12.9	9.9	3.0	13.1	10.1	3.0
4. 批发和零售业	3.30	2.60	0.70	12.52	8.78	3.74			
5. 交通运输、仓储和邮政业	0.62	0.62	2.42	3.47	2.80	0.67	3.77	3.10	0.67
6. 住宿和餐饮业	12.22	8.48	3.74	3.17	2.10	1.07	3.17	2.10	1.07
7. 信息传输、软件和信息技术服务业	3.17	2.10	1.07	0.62	0.62	0	0.62	0.62	0
8. 金融业	0.7	0.7	0	0.7	0.7	0	0.7	0.7	0
9. 房地产业	0.9	0.9	0	0.9	0.9	0	0.9	0.9	0
10. 租赁和商务服务业	1.55	1.15	0.40	1.55	1.15	0.40	1.55	1.15	0.40

资料来源：2016—2018年《涪陵统计年鉴》。

从社会劳动力资源与分配情况（2013—2017年）（见表5-2）中可以看出，2013—2017年社会劳动力资源总数在稳定增长，从2013年的90万人增长到2017年的94.39万人。4年来，城镇劳动力不断地增加，农村劳动力显著减少并且减幅越来越大。经济活动人口近几年来呈现持续增长态势。就业人口在不断增加，同时失业人口也在增加。非经济活动人口的总数每年都有小幅度的增长，16岁以上在校学生的总数也在不断增加，在人才资源和后备人才储备方面具有较大优势。就业人员占劳动力资源的比重在2013—2017年变动幅度较小，没有特别明显的增加或减少。

至2017年末，涪陵区公安户籍户数45.71万户，户籍人口115.83万人。其中，城镇51.74万人，乡村64.09万人，户籍人口城镇化率44.6%。按性别分，男性58.91万人，女性56.92万人，人口性别比（以女性为100）103.5。全年出生1.23万人，死亡1.29万人，人口自然增长率2.41‰。

表 5-2 社会劳动力资源与分配情况（2013—2017 年）

单位：万人

指标名称	2013 年底			2014 年底			2015 年底			2016 年底			2017 年底		
	合计	城镇	农村	合计	城镇	农村	合计	城镇	农村	合计	城镇	农村	合计	城镇	农村
一、劳动力资源总数	90.00	46.40	43.60	92.50	51.41	41.09	92.80	52.31	40.49	93.44	54.11	39.33	94.39	55.06	39.33
#当年新增加的劳动力资源	2.15	2.90	-0.75	2.50	2.90	-0.40	0.30	0.90	-0.60	0.64	1.80	-1.16	0.95	0.95	0
二、经济活动人口	74.88	37.12	37.76	76.71	41.95	34.76	76.95	42.68	34.27	77.42	44.18	33.24	78.06	44.82	33.24
就业人口	74.50	36.74	37.76	76.30	41.54	34.76	76.50	42.21	34.29	76.90	43.66	33.24	77.60	44.36	33.24
失业人口	0.38	0.38	0	0.41	0.41	0	0.45	0.47	-0.02	0.52	0.52	0	0.46	0.46	0
三、非经济活动人口	15.12	9.28	5.84	15.79	9.46	6.33	15.85	9.63	6.22	16.02	9.93	6.09	16.27	10.23	6.04
#16 岁以上在校学生	7.18	4.72	2.46	7.23	4.96	2.27	7.35	5.10	2.25	6.62	4.67	1.95	6.45	4.55	1.90
家务劳动者	7.94	4.56	3.38	8.56	4.50	4.06	8.50	4.53	3.97	9.40	5.26	4.14	9.82	5.68	4.14
四、就业人员占劳动力资源的比重（%）	83.20	80.00	86.61	82.50	80.80	84.60	82.40	80.70	84.70	82.30	80.70	84.50	82.20	80.60	84.50
五、劳动力总数占年末常住人口的比重（%）	81.1	—	—	81.4	—	—	81.3	—	—	81.4	—	—	81.4	—	—

资料来源：根据《涪陵统计年鉴 2018》和《涪陵年鉴 2018》整理。

注：—表示缺乏统计数据。后同，不注。

（二）耕地资源

截至 2017 年，涪陵区包括 9 个街道、12 个镇、6 个乡，东西宽 74.5 公里，南北长 70.8 公里，辖区面积 2942.34 平方公里，全区共有乡村从业人员 33.24 万人，耕地面积 100915 公顷，每个劳动力平均负担 0.3 公顷（见表 5-3）。

表 5-3 涪陵耕地资源统计

单位：公顷

乡镇街道	耕地面积			
	1998 年	2005 年	2016 年	2017 年
荔枝街道	473	240	2136	2107
江东街道	1486	1059	4514	4399
李渡街道	2159	1236	2149	2144
蔺市镇	2080	1438	6566	6522
新妙镇	2004	1884	5582	5466
龙潭镇	2661	2291	5590	5632
马武镇	1707	1359	6774	6685
焦石镇	2048	1807	4620	4527
清溪镇	1282	979	3561	3485
珍溪镇	1508	1352	9076	8793
江北街道	2609	1874	3251	3255
龙桥街道	1634	803	3065	2986
义和镇	2166	1813	4386	4141
石沱镇	1576	1283	4362	4213
青羊镇	2251	1959	4032	4009
南沱镇	2246	1632	2448	2326
百胜镇	2858	2237	5829	5700
白涛街道	1360	2503	4738	4671
增福乡	1699	1504	3102	3075
同乐乡	1567	1336	4099	4063
大顺乡	—	—	3607	3559
罗云乡	1662	1559	2887	2819
大木乡	351	431	1029	891
武陵山乡	784	724	1463	1384
涪陵新城区（马鞍街道）	—	—	1241	2067

资料来源：根据历年涪陵统计年鉴整理。

1949 年底，全县耕地 134.6 万亩，人均 1.94 亩（按现在行政区域统计，下同）。之后由于兴修水利、修筑公路、厂矿建设、城乡建房占地等原因，耕地面积逐年减少。1985 年末，涪陵耕地 109.26 万亩，比 1949 年减少 18.8%；人均 1.12 亩，比 1949 年减少 42.2%。2017 年，涪陵农作物播种面积 187.862 公顷。

（三）农机具条件

全区土壤种类繁多，据 1979 年全区第二次普查资料，农耕地土壤分为 4 个土类、6 个亚类、18 个土属、64 个土种。清代和民国时期，农业生产全用传统农具。现代农业机具的使用始于 20 世纪 50 年代。1960 年，全区有排灌机械 12 台，总动力 185 千瓦。60 年代推广使用柴油抽水机、拖拉机和打米、磨面、饲料粉碎机等机械。70 年代农业机械进入发展阶段，推广拖拉机、插秧机、机耕船及植保机械和改田改土机械等。1976 年，全区农机总动力 24439 千瓦。1979 年后，随着家庭联产承包责任制的落实，公社主要抓农机管理，大队和生产队的农机逐步转为以户营为主。1985 年，全区有各种农用机械 13199 台，总动力 88789 千瓦。到 2017 年，农业机械总动力 90.12 万千瓦，农用排灌动力机械 9.37 万千瓦，农用水泵 46380 台，联合收割机 518 台，机耕面积 149030 公顷，机播面积 5570 公顷，机收面积 18310 公顷。

耕作机具的推广应用：民国时期，农民整地全靠人畜，工具为犁头、耙子、锄头等。1953 年，县政府在北拱乡推广使用新式步犁。1954 年，在北拱乡和世忠乡推广使用双轮单铧犁和双轮双铧犁。1955 年，全县共推广新式步犁 547 部，双轮双铧犁 2 部。这些犁虽深耕可达 7 寸以上，但非常笨重，要两头壮牛才能拉动，使用很不方便，故未再推广。1958 年，大搞农具改革，推广上游 1 号深耕犁、改良步犁、圆盘耙、绳索牵引犁等耕作机具，效果均不佳。1964 年，由县拨款从长春拖拉机厂购进 7 台东方红-28 型拖拉机，分配给酒店、黄旗、世忠 3 个公社使用。1965 年春，首次用拖拉机在黄旗公社新力厂门前试耕菜地，接着又去龙潭公社新乐大队、焦石公社土溪大队和罗云公社兴隆大队等地进行拖拉机耕地表演，起到宣传和示范作用。1969 年，从上海调进 1 台工农-11 型手扶式拖拉机推广使用。1971 年，从湖北、江西、上海、洛阳等地调进一批不同类型的大、中、小型拖拉机。1972 年，全县有拖拉机 70 台，1976 年增加到 195 台。从 1972 年秋起，每年春、秋两季由县农机局主办机耕现场会和培训班，培训机手，并派人到区、公社推广机耕，使机耕面积不断增加。1972 年，全县机耕面积 840 亩，1975 年达 11819 亩，1976 年达 19956 亩。1977 年，引进机耕船耕水田，效果较好。1978 年，县农机厂自制川丰-5 型机耕船。1979 年，全县共有大、中、小型拖拉机和机耕船 806 台，机耕面积达 152437 亩。1980 年后，土地承包到户经营，机耕面积逐年减少，多数拖拉机转跑运输。1985 年末，全县有大、中、小拖拉机 833 台，总动力 9080 千瓦，机耕面积 360 亩。在推广使用耕作机具的同时，供销社还推广胶合犁辕、铁犁头等，使木质犁辕缺乏等困难得到解决。

栽种机具的生产：农民历来栽秧播种都是手工操作。1958 年农具改革时，曾试用过小麦播种机，但未成功。60 年代又引进江西 59 型、广西 60 型、65 型插秧机推广使用，成效甚微。1971 年，县农机厂手工仿制一台广西 65 型插秧机，在实际使用中效果较好，受到好评，当年全县机插面积达 150 亩。1972 年，该厂开始批量生产插秧机，1973 年定为全省的 3 个插秧机生产厂之一。与此同时，农机部门狠抓技术培训，并在酒店公社麻堆大队定点示范推广，使机械插秧面积逐步扩大。截至 1978 年，县农机厂共生产插秧机 13233 台，除满足县内需要外，还销售到川东其他县份。1979 年全县机插面积 10021 亩。由于机具生产工艺不过关、机插秧苗难育，机插技术难掌握和包产到户等原因，1980 年以后未再使用。

脱粒机具：中华人民共和国成立前，农民收割粮食脱粒工具为挞斗、石滚、连枷等。20 世纪 50 年代推广使用人工挞谷机和玉米脱粒机。1955 年全县有人工挞谷机 95 台、玉米脱粒机 100 台。1959 年农具改革时还试制过收割机，但未成功。1960 年，在龙潭公社四合二队推广使用机动稻麦两用大型脱粒机。随后从万县引进机动脱粒机，县农机厂也制造出滚筒式脱粒机。这些脱粒机具适用于谷类、麦类、豆类等多种作物的脱粒，操作方便，效率较高，很受农民欢迎。70 年代，脱粒机具持续发展。1979 年，全县有机动脱粒机 1290 台，作业量 44.9 万亩，占当年粮食作物种植面积的 20%。1980 年后，农村分户作业，脱粒机械和作业量减少。1985 年，脱粒机 510 台，作业量 1730 亩。

植保机具：1953 年，涪陵开始推广单管式喷雾器，1954 年全县有喷雾器 21 台。20 世纪 60 年代，开始推广腰鼓式和背负式压缩喷雾器，提高喷药的效率和效果。1976 年，开始推广使用东方红-18 型背负式机动弥雾喷粉机，每天施药面积可达 100 余亩，工效提高 50 倍以上。1979 年，全县有机动喷雾器260台，机防面积20多万亩。1980年后，土地承包到户，植保机具以工农16型背负式喷雾器为主。

农副产品加工机具：20世纪60年代前，农副产品加工全凭砻子（礱子）、碾子、磨子和风车等传统农具，主要靠人力推动，只有少数用畜力和水力作动力。1856年，曾仿制和推广红苕切片机。1959年，在粮食加工部门全面推广打米机。60年代，打米、磨面、粉碎等机械逐步在农村普及。1980年，全县有打米、磨面机2735台，饲料粉碎机1104台，基本实现农副产品加工机械化。1985年，有打米、磨面机3832台，饲料粉碎机1317台。

改田改土机具：1974年，开始用电钻改土，继而又使用凿岩机改土，到1979年先后共由国家投资15万元购置电钻100台和凿岩机34台，并配套柴油发电机组，主要用于打窝、开梯、改土、打放水隧洞、凿溢洪道、修机耕道等。1974—1979年，共用电钻和凿岩机改土500亩，茶、果园开梯打窝2000亩，打隧洞2000米。1980年后，改田改土机械已很少使用。

（四）农业肥料

肥料主要分为农家肥和化肥两种，两种肥料交互使用，也有化肥和农家肥按一定的比例混合使用的，有一定的施肥程序，化肥的使用，提高了农作物的产量。

农家肥：1953年前，农业所用肥料全为人畜粪、草木灰、油枯（桐子、菜籽等榨油后的残渣）、绿肥、草皮肥、土杂肥等有机肥料。涪陵农民历来有种胡豆踩青作肥料的习惯，一般每年几千亩。1965年，广种水厢胡豆，绿肥面积增至4.8万亩。20世纪70年代中期，在水稻田里穿林播种紫云英，绿肥面积最多时达5万余亩。1980年后，农家肥主要是人畜粪和草木灰，种绿肥不多。1985年种农家肥2200亩。

化肥：1953年开始使用硫酸亚。1956年首次使用过磷酸钙。至1959年，全县7年总施用化肥3169吨，年均452.7吨，亩均0.35公斤（折合纯量0.09公斤）。20世纪60年代，全县共用化肥29460吨，比50年代增加8.29倍，品种有尿素、碳酸氢铵、氯化铵、硫酸铵、硝酸铵、氨水、过磷酸钙、磷酸二氢钾等。70年代，化肥施用发展到氮、磷、钾肥配合使用。10年化肥用量195873吨，比60年代增加5.65倍。1980—1985年共施用化肥396028吨，年均亩用化肥59.9公斤（折合纯量12.7公斤），比70年代高1.92倍。同时开始推广氮、磷、钾复合肥和锌肥、硼肥、钼肥等微量元素肥料。到2017年，化肥施用量达到39486吨。

在推广使用化肥的同时，还大搞“土化肥”生产。20世纪50年代，曾利用城镇垃圾作原料生产颗粒肥，60年代后期推广5406菌肥。1971年，县农资公司办菌种站（生产一级菌种），区供销社办菌肥厂（生产二级菌种），生产5406菌种和根瘤菌种，供生产队堆制菌肥。1975年，开始制造腐殖酸肥，1976年，形成高潮，社、队共办厂437个，造出腐殖酸肥11万吨。后来由于原料缺乏等原因而停止。70年代末期，利用红石骨子加氨水（或碳酸氢铵）、过磷酸钙堆制石骨子复合肥。这些土化肥在促进生产上产生了一定的效果。1980年以后停止生产。

随着多种化肥的推广使用和农资技术的普及，施肥方法也由偏施、迟施氮肥，逐步改为“重底早追”和“一深”（深层施肥）、“二固”（以磷固氮、以泥固氮）、“三配合”（氮、磷、钾肥配合、有机肥和无机肥配合、迟效肥和速效肥配合）的科学施肥方法，提高了肥料的使用效果。但是，大量施用化肥，造成农业成本增加。据不完全统计，1985年全市化肥耗资1694万元，占农业生产费用的41.1%，亩均投资15.5元。

（五）改田改土

区境山峦起伏，沟壑纵横，坡地占全部旱地的70%，坡度大于25°的坡土占全部旱地的30%，加上暴雨季节集中，水土流失面大。农民历来采取挖拦山堰和沉沙凼等办法以减轻地表径流的冲刷，采取在田边、地角、沟旁、道旁栽种树、竹等办法以保持水土，将薄土变厚土的办法以提高地力。

土地改革以后，分得土地的农民，一般都对自己的土地进行过加工，使一些瘠薄的坡土增厚了土层。1956年农业合作化后，农田基本建设一直是农村工作的重点之一，长期有党政领导兼管，修塘修堰、改田改土连年不断。

1956—1958年形成第一次改田改土热潮。1965年，中共涪陵县委在马武公社保安大队和城关镇东风农场树立改土“样板”。是年冬，涪陵地、县委组织机关干部到靖黔公社和干部群众一起大搞改土，以带动全县改田改土工作。至年底，共改土1000多亩、土改田2000多亩、改造低产田4万多亩。

1970年，全国北方农业工作会议召开后，农田基本建设进一步加强，涌现出一批改田改土典型。石门公社1970—1977年完成土改田2341亩，使全公社稻田由2532亩增加到4873亩。该社中心七队1950年以前无一块田；1964—1973年，共砌石坎75条，长2669米，填漩坑8个，造梯田71

亩。复兴公社枧溪四队1970—1973年坚持年年改田改土，共用龙骨石砌起石坎67条，造梯田37亩，坡土改梯土12亩。

1973年，国务院副总理陈永贵来川介绍大寨经验，改田改土达到高潮。全县一般都以大队为单位组织常年改田改土专业队，冬春组织群众突击。有时还以区、社为单位组织“大兵团作战”。在此期间，全县土改田20286亩，坡土改梯土18425亩，薄土垫厚土67511亩，平整土地9975亩，开挖排水沟980公里，改造低产田177718亩，其中绝大部分对水土保持和提高地力都起到明显作用。

1980年，开始实行群众改土和签订合同改土相结合的办法，即由改田改土的生产队与县农业局签订合同，保证完成双方议定的改田改土任务，农业局按其任务完成情况给予投资和补贴。1980—1982年，农业局共与25个公社的96个生产队签订5370亩改田改土合同，至1983年3月已全部完工并验收合格，国家共给予补贴12.3万元。之后，改田改土转向以户为主进行。1984年，中共中央一号文件关于延长土地承包期的规定，更激发出农民整治土地的积极性，当年土改田3555亩，坡改梯2137亩，薄面厚34201亩。

（六）农田水利

涪陵水利资源丰富，但解放前未充分开发利用。1949年底，全县有小塘8378口、堰1144条，蓄引水量1415立方米，可灌田4.1万亩，占总田面积的6.3%。解放后，人民政府十分重视水利建设，年年发动群众利用冬季农闲时间兴修水利。截至1985年，国家用于水利建设的投资共计2785.25万元，修建水库139座、大堰3条、山平塘3113口、小堰142条、输水渠道1369.16公里，总蓄引提水量17043万立方米，有效灌溉面积42.03万亩，其中保灌面积25.1万亩，占总田面积的44.4%。

1. 水利资源

涪陵年降水量多年平均值1133毫米。除过境的长江、乌江外，还有大小河流147条，其中集雨面积大于100平方公里的主要河流12条。多年平均地表水资源总量20.41亿立方米，地下水资源总量4.5亿立方米。

2. 水利建设

（1）蓄水工程

山平塘是涪陵解放前的主要水利设施。清朝时，涪陵山平塘不多，比较大的有牛角塘（可灌田千亩）和青鱼塘（可灌田数百亩）等，1932 年，驻涪国民革命军二十一军政务处勒令农户收租在 50 石以上的开塘 1 口。1935 年，全县有塘 1370 口；1949 年有塘 2808 口，容水量 10.3 万立方米。1951 年，国家颁布《水利法》。1953 年，修塘 4480 口。1949 年 10 月，全县共有山平塘 8378 口，能灌田 2.83 万亩。1951 年，全县整补旧塘 4760 口。1952 年，中共涪陵县委和县人民政府提出“恢复旧有的，新修有条件的，巩固已成的”水利施工原则，当年全县整修旧塘 7248 口，新修小塘 1369 口。1954 年，开始修建山湾大塘。20 世纪 50 年代共新修山平塘 2102 口。1985 年，全市共有山平塘 11491 口，蓄水量 3554 万立方米，有效灌溉面积 122 万亩。

水库：1955 年，开工修建石板冲、后坝、水口山、双堰沟、刘家冲、小滥坝、槽房寺等 7 座水库。1956 年，开工修建金钗堰等第二批水库共 18 座。1957 年，开工修建红旗、跃进等第三批水库共 8 座。1958 年，贯彻中共中央“以小型为主，中型为辅，因地制宜，多种多样”的水利建设方针，开始动工兴修水磨滩等第四批水库。20 世纪 50 年代共开工修建水库 76 座，其中建成 32 座，增加蓄水量 5533 万立方米，增加有效灌溉面积 7.31 万亩。1962 年后，在续修原有水库工程的同时，又开工修建塞马口、联丰、百胜、洪湖等水库。20 世纪 60 年代开工修建水库共 38 座，续修完工水库 23 座，增加蓄水量 2994 万立方米，增加有效灌溉面积 10.22 万亩。70 年代，开工修建卫东、清水塘等 26 座水库，续修完工水库 80 座，共增加蓄水量 7717 万立方米，增加有效灌溉面积 17.68 万亩。1980—1985 年，水利建设转为以续修配套，整治病害工程为主，共先后整治病害工程 46 处。1985 年冬，针对土地承包到户后，一些地方出现放松水利管理，损毁水利工程设施的情况，在全市范围内开展水利设施的整修配套建设。群众自筹资金 21.3 万元，累计出动 18.64 万人次，投工 528 万个工日。共整修水库 19 处，新开渠道 3.17 公里，整修引水渠堰 934 条（清淤 1166 公里、整修 82 公里）；整修山平塘 2145 口、石河堰 128 处；新修山平塘 16 口，石河堰 2 条。新增灌溉面积 6087 亩，改善灌溉面积 86 万亩。至 1985 年，全市共兴修水库 139 座，其中蓄水在 1000 万立方米以上的中型水库有水磨滩和卫东水库两座，蓄水在 1000 万立方米以下 100 万立方米以上的小型水库有后坝、金钗堰、雪峰、高梯子、红旗、龙桥、跃进、田家沟、堤口、小坪湾、王家嘴、东风、塞马口、百胜、洪湖、联合、双石桥、郑家沟、兴隆、清水塘、同心等21座。蓄水在100万立方米以下10万立方米以上的小型水库116座。全部水库总蓄水量11696.5万立方米，有效灌溉面积27.14万亩（保灌面积18.13万亩）。其中，有65座水库因勘测设计、施工质量等原因成为“病害”工程，经整治后才发挥效益。另有32座水库开工后下马停建，3座水库垮塌。

渠道：水库都修有引水干渠，在干渠上又根据灌田情况再修若干条支渠。全市水库渠道总长1220公里，其中有防渗三面石渠道519.5公里。最长的放水渠道是卫东水库的总干渠和左、右干渠，总长83公里。

隧洞：1959年，水磨滩水库首凿放水隧洞，聘请垫江县技术员张学海作指导，至次年6月打通。至1985年，全县共凿隧洞325个，总长33150米，凿隧洞最多的是堡子乡清水塘水库，共凿98个，长13302米。

渡漕：1957年10月，五马乡跃进水库架设全县第一座石拱渡漕，长33米、高7米。至1985年，全市先后架起各种结构的渡漕85座，总长7560米。其中最长的是金钗堰水库所属红星渡漕，共70孔，总长795米，孔最高28米，过水流量0.5立方米/秒，可灌田4000余亩。

倒虹管：1964年，首先在水磨滩水库支渠所在的义和公社长田大队用6英寸无缝钢管架设一座长1080米的倒虹管。至1985年，全市共架设倒虹管28座，其中钢质管23座，混凝土质管4座，石质管1座。比较大的有水磨滩水库左干渠的保丰倒虹管、卫东水库总干渠上的蒲江倒虹管和焦石区鱼碑大堰的范家槽倒虹管。

放水设备：山湾塘主要用阶梯式放水闸，小型水库多用涵卧管式，小型以上水库多用闸阀式和塔式闸。全市有涵卧管式放水设备128处、闸阀式10处、塔式11处、隧洞2处、竖井1处。

（2）引水工程

古代引水工程以修石河堰引溶洞水为主。清乾隆五十一年（1786年）前，全州有堰6处。嘉庆年间，珍溪镇副贡况伦标率族人创修橘子庵大堰。道光初，悦来场唐试建发动乡人修建著名的散水坝堰。至同治八年（1869年），堰增至13处。到清末，州境有小琛溪、渠溪、碧溪、金钗堰、散水坝、金鹅洞、罗家坝、段家堰、郭家沟、黄桷桥、九洞桥、石转溪、庙垭场（今属武隆）、马滩河、袁家溪、东流溪、磨盘沟、白石溪、龙溪河、彭家岩、小马福埡、双分堰、瀑布岩、老龙洞、枇杷洞、罗云坝（包括柞马、枇杷、游兰3堰）、观音洞、橘子庵大堰等30处。

民国时期，全县有大小引水渠堰1144条，可灌田1.27万亩，其中比较大的堰有散水坝堰、金钗堰、罗云坝三堰、东流溪堰、橘子庵大堰、碧溪堰等。20世纪50年代初，加强拦河引水和整修旧堰工作。六七十年代又修建鱼碑大堰和建设大堰。截至1985年，全市共有大堰3条，总引水量246.9万立方米，有效灌溉面积8300亩；小堰913条，总引水量740.1万立方米。

（3）提灌工程

1959年前，提灌全靠人力，提灌工具有戽斗、龙骨车、抽水筒等。1959年开始，陆续发展柴油机、水轮泵和电力抽水。1959年春，国家投资在龙潭公社灵官塘安装全县第一台煤气抽水机，1960年购进柴油抽水机4台，全部安装在龙潭区。1961年春，调入两台柴油机，分别安装在龙潭街侧龙潭河和五马公社跃进水库。1963年，在北拱公社龙头山修建全县最大的柴油机三级提灌站，装机3台，共390马力。柴油机抽水，初以国家办为主，后逐步转为国社合办和生产队自办，并与农副产品加工相结合，平时加工，旱时抽水，做到一机多用。1985年，全市有抽水机1742台，装机18351千瓦。

水轮泵抽水站于1963年冬开始在青羊公社雄黄洞试建，后大量推广。1964年，全县有水轮泵50台，1965年88台，1966年110台。平时用于打米、磨面、发电，旱时抽水。但因多数溪河天旱时流量小，作用不大，1967年停止推广，现存19处。

1962年，修建电力提灌站2处。1964年，贯彻中共四川省委提出的“以机电提灌为主”的方针，电力提灌迅速发展。1965年、1966年，国家共投资80万元在龙潭、大同、青羊等公社安装电力抽水机47台。1979年9月，国家拨款11万元，社队自筹28679元，投工25687个，在石马公社建成涪陵境内第一座长江五级提灌站，扬程333.6米，控灌面积1500亩。1980年，全县共有电灌站265处，安装电力抽水机320台，装机11281千瓦。农业承包到户后，电力提灌站减少。1985年，全市尚存电力提灌站109处，装机4592千瓦，提水量为804万立方米，有效灌溉面积4.53万亩，其中保灌1.52万亩。

（4）喷灌工程

1977年，四川省将“小型水利加喷灌”列为水利建设的重点，全县大搞喷灌池建设。到1978年底，动工修建喷灌池2557个（其中石池334个），完工1665个，总蓄水量310万立方米，并安装各种管道（包括钢管、铁管、水泥管、陶管、石管等）247.3公里，其中固定管道27.9公里，半固定管道9.4公里、活动管道210公里，配备机泵331台，喷头1014个，国家投资71万元。不过，由于盲目修建，无水源保证，绝大多数都未能发挥作用。

（5）人畜饮水工程

农村人畜饮水历来多靠天落水，一遇严重干旱，部分地区即感饮水艰难。1978年后，通过兴修水利和安排专款解决场镇和农村的人畜饮水设施配套问题。至1984年底，全市还有9.7万人和8.1万头牲畜处于季节性严重缺水状态。

1985年，中共中央、国务院决定动用库存粮、棉、布“以工代赈”扶持贫困山区解决人畜饮水困难，配给涪陵市粮、棉、布折款及配套资金总投资185.49万元（其中粮食2894.5吨、棉花58.85吨、棉布28.4万米），群众自筹50.1万元，投劳59.3万个，折款87.5万元，共计323.09万元，大力建设人畜饮水工程及其配套设施。到1987年3月，已完成人畜饮水工程项目2740处，其中人工井795眼、蓄水池1854口，整修塘4口、提水站26处，管道引水线8条（11.1公里）、渠道引水线53条（47.27公里），共增加蓄引水量11.5万立方米，解决了10.15万人和3.8万头牲畜的饮水问题。

（6）水利投资

清代和民国时期，水利建设多属民办自修自用，较大的水利设施主要采取募捐、摊派的办法集资修建，有的辅以政府小量贷款。1943年，县政府发放小型水利贷款24万元。

中华人民共和国成立后，政府对水利建设不断增加国家投资。20世纪50年代，全县水利建设投资54.47万元，年均投资5.5万元，年均增加灌溉面积0.7万亩；60年代水利建设投资549.26万元，年均55万元，年均增加灌溉面积1万亩；70年代水利建设投资1500.42万元，年均150万元，年均增加灌溉面积1.6万亩；1980—1985年，水利工作的重点转向管理，6 年共投资 681. 10 万元，年均 113. 52 万元。1950—1985 年，国家总投资 2785. 25 万元。

二、涪陵农业资源布局

涪陵农业资源布局可从农业产业分布、农作物区划方案、特色农业产业分布 3 个方面考察，农业产业分为 4 个功能区，农作物规划方案分为沿江种植区、坪上种植区和后山种植区。

（一）涪陵农业产业分布

涪陵农业产业从地理上分为 4 个功能区域，分别为城郊都市农业区、沿江高效农业区、坪上特色农业区、后山生态农业区。城郊都市农业区包括马鞍、崇义、荔枝、江东 4 个街道，李渡、江北、白涛、龙桥 4 个街道以及义和镇离城区较近的区域，重点发展花卉苗木、特色水果、设施蔬菜、渔业、休闲观光农业。沿江高效农业区包括石沱、清溪、南沱、珍溪、百胜 5 个沿江镇，李渡、江北、龙桥 3 个街道和义和、蔺市、新妙 3 个镇的部分区域，重点发展粮食、榨菜、蚕桑、生猪、蔬菜、生态渔业，以及笋竹和晚熟柑橘、龙眼、荔枝、杨梅、枇杷等水果业。坪上特色农业区包括青羊、龙潭、马武、大顺、同乐、增福 6 个乡镇和新妙镇（北门村、开平村）、蔺市镇（五马片、堡子片）2 个乡镇的 17 个行政村和 1 个社区，重点发展优质粮食、特色蔬菜、早市青菜头、畜禽、伏淡季水果等特色农业产业及休闲体验农业。后山生态农业区包括焦石、罗云、大木、武陵山 4 个乡镇和白涛街道（卷洞片）部分区域，重点发展肉牛、山羊、黑猪、蜂、高山反季蔬菜、早市青菜头、烤烟、中药材、花卉等农业产业。

各个乡镇和街道的主要农业分布呈现大分散、小集中的特点。李渡街道主要有榨菜、水果（杨梅）、蚕桑、水产、畜牧；马鞍街道主要有榨菜、蔬菜、水产、水果；荔枝街道主要有畜牧（珍珠鸡）、花椒、茶叶、油茶；江东街道主要有蔬菜、水果（无花果、杨梅）；江北街道主要有榨菜、蔬菜、水果；白涛街道主要有粮食、榨菜、蔬菜、水果、畜牧（黑山羊）、花椒、中药材；龙桥街道主要有榨菜、蔬菜、蚕桑；珍溪主要有粮食、榨菜、蔬菜、水果、畜牧（生猪）、蚕桑、水产；新妙主要有粮食、榨菜、蔬菜、水果（柑橘）、畜牧（生猪）；南沱主要有蔬菜、榨菜、水果（龙眼、柑橘、枇杷、荔枝、早熟梨)、畜牧（黑土猪）；清溪主要有粮食、榨菜、蔬菜、水果（柑橘）、畜牧（家禽、生猪）、蚕桑；蔺市主要有粮食、榨菜、蔬菜、水果、畜牧（生猪）、中药材、蚕桑；义和主要有榨菜、水果、笋用竹、畜牧（生猪）、蚕桑、水产、花卉苗木；百胜主要有粮食、榨菜、蔬菜、水果、畜牧（生猪）、中药材、蚕桑、水产；石沱主要有粮食、榨菜、蔬菜、水果（柑橘）、畜牧（生猪）、蚕桑；龙潭主要有粮食、榨菜、畜牧、蔬菜、水产；马武主要有蔬菜、榨菜、粮食、畜牧、烤烟、中药材、水果（梨子）；焦石主要有粮食、蔬菜、畜牧（黑山羊、肉牛）、榨菜、水果、烤烟、中药材；青羊主要有粮食、蔬菜、畜牧、榨菜、油茶；同乐主要有粮食、畜牧（山羊）、蔬菜（莲藕）；大顺主要有粮食、榨菜、畜牧、中药材、油茶；增福主要有畜牧（增福土鸡）、粮食、榨菜、油茶；罗云主要有榨菜、蔬菜、畜牧（黑山羊、肉牛）、烤烟；大木和武陵山因地势原因，多生产高山种类如高山蔬菜、高山药材、高山林业、畜牧（黑土猪、黑山羊）、观赏花卉、生态水果、烤烟等。

（二）涪陵农作物区划方案

为充分合理利用自然资源，因地制宜，分类指导农业生产，早在 1981 年，县农业局便根据县农业区划办公室的统一部署，成立种植业区划专业组，历时一年余，提出全县农作物区划方案，将全县划为 3 个一级区、4 个二级区。

一是沿江丘陵粮、菜、果、桑种植区。位于长江河谷两岸丘陵地带，包括百汇、新妙等 36 个公社，以及永义等 4 个公社的一部分。该区域热量丰富，雨量充沛；土地垦殖系数高，耕地多，人口稠密，劳动力充足，交通方便，生产水平较高，是粮食作物、经济作物和水果的主要产区。应充分利用本区优势，扩大复种面积，在决不放松粮食生产的前提下，积极发展以青菜头、油菜为主的经济作物，增加豆类和绿肥的种植面积，努力提高单产，提高经济效益。海拔高度在 400 米以下地区，人多地少，主产水稻、玉米、青菜头、油菜及柑橘、蚕桑；海拔 400~600 米地区，以种植水稻、玉米、蚕桑为主。

二是坪上低山稻、油菜、茶种植区。位于县境南部龙潭坝、蔺市坪一带，包括龙潭坝、大同、青羊、惠民、万寿、堡子等 14 个公社的全部和五马、龙门两个公社的一部分，是水稻、油菜、茶叶主产区。但土质较瘦，低产田多，生产水平不高，其发展方向是大力抓好水稻生产，积极发展油菜和水生绿肥，改造低产田，继续抓好茶叶生产，尽快把本区建成稳产高产的稻、油菜、茶生产基地。

三是后山低中山水稻、玉米、薯类、药材种植区。位于县境东南部、中部和北部的广大石灰岩地区，包括靖黔等 15 个公社，以及菜场、黄旗、梓里、永义 4 个公社的一部分，属田少土多的地区，地形较复杂，气候差异大，坡陡土瘦，自然条件差，人少地多，交通不便，生产水平低。今后要努力改变生产条件，推广先进技术，发挥红苕、洋芋的增产优势，做到粮食自给，陡坡土地要逐步退耕还林还牧，并积极发展药材和二线蔬菜，增加农民收入。本区又分为低山稻、玉米、薯类种植区和中山玉米、薯类、药材种植区两个亚区。前者一般海拔 300~700 米，气候温和、热量较丰富、雨量也较充沛，是后山的农业区。需要加强农田基本建设，进一步改善农业生产条件，实行科学种田，使粮食产量稳步增长，同时积极发展花生、烤烟、苎麻、油菜等经济作物。后者位于武陵山和铜矿山上，包括大木、龙塘两个公社和山窝、卷洞、焦石、罗云 4 个公社的一部分，海拔一般在 1000 米以上。气温低，无霜期短，山高坡陡，地广人稀，灾害频繁，不利于农作物生长，但适合种植洋芋、中药材和二线蔬菜。可积极发展天麻、杜仲、厚朴、党参、黄连等名贵中药材和二线蔬菜，不宜种粮的土地要退耕种树、种草。

（三）涪陵特色农业产业分布

涪陵特色农业分布范围广，几乎在各乡镇均有分布，有的已经形成产业化规模，为体现其布局特色，以下不对各乡镇一一赘述，仅以江东街道、荔枝街道、龙桥街道为例。

1. 江东街道

江东街道以杨梅、无花果、猕猴桃、蔬菜、芋头、努比亚大耳羊、红薯粉等为主的特色农业发展已初具规模，一批特色农业产业影响力逐渐增大，为推动街道经济发展、增加农民收入发挥着越来越重要的作用。该街道始终立足实际，突出农业基础地位，牢固树立特色就是竞争力的战略，依托农业资源、气候、区位三大优势，以农民增收为主线，以市场为导向，合理调整产业结构，大力发展特色经济，突出“一村一品”的发展思路，特色农业得到较好发展。该区特色农产品的现状如下：

（1）杨梅

杨梅种植主要依托重庆市浙涪农业开发有限公司，属于浙渝两地对口支援项目之一，是江东街道发展“一村一品”工程的一个缩影。江东街道现有杨梅基地 6800 余亩，主要包括营盘社区杨梅基地 2400 余亩、七龙村杨梅基地约 400 亩，有东魁、荸荠种和黑珍珠三大品种，其中东魁杨梅占 80%以上，2015 年总产量近 35 万斤，每斤均价 20 元，收入约 700 万元。

（2）无花果

无花果种植基地位于稻庄村，主要依托重庆柳鸿农业科技有限公司和重庆市涪陵区桔沿嘉无花果种植股份合作社，建立起“公司+农户”联合的无花果产业模式，农户以土地为资本入会，目前协会共有会员 109 人。无花果种植基地示范园 500 多亩，主要有布兰瑞克、纯清 1 号、日本紫果等 10 个品种，年土地流转费 30 余万元，解决常年民工 20 人，年民工收入 15 万余元，计划逐年扩大规模，引进更多优秀品种，最终发展到 800 亩。

（3）猕猴桃

江东红心猕猴桃种植基地位于青云村 3 组。果园现栽种有红心猕猴桃、新西兰黄金奇异果、川西清脆李等品种。2017 年猕猴桃已投产，产量约 30 吨。

（4）蔬菜

特色蔬菜种植主要依托小山村蔬菜种植专业合作社，种植基地位于太阳村 4 组，种植面积近 200 亩，上半年主要种植以云南新品种为主的莙叶，下半年以种植青菜和青菜头为主。年毛利润约 300 万元。蔬菜种植、收割、捆运等后期加工，均需依靠当地劳动力，因此每月可为当地40~70 岁村民 20 余人平均创收近 1500 元，土地流转费约 12 万元，年民工收入近 36 万元。

（5）芋头

重庆市涪陵区华秘芋头种植专业合作社是江东街道芋头种植的中坚力量，芋头种植主要集中在磨溪村约 600 亩，其中五组 200 亩，年总产量 360 万斤，亩产量 6000 斤，为农民增收约 360 万元。同时，长年在芋头种植基地务工的当地村民有 40 余人。

（6）红薯粉

新梨村的梨泽蔬菜种植园可谓名副其实的家庭农场。该种植园从 2012

年的118亩生产规模发展到现在的150余亩，主要种植红薯、榨菜等，采用“种—养—加—销”一条龙的生态农业循环模式，种植的红薯加工成红薯粉并销售到区内外，加工过程中产生的红薯渣用来养猪，猪粪又是生产红薯的农家肥。种植园季节性临时用工30余人，年共计支付临时用工工资16万余元。同时，为带动更多的村民致富，种植园发动周边200余户村民种植红薯，鲜薯的单价0.3元/斤，亩产量4000斤，亩收入1200元，种植面积约300亩。

（7）努比亚大耳羊

位于新梨村4组的涪陵区籽轩山羊养殖场采用的是家庭农场的模式，有技术员2人，饲养员5人，民工50余人。该养殖场在江东街道的支持下，流转该社土地230余亩，建起努比亚大耳羊养殖基地。养殖场现有种羊700余只，其中努比亚大耳羊500余只，渝东南黑山羊100余只。努比亚大耳羊可按每头羊2000元的均价出栏，2014年出栏羊约300只，收入实现60万元。同时，周边村民除领取土地流转费外，还可在养殖场务工，平均每年养殖场共计支付土地流转费、劳务费等费用40余万元。

2. 荔枝街道

荔枝街道的方坪茶早有名气，小溪花椒、珍珠鸡和巴国香猪都是荔枝街道的特色产业，具有代表性。

（1）方坪茶

方坪茶属历史名茶，早在明嘉靖年间（1522—1566年），《涪陵县续修涪州志》第七卷《饮之属》记载：涪陵江左右产茶虽多，曾无上品，唯长里、梓里场属之方坪所产茶色香味俱佳，而地不过数十亩，树仅数十株。方坪茶曾是明朝皇室贡品。在涪陵区农业局科技人员的研发下，方坪茶重现生机，1992年获四川省“甘露杯”优质名茶奖。1994—2015年连续10次荣获重庆市“三峡杯”及“首届西部名茶评比”优质名茶奖；2006年被列入重庆市六大传统历史名茶。2009年被列为农业部名优茶科技示范场，同年“方坪茶”通过农业部无公害农产品产品认证和重庆市无公害农产品产地认证。2011年获有机茶认证。2015年获四川省国际茶文化第六届“蒙顶山杯”名茶金奖。截至目前，共种植方坪绿茶近400亩、方坪黄金茶近200亩。

（2）小溪花椒

自2008年规模化种植小溪花椒以来，现已种植花椒近30000亩，投产面积15000余亩，实现年产值近1亿元，已获无公害农产品和无公害农产品基地认证。

（3）珍珠鸡

珍珠鸡肉质细嫩、营养丰富、味道鲜美，与普通肉鸡相比，蛋白质和氨基酸含量高，脂肪和胆固醇含量很低，是一种具有野味的特禽；个体大小适中，适于普通家庭一顿食用，是宴席上的高档肉禽，屠宰率高达91%；羽毛颜色统一，花纹整齐，适宜用于工艺品制作。珍珠鸡适应性好，抗病力强，耐粗饲，对设备和房舍要求简单，是群居性强的食草性家禽。不仅迎合市场对“土、特、优”等无公害高品质肉类食品的需求，而且由于其群居性和食草性强，所需劳动力少，适合在野外及林间放养，既能为经济林除草灭虫，保证食品安全，又能提供优质农家肥，不对环境造成污染，保证生态安全。截至目前，荔枝街道共计年出栏珍珠鸡90000余只，实现产值900余万元。

（4）巴国香猪

重庆月芽湖专业合作社投资200余万元，在金竺村四社兴建了占地面积3500余平方米的巴国香猪养殖基地。该基地已实现年出栏香猪3000头，实现产值300多万元。

3. 龙桥街道

龙桥街道辖区面积87.79平方公里，有耕地3096.34公顷、林地2171.01公顷、园地172.06公顷、草地15.27公顷、城镇及工矿用地1078.32公顷、交通运输用地565.20公顷、水域及水利设施用地1029.05公顷、其他土地663.07公顷。耕地利用率较高，主要用于种植粮食作物、榨菜、蔬菜等，尤其是种植水稻、玉米和榨菜，基本上做到种满种尽。园地和水域也得到充分利用。但林地的综合效益还有待进一步开发。

龙桥街道地处涪陵城郊，特色产业发展主要是蔬菜、榨菜、畜禽、晚熟柑橘。组建有蔬菜专业合作社4个、榨菜专业合作社2个、畜禽养殖专业合作社5个，有农业企业5家、农业微企130余家、家庭农场21个、种养大户100余户，有6000亩晚熟柑橘基地。规划建设的集特色农产品生产加工、现代农业科技示范、乡村休闲功能于一体的绿杨溪现代农业示范园区已具雏形。2017年龙桥街道种植蔬菜10.25万吨，种植青菜头6.9万吨，出栏生猪2万头、家禽12.96万只。

第二节　种植业的生产与布局

涪陵粮食作物以水稻、玉米、小麦、红苕为主，大麦、燕麦、洋芋、高粱、黄豆、绿豆、饭豆、巴山豆、白豆、米豆、胡豆、豌豆、荞麦、小米、天仙米、鹅掌米、青稞等20多种杂粮也有种植，但比重不大。

一、粮食作物的生产情况与布局

根据涪陵区粮食生产统计表（见表5-4），从各类粮食种植面积来看水稻和玉米的种植面积没有波动，比较稳定。2007—2017年马铃薯的种植面积呈上升趋势，豆类和小麦呈下降趋势。从各类粮食年产量来看，水稻、玉米、马铃薯产量都有所增加，豆类和红苕的产量保持平稳状态。

表5-4　涪陵区粮食生产统计

单位：亩、吨

类别	2007年		2010年		2015年		2016年		2017年	
	面积	产量	面积	产量	面积	产量	面积	产量	面积	产量
水稻	493980	210711	492510	231438	500835	212722	508874	215422	498525	216422
玉米	311790	10319	310625	115760	313875	106288	317799	108308	310620	106984
小麦	96225	16112	56025	9400	27045	3964	27016	3615	15180	2997
红苕	319680	60109	316461	72395	318375	50998	319007	54324	299565	56517
豆类	115710	11473	116081	14569	125985	14746	60075	15553	—	—
马铃薯	158565	36655	161319	26796	196635	49359	197624	51138	—	—

资料来源：根据历年涪陵统计年鉴整理。

二、经济作物的生产与布局

经济作物主要有青菜头、油菜、花生、芝麻、烟叶、甘蔗、海椒、苎麻、棉花、西瓜及药材等。历史上还种过罂粟（鸦片）、蓝靛等。种植面积较大的经济作物有青菜头、油菜、烟叶、海椒、花生、甘蔗、苎麻7种。清道光末期到1938年前，涪陵广种罂粟，罂粟成为当时的主要经济作物。自清光绪二十四年（1898年）开始生产榨菜以来，青菜头一直为拳头产品。1940 年全县经济作物种植面积达 17.9 万亩，1949 年种植面积达 2.35 万亩。

中华人民共和国成立初期，涪陵经济作物生产发展较快，1955 年种植面积达 9.99 万亩。以后实行“以粮为纲”的方针，单一经营，经济作物种植面积下降，最少的 1962 年为 3.2 万亩。1978 年后，调整农业结构，经济作物种植面积于 1985 年上升到 27.14 万亩，比 1949 年增长 10.5 倍。2017 年农作物总播种面积 187862 公顷，其中经济作物播种面积 89092 公顷。

（一）涪陵早期经济作物的生产与布局

涪陵早期的经济作物有 11 类，分别是青菜头、油料、烟叶、海椒、甘蔗、麻类、药材、棉花、蓝靛、西瓜、罂粟。其中有些在早期就形成产业，而有些只能自给自足。

青菜头：20 世纪 50—70 年代，常年种植四五万亩，1983 年上升到 10.51 万亩，产青菜头 8.5 万吨，2017 年青菜头产量达 160 万吨。

油料：包括油菜、花生、芝麻，是传统经济作物。1940 年，油料种植面积 12.7 万亩，产量 10550 吨。其中，油菜 10.5 万亩，产量 9500 吨；花生 1.1 万亩，产量 800 吨；芝麻 1.1 万亩，产量 250 吨。1949 年油料种植面积 8800 亩，产量 355 吨。其中，油菜 6400 亩，产量 197 吨；花生 1700 亩，产量 126 吨；芝麻 700 亩，产量 32 吨。20 世纪 50 年代，油料作物产量逐年上升。1958 年，油料种植面积 1.6 万亩，产量 749 吨。花生在 1959 年时最多，种植面积 1.24 万亩，产量 540 吨。芝麻在 1953 年时最多，产量 72 吨。此后一个时期，油料作物的种植面积和产量下降。最少的 1970 年种植面积 5900 亩，产量 197 吨。吃油靠调进。1970 年后，油菜种植面积和产量上升，1979 年种植面积 3.44 万亩，产量 1362 吨，食油从此自给有余。1980 年，油料种植面积 5.61 万亩，总产量 3362 吨。1985 年上升到 17.94 万亩，产量 10150 吨。其中油菜 16.72 万亩，产量 9357 吨；花生 1.04 万亩，产量 717 吨；芝麻 1800 亩，产量 76 吨。到 2017 年，油料产量 7328 吨。

烟叶：有毛烟、土烟、烤烟。清代，牛皮箐所产兰花烟，气香味醇，很有名气。焦岩乡坪西坝和北拱乡中坝所产土烟质量颇佳。1935 年，全县种土烟 42360 亩，产量 1059 吨。1940 年种叶烟 2.2 万亩，产量 1300 吨。1949 年，种烟叶 7200 亩，产量 222 吨。20 世纪 50 年代初期，叶烟生产稍有发展。1955 年种植面积 8600 亩，产量 414 吨。此后种植面积下降，至 20 世纪 60 年代，常年种 2000 亩左右，产烟叶六七十吨。1968 年，县土产公司从什邡县引进推广种植毛烟后，利用稻田间隙期种烟，面积和产量大增。1978 年种植面积 1.65 万亩，产量 530 吨，以龙潭区最多。1982 年，在复兴公社试种烤烟成功。1985 年全市种烟 5000 亩，产量 316 吨。2017 年烟叶产量 1791 吨。

海椒：历史上多为零星种植供自食，产货较少。20 世纪五六十年代，常年收购量只有一二十吨，每年需从外地调进生产榨菜等用的干海椒 500 多吨。1972 年，县委提出尽快解决榨菜用海椒的自给问题。县土产公司牵头，一方面派人去资阳等地参观学习，另一方面引进“大二金条”良种，从外地请来海椒生产技术员指导推广“五改”种植新技术，海椒的种植面积和产量猛增，1977 年种植面积 3770 亩，收购 56 吨。1978 年种植面积 6545 亩，收购 119 吨。1983 年种植面积 9295 亩，收购 541 吨，创历史最高水平。1984 年种植面积 11779 亩，因库存积压，只收购 140 吨。1985 年海椒种植面积降为 5560 亩。

甘蔗：历史上农民多在屋前屋后零星种植，作果蔗食用。1935 年全县种甘蔗面积 7060 亩，产量 5825 吨。1940 年种植面积 800 亩，产量 755 吨。1949 年种植面积 500 亩，产量 587 吨。20 世纪五六十年代，一般每年种植五六百亩，其中只有 1959 年和 1966 年分别达到 1800 亩左右。70 年代中期，国家对交售甘蔗实行奖售政策，全县规划 12 个公社为甘蔗基地，又自办有几个小糖厂生产红糖，甘蔗生产有所发展。1979 年种植面积 3000 亩，总产量 2436 吨。以后逐年减少，到 1985 年只种 145 亩，产量 69 吨。

麻类：包括苎麻、红麻、黄麻。唐宋时代已普遍种植。清代和民国时期曾是大宗产品。1935 年，全县种植面积 4902 亩，产 741 吨。后逐年减少。1940 年种植面积 8000 亩，产 400 吨；1949 年种植面积 500 亩，产 25 吨。20 世纪 50 年代前期，大致保持民国末期的水平。1958 年上升到 1500 亩，产量 53 吨。此后逐年下降，到 1979 年全县收购量只有 50 公斤。1980 年麻类提价，种植面积和产量回升，1985 年种植面积 1831 亩，产量 158 吨，其中苎麻 228 亩，产量 19 吨。到 2017 年麻类产量 605 吨。

药材：历史上，药材多为野生。耕地上成片种植药材始于 1954 年，当年酒店乡种木瓜 1 亩。以后，种植品种逐渐增多，面积随之扩大。1957

年，全县种植木瓜、枳壳、栀子、麦冬、石斛、佛手、薄荷等共400亩。20世纪70年代，新发展玄胡、桔梗、栀子、党参、黄连、川芎、白术、云木香、白芍、白正、玄参、大力、苡仁、姜黄、冬花、天麻、杜仲、粉丹、独活等20多个品种，以前3种及木瓜为大宗。1977年，药材种植面积2500亩。后逐年下降。1985年种植面积693亩，总产31吨。

棉花：1945年全县种植面积20850亩，产量115吨。1949年种植面积1200亩，产量7吨。20世纪50年代无多大发展。60年代中期，种植面积和产量有所上升。1966年种植面积4700亩，产量87吨。1978年后，国家调整作物布局，不再下达种棉计划，全县停种。

蓝靛：是一种染布原料。清代和民国时期有种植。1940年全县种蓝靛2000亩，产量350吨。中华人民共和国成立后，随着化学染料的应用，已少有种植。

西瓜：本地原不产。1969年，县土产公司从河南引进西瓜种子并请来两名技术员作指导，首先在焦石公社茶场试种成功，次年推广到全县其他茶场，两三年后又推广到果园种植。1980年全县种植面积950亩，产量646吨；1985年种植面积2973亩，产量1708吨。

罂粟：清道光二十六年（1846年）左右至1938年曾广为种植，当时涪陵为国内产鸦片较多的县份之一，人民深受其害。清光绪中叶，涪陵130个场均产鸦片，常年约6000担（每担1140两，约折合214吨）。1918—1928年最多，年产量曾达10万余担（每担1000两，约合3300吨）。1939年当局宣布终止烟土运销，全面禁种。从此，罂粟种植基本结束。

（二）涪陵目前经济作物的生产与布局

表5-5　涪陵区经济作物播种面积、产量

指标含量	2001年	2005年	2010年	2011年	2012年	2013年	2016年	2017年
总播种面积（亩）	151147	149194	169139	173630	175572	177780	184661	187862
蚕茧（吨）	4150	4409	3061	2848	2900	3010	2916	3024
油料植物（吨）	6189	6591	5500	5349	5683	5891	6866	7328
油菜籽（吨）	4950	4424	3081	3174	3316	3510	4201	4497
麻类（吨）	959	2117	3300	3300	1261	874	670	605

续表

指标含量	2001 年	2005 年	2010 年	2011 年	2012 年	2013 年	2016 年	2017 年
烟叶（吨）	981	1679	1495	1700	2184	1742	1765	1791
蔬菜（万吨）	69.6	102.3	152.6	164.0	177.3	188.5	216.9	228.2
青菜头（万吨）	49.5	75.5	121.7	127.2	134.3	144.3	150.6	160.0
茶叶（吨）	857	654	629	489	870	875	786	847
水果（吨）	23553	65451	96400	104800	112300	121852	140874	156791

资料来源：根据历年涪陵统计年鉴整理。

从涪陵经济作物播种面积（见表 5-5）表中可以看出，油料植物的播种面积上下波动；油菜籽的播种面积从总体上来看是逐渐减少的；麻类的播种面积在 1999 年前一直比较平稳，1999 年后波动的幅度开始增大；烟叶的播种面积和油料植物的播种面积相似，在一个范围内波动起伏；蔬菜的播种面积上升趋势十分明显；青菜头的种植面积和蔬菜的上升趋势相似，但是青菜头的种植面积没有蔬菜上升得平稳，青菜头的种植面积上升趋势波动要大一些；茶叶的种植面积在 1999 年前波动幅度较大，1999 年后波动的幅度比之前要小一些；水果的上升趋势和蔬菜相似度极大；蚕茧的产量 1978—1994 年一直增加，1994 年后，产量波动的幅度较大。到 2017 年，水果产量约 15.68 万吨，蚕茧产量 3024 吨。

第三节　林业的生产与布局

涪陵区宜林面积宽广，林业资源比较丰富，主要用材林树种是松、杉、柏，还有梓、枬、楸、楠、樟、榆、檀、红豆等珍稀树种；经济林木以柑橘、茶、桑、桐为主，还有梨、李、杏、柿、龙眼、核桃、板栗、乌桕、棕、漆树等。

一、涪陵早期林业资源的种植与分布

涪陵区早期林业资源的种植与分布可从林业用地与林业面积和林业用地的发展两个方面分析。

（一）林业用地与林地面积

1. 林业用地

1957 年 1336335 亩，1964 年 1330333 亩，1976 年 1032900 亩，1981 年 1061574 亩（均包括县林场营造的丰都、武隆两县林地 63337 亩在内），占全县总面积的 24.04%。林业用地主要分布在后山地区，坪上次之，沿江较少。

2. 林地面积

据 1911 年统计数据，全县森林面积 1833769 亩，占当时全县总面积的 20%。1950 年 1216730 亩，1957 年 1231052 亩，1964 年 1226050 亩，1976 年 658155 亩。1981 年 713929 亩，其中用材林 477923 亩，经济林 2363 亩（不包括茶桑果用地），薪炭林 9090 亩，竹林 26929 亩，灌木林 38209 亩，疏林地 105797 亩，造林未成林地 53618 亩。1985 年，用材林、防护林、经济林、薪炭林、竹林面积 51.64 万亩，森林覆盖率 11.7%；灌木林 57435 亩，疏林地 105797 亩，“四旁”林地 53618 亩；活立木总蓄积量 145.85 万立方米。

（二）林业用地的发展

1981 年，县林业部门在深入调查基础上，提出全县林业区划，将全县分为 3 个一级区和 5 个亚区。

1. 北部沿江河谷浅丘低山用材林、经济林、防护林及“四旁”绿化区

位于长江两岸，包括珍溪、李渡、新妙区全部和蔺市、清溪、城郊（今老城区）的一部分。区内人口稠密，植被稀疏，应发展以用材树种为主的用材林和防护林以及柑橘、蚕桑为主的经济林，并加速“四旁”绿化。下分黄草山、丛林、黄旗马尾松、柏木用材林亚区，李渡、珍溪、城郊、新妙、蔺市、清溪马尾松、柏木和经济林、防护林、“四旁”绿化亚区，五堡山马尾松、慈竹用材林亚区。各亚区的发展各有侧重。

2. 南部坪上丘陵、低山用材林区

该区域包括龙潭坝区全部和蔺市、马武区的坪上地区。区内森林分布较广，覆盖率高于全县水平。今后仍应发展以马尾松为主的用材林，同时

营造麻柳、千丈、慈竹为主的水土保持林。

3. 东南部后山深丘和低中山用材林、经济林区

该区域包括焦石、白涛两个区和梓里、靖黔、天台、菜场、土地坡等乡。区内地广人稀，林地集中，荒山较多，林业生产基础较好。今后应重点发展以松、杉、柏为主的用材林和以油桐、乌柏、漆树、棕榈、油茶为主的经济林，大力绿化荒山荒地，提高森林覆盖率。下分焦石、白涛马尾松、柏木用材林、经济林亚区和大木、龙塘松、杉用材林亚区。

（三）目前涪陵林业的种植与分布

表 5-6　涪陵区林业生产情况（2008—2017 年）

指标名称	2008 年	2009 年	2010 年	2013 年	2016 年	2017 年
当年造林面积（公顷）	5533	2000	2867	6467	5100	4667
育苗面积（公顷）	140	534	626	300	106	359
四旁绿化植树（万株）	250	300	300	410	240	240
森林覆盖率（%）	38. 7	42. 0	42. 0	42. 5	45. 2	46. 2
天然林管护（公顷）	88331	88331	84063	2814	95667	91133

资料来源：根据历年涪陵统计年鉴整理。

根据 2008—2017 年的林业生产情况（见表 5-6）来看，有些林业生产指标一直处于平稳状态，有些指标是跌宕起伏，有些指标则是一直呈上升状态。造林面积在 2011 年面积最广，达 7114 公顷，2009 年造林面积最小，仅 2000 公顷。育苗面积 2008—2011 年一直稳定增长，到 2011 年达到最大值 700 公顷，2011—2016 年呈负增长的状态，2010—2013 年从 626 公顷降至 300 公顷，2014 年和 2016 年育苗面积均为 106 公顷，2017 年回升至 359 公顷。从“四旁”绿化植株指标来看，植株数量有所减少，从 2008 年 250 万株增加到 2016 年 240 万株。森林面积从总体上来说呈增长状态，除 2008 年森林覆盖率是 38. 7%外，之后几年的森林覆盖率都在 42%～46. 2%波动。天然林管护面积 2008—2011 年均在 88331～86800 公顷小幅度波动，但在 2013 年急剧减少到 91133 公顷。完成林权改革面积 2009—2013 年呈一条直线，5 年的数据均为 116666 公顷。

第四节　畜牧业的生产与布局

一、主要畜牧业种类

（一）家畜

家畜有猪、牛、羊、马、兔等。猪以本地黑猪为主，兼有荣昌猪、内江猪、约克猪、长白猪、杜洛克猪等。牛有水牛、黄牛和奶牛。涪陵水牛是地方良种，与德昌、滨湖、广西水牛并称全国四大地方良种水牛（详见《涪陵水牛简志》）。黄牛以本地黄牛为主，属南方山地品系，体形较小。羊有本地白、黑、麻、杂色山羊，兼有武隆板角羊、丰都铁石羊，1985 年引进罗姆尼羊。马以本地棕色、红棕色马为主。兔有本地白、黑、麻、杂色兔和 1950 年后引进的大耳白兔、青紫蓝兔、安哥拉长毛兔、西德长毛兔等。

（二）家禽

家禽有鸡、鸭、鹅等。鸡有本地黑、黄、花鸡及来航鸡和可白鸡、京白Ⅲ系、星杂 288、星杂 579、罗斯鸡、红育鸡、澳洲黑鸡、九斤黄鸡、白洛克鸡、芦花鸡、杂鸡等。20 世纪 60 年代，鸣羊嘴饲养场养过火鸡。鸭有本地麻、白、黑、杂色鸭和康贝尔鸭、北京鸭、樱桃谷鸭等。鹅有白鹅、雁鹅、狮头鹅。近年来城镇养鸽、鹌鹑及少量观赏鸟类的渐多。

二、畜牧业的养殖与分布

李渡、龙潭、马武、青羊、大顺的主要畜牧产业集群发展不突出，畜牧种类较多，多为自给。荔枝主要发展珍珠鸡；白涛主要畜牧产业为黑山羊；珍溪、新妙、蔺市、义和、百胜、石沱主要畜牧产业为生猪；清溪主要畜牧产业为家禽和生猪；焦石、罗云主要畜牧产业为黑山羊和肉牛；同乐主要畜牧产业为山羊；增福主要畜牧产业为增福土鸡；大木、武陵山主要畜牧业为黑土猪和黑山羊。

表 5-7　涪陵区畜牧业的养殖和分布

品种	分布
涪陵黑猪	南沱（黑土猪）、大木（黑土猪）、武陵山（黑土猪）
涪陵水牛	罗云（肉牛）
羊	白涛（黑山羊）、同乐（山羊）、罗云（黑山羊）、大木（黑山羊）、武陵山（黑山羊）
兔	—
家禽	荔枝（珍珠鸡）、清溪增福（增福土鸡）
生猪	珍溪、新妙、清溪、蔺市、义和、百胜

注：①大顺和李渡也有畜牧业；②此表格为作者收集整理。

如表 5-7 所示，涪陵黑猪主要养殖在南沱、大木和武陵山，罗云和后山生态农业区重点发展肉牛，羊的养殖范围比较宽广，白涛、罗云、大木、武陵山这些地方都在养殖黑山羊，同乐和后山生态农业区主要养殖山羊。在这些数据统计中没有发现养殖兔子的。家禽主要为养鸡，比较有特色的是荔枝（珍珠鸡）、清溪增福（增福土鸡）。养殖生猪的地方有珍溪、新妙、清溪、蔺市、义和、百胜等地。

坪上特色农业区和后山生态农业区都重点发展畜牧业，后山生态农业区由于地理位置的原因，重点发展肉牛、山羊、黑猪等项目。

表 5-8　涪陵区畜牧业生产情况（2008—2017 年）

指标名称	单位	2008 年	2009 年	2010 年	2011 年	2012 年	2013 年	2016 年	2017 年
年末生猪存栏头数	头	529119	545680	534728	53787	536870	52898	457705	—
年末羊存栏只数	只	10580	11358	14343	15285	16185	16630	23806	—
年末生猪出栏数	头	720210	763455	766732	773905	790177	81411	793904	782628
年末羊出栏只数	只	13601	15343	17735	19242	20982	23467	35089	41270
年末家禽出栏数	万只	502.62	531.43	584.37	620.79	681.65	725.52	804.52	806.35

资料来源：根据历年涪陵统计年鉴整理。

从表 5-8 可以看出，2008—2017 年一直呈增长趋势的指标有羊存栏只数、羊出栏只数和家禽出栏数。年末羊存栏只数由 2008 年 10580 只增加到 2016 年 23806 只。年末羊出栏只数由 2008 年 13601 只增加到 2017

年 41270 只。年末家禽出栏数由 2008 年 502.62 万只增加到 2017 年 806.35 万只。在 2008—2017 年一直呈下降趋势的指标有年末生猪存栏头数。

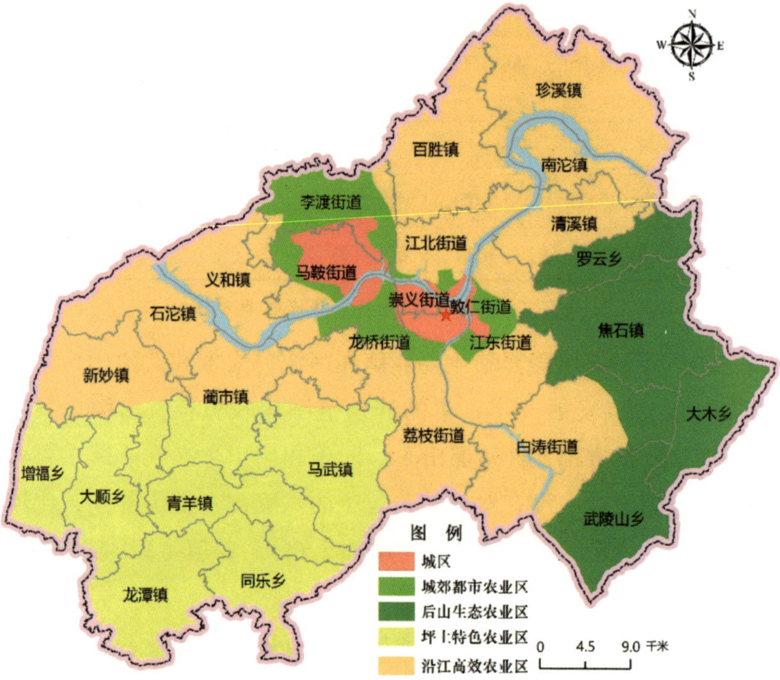

图 5-1 涪陵区农业产业发展空间布局

注：地理底图采用审图号为渝 S（2019）066 号的标准地图。

三、畜牧业生产与布局的影响因素

（一）国家政策影响

《国务院关于促进畜牧业持续健康发展的意见》（国发〔2007〕4 号）明确指出要加快畜牧业发展，增加畜产品供应，扩大畜禽产品出口，增加农民收入。《国务院关于推进重庆市统筹城乡改革和发展的若干意见》（国发〔2009〕3 号）明确指出："支持重庆现代畜牧业示范区建设，加大对规模化养殖小区、良种繁育体系、动物疫病防控体系建设的扶持力度，加强畜牧业发展和养殖废弃物无害化处理和综合利用。"农业部《关于同意支持建设现代畜牧业示范区的函》（农牧函〔2009〕1 号），正式批复重庆市建设国家现代畜牧业示范区。重庆市政府常务会议审议通过并报农业部批复《重庆国家现代畜牧业示范区建设总体方案》。因此，涪陵同时具有国家普惠政策、西部大开发、三峡库区等配套政策的支持，为发展畜牧业提供了坚强的政策保障。

（二）地理环境限制

涪陵区的农业正在从传统农业向现代农业发展转变。但不可否认的是，传统农业在整个农业经济中仍然占有相当大的比重。种植业和水产养殖业仍然是农村经济的主导产业，在增加农民收入方面具有不可替代的作用。据统计，水产养殖业是农民增收的重点产业，在扶贫方面发挥出重要作用。畜牧业是山区农民的主要收入来源之一，占农民家庭净收入的25%左右。

（三）市场供给影响

中央农村工作会议提出，养殖业的“供给侧改革”势在必行，最终的改革目标是：转变生产方式，扩大规模，提高养殖业的整体生产效率和产品质量，增强价格和供应的市场稳定性。肉类、蛋类和牛奶等动物产品的供应、品种和质量可以更好地满足消费者的需求。

从中国畜牧业的历史和现状看，转型升级的任务迫在眉睫，迫切需要努力解决以下4个问题。一是畜牧业的生产结构不适应消费者需求的变化，迫切需要对供给方进行结构性改革。有些畜产品结构相对过剩，一般均质化产品价格低廉，优质产品供应不能满足消费者需求。特别是，消费者对国内乳制品消费缺乏信心，导致国内生乳的供需严重失衡。畜牧业生产也存在产能结构不平衡的问题，例如冷冻奶牛的质量不足，产蛋鸡和白羽肉鸡严重过剩。

二是国内外畜产品价格差异逐步扩大，迫切需要提高竞争力。随着国内外市场一体化的进一步完善，低价进口产品对畜牧业的影响越来越大。国内畜牧业生产规模效益不高、标准化水平不高、单位畜产品的生产效率低下。因此，畜产品的生产成本过高，质量和安全风险的隐患仍然存在，导致产品缺乏竞争力，国内产业发展空间受到挤压。

三是产业链不完整，第一、第二、第三产业融合度不高。我国畜牧业组织化程度不高，产业波动频繁，养殖户的利益时常因价格波动而受损。产业链不完整，没有建立多方共赢的利益协同机制；中间环节很多，层层累加导致交易成本增高，使养殖环节的效益显著降低，上游生产积极性受挫。

四是资源环境的制约趋紧，迫切需要促进绿色发展。随着畜牧业规模化和集约化的程度不断提高，养殖废弃物的排放与区域环境承载力不相匹配。养殖业对土壤和水环境的不利影响进一步加剧。在许多地区，仍广泛存在“重生产、轻环保”的粗放经营行为，不能适应建设生态文明的要求和绿色发展的理念。可以说，资源和环境的限制已经成为畜牧业发展面临的最大难题。

为解决涪陵养殖业所面临的严峻形势，必须加强养殖业的“供给侧改革”。改变养殖业技术含量低、养殖规模小、饲养管理水平低、员工素质低、养殖环境差的现状。有必要深化养殖业改革，保障人民的食品安全和身体健康；提高规模化水平和从业人员整体技术水平。只有实现创新，才能真正实现改革的目的——提高劳动效率和产品质量。

（四）气候因素影响

由于气象因素对牲畜的直接或间接影响，畜牧业生产呈现显著的季节性变化特征。在一定程度上，它对畜牧业的正常生产和季节性均衡生产产生负面影响。气象因素是畜牧生态系统中重要的物理因素之一。气象因素不仅直接影响牲畜体质，还直接或间接影响牲畜的生长发育、生殖功能和生产性能。与此同时，畜禽疾病的发生、发展和消亡过程也与气象因素密切相关。

（五）水资源影响

养殖业与水资源高度相关。其一，养殖需要大量的水，包括牲畜饮用需求和圈舍冲刷需求，用水量都比较大；其二，牲畜粪便排放污染水资源，包括地表水和地下水。

（六）劳动力影响

畜牧业关联度高，产业链长，对劳动力的要求也比较高。劳动力的不足已经成为畜牧业发展的重要阻碍因素。农村劳动力转移对畜牧业的发展会产生深远的影响。如今，劳动力供需进入一个新阶段，农村劳动力商品化的特征逐渐显现，农民工工资不断增长，统一的社会保险制度进一步完善。如果畜牧业的收入不能再增加，就无法吸纳农村劳动力进入畜牧业生产，很难稳定和提高畜牧业的生产力，这将对畜产品的有效供应产生不利影响。

（七）土地资源因素

在各级政府编制的土地规划中，没有把养殖用地纳入其中。国土资源部门认为，大型养殖土地政策难以掌握，管理很难到位，有关部门的规定对大型养殖场地的征收有一定的限制。因此，有必要进一步明确畜牧业的土地利用指标，现代畜牧业已完全不同于传统畜牧业，要求建设成集约化生产、企业化经营的规模养殖场，必定需要占有土地空间。要加强总体规划和部门协调，要将畜禽规模养殖场用地纳入土地利用总体规划。

第五节　渔业的生产与布局

一、渔业养殖情况

根据表 5-9，内陆水域面积在 2008—2013 年一直保持 13406 公顷，变化不大。水产品养殖面积在 2010 年达到最大值 3698 公顷，2008 年是 6 年中水产品养殖面积最少的年份。池塘养殖面积在这 7 年中总体呈上升趋势，从 2008 年 1240 公顷增长到 2017 年 1700 公顷。水库面积虽然 2008—2017 年总体上一直呈波动上升的趋势，但都是比较平缓地增长，并没有出现大幅度的增长。水产品产量年年攀升，从 2008 年 11897 吨增长到 2017 年 20810 吨。

表 5-9　2008—2017 年涪陵区渔业养殖情况

指标名称	单位	2008 年	2009 年	2010 年	2011 年	2012 年	2013 年	2016 年	2017 年
内陆水域面积	公顷	13406	13406	13406	13406	13406	13406	20920	20920
水产品养殖面积	公顷	2786	2920	3698	3000	3120	3147	3632	3600
#池塘	公顷	1240	1354	1771	1600	1720	1747	1732	1700
水库	公顷	1173	1173	1260	1254	1254	1267	1267	1267
水产品产量	吨	11897	14850	16140	19280	20133	20359	21250	20810

资料来源：根据历年涪陵年鉴及涪陵统计年鉴整理。

二、渔业养殖品种与分布

（一）养殖品种

1981年，调查统计有中华鲟、长江鲟、白鲟、胭脂鱼、青鲤、呆鲤、荷包鲤、鲫鱼、金鱼、南方马口鱼、鳡鱼、草鱼、鲭鱼、岩原鲤、赤眼鳟、三角鲂、银飘、红鳍铂、长春鳊、团头鲂、高体近红鲌、青梢红鲌、蒙古红鲌、翘嘴红鲌、中华鳑鲏、达氏驹、麦穗鱼、白甲、四川白甲、中华倒刺鲃、华鲮、鲢、鳙、圆口铜鱼、铜鱼、鯮鱼、四川中华吸腹鳅、鳗鲡、光泽黄鱼桑鱼、瓦氏黄鱼桑鱼、大鳍鲈、黑尾鮠、长吻鮠、南方大口鲶、青鳉、乌鳢、鳜鱼、黄鳝、泥鳅、大鲵、团鱼（鳖）、乌龟及齐口裂腹鱼、重唇裂腹鱼等50多个品种。引进养殖的鱼类有鱼竞鲤、尼罗罗非鱼、革胡子鲶、兴国红鲤、异育银鲫、细鳞斜颌鲴等品种。

中华鳄（俗名腊子）、长江鲟（沙猎子）、白鲟（箭鱼）的个体较大，是长江的珍稀鱼类。20世纪40年代末期，曾在蔺市捕获过一条500公斤以上的白鲟。50—70年代曾在深沱等地捕捞到几条250~300公斤重的中华鲟和白鲟。1971年4月17日，渔业社渔民在长寿与涪陵交界处下芭蕉沱捕获一条重384公斤的中华鲟。80年代起，鲟鱼已作为国家珍稀鱼类保护，禁止捕捞；长吻鮠（江团）、圆口铜鱼（圆口）、胭脂鱼（黄排）、中华倒刺鲃（青波）、鳗鲡（青鳝、白鳝）、白甲鱼、岩原鲤、鳜鱼、三角鲂、长春鳊等以及生长在山区的大鲵（娃娃鱼）均为名贵鱼类，营养丰富，经济价值高。

目前塘库稻田养殖的主要鱼类是草鱼、鲢（白鲢）、鳙（花鲢）、鲫鱼、鲤鱼、革胡子鲶、青鳊等。

（二）养殖区域分布

长江、乌江涪陕段经济鱼类产卵场：鲤鱼产卵场多分布在缓流的石砾湾、凼、浩处。长江涪陵段主要有反水碛、腊月浩、珍溪浩、沙背沱、乌羊溪、大曲浩、小溪口、外碛槽、麻柳滩、八角亭、黄泥凼、菜子梁、长石浩、鸽子沱、龙门浩、牛口下沱、有船浩、早鱼塘、庙岩河、千斤凼、杨家滩、小石盘、进步滩、熨斗滩、茶壶碛等20多处；乌江涪陵段主要有大溪河口、菜场沱、鸭儿凼、麻腊溪等处，产卵时间一般从2月上旬开始，分批产卵至4月上旬。鲶鱼产卵场在激流鹅卵石上，产卵时间从春分左右开始，至5月结束。白甲鱼产卵场在激流多沙石的地方，产卵时间从3月初到4月底。

饵料主要包括天然饲料和人工饲料。天然饵料有浮游生物、底栖动物和水生微管束植物等。浮游生物中的植物有硅藻、全藻、甲藻、裸藻、绿藻、黄藻、蓝藻等；浮游生物有原生动物、轮虫、枝角类、桡足类等。这些浮游生物在肥力好的塘库中生长较快。底栖动物主要有水生寡毛虫类、线虫类、软体动物、水生昆虫、甲壳类等。水生微管束植物主要有水花生、轮叶黑草、金鱼藻等。人工饵料，主要是利用各种农作物的鲜嫩茎叶、野青草，以及人畜粪和种植青饲料等。鱼用配合饲料尚未推广使用。

涪陵渔业发展情况统计见表5-10所示。

表5-10 涪陵渔业发展情况统计

年份	内陆水域面积（公顷）	水产品养殖面积（公顷）	水产品产量（吨）
2012	13406	3120	20133
2013	13406	3147	30359
2014	13406	3147	20550
2015	—	3132	20960
2016	30920	3132	21250
2017	30920	3600	20810

资料来源：根据历年涪陵统计年鉴整理。

从涪陵区渔业水面分布情况来看，水面面积最大的是龙潭，占11%；其次是青阳、李渡，分别占8%；堡子占6%。从2017年各乡镇街道水产品产量分布情况来看，义和镇是水产品产量最多的，其次是百胜镇，再次是李渡街道。大多数镇目标值与完成值都相差无几，唯独珍溪镇的目标值与完成值相差有点大，这说明珍溪镇的产业结构和产品预期的估值不匹配。

从涪陵区水产生产规模、产量、产值资料可以看出，这3个指标从总体上来讲是逐年增加的。养殖面积1949—1978年猛增，1978—2005年摇摆不定，自2005起开始迅速扩张。1949—1978年，虽然养殖面积增大，但是产量并没有显著增加，渔业经济总产值也没有显著增加。1990年开始，水产总产量和渔业经济总价值都在增加。

第六节　现代农业发展与布局

一、涪陵现代农业发展优化布局

《重庆市涪陵区国民经济和社会发展第十三个五年规划纲要》对第一产业发展进行定位和布局，以规模化、集约化、设施化、标准化、产业化为发展方向，优化农业产业布局，推进农业结构调整和科技创新，加快建立都市型现代农业体系，努力打造国家现代农业示范区。

（一）构建都市现代农业新体系

围绕城市发展需要和市民生活需求，以特色效益农业和休闲观光农业为重点发展方向，推进各类农业新技术集成应用，大力发展“插花式”“镶嵌式”景观农业、生态农业、休闲农业和创意农业，培育城郊都市农业、坪上特色农业、沿江高效农业、后山生态农业四大特色产业区，加快南沱、龙潭等现代农业示范园区建设，打造一批特色农业精品园、观光园、采摘园、体验园，建成重庆都市现代农业示范基地（见图 5-2）。推进

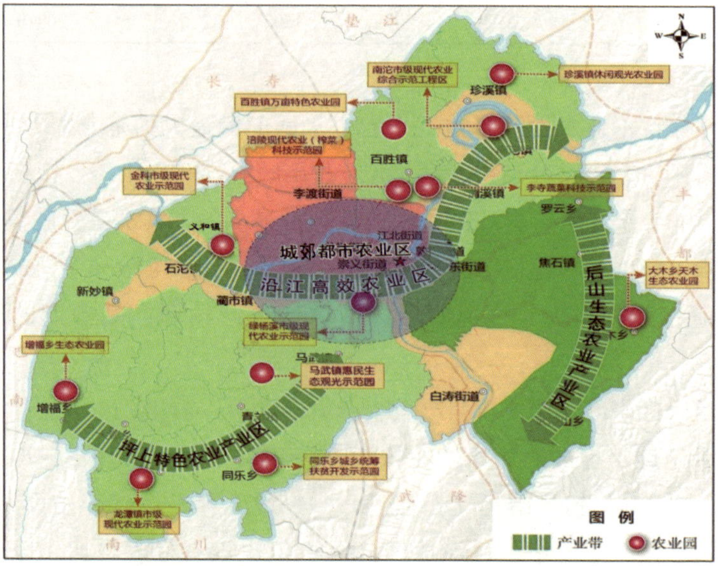

图 5-2　涪陵都市现代农业产业布局示意

农业产业结构调整，优化种植结构，积极发展品质优良、特色鲜明、附加值高的优势特色农产品。稳定粮食生产，因地制宜发展榨菜、畜牧、柑橘、蚕桑 4 个优势产业和蔬菜、茶叶、中药材、渔业、花卉及林下经济 5 个特色产业，加速培育涪陵白茶、方坪茶、涪陵荔枝、南沱龙眼、增福土鸡、涪陵黑猪、渝东黑山羊等特色农产品品牌。加快推进 70 万亩榨菜、20 万亩柑橘等一批现代农业重点工程。

（二）建设坪上特色效益农业核心区

坪上现代农业区主要包括坪上乡镇和沿江乡镇（街道）非沿江区域，总面积 1178 平方公里。到 2020 年承载人口约 15 万人，农业总产值占全区 70%以上。该区域突出“特色发展”和“山水田园”，有效控制开发强度，因地制宜适度发展农林牧渔产品生产和加工、乡村旅游、观光休闲农业等。限制大规模的工业和城镇开发，加强对耕地、林地、果园、水产养殖水域和生态环境的保护，形成以提供农副产品为主的功能区，保障城区基本农产品供应。

发挥自然生态优势，运用生产结合休闲观光的新理念，促进效益农业与农耕文化、乡村旅游紧密结合，拓展和提升农业的广度和深度，努力把坪上地区建成全区都市现代农业核心区域，打造“魅力坪上、生态之乡”。结合统筹城乡综合示范区建设，强化规划引导和政策扶持，加大改革试点示范，鼓励城市优势资源下乡，大力实施“一乡一品”发展战略，推进形成城郊农业游憩区、农耕文化体验区、特色果品采摘区、田园农庄度假区、森林生态养生区等农业产业功能分区。大力推进坪上特色产业规模化，重点发展水果、花卉、蔬菜、粮油、畜禽、茶叶等特色农副产品生产及精深加工。

（三）打造后山生态发展区

后山生态发展区主要包括后山乡镇，含大木乡、武陵山乡、罗云乡全境，焦石镇武陵山脉区域和李渡街道、义和镇黄草山脉区域。总面积 515 平方公里，到 2020 年承载人口约 5 万人。该区域突出“绿色生态”，严格控制开发强度，围绕生态旅游和新能源开发两大主线，适度发展农林牧渔产品生产和生态产品。该区域是全区自然保护区、森林公园、地质公园的主要聚集区域，对核心保护区域要依法实施强制性保护，严禁各类开发活动，引导人口转移，控制污染物实现零排放，形成以提供生态产品为主的功能区，成为维持生物多样性和生态产品多样化的承载地。

坪上现代农业区和后山生态发展区加快发展特色效益农业和生态旅游，加强生态建设和环境保护，推动绿色低碳发展，成为涪陵可持续发展的战略承载区域。

（四）建设现代农业“七大重点工程”

1. 现代农业产业园区示范工程

重点推进涪陵（南沱）现代农业示范工程、江北农业（榨菜）科技产业园、义和现代农业示范园区、龙潭现代农业示范园区、龙桥现代农业示范园区、珍溪现代农业示范园区等，到 2020 年形成 2000 亩以上的示范园区 10 个，其中市级标准化示范园区 6 个。

2. 绿色农产品生产基地建设工程

加快绿色农产品农业技术推广，完善从种子种苗到营销服务的有机农业产业链，建设蔬菜、水果、茶叶等特色农产品有机生产基地 5 个以上，面积 20 万亩。

3. 菜篮子生产工程

新建和改扩建生猪标准化规模养殖场（小区），扩建南方曾祖代（原种）种猪场，标准化改造禽蛋养殖场，建设黑猪、黑山羊保种选育基地和冷水鱼规模养殖基地，到 2020 年出栏生猪 80 万头（其中黑土猪 10 万头）、肉牛 1 万头、山羊 10 万只（其中黑山羊 5 万只）、家禽 750 万只（其中增福土鸡 400 万只）、水产品 2 万吨。建设沿江、坪上和后山三大蔬菜基地，总面积 80 万亩，总产量 150 万吨。

4. 特色农产品深加工建设工程

建成 70 万亩榨菜深加工基地、20 万亩柑橘生产及加工基地，完善榨菜、柑橘产业链，拓展“鲜销、加工”渠道，提升市场化、组织化、规模化和标准化水平；加快建设沿江竹笋深加工基地，李渡杨梅深加工基地，南沱枇杷、龙眼深加工基地，阿新记肉兔深加工基地和金科、大木花卉苗木培育基地，推进龙潭优质大米、涪陵白茶、同乐羊肉、增福土鸡等特色农副产品深加工工程。

5. 电商农业及农业物联网应用工程

扩大渝涪农产品交易中心、新大兴等互联网农业企业交易规模，拓展农产品交易范围。搭建覆盖全区的蔬菜、榨菜、生猪、农资物流农业物联网应用子平台。

6. 农业龙头企业培育工程

扶持发展前景好、市场竞争力和带动农户能力强的龙头企业，推动其做大做强，5 年内新增国家级、市级龙头企业 5 户，区级 10 户，培育年产值或销售收入 1 亿元以上龙头企业 3 家，5 亿元以上 2 家。

7. 创意农业工程

加快创意农产品的建设和开发，建设龙潭创意农业园区（创业基地），培育壮大榨菜嘉年华、龙眼文化节、杨梅采摘节、草莓采摘节、晚熟柑橘采摘节、荷花节、桃花节、梨花节等创意农业工程。

（五）提高农业社会化服务水平

积极培育农村新型股份合作社，扶优扶强农业产业化龙头企业，支持发展股份合作社、专业大户及家庭农场，鼓励农户发展联户经营。探索“大集群”“小单元”等模式，支持龙头企业、农民合作社发展农产品精深加工。鼓励农民优化种养结构，大力开展职业技能培训和专业技能培训，提高生产经营水平和经济效益，拓宽农民增收渠道。积极发展“互联网+”农业，健全农业现代流通体系，加快发展以电子拍卖、电子交易、电子结算为主的农产品电子商务，推动良种繁育、标准化种养殖基地、加工储藏、冷链物流、后期研发一体化发展。夯实农业生产基础保障，推进高标准农田建设，加快建设中型灌区和小微型水利设施。推广良种良法，提升丘陵地区农业机械化装备水平。巩固和加强农技推广网络，推行农业标准化清洁生产，完善农产品质量安全监管体系。加强农业灾害性天气预报预警和预防，构建现代农业气象防治减灾应急体系。

二、涪陵现代农业发展新举措

（一）推进农业供给侧结构性改革，增加农产品有效供给

一是推进农业供给侧结构性改革，不同于一般意义上的结构调整，不

是简单的多种些什么、少种些什么，或寻求总量平衡，而是涵盖范围广、触及层次深的一场全方位变革，需以“再创业、新发展”的理念为引领，调结构、调布局、转方式，既要破解当前农业供需结构失衡的矛盾，又要提高农业综合效益和竞争力。二是推进农业供给侧结构性改革，必须推进绿色生产方式，把增加绿色优质农产品放在更加突出的位置，增加有效供给，补齐农业短板，壮大新产业新业态，促进农产品供给由主要满足“量”的需求向更加注重“质”的需求转变，以满足消费者更高层次的需求。三是要理顺政府与市场的关系，在“三农”领域充分发挥市场配置资源的决定性作用和更好发挥政府作用，以农业供给侧结构性改革推进农村土地“三权分置”改革，开辟农业发展新境界。

（二）落实“三权分置”，释放农村土地新活力

三权分置，即农村土地的所有权、承包权、经营权“三权”分置。土地是农民最重要的生产资料，农地制度改革是促进农业发展、农民增收的强大动力。按照“确权、赋能、搞活”的思路，积极稳步推进各项农村土地制度改革，落实集体所有权、稳定农户承包权、放活土地经营权，实现“三权分置”，进一步放开土地对农民的束缚，让沉睡的农村土地资产“活”起来。实践证明，这种做法一方面有助于集约化、规模化利用土地，实现农业现代化经营；另一方面，农民的承包权不变，只是把经营权流转出去，可进一步释放农村劳动力的活力和积极性。此外，更大的利好是经营权可抵押贷款。

（三）发挥政府的主导作用，培育新型经营主体

加快新型农业企业的培育，鼓励和支持家庭农场、专业合作社、协会、龙头企业、农业社会服务组织和工商企业，开展各种形式的农村产业整合和发展。鼓励新的业务实体探索整合模式，创新商业模式，培育知名品牌。政府为新型农业企业提供商业登记、土地使用、品牌认证、融资租赁服务，制定相应的税费政策。通过发展新的农业管理实体，促进农业产业的发展，进一步促进农民收入的稳步增长。政府应该创造一个良好的培训市场环境：一是完善新型农民专业培训的法律法规，为新型职业农民的培训提供制度保障；二是建立各种培训体系机制，包括组织支持系统、信息网络系统、财务支持系统以及激励和监督机制等；三是制定和完善新的

农民专业培训证书制度，探索农业许可证制度的推广与享受农业的优惠政策有机衔接；四是控制和净化培训市场，加强培训机构的资格审查，严厉打击在培训的旗帜下欺骗农民的行为。

（四）发展农业产业化，促进一二三产业融合

农业产业化为农村一二三产业融合发展奠定了基础，为农民分享农村产业一体化增值收入建立了有效渠道。涪陵的农业产业化有必要积极利用“互联网+”平台，鼓励支持农产品通过互联网进行销售，实现原产地、流通和市场的有效对接。三产融合应引入历史、文化、民族和现代元素，大力发展各种形式的创意农业、园林农业、休闲观光农业、农家乐；支持农村电子商务的发展，鼓励新的企业实体积极利用互联网和物联网技术，为特色产业、农产品、生产生活资料提供生产、供应和销售服务。大力开展农产品精细加工，提高农产品附加值。尤其是完善利益联动机制，推进土地经营权产业化试点，支持龙头企业转型升级，推进“一村一品”强村富民工程，在贫困村实施“一村一产”产业促进行动。

（五）提档升级现代农业园区，引领全区现代农业发展

根据区域资源优势和产业特点，着眼于发展高产、优质、高效、生态、安全农业的总体要求，高起点、高标准建设规模化、机械化、标准化、产业化的新型现代农业示范区。加快推动从传统农业向现代农业转变，提高优势农产品综合生产能力、保障粮食等主要农产品有效供给发挥重要作用。坚持以“产业立园，高标准建园和以企业为龙头、农民为主体兴园”的发展思路，围绕建设国家级现代农业示范区的总体目标，重点打造重庆涪陵国家农业科技园区，推动南沱、龙潭、义和、龙桥等市级现代农业园区提档升级，使之成为现代农业生产与新型农业产业培育的样板区、农业科技成果和现代农业装备应用的展示区、智慧农业的示范区、农业功能拓展的先行区和农民接受新知识新技术的培训基地，引领全区现代农业发展。

第六章 第二产业经济地理

涪陵能源资源和矿产资源十分丰富，发展第二产业具有得天独厚的条件。涪陵第二产业基础较好，具有发展现代工业的有利条件。经过“抗战”时期、“三线建设”、重庆直辖的几次发展高潮，涪陵的第二产业得到更快的发展和调整，建立起工业门类比较齐全的具有一定特色的工业基地。在我国生产力布局的重大战略转移中，已经逐步形成化工化纤、食品医药、重要材料、装备制造、电子信息和清洁能源六大支柱产业。

第一节 禀赋条件

一、涪陵第二产业资源禀赋与分布

（一）资源禀赋

第二产业资源禀赋，主要指与本地域相关的自然资源、人力资源、社会资源。自然资源指天然存在（不包括人类加工制造的原材料）并有利用价值的自然物，如土地、矿藏、水利、生物、气候、海洋等资源。自然资源是生产的原料来源和布局场所。自然资源是第二产业发展不可或缺的物质基础和重要条件，一方面，能降低原材料及燃料要素成本；另一方面，能提高地区收入水平，扩大消费，形成产品需求，刺激产业发展。在工业发展初期阶段，人们通常顺应自然环境条件与利用自然资源以发展经济，自然资源禀赋往往起主导作用，地方产业和产品结构遵循地域自然资源的特征并构成地方产业聚集的初始条件。运输成本的降低导致自然资源流动性增强，在某种程度上能弥补地域自然资源禀赋的短缺。人力资源指企业家与专业劳动力群体，企业家与专业劳动力群体具备相关的技术、知识、产品、劳动力等要素资源。社会资源包括历史与文化等社会环境因素，社会资源为地方产业集聚提供相应的组织资源。企业家创业的区位选择，不仅考虑企业和产业的发展环境，还需考虑可利用的社会环境。随着产业的发展，自然资源特色向知识、劳动力、技术等特色延伸，地域人力资源和社会资源禀赋的作用增强。

涪陵区自然资源丰富，主要体现在：一是矿产资源品种多，储量大，区境内主要有页岩气、煤、天然气、石灰石、泥岩、砂岩、硅质岩、硫铁矿、铁矿、砂金、铝土矿等矿产资源。二是水能资源蕴藏量比较丰富，境内长江流程 77 公里，乌江流程 33 公里。

涪陵工业消费结构以原煤、电力、天然气、石油为主，“十二五”以来，涪陵能源发展建设实现快速发展，确保了涪陵工业稳步增长，能源设施供应能力、运行保障能力大幅提升，能源惠民、结构调整、节能减排和优化发展环境成效显著，为涪陵第二产业发展奠定了坚实基础。

煤炭供给：2013—2017 年，发展涪陵区规模以上工业原煤消费总量分别为 119.04 万吨、175.88 万吨、189.88 万吨、227.74 万吨、254.31 万吨，年均增长率 20.9%。

电力供给：2013—2017 年，发展涪陵区规模以上工业电力消费总量分别为 54.13 亿千瓦时、50.69 亿千瓦时、57.16 亿千瓦时、58.54 亿千瓦时、61.00 亿千瓦时，年均增长率 3%。

天然气供给：2013—2017 年，发展涪陵区规模以上工业天然气消费总量分别为 11.6 亿立方米、12.61 亿立方米、14.87 亿立方米、15.17 亿立方米、16.24 亿立方米，年均增长率 8.8%。

成品油供给：2013—2017 年，发展涪陵区规模以上工业成品油消费总量分别为 10729 吨、11235 吨、12574 吨、12301 吨、12925 吨，年均增长率 4.8%。

页岩气供给：2017 年，涪陵页岩气累计产气 60.04 亿立方米，销售 57.64 亿立方米。涪陵页岩气田累计探明储量 6008.14 亿立方米，被国土资源部评审认定为全球除北美之外最大的页岩气田。

（二）涪陵第二产业的分布

1. 第二产业概况

从历史进程看，涪陵历来是重庆工业重镇。涪陵现代工业始于清末，至民国初期，采煤、冶铁、织布、制革、榨菜等产业得到较大发展。抗日战争时期，工业、手工业得到一定发展，至1945年有工厂20余家，主要分布在炼油、轻化工、机械、电力、粮食加工等行业。20世纪50年代，开始在榨菜加工、电力、肥料等行业建立和发展国营企业，在铁器、木器等手工业行业建立生产合作社，并陆续调整生产结构和布局。60年代，海陵内燃机配件厂、化油器厂、川东造船厂、国营建新化工机械厂（国营816工厂）等“三线建设”企业纷纷落户涪陵建厂，促进了地方工业的发展，奠定了涪陵现代工业的基础。1983年，涪陵工业总产值超过农业总产值。到1985年，形成了以榨菜为龙头的食品工业，以内燃机配件为主的机械工业，以化肥、化工产品为主的化工工业，以民用船舶为主的造船工业，以水泥及其制品为主的建材工业，以麻纺、丝织为主的纺织工业，以水电为主的能源工业等7个骨干行业，兼有能源、冶金、缝纫、皮革、造船等地方工业体系。2017年，涪陵有17家工业企业纳入重庆市100家重点工业企业，位列全市第二。涪陵已形成食品医药、重要材料、清洁能源、化工化纤、装备制造、电子信息六大支柱产业和页岩气、新能源汽车及智能汽车、新一代信息技术、MDI下游及化工新材料、节能环保、生物医药及生命健康产业六大新兴产业。

从产值看，2017年实现工业增加值508.02亿元，比上年增长11.4%。2017年规模以上工业企业265户，实现工业增加值492.72亿元，比上年增长11%，工业对地区生产总值增长的贡献率达到61%。从表6-1可以看出，近5年涪陵第二产业增加值占地区生产总值的比重基本维持在60%。从横向比较看，2017年，涪陵规模以上工业增加值总量居全市第二位、渝西片区第一位，占全市比重为8.1%。

表6-1　涪陵第二产业基本情况（2013—2017年）

单位：万元

年份	第二产业增加值			地区生产总值（GDP）	第二产业占比（%）
	小计	工业	建筑业		
2013	4314157	3802246	511911	6900374	62.5
2014	4660970	4054369	606601	7574764	61.5
2015	4932925	4237351	695574	8131946	60.7
2016	5386658	4576080	810578	8962164	60.1
2017	6048192	5080194	967998	9922417	61.0

资料来源：《涪陵统计年鉴2018》。

2. 第二产业结构特点

（1）工业企业规模不断扩大，规模结构日趋集中

2012—2017 年，全区工业企业单位由 1418 个扩大到 1897 个，大型企业、中型企业分别由 12 个、30 个扩大到 14 个、38 个。其中，规模以上工业企业单位由 148 个扩大到 259 个。2012—2017 年，规模以上工业企业增加值占全部工业增加值比重由 89.7%扩大到 97.0%。涪陵工业增加值及分组见表 6-2 所示。

表 6-2　　涪陵工业增加值及分组（2012—2017 年）

单位：亿元

指标	2012 年	2013 年	2014 年	2015 年	2016 年	2017 年
全部工业增加值	343.46	380.22	405.44	423.74	457.61	508.02
一、规模以上工业企业增加值	308.20	339.22	370.38	411.50	444.42	492.72
（一）按轻重工业分						
1. 轻工业	70.30	83.84	105.15	131.10	128.91	166.40
轻工业占比（%）	23	25	28	32	29	34
2. 重工业	237.9	255.38	265.23	280.4	315.51	326.32
重工业占比（%）	77	75	72	68	71	66
（二）按企业规模分						
1. 大型企业	126.32	165.47	164.19	183.09	190.44	155.36
2. 中型企业	119.39	105.79	121.78	108.86	111.84	138.21
3. 小型企业	62.48	67.97	84.41	119.55	142.14	199.15
二、规模以下工业增加值	35.26	41.00	35.05	12.24	13.20	15.30

资料来源：《涪陵统计年鉴 2018》。

（2）六大支柱产业优势明显，六大新兴产业增长强劲

六大支柱产业优化发展。“十二五”期间，食品医药、装备制造、重要材料、化工化纤、电子信息、清结能源等六大支柱产业对全区工业经济形成有力支撑，产业构成分别优化为 27.6%、13.0%、25.8%、11.0%、5.8%、16.7%。2017 年，六大支柱产业中规模以上工业企业 194 户，实现工业总产值 1383.78 亿元，占全区规模以上工业企业总产值的 92%。

六大新兴产业催生增量，产业结构逐步优化，优势产业发展快、新兴产业势头好，占比继续提高。2017 年，全区六大新兴产业强劲增长，全年

完成规模以上工业产值450亿元，同比增长25%。

（3）重点工业产品生产形势较好，提质增效成效明显

重点工业产品生产形势较好。全区规模以上工业企业主要产品产量增长较快，尤其是钢薄板、塑料制品、发电量、页岩气等产品产量增速较快（见表6-3）。品牌建设成效显著。全区有5个中国名牌产品，2013—2017年，涪陵共有42个产品获得重庆市名牌产品称号。重庆三爱海陵实业有限责任公司的重庆名牌进排气门（主要为汽车发动机气门）远销海外，产量全国第一、全球第三；重庆烟草工业有限责任公司涪陵卷烟厂建成一条专属“天子”系列卷烟产品的专属生产线，为全国5条专属生产线之一；重庆市涪陵三海兰陵有限责任公司的药用丁基橡胶瓶塞远销国内外，市场占有率约为全国的30%；重庆市仓兴达科技有限公司小型无人机用电机市场占有率约为全国的30%，排名全国第一，品牌效应不断增强。

表6-3　涪陵规模以上工业企业主要产品产量（2013—2017年）

主要工业产品	2013年	2014年	2015年	2016年	2017年
页岩气（亿立方米）	—	11.46	31.67	50.37	60.04
发电量（万千瓦时）	12.38	21.21	27.24	30.93	32.40
化肥（折纯）（万吨）	132.75	129.41	126.07	106.07	98.04
乙二酸（万吨）	—	—	26.91	30.45	36.65
卷烟（万标箱）	37.00	37.00	32.80	26.89	28.05
电解铝（万吨）	22.50	19.75	22.17	17.06	21.55
塑料制品（万吨）	8.36	11.73	12.99	16.68	25.46
合成纤维聚合物（万吨）	45.82	5.85	—	—	77.09
钢薄板（万吨）	0.77	364.11	455.24	506.54	364.55
水泥（万吨）	341.01	322.00	262.28	269.91	315.07
中成药（万吨）	3.78	4.14	4.91	5.28	6.66
软饮料（万吨）	28.17	23.49	20.86	19.71	18.86
商品混凝土（万吨）	298.31	631.89	722.52	773.90	496.80
烧碱（万吨）	15.70	14.35	14.85	14.68	16.76
硫酸（折算成100%）（万吨）	129.65	115.92	122.69	106.81	98.80
医药瓶塞（万只）	217.33	367.29	418.02	420.89	22.21
变压器（万千伏安）	809.91	792.00	1784.00	1607.07	1236.41
合成氨（万吨）	98.95	111.97	109.59	99.12	105.45
汽车（万辆）	—	—	—	9.59	8.59

资料来源：《涪陵统计年鉴2018》。

工业质量效益稳步提升。2017 年，规模以上工业企业实现利润 107.86 亿元，比 2013 年增长 64.04%。其中，石油和天然气开采业、汽车制造业、黑色金属冶炼及压延加工业、医药制造业分别实现利润 26.77 亿元、15.21 亿元、6.08 亿元、6.02 亿元；规模以上工业企业亏损面 10.8%，比 2013 年下降 1.7 个百分点；规模以上工业企业全员劳动生产率 63.43 万元/人，同比增长 18.6 个百分点；万元工业增加值能耗下降 0.63%；新增国家级绿色工厂 3 个；新增中国驰名商标 1 件、市级名牌产品 9 个、市级知名产品 4 个，提质增效成效明显。

（4）招商引资成效显著，投资结构不断优化

2017 年，累计完成工业投资 371.32 亿元，占全区固定资产投资总额的 46.4%。2013—2017 年年均增长 18%。从招商引资实际到位资金来看，2013—2017 年，每年招商引资实际到位资金总额都超过 100 亿元。从投资结构来看，船舶、黑色金属投资占比逐年下降，汽车制造业投资快速发展，投资结构日趋完善。2013 年前汽车制造业投资基本为零，2017 年汽车制造业投资额 62.43 亿元，占工业投资额的 16.8%。

（5）研发投入大幅提高，创新成果不断涌现

2017 年，全区 256 家规模以上工业企业有 R&D 活动单位 60 家。规模以上工业企业 R&D 支出 15.6 亿元，同比增长 20.3%。企业研发投入的不断增强，对企业发展和产品创新起到很大的推动作用。2017 年，规模以上工业企业新产品产值 500.84 亿元，专利申请数 656 件，同比增长 28.6%（见表 6-4）。

表 6-4　规模以上及大中型工业企业 R&D 主要指标

指标名称	规模以上工业企业		大中型工业企业	
	2016 年	2017 年	2016 年	2017 年
一、企业基本情况单位数（个）	262	256	54	51
其中：有 R&D 活动（个）	43	60	24	28
有研发机构（个）	47	96	17	30
二、R&D 活动人员情况 R&D 人员合计（人）	2485	3378	2133	2824

续表

指标名称	规模以上工业企业		大中型工业企业	
	2016 年	2017 年	2016 年	2017 年
三、R&D 活动经费支出情况				
（一）内部支出情况（万元）	125123	148070	100150	113832
其中：经常费支出（万元）	90339	121100	68666	89832
资产性支出（万元）	34783	26970	31485	24000
（二）外部支出情况（万元）	7283	4287	5340	2770
四、全部 R&D 项目情况				
项目数（项）	229	345	156	229
项目经费内部支出（万元）	98442	147957	72519	113742
五、自主知识产权情况				
专利申请数（件）	510	656	2262	282
其中：发明专利（件）	142	179	44	57
有效发明专利数（件）	179	208	108	102

资料来源：《涪陵统计年鉴 2018》。

（6）建筑业建设稳步推进，支柱产业地位更加稳固

2017 年，在涪陵注册的有资质的建筑企业 153 家，实现产值 476.78 亿元，比上年增长 6.9%。按在地统计原则核算，在地建筑业总产值 452.53 亿元，比上年增长 22.4%；实现建筑业增加值 96.80 亿元，比上年增长 11.7%，占 GDP 的 9.8%。2017 年，建筑业完成地方税收 6.8 亿元，占全区地方税收的 14%，建筑业支柱产业地位更加稳固。

二、涪陵工业园区的分布现状

工业园区是培育发展产业集群、实现工业又好又快发展的主要载体。涪陵通过引导工业向园区集中、产业向园区集聚、企业向园区集结、要素向园区倾斜，深入实施“四园齐进”“千亿园区、百亿企业”的发展战略，提高工业园区化、集群化、高新化发展水平，逐步形成了李渡工业园区、龙桥工业园区、白涛化工园区、清溪再生有色金属特色产业园区四大工业园区格局。工业集群效应更加明显：2017 年，四大工业园区规模以上工业企业单位数达到 122 户，占全区规模以上工业企业单位总数的 46%。在规模以上工业企业数量不断增多的同时，经济总量也连续迈上新台阶。工业

总产值由2013年的830.38亿元攀升至2017年的1302.11亿元，年均增长11.9%。四大工业园区是涪陵规模以上工业总产值从500亿元到1000亿元再到1500亿元的主拉动力，是涪陵工业发展的新引擎（见表6-5）。

表6-5　四大工业园区主要统计指标（2013—2017年）

指标名称	2013年	2014年	2015年	2016年	2017年
一、规模以上企业数（个）	99	105	97	115	122
规模以上企业数占比（%）	64.3	65.2	36.2	42.4	46.0
二、规模以上工业企业总产值（亿元）	830.38	932.39	1088.79	1276.77	1302.11
规模以上工业企业总产值占比（%）	82.9	79.0	77.4	79.0	86.8
三、固定资产投资（亿元）	233.99	365.55	232.15	318.91	355.76
固定资产投资占比（%）	46.7	63.2	34.6	40.4	44.4
四、工业投资（亿元）	155.75	282.24	160.06	198.03	255.99
工业投资占比（%）	80.4	91.8	49.7	58.6	68.9

资料来源：根据历年涪陵统计年鉴整理。

（一）李渡工业园区

李渡工业园区位于涪陵新区。涪陵新区地处重庆主城连接两翼的战略支点，距重庆主城80公里，距涪陵老城区8公里。近年来，涪陵新区以“产城融合高地、绿色宜居新区”的发展理念为引导，遵循“以产促城、产城联动”的建设思路，城市规划面积65平方公里，以涞滩河为天然分界线，河东为城市集聚区，规划面积45平方公里；河西为产业集聚区，即李渡工业园区，规划面积20平方公里，是国家新型工业化产业示范基地，是长江经济带国家级转型升级示范开发区，是重庆市“十强工业园区”。

1. 基础设施建设

园区城市基础设施不断完善。相继建成聚龙大道、聚贤大道、聚业大道、聚源大道、太白大道、太乙大道、鹤凤大道、学府路等城市主干主次干道约70公里，初步形成“四横五纵”骨干道路网络，辖区内各片区全部实现连接贯通。已形成“一轴、四中心、五组团”的城市建设格局：“一轴”，即沿太白大道形成城市发展轴；“四中心”，即高铁枢纽中心、中央商务中心、科教文体中心、市民服务中心四大城市主要功能区；“五组团”，即双溪组团、玉屏组团、太乙组团、马鞍组团、两桂组团。

李渡工业园区交通区位优势明显，境内渝涪高速、沿江高速、重庆外环高速交会贯通，沪蓉高铁、渝怀铁路、涪南铁路掠境而过，毗邻黄旗集装箱码头，特别是沪蓉高铁和长江黄金水道，使涪陵新区成为“长江经济带”的重要产业集聚区。园区人力资源十分丰富，长江师范学院坐落于此，多家职业技术学校在此集聚。

2. 产业布局

园区自2007年大规模开发建设以来，着力发展“装备制造（汽车）、医药食品、电子信息、材料”四大支柱产业，已形成“一区四园”的产业发展格局。“一区”，即现代服务产业区，集总部经济、研发设计、产品检测、技术服务等于一体；“四园”，即装备制造产业园（汽车）、医药食品园、电子信息园、材料产业园，主要龙头企业有华晨鑫源、华兰生物、江森自控、川东船舶、太极集团、葵花药业、涪陵卷烟厂、涪陵榨菜、华通电脑、万达薄板等，产业之间呈互相联系、互相补充的态势，集群规模发展效应凸显。2017年规模以上工业企业66家，实现工业总产值836.38亿元（见表6-6）。

表6-6　李渡工业园区主要统计指标

指标名称	2013年	2014年	2015年	2016年	2017年
一、规模以上企业数（个）	62	65	49	63·	66
二、规模以上工业企业总产值（亿元）	534.69	660.90	789.46	928.29	836.38
三、固定资产投资（亿元）	158.62	280.73	153.27	211.64	245.19

资料来源：根据历年涪陵统计年鉴和涪陵年鉴整理。

（二）龙桥工业园区

龙桥工业园区位于涪陵主城区西部，与新城区隔江相望，距离重庆主城区65公里，规划面积30平方公里，包括龙桥街道、石沱镇和新妙镇。

1. 基础设施建设

园区基础设施建设不断完善。曾银大道及PTA连接道路、南浦大道、汤龙路、郭家路等园区主要道路建成通车。水、电配套，保障性住房、消防特勤站、污水处理厂、环保应急指挥中心、工业固废场和园区综合服务楼建成投用。园区拥有高速公路、铁路和深水良港龙头港等便利交通条件，综合交通枢纽框架全面形成。

2. 产业布局

园区已形成“化纤纺织、石油化工、临港工贸”三大主导产业，食品医药产业初见端倪。园区由“一园四组团”组成：“一园”，即龙头港现代物流园。“四组团”，即南岸浦组团，以化纤纺织、医药食品为主导产业；石塔组团，以临港工贸为主导产业；石沱组团和新妙组团，以石油化工为主导产业。主要龙头企业有蓬威石化、龙海石化、钢龙渝东国际工贸物流商城、太极集团等。2017 年规模以上工业企业 31 家，实现工业总产值 137. 73 亿元（见表 6-7）。

表 6-7　龙桥工业园区主要统计指标

指标名称	2013 年	2014 年	2015 年	2016 年	2017 年
一、规模以上企业数（个）	21	22	28	28	31
二、规模以上工业企业总产值（亿元）	123. 35	77. 17	82. 48	82. 37	137. 73
三、固定资产投资（亿元）	31. 20	26. 48	20. 81	31. 01	32. 52

资料来源：根据历年涪陵统计年鉴和涪陵年鉴整理。

（三）白涛化工园区

白涛化工园区位于重庆市涪陵区白涛街道，距重庆主城区 100 余公里、距涪陵城区 20 公里，规划面积 15 平方公里，是重庆市政府规划建设的三大化工园区之一。

1. 基础设施建设

白涛化工园区拥有较好的基础设施保障。乌江水道、渝怀铁路、国道 319 线贯穿园区，华峰大道、化医大道、石化大道、武陵大道等园区主要道路相继完工。具有配气站、污水管网、消防特勤站、应急指挥中心等工业配套设施。

2. 产业布局

2007 年园区成立以来，逐步形成了“聚氨酯及聚酰胺、化医、页岩气深加工”三大主导产业以及“天然气化工、聚酰胺和聚氨酯、氯碱化工、高分子、氟硅化工、电子化学品和光伏、煤化工、碳四建工”八大产业区。现有建峰集团、天原化工、华峰化工、华峰重庆氨纶等工业企业。2017 年规模以上工业企业 17 家，实现工业总产值 198. 11 亿元（见表 6-8）。

表 6-8　白涛化工园区主要统计指标

指标名称	2013 年	2014 年	2015 年	2016 年	2017 年
一、规模以上企业数（个）	10	12	14	16	17
二、规模以上工业企业总产值（亿元）	77.68	97.84	116.02	143.32	198.11
三、固定资产投资（亿元）	33.28	33.15	30.08	44.92	50.54

资料来源：根据历年涪陵统计年鉴和涪陵年鉴整理。

（四）清溪再生有色金属特色产业园区

涪陵清溪再生有色金属特色产业园区是 2011 年涪陵区委、区政府在清溪已有铝产业发展和积淀基础上，抢抓发展机遇、科学决策催生的产物。园区位于涪陵城区东北部的清溪镇，距重庆主城区 100 公里左右，距涪陵城区 15 公里，规划面积 10 平方公里。园区分 3 个空间布局：一是 2012 年以前以东升、腾泰为代表的沿 S103 涪丰南路至清溪场镇 1 平方公里现状建成区；二是从 2012 年开始的以万丰轮毂为代表的 2.16 平方公里规划启动区；三是沿涪丰高速南沱互通园区连接道分布的规划拓展区。

1. 基础设施建设

基础设施日趋完善。园区成立以来，建成南沱高速互通园区连接道、万丰路等主干道，建成日处理 5000 吨污水处理厂 1 座，建成安置房 100000 平方米，安置拆迁户 2212 人，建成四合燃气配气站、聚龙电力平原变电站，完成清溪自来水厂改造和绩麻河河道整治。水、电、气等配套设施建设逐步完善。

2. 产业布局

园区成立以来，注重铝行业的产业化、集群化的规划和引进，夯实上游产品基础、搭建行业平台，同时积极引进铜产业入驻。园区拥有形成较为完善产业链的产业集群，初步形成了以电解铝为龙头，由地方自备电网、以电解铝为龙头、阳极碳素为配套原料，板锭、合金铝、汽车铝轮毂、铝型材和电工圆铝杆为产业链的特色工业园区。2017 年，园区形成了 8 万吨电解铝、11 万吨阳极炭素、12 万吨大板锭、1.2 万吨铝型材、3 万吨合金棒、10 万吨合金铝、1 万吨电工圆铝杆、300 万件汽车铝轮毂、20 万吨刚玉、50 万吨铁合金的产能。2017 年规模以上工业企业 8 家，实现工业总产值 129.88 亿元（见表 6-9）。

表 6-9　清溪再生有色金属特色产业园区主要统计指标

指标名称	2013 年	2014 年	2015 年	2016 年	2017 年
一、规模以上企业数（个）	6	6	6	8	8
二、规模以上工业企业总产值（亿元）	94.66	96.48	100.83	122.79	129.88
三、固定资产投资（亿元）	10.89	25.19	27.99	31.35	27.52

资料来源：根据历年涪陵统计年鉴和涪陵年鉴整理。

第二节　化工化纤的生产与布局

化学工业是国民经济重要的基础产业，经济规模大，产业关联度高，产品广泛应用于汽车、装备、轻工、纺织、建材等各行业领域；化纤工业是纺织工业整体竞争力提升的重要支柱产业，也是战略性新兴产业的重要组成部分。经过 60 多年的发展，化工化纤产业已成为涪陵区六大支柱产业之一。

一、化工原料供给与布局

涪陵区化工矿产资源较为丰富，主要有煤、天然气、页岩气、石灰岩、硫酸铁等化工矿产资源（见表 6-10）。煤、天然气、页岩气等可作为化工原料的燃料矿物；石灰岩可作为制取电石和纯碱的原料；硫铁矿是制取硫酸的主要原料；铝土矿是生产金属铝的主要原料，同时也是提取氧化铝的原料之一；方解石可用于塑料、纺织、冶金工业等。

表 6-10　涪陵主要化工矿产资源储量

矿产名称	矿区数（个）	储量	基础储量	资源量	查明资源储量
煤（万吨）	13	—	1837	—	1837
石灰岩（万吨）	16	2767	239768	27076	266844
砂岩（万吨）	7	229	568	8548	9116
铁（万吨）	10	—	1956	501	2457
铝土矿（万吨）	2	—	—	204	204
方解石（万吨）	2	—	—	150	150
硫铁矿（万吨）	2	—	—	240	240
金（砂金，粒/千克）	1	—	—	5~22	5~22
天然气（亿立方米）	—	—	—	13.5	13.5

资料来源：涪陵区国土资源局提供。

二、化工化纤产业的结构与布局

（一）化工化纤产业历史发展

涪陵古代产松烟、蓝靛。民国年间出现火柴、肥皂、炼油、松香提炼等近现代化工行业。据 1945 年统计，涪陵县有火柴厂 4 家、皂烛厂 1 家、炼油厂 9 家、其他化工业 1 家。20 世纪 60 至 70 年代，兴起塑料、化肥等行业，到 1985 年，涪陵共有氮肥、磷肥、塑料制品、火柴、肥皂等乡级及以上化工企业 30 个，产值 3243 万元。20 世纪 90 年代，涪陵火柴厂、肥皂企业相继停办转产，而以涪陵地区磷肥厂、涪陵县磷肥厂、涪陵联合磷肥厂、涪陵新丰化肥厂为代表的化肥企业先后两次合并后，于 1991 年组建涪陵地区化学工业公司。进入 21 世纪，特别是 2005 年以来，化工化纤产业迎来新发展，先后引进蓬威石化、龙海石化、建峰工业集团、华峰化工、华峰重庆氨纶、天原化工等企业，化工化纤产品丰富多样、产业链初步形成、布局渐趋合理。

（二）化工化纤产业布局现状

涪陵化工化纤产业主要分布在白涛化工园区和龙桥工业园区。2017 年，化工化纤产业规模以上企业 15 家，产值 245.99 亿元。涪陵化工化纤企业主要产品构成见表 6-11。

表 6-11　涪陵化工化纤企业主要产品构成

企业名称	主要产品
蓬威石化	苯二甲酸（PTA）
天原化工	离子膜烧碱（溶液）、隔膜烧碱（溶液）、片碱、液氯、二氯甲烷、三氯甲烷、三氯氢硅、氯乙酸、盐酸、次氯酸钠
重庆华峰	己二酸、氨纶、聚氨酯树脂
建峰化工	三聚氰胺、合成氨、尿素、一四丁二醇、聚四氢呋喃
建峰浩康	甲醛、六羟甲基三聚氰胺、醚化蜜胺树脂、丙烯酸酯橡胶
能通公司	硫酸铵、石膏、脱盐水
新氟科技	聚全氟乙丙烯（FEP）树脂、联产 FEP 乳液、聚四氟乙烯（PTFE）分散细粉树脂
中化涪陵	碳铵（碳酸氢铵）、磷酸一铵、磷酸二铵、复合肥、尿素、磷酸二氢钾、水溶肥、普通过磷酸钙、工业磷铵、硫酸铵、精细磷酸盐、合成氨、石膏制品

资料来源：根据各企业网站资料整理。

1. 化肥工业

涪陵化肥工业主要生产氮肥、磷肥、复合肥（见表 6-12），代表企业主要是中化重庆涪陵化工有限公司（简称“中化涪陵”）和重庆建峰化工股份有限公司化肥分公司（简称“建峰化肥”）。中化涪陵是以生产高浓度磷复合肥为主的现代化大型化肥生产企业，是中国中化集团公司成员企业。建峰化肥是重庆市唯一大型氮肥企业。

表 6-12　涪陵区主要化肥产品产量（2013—2017 年）

产品	2013 年	2014 年	2015 年	2016 年	2017 年
化肥（折纯）	132.75	129.41	126.07	106.07	98.04
其中：氮肥	57.96	88.16	80.99	68.13	64.25
磷肥	44.48	40.90	44.96	37.89	33.55
磷酸铵肥	94.72	86.56	95.96	80.67	72.07
合成氨	98.95	111.97	109.59	99.12	105.45

资料来源：《涪陵统计年鉴 2018》。

涪陵区氮肥主要有尿素、碳铵、硫酸铵等品种。其中，尿素主要产自建峰化肥和中化涪陵，中化涪陵年产 30 万吨，建峰化肥拥有两套大化肥装置，采用意大利斯那姆尿素和荷兰 Stamicarbon 公司改良型二氧化碳汽提工艺，年产 135 万吨；碳铵（碳酸氢铵）主要产自中化涪陵，年产量 10 万吨；合成氨是生产氮肥的主要原料，主要产自建峰化肥和中化涪陵，中化涪陵年产 20 万吨，建峰化肥采用美国布朗合成氨工艺，年产 75 万吨。

磷肥主要产自中化涪陵，主要有普通过磷酸钙（普钙）、磷酸一铵、磷酸二铵等品种，年产量分别为 10 万吨、70 万吨、35 万吨。

涪陵区复合肥主要有磷酸二氢钾、水溶肥、磷酸铵（磷铵）等品种。主要产自中化涪陵，其磷酸二氢钾和水溶肥年产量 5 万吨，硫酸作为磷复合肥的中间产品，中化涪陵年产 135 万吨。

涪陵化肥工业在产品研发、技术创新等方面成效显著。中化涪陵以稀磷酸和磷铵二厂压滤酸为原料，克服成品水分难以达到 0.5%以下、生产现场粉尘大等技术难题，成功生产出合格的 64%消防专用粉状磷铵，同时，聚磷酸铵液体肥试车成功。

2. 氯碱工业

氯碱工业是传统的化学工业之一，它所联产的主要产品包括烧碱（氢氧化钠)、聚氯乙烯（PVC）、氯气、氢气等。这些产品及其相关产品广泛用于造纸、柔革、纺织、医药、农药、肥皂、石油、印染和其他工业部门。

涪陵氯碱工业主要产品有烧碱、氯气，代表企业为位于白涛化工园区的重庆天原化工有限公司，其烧碱产品有离子膜烧碱（溶液）和隔膜烧碱（溶液），公司目前已形成18万吨/年烧碱能力，2013—2017年公司年产烧碱产量分别为15.70万吨、14.35万吨、14.85万吨、14.68万吨、16.76万吨；氯气产品有液氯，年生产能力6万吨；氯碱相关产品有氯乙酸、三氯氢硅、次氯酸钠、四氯乙烯、甲烷氯化物、盐酸等，年生产能力分别为0.5万吨、2.5万吨、50万吨、1.5万吨、8万吨、21万吨。

3. 石油化学工业

石油化学工业简称石油化工，是生产石油产品和石油化工产品的加工工业，是化学工业的重要组成部分，在国民经济中起着重要作用。

涪陵区石油化学工业分布在龙桥工业园区。代表企业为重庆市蓬威石化有限责任公司，主要产品有苯二甲酸（PTA）、柴油、汽油、液化气等。其中，PTA能广泛运用于化纤、包装、服装、薄膜等领域，PTA的下游延伸产品主要是聚酯纤维。

蓬威石化于2009年正式投产，主营生产精对苯二甲酸（PTA）。2011年，工业总产值超过100亿元，成为涪陵区首个百亿级工业企业，PTA产量100.51万吨。由于价格倒挂，PTA产量由2012年的74.59万吨下降到2013年的45.82万吨，公司于2014年1月停产。2016年底，国内PTA市场开始好转，蓬威石化复产。

4. 聚氨酯上下游

聚氨酯（PU）全称为聚氨基甲酸酯。聚氨酯作为有机合成材料，广泛运用于塑料、泡沫、纤维、涂料、胶黏剂等领域。聚氨酯产业链包含上游原料和下游产品。

涪陵聚氨酯产业链制品包含聚氨酯以及上游的乙二酸（AA）、1,4-丁二醇（BDO）、聚酰胺、聚四氢呋喃和下游的氨纶等，主要分布在白涛化工园区，代表企业有重庆华峰化工有限公司（华峰化工）、华峰重庆氨纶及建峰化工。

聚氨酯：代表企业华峰化工成立于 2010 年，年生产聚氨酯树脂 10 万吨。

乙二酸：乙二酸系聚酯多元醇。代表企业华峰化工已先后完成一期、二期建设，合计年产 36 万吨乙二酸，2017 年乙二酸产量为 36.65 万吨，同比增长 20.4%。

聚酰胺：聚酰胺由乙二酸合成而来，可作为工程塑料与锦纶纤维。

1,4-丁二醇：1,4-丁二醇是一种重要的有机化工和精细化工原料，系聚酯多元醇。代表企业为重庆弛源化工有限公司，成立于 2011 年，是重庆建峰化工股份有限公司的全资子公司，年生产能力 6 万吨。

聚四氢呋喃：聚四氢呋喃是精细化工的主要原材料，主要用于生产氨纶、聚氨酯弹性体、酯醚共聚物等，制成耐磨、耐油、强度高的橡胶等。代表企业为重庆弛源化工有限公司，年生产能力 4.6 万吨。

氨纶：代表企业为华峰重庆氨纶，先后完成一期、二期合计年产 6 万吨差别化氨纶项目，特别是二期 80 头卷绕机生产线成功开车，实现了生产装备和技术的重大突破，华峰氨纶的整体产能达到 11.7 万吨。

5. 三聚氰胺及下游

位于白涛化工园区的建峰化工三聚氰胺分公司，是国内大型三聚氰胺厂商之一。公司拥有两套三聚氰胺装置，并与建峰化工两套尿素装置实现联产，三聚氰胺年生产能力 6 万吨。位于白涛化工园区的重庆建峰浩康化工有限公司，生产有三聚氰胺下游联产产品：甲醛、六羟甲基三聚氰胺及醚化蜜胺树脂，年生产能力分别为 11 万吨、2 万吨、0.5 万吨。建峰化工已形成较为完整的三聚氰胺产业链。

6. 化工新材料

氟材料：位于白涛化工园区的重庆新氟科技有限公司，拥有年产聚全氟乙丙烯（FEP）树脂 2000 吨、联产 FEP 乳液 1000 吨和聚四氟乙烯（PTFE）分散细粉树脂 1500 吨的聚合生产线。

丙烯酸酯：位于白涛化工园区的重庆建峰浩康化工有限公司，拥有 2000 吨/年丙烯酸酯橡胶生产线。

（三）化工化纤产业特点

1. 集群式发展

白涛、龙桥工业园区化工基地已形成规模，初步形成集群式发展的格局。集中布局有利于实现资源的优化配置和充分利用，有利于产品链的扩张与延伸，有利于降低企业生产经营成本，有利于提高环境保护和安全生产水平，有利于显著提高涪陵化工产业的竞争力。

2. 产业集中度高

从涪陵化工化纤总产值构成看，化工化纤产业主要集中在蓬威石化、建峰工业、中化涪陵、天原化工、华峰化工等少数企业。2013—2017 年，这 5 家企业产值合计占化工化纤产业规模以上工业企业产值的比重超过 90%。一方面，产业集中于少数企业，发挥大企业的领头羊作用，有利于形成产业集群效应；另一方面，个别企业可能会影响整个产业的发展，比如蓬威石化 PTA 项目的大幅度减产，导致 2014 年涪陵化工化纤产业总产值较 2011 年减少 58.45 亿元，还导致整个 PTA 下游的化纤产业发展滞后。

（四）化工化纤产业布局优化

1. 优化产业结构

一是改造提升传统产业，鼓励企业实施以原料结构调整、产品结构调整、节能、环保和安全为目的的技术改造；鼓励开发专用复合肥、缓控释肥等适用、新型化肥产品；加快危险化学品企业环保搬迁工作，鼓励企业在搬迁过程中实施转型，生产有市场和有效益的产品。二是发展化工新材料，以 MDI、1,4-丁二醇、己二酸项目发展软硬泡、浆料革等聚氨酯材料，以聚全氟乙丙烯、聚四氟乙烯等发展氟材料，依托 PTA 项目带动聚酯产业，发展瓶片和差别化纤维。三是培育发展精细化工产业，发展具有行业领先地位的精细化工产业。

2. 支持企业创新

一是坚持上下游企业之间通过产业联盟、联合投资等，合作共建共性技术研究机构。二是鼓励企业加大研发投入，开发创新平台，建设一批市级研发机构、创新中心。

3. 优化产业布局

严格化工产业准入，优化产业发展布局，重点发展聚酯、聚酰胺、聚氨酯、氟材料和高性能纤维产业链。围绕 PTA 项目，发展 PTA—聚酯—瓶片/膜片、PTA—聚酯—化纤产业链；完善三聚氰胺下游产品，优化尿素—三聚氰胺—蜜胺树脂产业链；围绕乙二酸、1,4-丁二醇项目，发展聚酯多元醇—聚氨酯—氨纶/硬软泡/浆料/弹性体、聚酯多元醇—聚酰胺—超细纤维产业链；围绕聚全氟乙丙烯、聚四氟乙烯项目，发展聚全氟乙丙烯—工程塑料/薄膜产业链。

第三节　食品医药的生产与布局

食品工业是关系国计民生、有着稳定刚性需求和强大增长潜力的基础性产业和朝阳产业，与农业、商贸流通业关联度大，对促进农业增效、农民增收、扩大就业、繁荣城乡市场作用突出；医药工业也是关系国计民生的重要产业，是融公益性、战略性、竞争性为一体的朝阳产业。食品医药产业是涪陵区传统特色产业，也是涪陵六大支柱产业之一。涪陵已形成烟酒、榨菜、饮料、粮油肉类加工等食品产业门类以及中成药、化学药和生物医药及生命健康等医药产业门类，基本涵盖食品医药产业主要领域。

一、食品产业

（一）食品产业布局现状

食品产业主要分布在李渡工业园区、龙桥工业园区以及部分乡镇街道。2017 年，食品产业规模以上企业数 67 户，产值 261.53 亿元，主要产品及产量为精制食用植物油 52.77 万吨、饮料 18.86 万吨、卷烟 28.1 万标箱。

1. 农副食品加工业

涪陵农副食品加工业有粮食加工、饲料加工、食用植物油加工、肉类加工、蔬菜加工等加工行业。2017 年，涪陵规模以上农副食品加工业实现产值 209.83 亿元，利润总额 17.88 亿元。主要经济指标见表 6-13 所示。

表 6-13 涪陵规模以上农副食品加工业主要经济指标

企业单位数（个）		从业人员（人）		工业增加值（万元）	
2016 年	2017 年	2016 年	2017 年	2016 年	2017 年
57	55	13866	12265	539723	696995

资料来源：《涪陵统计年鉴 2018》。

粮食加工业：涪陵粮食加工业以大米加工业为主，主要分布在大顺乡、龙潭镇。2017 年，粮食加工业规模以上企业 9 家，实现产值 5.02 亿元。

饲料加工业：主要分布在龙桥工业园区、李渡工业园区、龙潭镇。2017 年，饲料加工业规模以上企业 6 家，实现产值 5.05 亿元。

食用植物油加工业：主要分布在李渡工业园区、龙桥工业园区以及蔺市镇。2017 年，食用植物油加工业规模以上企业 4 家，实现产值 53.26 亿元。产值较大的有位于李渡工业园区的道道全重庆粮油公司和位于龙桥工业园区的重庆新涪食品有限公司。道道全重庆粮油公司一期项目于 2012 年 6 月正式投产，拥有 100 吨/日浓香菜籽油压榨生产线，300 吨/日小包装油灌装生产线 3 条、配套建设 19 个油罐（储油能力 19020 吨），二期项目将新增 100 吨/日浓香油压榨线 1 条，200 吨/日小包装油灌装生产线 2 条，600 吨/日全精炼油生产线 1 条、罐区及配套项目的建设。重庆新涪食品有限公司，主要生产 43%、46%和 48%的豆粕，精炼一级大豆油、四级大豆油等，一期项目于 2004 年 4 月投产，加工能力为大豆 3000 吨/日，食用大豆油 8100 吨/年，43%、46%和 48%豆粕约 1 万吨/年。

肉类加工业：主要分布在江东街道、龙桥工业园区、新妙镇、珍溪镇、蔺市镇、李渡街道办事处。2017 年，肉类加工业规模以上企业 6 家，实现产值 16.81 亿元。除位于江东街道的桂楼集团外，其他企业产值不大。桂楼集团前身为成立于 1952 年的涪陵肉类联合加工厂，经过两次改制、一次更名，发展为专业从事生猪养殖、屠宰、肉食品加工、经营和服务的国家级农业产业化重点龙头企业，拥有国家二级标准屠宰厂 1 座，配套 1 条自动化屠宰生产线、1 座 1500 吨冷库、两条分割肉生产线，生产能力为年屠宰生猪 100 万头、牛羊 30 万只，年产分割肉 12000 吨、腌腊品和熟肉制品 2000 吨。桂楼集团旗下有 2 个控股子公司、2 个全资子公司和 10 个规模化猪场。

蔬菜加工业：2017 年，蔬菜加工业规模以上企业 23 家，实现产值 126.03 亿元。涪陵蔬菜加工业以榨菜加工业为主，主要分布在李渡工业园区、江北街道、百胜镇以及珍溪镇。榨菜产业是涪陵传统优势产业，产值较大的有涪陵榨菜集团和辣妹子集团，涪陵榨菜集团公司年生产榨菜、泡菜能力达 20 万吨，是中国农产品深加工 50 强、农业产业化国家重点龙头企业、全国轻工业先进集体、金砖国家领导人厦门会晤食材供应企业；辣妹子集团年生产榨菜能力 5 万吨，是国家级非物质文化遗产保护单位、国家农业产业化重点龙头企业，全国农产品加工业示范企业，国家星火计划示范企业，重庆市农业产业化 30 强龙头企业，重庆市农业综合开发重点龙头企业，重庆市技术创新示范企业。

其他农副产品加工业：主要有葛根加工业、豆制品加工业，产值不高，主要分布在清溪镇。

2. 烟草制造业

涪陵烟草制造业（见表 6-14）集中于重庆烟草工业有限责任公司涪陵卷烟厂。该厂前身是 1964 年组建的涪陵农业机械修理厂，1982 年转产卷烟。原厂址位于涪陵江南城区乌江路 17 号，占地 63 亩。2015 年，涪陵卷烟厂易地技改项目完工并投入运行，标志着涪陵卷烟厂正式退城入园。新厂址位于李渡工业园区，占地面积 528 亩，总投资约 15.7 亿元。已配置 1 条 3000 千克/时“天子”系列卷烟产品专线、1 条 4800 千克/时品牌线、1 条 2000 千克/时梗丝生产线、高速卷接包装机组 15 组以及与之相配套的动力设备，年产卷烟能力 200 亿支（40 万箱）。

表 6-14　涪陵规模以上烟草制造业主要经济指标

企业单位数（个）		从业人员（人）		工业增加值（万元）	
2016 年	2017 年	2016 年	2017 年	2016 年	2017 年
1	1	731	1024	122385	150751

资料来源：《涪陵统计年鉴 2018》。

3. 酒、饮料制造业

涪陵酒类制造业有酿酒制造厂家 30 家。其中，按企业性质划分，有限责任公司 11 家，集体所有制 1 家。这些酿造厂家以酿造白酒为主，多是小而散的手工操作，广泛分布于各个乡镇。2017 年，酒类制造业规模以上企业有3家，即位于李渡工业园区的重庆啤酒涪陵分公司、位于龙桥工业园区的重庆山公主保健食品有限公司和位于蔺市镇的望仙酒业，共实现产值1.43亿元。

涪陵饮料制造业主要分布在龙桥工业园区以及百花路。2017年，饮料制造业规模以上企业3家，实现产值3.31亿元。规模相对较大的是娃哈哈饮料有限公司，由1994年杭州娃哈哈集团兼并原涪陵糖果厂、罐头食品厂、百花三路酒工业公司等3家淹没企业组建而成。

涪陵规模以上酒、饮料制造业主要经济指标见表6-15。

表6-15　涪陵规模以上酒、饮料制造业主要经济指标

企业单位数（个）		从业人员（人）		工业增加值（万元）	
2016年	2017年	2016年	2017年	2016年	2017年
6	6	737	703	13442	16033

资料来源：《涪陵统计年鉴2018》。

（二）食品产业特点

1. 结构调整成效明显，传统优势行业继续领跑

涪陵榨菜产业坚持以市场为导向，以质量为重点，以科技进步为支撑，不断进行产品结构调整。低附加值的高盐产品逐渐被附加值较高的中、低盐产品取代，新增榨菜花色品30多种，并利用青菜头叶、菜尖、盐水开发生产橄榄菜、盐菜、酸菜、榨菜酱油等产品。榨菜产业产量由2010年末的2.2万吨增加到2015年的3.5万吨，销售收入由2010年末的1.2亿元增加到2015年的2.8亿元，总产值由2010年的50亿元增加到2015年的85亿元。

烟草工业作为另一传统优势产业，发展后劲不足。重庆烟草工业有限责任公司涪陵卷烟厂2010—2014年工业产值虽呈不断增长趋势，但增速放缓，由2010年的16.7%下降到2014年的3.8%；2015—2016年产值连续下降，2017年利润总额首次出现负增长。

2. 产业集中度不断提高，龙头企业作用不断加强

“十二五”期间，涪陵食品产业集中度不断提高，龙头企业作用不断加强。2015年，全区榨菜产业化重点龙头企业19家（国家级2家，市级14家，区级3家），占全区榨菜企业总数的48.7%，比2010年末增加5

家，榨菜龙头企业发展群体化效益明显，“涪陵榨菜”“涪陵青菜头”品牌价值分别由2010年末的119.78亿元、11.66亿元提升到2015年的132.93亿元、20.23亿元；“涪陵青菜头”被认定为“重庆市蔬菜第一品牌”。

3. 研发和加工水平较低，产品附加值不高

目前，部分农副食品加工业企业研发和加工水平较低，产品附加值不高，精深加工不足。

二、涪陵医药原材料的供应与布局

涪陵具有临近三峡库区道地中药材产地的区位优势，三峡库区目前已有中草药种植资源5834种，占全国药用植物总数的48%，中药材蕴藏量约160万吨，药材种植面积达90余万亩，是全国主要的中药材产地之一。

2017年，涪陵规模种植中药材，涵盖所有乡镇，中药材种植面积已达1647公顷，总产量2.96万吨。

三、涪陵医药制造业的结构与布局

（一）涪陵医药制造业布局现状

涪陵医药制造业主要分布在城区的太极大道、百花路以及李渡工业园区和龙桥工业园区。2017年，医药制造行业规模以上企业8家，产值104.64亿元，利润6.02亿元（见表6-16）。

表6-16　涪陵规模以上医药制造业主要经济指标

企业单位数（个）		从业人员（人）		工业增加值（万元）	
2016年	2017年	2016年	2017年	2016年	2017年
9	8	7047	5632	417350	354334

资料来源：《涪陵统计年鉴2018》。

1. 生物药品制品业

2017年，涪陵生物药品制品业规模以上企业2家，实现产值6.33亿元。产值较大的是重庆中邦药业（集团）有限公司，生产厂区位于李渡工业园区，厂区占地面积68亩，以农药复配加工为主，是国家农药定点生产企业，国家级高新技术企业。

2. 医药包装业

涪陵医药包装制造业分布在李渡工业园区，规模较大是涪陵三海兰陵公司。公司成立于1998年，占地面积110余亩，专业从事输液、冻干粉针、小水针、采血、中药复方制剂用各类丁基橡胶瓶塞的制造和销售。

3. 生物医药及生命健康业

中成药：涪陵中成药制造业分布在李渡工业园区、龙桥工业园区，有太极集团涪陵制药厂、葵花药业重庆公司、重庆中宝生物制药公司3家中成药制造企业，2017年共实现产值73.37亿元。

太极集团从涪陵的一个濒临倒闭的中药小作坊发展成为目前国内医药产业链最为完整的大型企业集团，成功跻身中国企业500强、中国医药工业10强。太极集团涪陵制药厂是国内知名的大型中药制药企业，主要生产糖浆剂、合剂（含口服液）、滴丸、胶囊剂、软胶囊剂、片剂、颗粒剂等8个剂型近70个品种。现有“石谷溪园区”“南湖园区”“太极医药城A区”“太极医药城B区”四大生产基地。“石谷溪园区”位于百花路8号，以中药前处理加工及提取浓缩生产为主，2013年新建的4号提取车间、9号锅炉的投产运行，将年提取中药材能力由10万吨提升至15万吨，是国内最大的中药材前处理车间和提取浓缩车间。9号锅炉每小时可产生35吨蒸汽，使公司的产汽能力达到95吨/时。“南湖园区”位于太极大道1号，建筑面积近4万平方米，以中药后工序加工和内包材的生产为主。该园区拥有世界一流、国内领先的生产线，包括年产1.5亿瓶的亚洲最大糖浆剂生产线、年产15亿支的国内最大口服液生产线、世界上最先进的塑瓶生产线、加拿大自动数粒分装生产线。2011年以来，太极集团启动“退城入园”迁建技改项目，“园”即“李渡工业园区”和“龙桥工业园区”，在两大园区打造“太极医药城”。“太极医药城A区”项目位于李渡工业园区银滩路1号，总投资约26亿元，占地面积783亩，总建筑面积约40万平方米。其中，一期工程投资约7亿元，主要生产生物制剂、冻干粉针、片剂、中药胶囊剂、丸剂、颗粒剂、口服液等，年产值约100亿元，实现利税约10亿元。“太极医药城B区”位于龙桥工业园区，由药品工业园、包装工业园和健康食品工业园组成。

葵花药业重庆公司主要以生产中成药为主，共有6个剂型29个品种。

葵花药业重庆公司前身是重庆御一药业，1999 年经涪陵区体改委批准成立，地处涪陵四环路，占地面积 80 余亩。2007 年，葵花集团收购重庆御一药业，组建葵花药业重庆公司。2015 年，实现老厂区整体搬迁，新厂位于李渡工业园鹤凤大道 26 号，总投资 2.6 亿元，总建筑面积 5.6 万平方米。

重庆中宝生物制药成立于 2011 年，占地面积 95 亩，位于李渡工业园区，主要从事银杏黄酮提取加工、银杏生物制药等产品的研发、生产及销售。现有生产线年生产纯天然，应用于生产医药口服制剂、注射剂的高端银杏叶提取物 100 吨，软胶囊生产线设计年产 4 亿粒。

化学药：涪陵化学制药分布在龙桥工业园区和马武镇。有重庆常捷医药化工、重庆德庆祥制药 2 家企业，产值不高。重庆常捷医药化工位于龙桥工业园区，主要生产原料药（盐酸乐卡地平）、片剂。重庆德庆祥制药位于马武镇，主要生产抗（抑）菌制剂（液体、凝胶）。

血液制品和疫苗制品：涪陵血液制品和疫苗制品生产集中于华兰生物工程重庆公司，是重庆市唯一一家血液制品生产企业，主要生产血液制品和疫苗制品两大类产品，2007 年在李渡工业园区动工，2012 年正式投产，当年生产人血白蛋白 31.96 万瓶，静注人免疫球蛋白 21.57 万瓶，2013 年成功创建市级企业技术中心，新增人血白蛋白 5g 和破伤风人免疫球蛋白两种产品。

（二）涪陵医药制造业布局特点

1. 具有产业集聚度，已初步形成集群效应

涪陵医药制造业分布在李渡工业园区和龙桥工业园区，其中大部分集中在李渡工业园区。2017 年，涪陵规模以上医药企业 8 家，完成工业总产值 104.64 亿元，占全区规模以上企业总产值的 7%，其中 7 家企业位于李渡工业园区。涪陵医药制造业已初步形成了中成药、化学药、生物制药、医药包装等完善的产业集群。

2. 缺乏产业上下游融合度，没有形成产业链条的优势

在医药制造业中，化学药品具有较强的中间产能，但涪陵制药业缺乏原料和制剂后端链的延伸。此外，药材种植与大品种主要药材之间缺乏有机联系，大型中药材的开发较少。

四、涪陵食品医药产业布局优化

（一）夯实传统中成药产业

一是以大企业为主体，深入开发优质产品，培育大品种和知名品牌，在大企业的带动下，调整中药材种植结构，为正宗药材、散装药材和濒危药材的种植搭建大型基地。二是对中成药上市后进行重新评估，加大中成药的二次开发力度，开展规模化、规范化的临床试验，培育一批具有核心竞争力的品牌药品。三是依托太极工业园区现有的工业技术优势，发展涪陵现代中药产业园，提升中药现代化和创新能力。促进中成药加工能力的集中发展，引导建立以现代中药为基础的专业制药产业园区。

重点培育生物医药产业。《中国制造 2025》将生物医药和高性能医疗器械作为重点发展领域，国家继续把生物医药等战略性新兴产业作为国民经济支柱产业加快培育。涪陵要利用国家产业政策和现有的产业基础，重点培育生物医药产业。一是引导龙头企业发展生物制药，引进龙头企业和生物医药品种，推动研发型企业和机构向生产型企业发展，加快推进在研新药研发及产业化，力争培育形成医药产业新增长点。二是重点支持疫苗、人干扰素、细胞因子、干细胞药物、血液制品等生物技术新药研发和上市。

（二）壮大化学药产业

一是以制剂和原料药为核心，推动仿制药制剂和原料药研发及产业化，提升中间体生产装备和技术水平。二是重点支持市场容量较大的针对心脑血管、消化和代谢系统、病毒感染、神经退行性疾病、呼吸系统等疾病药品的研发和上市。

（三）做精做深果蔬加工业

以现有的榨菜加工业为基础，辐射带动以柑橘、蔬菜、菌类、笋竹、干果等特色果蔬资源供给为依托的果蔬加工业，优化传统的干制、腌制、罐装等加工方法，推动果蔬加工业向精、深、新加工环节延伸。

（四）精准提升烟草制造业

一是优化烟叶种植布局，落实扶持政策，强化源头控制，保障原料安全，引领烟叶向更高水平发展，全面提高烟草生产质量和基地建设水平，确保烟农的利益得到最大程度的保障，烟叶的生产持续稳步发展。二是支持涪陵卷烟厂的长远发展，支持低焦油、低烟碱、低一氧化碳新产品的开发，逐步改善产品结构。

（五）创新优化酒饮制造业

一是深入挖掘涪陵周围的天然山（矿）泉水和特色果蔬资源，重点发展特色果蔬汁饮料、乳制品饮料、植物蛋白饮料、功能性饮料、高端瓶装饮用水等产品。二是优化白酒和啤酒产品结构，提高产品质量和附加值，丰富文化内涵，通过精准营销创造消费热点，扩大白酒和啤酒市场占有率。

（六）优化粮油肉类加工业

一是优化优质粮油基地和加工业布局，完善本地木本油料供给结构，增强现有粮油加工基地和粮油原料供应。重点发展大豆和菜籽油的精炼加工，鼓励开发花生、辣椒、茶树籽等精炼加工产品，促进马铃薯主食产品的产业化发展。二是进一步整合区域内外资源，扩大产品供应规模，丰富产品供应类别，提高屠宰机械化和自动化水平，提高供应能力和质量。重点发展肉牛、生猪、长江生态鱼和低温产品等冷鲜食品，增加加工肉制品和熟肉制品的比重。

第四节　重要材料的生产与布局

材料工业是国民经济的重要基础产业，是衡量经济社会发展水平和综合实力的重要标志。材料工业作为涪陵传统优势产业和支柱产业，已基本形成有色金属、黑色金属、包装材料等产业门类，发展以汽车板、彩涂卷板、铝锭及深加工、包装材料为主的材料产业，主要分布在清溪特色园区和李渡工业园区。2017 年，规模以上企业 32 家，实现产值 189.23 亿元。

一、有色金属加工业的生产与布局

涪陵有色金属产业主要生产铝和铝合金产品，分布在清溪特色园区、李渡工业园区、龙桥工业园区以及白涛化工园区。2017年，规模以上企业实现产值69.82亿元，利润3.10亿元。其中，清溪特色园区分布有东升铝业、东庆铝业、天启铝业、赛特刚玉等5家规模以上企业，实现产值44.57亿元。在清溪特色园区，铝工业已初步形成“电、碳素—铝—铝深加工”产业链条；李渡工业园区分布有剑涛铝业；龙桥工业园区分布有南涪铝业；白涛化工园区分布有华峰铝业。主要经济指标见表6-17。

表6-17　涪陵规模以上有色金属加工业主要经济指标

企业单位数（个）		从业人员（人）		工业增加值（万元）	
2016年	2017年	2016年	2017年	2016年	2017年
8	11	2039	3114	235745	242232

资料来源：《涪陵统计年鉴2018》。

二、黑色金属加工业的生产与布局

涪陵黑色金属加工业主要生产镀锌板、彩涂板、冷轧板、电工钢板等钢薄板产品，2013—2017年钢薄板产量分别为304.77万吨、364.11万吨、455.24万吨、506.54万吨、364.55万吨，主要分布在李渡工业园区。2017年，黑色金属加工业规模以上企业实现产值85.29亿元，利润6.08亿元。主要经济指标见表6-18。

表6-18　涪陵规模以上黑色金属加工业主要经济指标

企业单位数（个）		从业人员（人）		工业增加值（万元）	
2016年	2017年	2016年	2017年	2016年	2017年
4	4	2747	1472	475720	288888

资料来源：《涪陵统计年鉴2018》。

黑色金属产业的龙头企业是万达薄板。万达薄板于2009年落户李渡工业园区，填补了重庆地区没有冷轧生产企业的空白。一期薄板彩钢板项目占地1000亩，主要有酸洗生产线、冷轧生产线、镀锌生产线、退火生产线、硅钢生产线、彩涂生产线，2011年项目建成投产；二期汽车薄板项目占地500亩，主要有1780系列的酸洗生产线、五机架连轧生产线、镀锌生产线、退火生产线，以及相应的检查仪器和设备，2012年二期项目建成投产。

2015 年前，黑色金属产业中规模较大的企业还有越盛机械轧辊公司，2008 年落户李渡工业园区，建设锻钢轧辊项目，占地 348 亩。主导产品为冶金轧辊、锻压件（材）、铸造件、电渣锭、电炉锭及其他机加件，曾入选涪陵 30 强企业，到 2013 年产值超过 40 亿元。后因经济形势疲软，产品价格下跌，企业严重亏损，于 2015 年 7 月停产。

三、非金属矿物制品业的生产与布局

涪陵非金属矿物制品业生产水泥制品、玻璃、隔热和隔音材料、黏土砖瓦及建筑砌块、石墨及碳素等产品。主要经济指标见表 6-19。

表 6-19　涪陵规模以上非金属矿物制品业主要经济指标

企业单位数（个）		从业人员（人）		工业增加值（万元）	
2016 年	2017 年	2016 年	2017 年	2016 年	2017 年
22	21	3424	2428	137717	113689

资料来源：《涪陵统计年鉴 2018》。

2017 年，水泥行业规模以上企业共 8 家，水泥产量 315.07 万吨，商品混凝土 496.80 万立方米，产值达 26.74 亿元。企业分布较为分散，其中，位于李渡工业园区的正高商品混凝土公司和位于白涛街道的华新水泥公司产值相对较高。

石墨及碳素制品制造行业规模以上企业 1 家，2017 年产值不大，位于清溪特色园区。

玻璃、隔热和隔音材料、黏土砖瓦及建筑砌块制造行业企业规模不大，分布较为分散。2017 年，规模以上企业产值仅 4.55 亿元。

四、涪陵重要材料布局优化

近年来，涪陵材料工业取得长足进步，创新成果不断涌现，产业规模日益壮大，产业链条初步形成，整体实力明显提升，但存在产业链条不完整、高端材料缺乏、产品附加值不高等问题。涪陵重要材料可依托现有发展的基础，结合今后发展的趋势，推动材料工业由大变强。

（一）打造产业集群

一是壮大铝材料产业集群。目前，清溪特色园区铝产业链条已初具雏形，在现有的铝产业链的基础上，延伸上下游，打造铝土矿—氧化铝—电解铝大板锭—铝合金—铝加工材（铸造）产业链。加快自有铝土矿山建设，布局氧化铝项目，提高铝产业资源保障度；支持电解铝节能降耗工艺技术应用，鼓励高附加值铝材和再生铝发展；以高附加值铝材和再生铝为突破，形成较高的技术装备优势和产品品牌优势。

二是积极发展铜材料产业集群。涪陵铜产业发展薄弱，要加大招商引资力度，支持先进铜冶炼及加工企业落户涪陵，补齐涪陵铜材发展短板，逐步完善铜合金板、带、箔等系列化产品加工生产能力。

（二）发展高端钢材产业。

一是发展高端汽车薄板。利用涪陵现有的汽车薄板生产优势，积极发展能够运用于节能与新能源汽车领域的新一代超高强汽车钢、热冲压用镀层板、超高强帘线钢等品种。

二是发展高品质特殊钢。向具有特种功能材料和高端结构材料领域发展，如高品质冷墩钢、轧制复合板、节能环保装备与化工装备用耐蚀钢等品种。

第五节　装备制造的生产与布局

装备制造业是为国家经济建设提供各类技术装备的战略性基础产业，产业关联度高，吸纳就业能力强，技术资金密集，是国家综合实力的集中体现。涪陵作为重庆重要工业基地之一，装备制造业是其传统优势和支柱产业。涪陵已基本形成船舶、汽车、特种设备等产业门类，发展以船舶修造、汽车及零部件生产、机械制造、输变电设备制造为主的装备制造业，主要分布在李渡工业园区。2017 年，规模以上企业 44 家，实现产值 217.83 亿元。

一、船舶制造业的生产与布局

涪陵造船历史悠久，1948 年，武原实业股份有限公司成立，当年造出一艘木质浅水煤气客货轮——“武原”轮。1958 年，涪陵地区轮船公司开始筹建造船厂，初选址于城区五桂堂杜家院内，次年迁至赵家堡，占地面积 3856 平方米，建筑面积 3730 平方米，主要设备有金属切削机床、柴油机、电焊机等，年产木质机动船舶 3 艘。20 世纪 60 年代初期，搬运公司造船厂、蔺市造船厂先后建成投产。70 年代，木船造船业已经衰落，“三线”企业红星金属结构厂建成投产。80—90 年代，已形成以民用钢制船舶为主的造船工业。进入 21 世纪，特别是 2004 年以来，涪陵船舶产业迎来新发展，陆续建立有泽胜船舶、祥利船舶、大为船务、中江船业等企业。2017 年，船舶行业规模以上企业 13 家，主要分布在李渡工业园区、龙桥工业园区、清溪特色园区、珍溪镇，产值 43.16 亿元。船舶产业规模较大的是位于李渡工业园区的川东船舶重工。川东船舶重工始建于 1966 年，1976 年建成投产，名为国营红星金属结构厂，1981 年 11 月更名为国营川东造船厂，2009 年 9 月改制为重庆川东船舶重工有限责任公司，现隶属于世界 500 企业之一的中国船舶重工集团公司。川东船舶重工有两个生产基地：本部（A 区）位于李渡工业园区，占地面积 154 万平方米，拥有 3000 米江岸线和 10 万平方米的室内造船作业生产线，万吨级室内船台 2 座（120 米×30 米/座）、5000 吨级室内船台 2 座（96 米×28 米/座）、室外船台 2 座（98 米×26 米/座），1 座载重能力 3500 吨的纵向船舶下水斜架滑道，万吨级舾装码头 3 座，能自行设计、制造 10000 吨以下各类船舶，具备年产 12 艘 3000~10000 吨级特种船舶和 60000 吨大型钢结构件的生产能力；公司 B 区位于重庆市南岸区，占地面积 87 万平方米。

二、摩托车制造业的生产与布局

2017 年，摩托车制造业规模以上企业 8 家，产值 9.91 亿元，主要分布在李渡工业园区，生产摩托车零件及配件。产值较大的是位于李渡工业园区的重庆美心翼申机械股份有限公司，占地 180 亩，2009 年投产，主要制造发动机和压缩机曲轴。

三、汽车制造业的生产与布局

2014 年前，涪陵汽车产业主要生产汽车零部件产品。涪陵拥有汽车发动机进排气门生产基地、规模量产汽车模板生产基地、规模化铝加工基地，在发展汽车产业、打造汽车产业链方面具有优势。2014 年以来，涪陵抢抓机遇，加快融入重庆市汽车产业布局，先后引进盛时达、华晨鑫源、鑫源动力等多项汽车产业重点项目。涪陵汽车产业从小到大，从配套企业到整车企业，产业规模持续扩大，新能源汽车产业异军突起，产业集中度进一步提高、产业链进一步完善，在李渡工业园区初步形成了以华晨鑫源、盛时达 2 家整车企业为引领，伟恩机电、钰淳汽车配件等核心配套企业为支撑的汽车产业链，涵盖汽车零部件、传统汽车、新能源汽车及智能汽车等产业。2017 年，涪陵规模以上汽车制造业企业 16 家（见表 6-20），主要分布在李渡工业园区，产值 152.02 亿元，利润 15.21 亿元。

表 6-20　涪陵规模以上汽车制造业主要经济指标

企业单位数（个）		从业人员（人）		工业增加值（万元）	
2016 年	2017 年	2016 年	2017 年	2016 年	2017 年
16	16	9985	12198	348733	534470

资料来源：《涪陵统计年鉴 2018》。

（一）汽车零部件

涪陵汽车零部件产业以生产发动机进排气门、汽车轮毂等产品为主。位于李渡工业园区的三爱海陵公司，制造汽车发动机进排气门已有 60 多年的历史。2014 年，总投资 30 亿元、年产 600 万件汽车铝轮毂项目落户涪陵清溪特色园区。2015 年，随着华晨鑫源整车项目建成投产，吸引了伟恩机电、钰淳汽车配件等汽车配套企业落户李渡工业园区。

（二）传统汽车

2014 年，华晨鑫源汽车整车及发动机生产项目落户李渡工业园区。华晨鑫源汽车工业园占地 1704 亩，分两期建设，一期设计 15 万辆整车和 15 万台发动机产能，二期设计 15 万辆整车和 15 万台发动机产能，工程计划总投资 45 亿元。2015 年，华晨鑫源一期项目建成投产，第一辆“涪陵造”七座轿车级 MPV 上市。2016 年，“SWM 斯威 X7” SUV 上市，销售汽车 8 万台、发动机 13 万台。2017 年，“SWM 斯威 X3” SUV 上市，二期项目开工建设。

（三）新能源及智能汽车

2017 年，盛时达公司首批 DAT5032 新能源微卡及 DAT5045 新能源轻卡上市，华晨鑫源纯电动汽车“好运 1 号”上市。

四、其他装备制造业的生产与布局

涪陵其他装备制造业主要生产变压器、微电机、LED 照明、药用瓶塞等产品，主要分布在李渡工业园区。2017 年，变压器产量 1236.41 万千伏安，医药瓶塞 22.21 万只。

五、涪陵装备制造布局优化

近年来，涪陵装备制造业发展进一步加快，结构更趋合理，行业技术水平和整体竞争力得到显著提升，产业链逐步完善，发展后劲显著增强，在支撑和带动涪陵工业经济发展上起到重要的作用。同时也存在关键零部件配套能力和技术创新能力弱、产业集群发展不明显等问题。涪陵装备制造业可依托现有的产业基础，加快产业结构调整，弥补产业短板，推动产业优化升级，延伸产业链，形成特色产业集群，全面提升产业竞争力。尤其是重点强化自主创新，大幅度提高关键零部件技术水平和工艺水平；发挥龙头企业带动作用，重点发展船舶制造业和汽车制造业。

（一）船舶制造业

依托川东船舶、泽胜船舶等企业，以中小型船舶及配套体系为支撑，大力发展特种船舶，提高本地设备装船率。优先发展各类万吨级以下专用特种船舶；适度发展高档游艇；加强增压器、变速箱、柴油机、燃油喷射装置、液压元件、船舶仪表、导航装置、制冷机组等关键部件的配套生产；淘汰落后船舶建造工艺。支持船舶制造企业发展轻钢结构、重钢结构加工技术，推动船舶业向非船产品、智能制造、桥梁等产业转型。

（二）汽车制造业

1. 新能源汽车

一是坚持自主研发与招商引资相结合，加快关键技术本地化步伐。二是鼓励新能源汽车关键零部件研发，重点支持驱动电机系统及核心材料、电动空调、电动转向、电动制动器等电动化附件的研发。三是大力推进动力蓄电池技术创新，重点开展高比能动力电池新材料、新体系以及新结构、新工艺等研究。

2. 智能联网汽车

一是鼓励汽车电子控制系统的研发，建立跨产业协同创新机制，重点发展新型发动机控制、变速箱控制、电控智能悬架、自动防撞、制动防抱死、电子停车等汽车电子系统。二是推动智能网络汽车数据平台的建设，实现智能网络汽车的大数据交互，优化资源配置，提高服务水平。

3. 关键零部件

一是着力提升零部件配套能力和水平，增强服务于本地和两江新区汽车整车的辐射能力。二是保持在发动机进排气门、汽车曲轴、汽车轮毂等汽车零部件产品上的优势，培育汽车冲压、离合器、底盘、变速箱等汽车零部件产品。三是利用新材料、轻量化设计等最新技术，提升汽车主体结构的安全性和可靠性。

第六节 信息技术的生产与布局

电子信息制造业是国民经济的战略性、基础性、先导性产业，是加快工业转型升级及国民经济和社会信息化建设的技术支撑与物质基础。信息技术产业是涪陵新兴支柱产业，2017 年，涪陵有信息技术产业规模以上企业 8 家，产值 51.47 亿元。

一、信息技术产业的生产与布局

涪陵信息技术产业生产的产品主要有光纤光缆、印刷电路板、电子变压器、汽车蓄电池、锡制品。相关企业主要分布在李渡工业园区。

（一）光纤光缆

生产光电缆的规模以上企业有科宝电缆和特发信息光缆，位于李渡工业园区。科宝电缆占地 200 亩，生产矿物绝缘、阻燃耐火特种电缆，110 千伏及以下交联聚乙烯绝缘电力电缆，架空线、绞线，聚氯乙烯绝缘控制电缆、绝缘电线等六大系列产品；特发光缆占地 45 亩，生产光纤光缆产品。

（二）印刷电路板

2012 年，台湾华通电脑入驻李渡工业园区。该项目位于李渡新区聚贤大道以南、盘龙路以西，占地 273 亩，主要生产智能手机、掌上电脑等手提电子产品所需的高技术印刷电路板。

（三）电子变压器

2005 年，伍尔特电子公司落户李渡工业园区，占地面积 5 亩，是涪陵最早落户的外资企业，主要生产各类微型电子变压器。

（四）汽车蓄电池

2010 年，江森自控集团在我国新建的第二座汽车蓄电池生产厂在涪陵李渡工业园区动工。重庆江森自控电池公司是美国江森自控有限公司的在华独资工厂，占地 13 万平方米，2014 年，一期项目建成投产。

（五）锡制品

2007 年，群崴电子材料入驻李渡工业园区标准厂房 A 栋，公司主要从事半导体、SMT 封装专用 BGA 锡球和电镀锡球、锡膏、锡条、助焊剂、锡丝等各类锡制品的研制、生产和销售。

（六）其他信息技术

2016 年，华为云计算数据中心项目落户李渡工业园区。项目首期建设面积约 1 万平方米，布局 1000 个机柜，后期建设目标 3 万平方米。2017 年，华为涪陵云计算数据中心一期工程主体全面完工。

二、涪陵信息技术产业布局优化

“十二五”期间，涪陵紧抓国家战略和电子信息制造业向中西部转移的重大机遇，大力推进结构调整，积极优化信息技术产业布局，实现了产业持续高位增长。同时，产业集聚效应初显。“十二五”末，李渡工业园区已初步形成以电子元器（配）件、智能终端及配套、半导体照明、印制电路板等领域的产业集聚，内生增长显著，引领作用明显；龙头骨干企业快速壮大，2017 年，产值 10 亿元以上的企业已有 2 家。

同时，涪陵信息技术产业发展仍面临一些问题。一是产业总体规模仍然偏小。二是产业链结构不完善，上下游互动尚未形成。三是产业存在散、小等问题，特色产业、优势产业仍有待培育和规划引导。四是骨干企业较少，大型企业带动作用有待提升。五是产业创新投入不足，大部分产品处于价值链低端，附加值不高。

近年来，我国电子信息制造业迎来发展新常态。同时，产业转移带来跨越发展的新契机。“十三五”期间，我国信息技术产业创新将进入新一轮加速期，云计算、大数据、物联网、移动互联网、人工智能等新一代信息技术将加快演进。涪陵电子信息制造业要不断优化产业布局，积极发展新技术、新产品、新业态和新模式，开拓新的产业发展空间，引导产业向价值链高端延伸，着力打造完善的产业生态体系，为建设工业强区提供有力支撑。

（一）着力发展战略性新兴领域，培育产业新增长点

紧密结合产业转型升级的趋势，继续依托国家战略和电子信息制造业向中西部转移的重大机遇，统筹考虑市场需求和支撑条件，积极探索进入云计算、新一代网络通信系统设备及智能终端、高性能集成电路、新型显示、物联网、数字家庭、关键电子元器件和材料七大战略性新兴领域，通过引进消化吸收再创新，加速创新成果产业化进程，打造完整产业链，培育一批辐射面广、带动力强的新增长点。

（二）优化产业空间布局，引导产业集聚发展

立足现有产业基础和条件，鼓励企业向园区集中，引导产业链上下游企业对接合作，加快产业链上下游拓展和垂直整合，推动产业集聚发展。

第七节　清洁能源的生产与布局

能源是人类社会生存发展的重要物质基础，攸关国计民生和国家战略竞争力。同时，能源也是现代化的基础和动力。能源产业是涪陵支柱产业，2017 年，能源产业规模以上企业 19 家，产值 313.55 亿元，特别是清洁能源与节能环保产业呈现健康、快速发展态势，页岩气、风能、太阳能及生物质能等绿色能源开发利用成效显著。

一、清洁能源与节能环保产业分布

（一）水电

涪陵蕴含的水资源丰富。全区年平均水资源总量 24.91 亿立方米（不含长江和乌江过境水 4023.7 亿立方米），平均每平方公里拥有水资源 846858 立方米（按详查辖区面积计算）。其中年均地表水资源量 20.4 亿立方米，占水资源总量的 81.9%；年均地下水资源量 4.51 亿立方米，占水资源总量的 18.1%。区境溪河自然落差大，水能资源蕴藏量比较丰富。据区水电部门对 44 条溪河的调查和计算，总共有流域面积 8217 平方公里，累计流程 678.8 公里，自然落差 1.8 万米，水能理论蕴藏 14.8 万千瓦，可供开发量 7.46 万千瓦，可建单机容量 50 千瓦电站 124 处。区境内长江、乌江各级支流中具有 200 千瓦以上水能资源理论蕴藏量的有 45 条，其中 1000~10000 千瓦的有 17 条，计有水能资源理论蕴藏量 4.21 万千瓦，占全区的 28.4%；1 万千瓦以上的 4 条，计有理论蕴藏量 7.75 万千瓦，占总量的 52.4%，分别是龙潭河 3.32 万千瓦、麻溪河 2.22 万千瓦、油江河 1.17 万千瓦和小溪 1.04 万千瓦。

（二）页岩气

2012 年，中石化在涪陵的页岩气勘探取得历史性突破，位于焦石镇楠木村 4 组的焦页 1 井成功产出气体。2013 年，国家能源局批复设立“重庆涪陵国家级页岩气示范区”。2014 年，国土资源部设立“重庆涪陵页岩气勘查开发示范基地”，面积达 7300 平方公里，包括涪陵、南川、武隆、丰都、长寿、垫江、忠县、梁平、万州等 9 个区县。2015 年，涪陵页岩气田产能达 50 亿立方米，完成一期建设，提前启动二期建设。2016 年，涪陵页岩气产能实现 70 亿立方米；2017 年，累计建成年生产能力 100 亿立方米，累计提交页岩气探明储量 6008.14 亿立方米。

涪陵页岩气重点项目建设加速推进。“国家级页岩气示范区物流通道”焦石至白涛建成通车；四合燃气管线全部接入李渡工业园区并延伸至长寿；白涛至石柱王场管线建成；通汇 LNG 一期建成试运行。

（三）风能

2015 年，涪陵首个风力发电项目在武陵山乡金子山村开工建设，该工程是国家电力投资集团公司在重庆区域的首个风电项目，总投资 4.1 亿元，设计安装 25 台单机 2 兆瓦的直驱风力发电机组，总装机规模 50 兆瓦。2017 年，已安装完成 18 台单机，投入运行 14 台，已发电总量 1577 万度。

（四）光能

2017 年，涪陵核准备案的光伏发电项目 57 个，为白涛、蔺市、义和等当地群众自建光伏项目，总装机容量 2370 千瓦，有效发电近 1100 小时，已发电量达 82 万千瓦时。

（五）生活垃圾焚烧发电

2016 年，三峰环保公司垃圾焚烧发电项目落户石沱镇天府村，占地面积 140 亩。项目设计总装机容量 30 兆瓦，日处理生活垃圾 1500 吨，项目分两期，一期处理生活垃圾规模为 1000 吨/日，配置 1 台 18 兆瓦汽轮发电机组，发电量约 1.29 亿度，项目一期每年能为涪陵—长寿两区处理生活垃圾 36.5 万吨以上，折合标准煤 4.2 万吨，减少二氧化碳排放 10.5 万吨；项目二期配置 1 台 12 兆瓦汽轮发电机组，二期建成后年发电量约 1.93 亿度。2017 年，项目开始生产调试。

（六）节能环保产业

涪陵节能环保产业主要生产再生塑料、保温节能 EPS 板、AEPS 板，同时进行再生资源回收节能环保产业主要分布在龙桥工业园区，2017 年实现产值 2.3 亿元。

二、清洁能源与节能环保产业发展与布局的影响因素

清洁能源与节能环保产业既受到工业布局一般因素的影响，如土地、水源、原料、能源（燃料）、环境条件、集聚、交通运输、劳动力、市场、资本、技术、政策等，其发展与布局又受到如投融资水平、产业集聚、技术和人才、产业环境等特殊因素的影响。

（一）投融资水平

清洁能源与节能环保产业投融资水平是指投资主体通过融资渠道和模式将资金投入到致力于清洁能源、防治环境污染、改善生态环境等技术研发、资源利用、产品生产等活动中，从而促进清洁能源与节能环保产业发

展和经济社会可持续发展。清洁能源与节能环保产业作为战略性新兴产业，资金密集，规模效益明显，其发展与布局过程中需要资本的持续投入。良好的投融资水平能够有力地推动清洁能源与节能环保产业快速发展。

（二）技术和人才

技术和人才是推动经济社会快速发展的因素之一。清洁能源与节能环保产业对人才和技术要求较高，技术和人才有利于促进企业优化组织结构，提高生产效率，实现产品的技术升级，促进产业规模扩张。

（三）产业发展环境

产业发展环境是企业面临的外部条件。清洁能源与节能环保产业发展环境又可分为经济发展水平与结构、环境污染程度、市场环境。清洁能源与节能环保产业与第三产业关联性较强，经济结构的优化会增强产业融合。环境污染程度是促进清洁能源与节能环保产业发展的重要因素。

（四）产业集聚

清洁能源与节能环保产业园区化、集聚化有利于发挥企业间资源共享效益，提高集群内企业间的合作，可以推进和带动优势产业、优势企业和优势产品向园区集中，进一步形成规模效应。

第八节　建筑业的发展与布局

建筑业是国民经济的支柱产业。“十二五”以来，涪陵建筑业快速发展，在国民经济中的支柱产业地位继续增强，产业规模不断扩大，吸纳了大量农村转移劳动力，改善了人民群众居住条件，对经济社会发展、城乡建设和民生改善作出了重要贡献。2017 年，全区 153 家有资质的建筑企业完成在地建筑业总产值 452. 33 亿元，增长 22. 4%。其中，区内企业完成在地建筑业总产值 275. 27 亿元，增长 15%；市内区外企业完成在地建筑业产值 46. 31 亿元，增长 4. 2%；市外来涪陵的企业完成建筑业产值 130. 95 亿元，增长 52. 1%。

一、建筑业发展与布局特点

（一）民营企业优势明显

从数量上看，2017 年全区共有建筑业企业 348 家。其中，民营企业 334 家，占 96%；总承包建筑业民营企业 124 家，占 92.5%；总承包一级企业 16 家、专业承包一级企业 5 家，均为民营企业。从质量上看，2017 年全区建筑业年产值过亿元的企业达 48 家。其中，民营企业 43 家，共完成产值 432 亿元，占建筑业总产值的 90.6%。中科建设集团首次突破 100 亿元大关，群洲、兴达、中大、吉力、澔业等 14 家民营企业产值超过 10 亿元。建筑业 10 强企业均为民营企业，共完成产值 303 亿元，占建筑业总产值的 63%。龙头骨干民营企业对行业的引领示范作用显著增强，通过外引内联，建筑产业化全产业链集团——中科大业科技集团，已成功创建市级建筑产业现代化示范基地。

（二）资质等级不断优化

2017 年，全区总承包企业 134 家（一级企业 16 家，居全市第 6 位，二级企业 46 家，居全市第 4 位）、专业承包企业 56 家（一级 5 家），企业资质结构日趋合理。

（三）对外拓展成绩斐然

2017 年，共完成区外市外产值 215 亿元。其中，民营企业完成 204 亿元，占区外市外产值的比重约 95%，项目遍布 19 个省、市、自治区，对外拓展能力显著增强，“走出去”战略成效明显。

（四）人员素质逐步提高

2017 年，全区建筑业期末从业人员平均人数为 13.1 万人，同比增长 1.6%。其中，工程技术人员 0.85 万人，比上年同期增加 0.38 万人，同比增长 80.9%，注册建造师 2633 人（其中，一级注册建造师 588 人、二级注册建造师 2045 人），建筑企业从业人员数和人员素质均有所提高。

（五）产业现代化新突破

一是装配式建筑取得新突破。位于涪陵新区的中科大厦为全国首个钢管约束混凝土柱体系的装配式建筑，是重庆唯一国家级装配式建筑示范工程，项目整体预制率51%，装配率61%，并处于国内领先水平。中科大厦已取得13项国家专利。

二是科技创新有了新突破，中科大业科技集团已完成管理和技术团队组建，与重庆大学、山东大学、中国建材研究院、台湾润泰集团等达成战略合作协议，共同组建了建筑产业化研发中心，成功收购甲级设计院并控股北京数字营国BIM公司，检测中心也开始运行。

二、涪陵建筑业布局优化

坚持以智能化为引领实施建筑业创新驱动发展战略，统筹推进质量、效率、动力三大变革，深化建筑业体制机制改革，促进建筑业转型升级，实现由传统建造向工业化、智能化建造跨越，实现由高速度增长向高质量、高效率发展转变。

一是重引领，以智能化创新驱动加快建筑业转型升级。积极研发智能化管控平台；在标准化生产、运输、安装和施工过程中，大力开发智能机械。创新施工现场管理模式，强化工程质量常见问题防治，改进不人性化设计管理，不断提升工程质量安全水平。

二是抓重点，大力实施建筑产业现代化。大力推动装配式建筑发展，推动建筑业向品牌化、标准化、工厂化迈进，带动相关上下游产业融合发展，培育全产业链各产业协同发展的产业集群，促进建筑业转型升级。

三是强弱项，促进建筑业“四位协同”发展。协同实体经济，加快珍溪PC件生产基地和川东船舶钢结构加工基地建设。协同科技创新，充分发挥中科大业科技研发能力，积极研发智能化管控平台；协同现代金融，大力发展PPP项目和工程总承包；协同人力资源，深化与建筑工程职业院校合作，培训新型建造方式所需施工现场管理、作业技能工人。

四是补短板，持续推进放管服和企业改革发展。弱化企业资质、强化个人执业；主动做好资质许可、人员注册、教育培训、统计指导等服务工作。激发企业自身改革动力，扶持引导龙头骨干企业做大做强，逐步向工程总承包商转型，鼓励引导中小企业加快“专、新、特、精”发展步伐。加快“走出去”步伐，充分把握国家“一带一路”建设重大机遇，加快推进市场战略布局。抓好市场与现场的联动管理，共同构筑建筑市场诚信体系。

第九节　工业的地域组合

一、工业布局存在的问题

（一）工业内部结构重型化

评价工业化水平可采用霍夫曼系数度量（近似霍夫曼系数=轻工业总产值/重工业总产值），霍夫曼系数越小，工业化水平越高。2013—2017年，涪陵区轻、重工业产值之比基本维持在3∶7，工业结构的近似霍夫曼系数也基本维持在0.45。虽然涪陵工业化水平较高，但重工业项目往往建设周期长、资金投入大、风险不可预计，对资源的依赖较大，经济稳定性较差，重型化的工业结构不利于产业结构的优化。

（二）工业发展模式粗放

“十二五”以来，涪陵大力推进工业转型升级，在节能降耗方面取得了一定的成就。但是粗放发展方式仍然存在，传统化工和冶炼企业占比仍然很大，部分企业还没有向新型化工和高纯、高品质冶炼企业转型。高耗能行业占比较大。2017年，单位产值综合能源消费量排前三的化学原料及化学制品制造，电力、热力的生产和供应业，非金属矿物制品业占规模以上工业企业增加值的22.3%。从表6-21可以看出，化学原料及化学制品制造工业总产值占规模以上工业总产值的13.33%，而综合能源消费量占到规模以上工业综合能源消费量的60.44%，每万元工业增加值消耗的综合能源达4吨标准煤。粗放发展方式造成工业能源依赖性强产出率低，偏重的行业结构也不利于涪陵经济的持续健康发展。

表6-21　2017年涪陵规模以上工业综合能源消费及增加值

行业大类	工业增加值		综合能源		单位工业增加值综合能源消费量（吨标准煤/万元）
	增加值（万元）	占比（%）	消费量（吨标准煤）	占比（%）	
规模以上工业合计	4927193	100	4341308	100	
农副食品加工业	696995	14.15	56518	1.30	0.08

续表

行业大类	工业增加值		综合能源		单位工业增加值综合能源消费量（吨标准煤/万元）
	增加值（万元）	占比（%）	消费量（吨标准煤）	占比（%）	
印刷业和记录媒介的复制	109410	2.22	9289	0.21	0.08
石油加工、炼焦及核燃料加工业	15107	0.31	235	0.01	0.02
化学原料及化学制品制造	656693	13.33	2623978	60.44	4.00
医药制造业	354334	7.19	58755	1.35	0.17
非金属矿物制品业	113689	2.31	214040	4.93	1.88
黑色金属冶炼及压延加工业	288888	5.86	66634	1.53	0.23
有色金属冶炼及压延加工业	242232	4.92	121306	2.79	0.50
铁路、船舶、航空航天和其他运输设备制造业	158056	3.21	6378	0.15	0.04
电气机械及器材制造业	97335	1.98	10307	0.24	0.11
通信设备、计算机及其他电子设备	108066	2.19	11531	0.27	0.11
电力、热力的生产和供应业	325933	6.61	676770	15.59	2.08
燃气生产和供应业	375724	7.63	1286	0.03	0.00
水的生产和供应业	6728	0.14	7761	0.18	1.15
石油和天然气开采业	235833	4.79	312921	7.21	1.33
橡胶和塑料制品业	154623	3.14	5805	0.13	0.04

资料来源：《涪陵统计年鉴2018》。

（三）产品相对低端

涪陵工业经济虽然整体实力强劲，但受高精尖、高附加值产品少，初级产品多，产业链条延伸不够等因素的影响，产业运行质量效益、市场竞争力亟待提升。例如，涪陵医药制造业中化学药具备较强中间体生产能力，但医药制造业缺少原料药及制剂后端链条的延伸；化工化纤产业中尿素、磷铵、电石、纯碱和烧碱等传统产品出现生产过剩，而化工新材料、精细化工发展却不足；重要材料存在产业链条不完整、高端材料缺乏、产品附加值不高等问题；汽车产业乘用车产品以中低端为主，缺少附加值高、技术水平高的高端产品，技术创新能力仍有待进一步提高；电子信息产业产业链结构不完善，上下游互动尚未形成，大部分产品处于价值链低端，附加值不高。

（四）产业集约化水平不高

经过多年的发展，先后组建有太极集团、涪陵榨菜集团等一批国内知名企业集团。2017 年，涪陵有规模以上工业企业 265 家。但从整体看，仍然存在工业企业数量多、集约化水平不高等问题。从产业布局看，四大工业园区规模以上工业企业 122 户，产值集中了全区规模以上工业总产值的 86.8%。虽然整体看产业集中度较高，但四大工业园区外 143 户规模以上工业企业存在散、小、弱的情况，产业集中度可进一步提升。从总产值看，虽然四大园区工业总产值、园区规模以上工业产值先后迈上千亿元台阶，但各工业园区发展不均衡。2017 年，除李渡工业园区外，其他工业园区产值都不高，白涛化工园区实现工业产值 198.11 亿元，清溪特色园区实现工业产值 129.88 亿元，龙桥工业园区实现工业产值 137.73 亿元。从行业分布来看，各个工业园区内产业过多，虽然一部分企业已形成一定规模的垂直产业链，但也有部分产业间关联度较小，集而不群，产业的集聚能力、辐射作用得不到发挥，特别是各大工业园区没有按照全区“四园齐进”的战略目标定位，产业发展方向不明确，存在盲目招商引资、各个工业园区各自为政的现象。对入驻企业的资质优劣没有严格考究，导致部分企业质量效益差，加上基础设施还不够完善，缺乏配套服务支撑体系，园区资源需进一步统筹整合。

（五）招商引资有待加强

2013—2017 年，受市场需求不足、部分行业产能过剩影响，四大工业园区工业固定资产投资增速逐步放缓，年均增长仅为 13.2%，投资情况不容乐观。工业投资增速放缓意味着后期工业增长将缺乏新的增长点，对工业经济可持续发展产生不利影响，将会导致工业发展后劲不足。从招商引资实际到位资金来看，2017 年前四大工业园区基本处于连续下降趋势，招商引资形势严峻（见表 6-22）。

表 6-22　2013—2017 年四大工业园区投资及招商引资情况

年份	固定资产投资（亿元）	其中：工业投资（亿元）	招商引资实际到位资金（亿元）
2013	233.99	155.75	149.10
2014	271.90	188.59	147.43
2015	232.15	160.06	145.02
2016	318.91	198.03	136.44
2017	355.76	255.99	207.77

资料来源：《涪陵统计年鉴 2018》。

二、工业布局的影响因素

区位条件的好坏会直接影响人类对自身活动的选择。如在选择工业区位时，劳动力、资本、原料、能源、运输、市场等一般是主要的区位条件。工业区位条件随时间变化而变化，由于交通运输技术的发展，工业活动本身制造工艺技术进步，以及生产中的物耗水平和投入比例的变化，在区位选择中原料、能源、运输等区位条件的地位相对下降；相反，劳动力尤其是高技能劳动力、地区智力密集程度、市场等区位条件地位提高。

对于生产者而言，区位条件是由于场所不同而生产条件不同，区位因子则是因场所不同表现出其生产费用或利益的差异。区位因子不仅包含收入、成本等可用货币度量的经济因子，也包含决策者偏好、区位决策的模仿等不能用货币度量的非经济因子，就区位因子而言，对区位主体的区位影响大的因子是主要因子，相对影响比较小的为次要因子。对于工业区位，原料、市场、运输、劳动力、资本、能源是主要区位因子，而用水、研发、经营、税制、自然条件等为次要区位因子。

在综合考虑区位条件和区位因子的基础上，涪陵工业布局的影响因素主要有土地、原材料、能源、劳动力等。

土地主要是通过土地自身的自然特征以及所处的经济区位影响工业布局。不同工业类型对土地条件的要求不同。对于金属加工、石油冶炼、汽车制造等产业，所处区位的土地要求地势平坦开阔、承压较强。而涪陵多山地，具备这些自然特征的土地往往位于郊区，即使城区土地具备这样的特征，地价成本也太高。所以这类产业都布局在郊外的李渡工业园区、龙桥工业园区、清溪特色园区。对于印刷、包装、纺织业等行业，生产经营不需要大面积占用土地，即使城区地价成本较高，但有高额收入期望值，所以可以在城区选址。

原材料是生产活动的加工对象。原材料因素通过原材料价值、可运性及运费、原材料替代品影响工业的布局。

现代工业的生产往往需要多种原材料，且原材料的价格变动以及原材料配合比例不一样，那么原材料对产业布局的作用也随之变化。对原材料型工业企业而言，便于原料集散的区位就具有相对优越性；对于机械加工、组装工业企业而言，其加工原料往往为半成品。因此，在区位上，除受半成品生产企业布局的影响外，更多受机械加工、组装工业企业所在地劳动力成本、市场等的影响。现代工业经济活动区位正在淡化原材料地的因素，而重新组织原材料地，使现代工业经济原材料的提供更具及时性、可靠性、灵活性。比如汽车整车制造，需要的汽车零部件种类繁多。因此在汽车整车制造厂商周围，就有可能创造出一个零部件供应生产企业的空间集群。2015 年，华晨鑫源整车项目建成投产，吸引了伟恩机电、钰淳汽车配件等汽车配套企业扎根李渡工业园区，涵盖汽车冲压、离合器、底盘、变速箱等关键零部件的配套项目。

能源是工业发展的重要物质基础。能源按照基本形态可分为一次能源和二次能源。其中，一次能源包含煤炭、石油、天然气、页岩气、水能、风能、太阳能等，二次能源包含电力、汽油、煤油、柴油等。

大量稳定的能源供应特别是二次能源中的电力供应对工业发展极为重要。特别是高耗能产业，如电解铝、特合金等金属冶炼行业，通常布局在靠近廉价电力的供应地。比如涪陵清溪产业园区聚集了众多的电解铝、铝加工项目，电解铝的生产成本中，电力约占 40%。涪陵聚龙电力是全国少有的地方自备电网之一，年供电量已达 25 亿千瓦时，具有自主电价定价权，为园区电解铝企业提供充足的电力保障和合理的电价。

劳动力在空间上存在差异性。劳动力主要通过劳动力特色、劳动力数量、劳动力成本、劳动力素质影响第二产业布局。

劳动力数量对工业布局的影响因产业性质的不同而不同，劳动密集型产业，比如电器组装、服装与纺织企业通常布局在劳动力丰富的地区。

劳动力在空间上分布不均匀，当工业企业从运费最小的地点布局到劳动力成本最低的地点，所增加的运费小于节约的劳动成本时，工业企业布局则从运费指向转为劳动力指向。从表 6-23 可以看出，近几年涪陵城镇非私营单位在岗职工平均工资均低于全国和重庆水平，涪陵在劳动力成本上具有比较优势。

表 6-23　涪陵城镇非私营单位在岗职工平均工资（2013—2017 年）

单位：元

地区	2013 年	2014 年	2015 年	2016 年	2017 年
全国	51474	56360	62029	67569	74318
重庆	51015	56852	60543	65545	70889
涪陵	48681	53501	56644	60123	63267

资料来源：根据《涪陵统计年鉴 2018》、重庆统计信息网、国家统计局网站资源整理。

现代经济活动中，由于技术和交通的发达，工业的布局空间尺度更大、灵活性更强，生产的自动化也大大降低了对劳动力的需求，但经济活动对高素质的科技劳动力的需求却越来越大，高素质劳动力都是不可多得的稀缺资源。因此，拥有高素质劳动力的地区能影响现代工业布局。

（一）交通运输

现代经济活动的一个重要特征就是生产与消费在地域上的分离。交通运输主要通过运费影响第二产业布局，运费主要由线路运行费和站场费两大部分组成，线路运行费与运输距离有关，站场费与装卸、站场设施以及管理维护费有关。

运输方式不同，线路运行费不同。线路运行费由高到低依次是公路、铁路、水路。站场费一般是固定的，由高到低依次是水路、铁路、公路。综合考虑线路运行费和站场费，可得出公路适合短途运输，铁路适合中途运输，而水路则适合长途运输的结论。产品成本中的一个重要部分就是运费，交通便利的地方，特别是港口、铁路枢纽对运费占比较大的重型原料工业具有吸引力。比如，涪陵的石油冶炼、化学工业大都集中在港口或者铁路枢纽附近。

（二）环境

在工业经济活动中，“工业三废”——废水、废气、废渣会对周边环境产生破坏作用，在不同的行业，“工业三废”的排放量是不同的，废水主要来自石油、化工、冶金、造纸行业，废气主要来自石油、化工、冶金、电力、造纸行业，废渣主要来自化工、冶金、煤炭、电力行业。而电子信息、精密仪器制造、汽车组装等行业对环境的影响较小。在建筑业活动中，开采建筑材料、挖掘地基也会对周边环境产生破坏作用。随着民众环保意识的提高以及第二产业发展带来的环境影响，环境愈来愈成为影响第二产业布局的重要因素之一。

“十二五”期间涪陵“工业三废”排放量见表 6-24。

表 6-24 “十二五”期间涪陵“工业三废”排放量

单位：万吨

指标	2011 年	2012 年	2013 年	2014 年	2015 年
工业废水排放总量	1681	1225	1373	1599	1656
工业二氧化硫排放量	4.18	4.08	4.81	6.85	9.51
工业固体废物排放量	1.15	0.92	0.62	0.56	0.49

资料来源：《涪陵统计年鉴 2016》。

比如，涪陵白涛化工园区是重庆市政府规划建设的三大化工园区之一，虽然作为化工园区，但出于环境和安全考虑，白涛化工园区不布光气点，不考虑聚碳，不做双酚 A，不采用煤制乙二醇，不规划生产苯酚、碳酸二甲酯、丁辛醇，不考虑乙炔羰基合成丙烯酸。在环境指标上，空气执行（GB 3095-1996）二级标准，地表水执行（GB 3838-2002）三级水质标准，噪声执行（GB 3096-93）三类标准，土地环境质量执行（GB 15618-1995）二级标准。

（三）基础设施条件

基础设施是各地区第二产业布局不可或缺的要素投入。基础设施条件主要包括交通设施条件、邮电设施条件、环境设施条件、供排水设施条件。国际经验证明，在工业化初期与中期，基础设施建设具有先导作用。近年来，涪陵进行大规模基础设施投资，基础设施条件不断改善，为“工业涪陵”创造了良好的条件。

（四）技术水平

技术水平正在从多方面影响第二产业的布局。对原材料型工业企业，通常会尽可能布局在离原材料更近的区域，但技术水平的提高打破了这一限定，比如新技术的发明使工业原料来源更具多样性，也使单一原料生产的产品更具多样化，造成工业布局原料地指向弱化，消费地指向增强。技术进步使得产品从重、厚、长、大向轻、薄、短、小发展，加之交通条件的完善，使运费对工业布局的影响越来越小。可以看出，技术水平在第二产业区位选择中的作用逐步增强。

比如，位于白涛化工园区的天原化工，成功将实验室小试水解反应之后的转化率由原来的70%左右提高到80%以上，通过技术创新，解决了制约新型减水剂工业化规模生产的效率低、质量不稳定等瓶颈问题，探索出氯碱行业副产盐酸的综合利用新途径，实现了新型减水剂的清洁生产，使精细化工同基础化工有机地结合起来，打通了上下游产业链延伸的通道，为氯碱行业的结构调整提供了新的途径。

工业布局除受上述因素驱动外，还受规模经济效应、消费市场、政府政策因素的影响。规模经济效应通过集聚作用影响第二产业的布局，即通过扩大生产规模和专业化的合作方式，形成分工协作，在区域范围内形成生产集聚，集聚是工业发展的一般趋势，生产的集聚对第二产业区位选择产生引力。消费市场分为个人消费市场和生产者消费市场，前者又称最终消费者市场，由于消费者收入、年龄、性别、民族、文化程度、传统习惯、心理动机等各不相同，会直接影响企业的区位选择；后者主要通过原材料市场影响第二产业区位选择，比如产业链上的供应企业和采购企业，供应企业在区位选择上，会择优选择采购量大、实力强的采购企业所在的区域。在市场经济条件下，对地方政府而言，调整第二产业布局的区域性政策主要有财税政策、规费政策、土地房产政策、融资政策、工商政策、配套扶持政策。

随着时间的推移和区域条件的演化与差异，原来重要区位因素的导向作用可能弱化，而非重要区位因素的导向作用增强。因此，在分析第二产业布局因素时，对各因素的作用与意义要重新审视，在工业布局中具体分析。

三、涪陵工业发展与布局优化路径——基于韦伯工业区位模型

（一）韦伯工业区位概要

德国经济学家韦伯于1909年在其著作《论工业区位》中，提出了工业区位论。在韦伯的工业区位论中，一个重要的概念就是区位因素。区位因素划分为一般区位因素和特殊区位因素。一般区位因素为所有的工业都应当考虑的因素，如运输成本、劳动力成本和地租。特殊的区位因素只对特定工业有影响，如原材料易腐性、空气湿度对制造业过程的影响程度，

对淡水的依赖等。在区位因素中，使工业企业向特定地点布局的区位因素，被称为区域性因素；对地域条件所决定的工业区位基本格局，发生偏移作用的区位因素，被称为集聚（分散）因素。在一系列的假设条件下，影响工业生产与分配的成本因素中，运费、原料和燃料费、劳动力成本构成一般区位因素。若原料、燃料价格的地区差异用运费差异来替代，则影响工业区位的一般区位因素变为运费和劳动费。

1. 运费指向论

如果不考虑劳动费和集聚（分散）因素对工业布局的影响，那么工业区位就是由运输成本高低决定的，这就是韦伯工业区位论中的运费指向论。运费主要由运输距离和运输重量决定。运输重量与原料性质有关，原料按照空间分布状况分为广布原料和地方原料，广布原料为各地都存在的原料，地方原料为特定区域的原料；按照原料生产时的重量转换状况不同，又分为纯原料和失重原料，纯原料重量会完全转移到产品中，而失重原料只有部分重量转移到最终产品中。

运费指向论的主要内容是使用原料指数来判断工业区位指向。原料指数即地方原料重量与产品重量之比，原料指数衡量的是生产单位产品时，需要多少地方原料。而企业在生产与分配过程中，需要运送的总重量为最终产品和地方原料的和，生产单位产品需要运送的总重量为区位重量，即区位重量=原料指数+1。在原料地和消费地只有一个的情况下，工业区位可通过原料指数来判断，原料指数越大，则越偏向原料指向，原料指数越小，则越偏向市场指向；原料地为两个，且同市场不在一起时，可采用“范力农架构”分析。总之，运输成本最低点即是工业企业合理布局点。

2. 劳动费指向论

由于劳动力成本在区域上有差异，会使运费决定工业区位的格局发生变化。如果工业布局地点节约的劳动力成本大于增加的运输成本，则工业区位偏向于劳动费指向。

为评判劳动力成本对工业区位的影响程度，韦伯提出了“劳动费指数”，即每单位重量产品的平均劳动力成本。劳动费指数越大，则越偏向劳动费指向，劳动费指数越小，则越偏向运费指向。韦伯还提出了“劳动系数”，即每单位区位重量产生的劳动费。劳动系数越高，则工业布局越偏向劳动力廉价的地区。

韦伯还研究了环境条件对劳动费用指向的影响，这里的环境条件主要指人口密度和运输条件。人口稠密的地区，劳动力密度也高，工业区位偏向于劳动费指向；人口稀疏的地区，劳动力密度也低，工业区位偏向于运费指向。运输条件越发达，运费率越低，工业布局迁移的可能性越大。

因此，决定劳动费指向的条件有两个，一是通过劳动费指数和劳动系数测算的工业性质条件，二是人口密度和运输条件。

3. 集聚指向论

企业的集聚、分散会导致成本的变化，进而引起工业布局的改变。韦伯把集聚分为两个阶段。第一个阶段，企业由于自身生产规模的扩大而形成集聚。第二个阶段，许多企业在空间上集聚，企业间通过分工协作、共用基础设施，导致成本规模下降，从而实现集聚。分散因素即集聚因素的对立面，集聚会抬高集聚地的地租，从而引起企业布局上的分散。

集聚因素会对运费指向和劳动费指向区位产生影响。韦伯认为，当集聚节约的成本大于运费和劳动费节约的成本时，便产生集聚。通常情况下，在多数工业企业相互邻近的区域可能发生集聚指向。

为判断工业集聚倾向，在分析制造业的附加值主要由劳动力的附加值和机器附加值构成的基础上，韦伯把制造业附加值含义与区位重量的含义联系起来，提出了制造业系数，即单位区位重量的每吨制造业的附加值，制造业系数越高，工业集聚的倾向性越强，相反，工业集聚的倾向性越弱。

（二）涪陵第二产业的发展与布局优化路径——基于韦伯工业区位模型

1. 基于运费指向的优化路径

运费指向的核心是工业应布局在运输成本最低点。运费指向的优化路径通过两个方面来实现。

一方面，依托现有的交通条件，优化工业企业布局。涪陵是国家规划的成渝城市群四大区域性综合交通枢纽之一，具有依托两江、承接东西、联动南北的交通地位，在交通运输方式上，涪陵第二产业可选择公路、铁路、水路运输。理论上，涪陵工业企业应布局在交通便利的地方，特别是港口、铁路枢纽附近。从龙桥街道至石沱镇沿江地带集合了渝怀铁路、沿江高速、龙头港，且距离重庆主城相对较近，可保留一定纵深的工业用地，集中布局第二产业，重点布局对广布原材料依赖较大的石油化工行业、新型装备制造业。

另一方面，通过完善交通条件，发挥交通对工业的集聚作用，从而优化工业企业布局。一是结合产业和城镇化发展，优化铁路线网布局，增加铁路线网密度，扩大铁路覆盖范围，优化铁路枢纽布局，提高运输能力，完善园区支线、企业专用线铁路，解决园区、港口、企业“最后一公里”铁路运输问题，降低工业企业物流运输成本。二是加快主要港口与铁路、高等级公路的连接线建设，构建以长江黄金水道和高速公路、铁路大动脉为主的沿江大通道，大力发展多式联运，形成无缝衔接的集疏运体系。三是坚持“以港聚业、以港兴城”，强化航运对产业发展的带动作用、产业对航运发展的支撑作用，着力优化产业布局。如位于龙桥街道北拱社区的龙头港，作为重庆布局的“1+3”枢纽港口之一，和已建成的沿江高速、南涪高速和渝怀铁路、南涪铁路，实现了进出口货物铁、公、水多式联运。龙头港东通江海，西连“渝新欧”，有利于涪陵更好地融入“一带一路”建设和长江经济带战略。但目前龙头港还未能与李渡工业园区、清溪特色园区实现铁路联运。因此，应推动龙头港与李渡工业园区、清溪特色园区连接铁路建设，发挥交通对工业的集聚作用，从而优化工业企业布局。

涪陵高速公路、铁路分布见图 6-1、图 6-2。

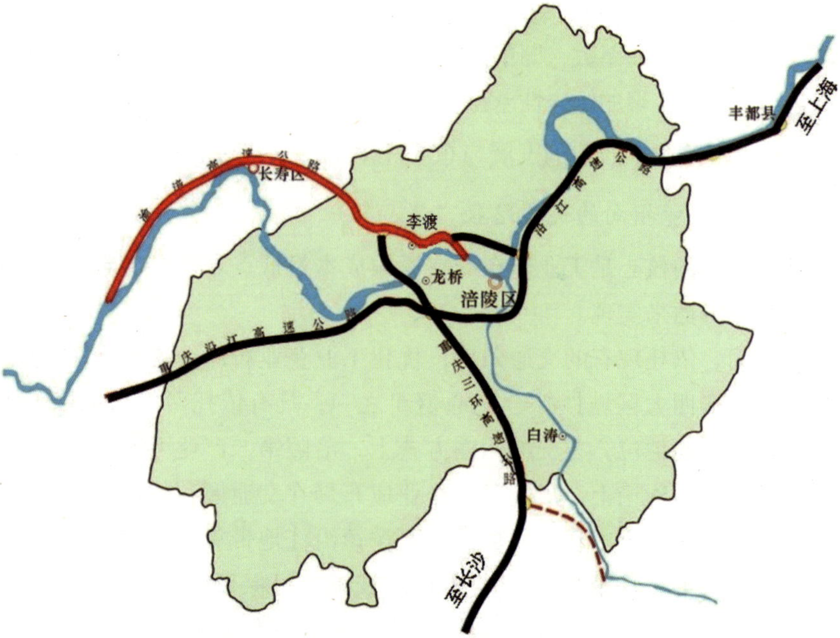

图 6-1　涪陵高速公路分布

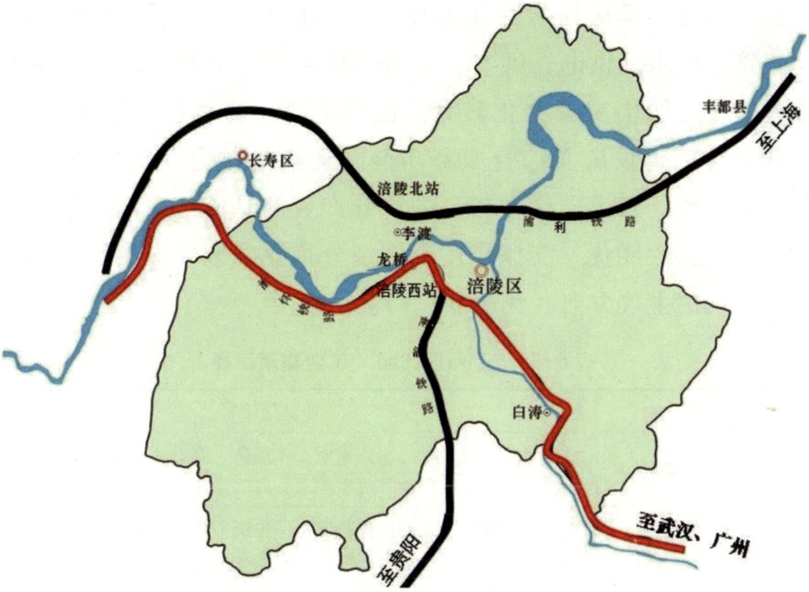

图 6-2　涪陵铁路分布

2. 基于劳动费指向的优化路径

劳动费指向的核心是工业可布局在节约的劳动力成本大于增加的运输成本的地点。通常纺织业、食品、机械零件行业劳动费指数和劳动系数较大，属于典型的劳动费指向性产业。城市区域劳动费用高，而城区周边和农村地域却具有大量的廉价劳动力，但远离消费地（城市区域）的工业布局会造成与最小运费点和工业聚集地的空间偏离，带来运费增加和不能享受集聚利益的费用增加。因此，可在城市周边和农村布局劳动系数高或者对集聚（规模经济）利益要求不高，靠单纯劳动即可进行生产的纺织业、食品行业。

3. 基于集聚指向的优化路径

基于集聚指向的涪陵工业优化路径，应加强分类指导，形成空间集约节约的发展格局，优化产业布局，加快结构调整，增强“两区四园”集聚作用。

第一，增强“两区四园”集聚作用。攻坚国家级高新区、综合保税区这“两区”，升级李渡工业园区、龙桥工业园区、白涛化工园区、清溪特色园区这“四园”，培育一批规模大、附加值高、链条完善的产业集群，增强“两区四园”集聚作用。加快四大园区产城融合步伐，提速道路、供水、供电、供气、通信、绿化、污水和垃圾集中处理基础设施建设，加快完善文化教育、医疗卫生、商贸物流、公共交通、餐饮娱乐等配套设施及综合服务功能。坚持差异化发展、特色发展、比较优势发展，四大园区在各自的主导产业的基础上，精准选择产业基础好、成长性能优、支撑作用大的细分行业领域，作为园区未来特色产业发展的主攻方向（见表6-25）。

表6-25 “两区四园”工业集聚路径

<table>
<tr><th colspan="2">两区四园</th><th>工业集聚路径</th></tr>
<tr><td colspan="2">涪陵国家级高新区</td><td>重点培育科技型企业、高素质人才团队、高技术研发平台三大创新载体，打造涪陵创新升级主阵地、高端产业的核心区</td></tr>
<tr><td colspan="2">涪陵综合保税区</td><td>重点发展保税加工、保税物流、保税服务等业态，推动开放型经济高质量发展，建成重庆内陆开放高地重要支点</td></tr>
<tr><td rowspan="4">四大工业园区</td><td>李渡工业园区</td><td>重点发展汽车产业、医药、食品、高端装备、电子信息等先进制造业。努力建成西部重要的汽车产业和食品医药生产基地、重庆市信息服务业高地</td></tr>
<tr><td>龙桥工业园区</td><td>重点发展化工化纤、纺织、医药、汽摩整车及配套等产业集群，适时发展重装石化产业，积极发展节能环保等战略性新兴产业</td></tr>
<tr><td>白涛化工园区</td><td>重点发展页岩气深加工、精细化工产业集群，积极发展化工新材料、节能环保等战略性新兴产业，打造西部重要的特色化工基地</td></tr>
<tr><td>清溪特色园区</td><td>重点发展铝基础材料，积极发展高性能金属材料及精加工，打造西部知名的有色金属生产基地</td></tr>
</table>

资料来源：《重庆市涪陵区国民经济和社会发展第十三个五年规划纲要》。

第二，着力构建“6+6”产业集群。围绕6大传统支柱产业，依托大产业、大园区、大项目，运用新技术、新材料、新装备、新工艺，优化产品结构，拓展产业链条，促进产业集群化；深入落实“中国制造2025”和“互联网+”战略，以集群化和智能化发展为基本路径，大力培育六大战略性新兴产业，加强战略性新兴产业资金扶持，深入推进新兴产业规模化、传统产业高端化，大力发展页岩气、新一代信息技术、MDI下游及化工新材料、新能源汽车及智能汽车、生物医药及生命健康、节能环保等新兴产业，坚决淘汰落后产能。积极发展园区第三产业特别是生产性服务业，完善园区产业配套，不断挖掘高附加值的产品和服务，坚定不移地推进园区工业转型升级步伐（见表6-26、表6-27）。

表 6-26　六大支柱产业集聚路径

产业名称	集聚路径
化工化纤	围绕天然气化工、石油化工两大领域，合理发展传统化肥、氯碱、甲烷氯化物、有机氟化工等产业。重点发展化纤纺产业链，着力推进 PTA、纤维聚酯 PET（或聚酯瓶片/膜片）、织造服装、家纺织品等石化下游产业
装备制造	围绕乘用车、船舶、通用机械等领域，重点发展中高档家用汽车、商务用车和特种用车，力争高端车型落户生产，发展新能源整车及汽车电子产品等核心零部件，推进汽车配套产业链发展；重点发展大型江海直达船舶、LNG/LPG 大型运输船、豪华游艇及旅游船舶、海监海事特种船舶等。稳步发展整装机械、成套设备、输变电设备、大型锻铸件、精密轴承等机电装备制造业
重要材料	围绕铝、钢铁和其他有色金属深加工，重点发展汽车薄板、汽车铝轮毂、铁合金、刚玉、高端铝型材、铝压铸件、大型钢构等，积极发展高性能金属材料、新型纺织材料、节能环保材料，引进铜深加工产业项目，稳步发展建筑建材产业
食品	加快榨菜全产业链发展，培育发展火锅食材产业，大力发展特色食用油精炼加工制品、粮食加工产品、肉制品深加工产业
医药	围绕化学制药规模化、中成药特色化、保健品品牌化发展方向，重点发展新特药、原料药、大品种基本药物、医药中间体、中成药、保健康复等产业，加快中药新品种、儿童药开发，引进凝血因子Ⅷ、单抗等生物技术药。积极发展医疗设备、医疗器械、医疗耗材等
能源	积极拓展本地电网、气网的市场份额，提高热电、燃气的使用效益。大力发展风电、太阳能等清洁能源，积极推动核电发展

资料来源：《重庆市涪陵区国民经济和社会发展第十三个五年规划纲要》。

表 6-27　六大战略性新兴产业集聚路径

产业名称	集聚路径
页岩气	重点发展页岩气勘探开采、生产研发与技术服务、管道运输、LNG 储备压缩及车船运用，积极发展页岩气装备维修、耗材生产、勘探开采成套设备、综合利用设备等装备制造业
新一代信息技术	重点发展智能手机、平板电脑、集成电路、高密互联印刷线路板（HDI-PCB）及 SMT 封装、LED、3D 打印、精密电子元器件等。推进物联网技术运用，以移动终端应用为方向，加快发展互联网设备、无线通信设备、传感设备、物联网芯片、终端等设备和系统、应用等软件开发。积极发展机器人及智能装备产业
MDI 下游及化工新材料	围绕高分子合成材料，重点发展聚酰胺和聚氨酯两大产业链。聚酰胺产业链着力推进 BDO、聚四氢呋喃、差别化氨纶、尼龙及下游纺织服装、医疗材料、汽车内饰、体育用品等产业；聚氨酯产业链重点发展已二酸、PU（软硬泡、弹性体、涂料、胶黏剂、密封胶、浆料）、TPU、CPU 及下游家电保温、建筑与工程用材、家具家居、涂料、服装、制鞋等产业
新能源汽车及智能汽车	重点发展纯动力汽车、插电式混合动力汽车、燃料电池汽车和 LNG 公交车，努力在电池、电机、电控等核心技术方面实现突破，积极开发智能代步车、辅助驾驶汽车、半自动驾驶汽车、高度自动驾驶汽车、无人驾驶汽车等智能汽车及配套产品

续表

产业名称	集聚路径
生物医药及生命健康	对标发达国家准入标准，重点培育和开发靶向治疗药物、基因工程疫苗、重组疫苗等生物技术药与诊断试剂，加快重大新药创制、现代中药、生物医学工程、化学药物升级改造。加快推进生物血液制品、干细胞储存和应用、保健功能食品等生物资源开发项目
节能环保	重点发展污水污泥和工业废水处理、垃圾餐厨处理、工业 VOC、垃圾焚烧发电、烟气脱硫脱硝、电子废弃物、江河清淤、水源热泵、环保自动化控制系统等设备制造及资源循环利用领域

资料来源：《重庆市涪陵区国民经济和社会发展第十三个五年规划纲要》。

第三，以大数据智能化引领，打造智能产业优势集群。坚定不移落实以大数据智能化为引领的创新驱动发展战略行动计划，把智能制造作为产业创新发展的主攻方向，通过大数据智能化带动创新要素向涪陵集聚，不断催生新产业、新业态、新模式，打造智能产业链和智能产业集群。推动产业数字化，推进智能化改造，促进大数据智能化技术向传统产业各领域环节渗透，推动传统产业转型升级和提质增效。推动数字产业化，聚力发展智能产业，以智能化更好地推动高新技术产业发展，大力发展人工智能、集成电路、智能装备等智能制造业。推动互联网、大数据、人工智能和实体经济融合发展，围绕涪陵优势产业大力发展电子商务、软件服务、物联网、智慧物流等，推进智能化应用发展（见表 6-28）。

表 6-28　智能产业集聚路径

产业类别	集聚路径
大数据	依托华为云计算数据中心项目，实施“云端计划”，加快承接“重庆工业云”平台服务，推动构建地区大数据云平台
人工智能	发展人工智能通用芯片，语音识别等人工智能专用芯片，加强新型人机交互、高级机器学习等企业的引进
智能硬件	依托深圳赛华智能终端生产基地，扶持手机、汽车等企业导入 5G 通信、指纹识别模组等智能化技术。注重发展智能家居、智能医疗产品
智能制造装备	引进精密齿轮磨床、3D 打印、激光加工装备等先进制造装备企业
智能网联汽车	依托华晨鑫源新能源汽车、重庆合众电气公司电机项目，发展新能源智能网整车、电池及电机系统、轻量化底盘等核心产品。鼓励华晨鑫源和盛时达汽车的主力车型加快智能化水平提升，充分利用大数据、互联网技术引领支撑产品改进和服务提升

续表

产业类别	集聚路径
软件服务	以华为项目落地为契机，引进应用软件、行业解决方案和基础软件平台提供商，支持互爱科技、蒙塔纳等企业集聚发展。加速推进软件与各行业领域融合创新，引导企业开展服务型制造，发展工业设计创新、供应链协同管理、产品生命周期管理、个性化定制等服务
数字内容	依托互爱科技产业园，引进培育数字内容产业企业，打造数字内容产业集群。支持制造企业建设工业设计创新研究中心，培育一批动漫、游戏制作、数字文化装备等领域核心企业
电子汽车	充分利用整车企业集聚的市场优势，加大汽车电子企业的引进培育力度，重点发展汽车电子电控核心技术产品。鼓励新能源、智能网联等相关的汽车配件、电子产品企业进入汽车电子重点领域，扩大产业规模
集成电路	依托华通电脑、群崴电子等现有企业，推动产业技术研发和应用，大力发展本地集成电路配套企业，完善集成电路产业链
物联网	依托深圳赛华摄像头、指纹识别模组合华玮旭智能摄像头等项目建设，打造物联网产业研发生产与贸易基地。抢抓窄带物联网、5G 发展机遇，建设物联网公共服务基础平台和应用服务云平台

资料来源：《重庆市涪陵区国民经济和社会发展第十三个五年规划纲要》。

第七章 第三产业经济地理

在当代经济社会发展进程中，第三产业呈现迅速崛起、后来居上的态势。发展壮大第三产业可以促进市场经济发展，优化社会资源配置，对促进国民经济持续快速发展具有非常重要的意义。近年来，涪陵区第三产业发展取得了长足的进步，占国内生产总值的比重逐年加大，已成为经济增长的重要支撑。

第一节 资源禀赋与现状

一、资源禀赋

涪陵位于重庆腹地及三峡库区，长乌两江交汇处，具有承东启西和沿长江、乌江辐射的战略地位。全区总面积 2942.34 平方公里。2017 年末，涪陵区户籍人口 115.83 万人。其中，农业人口 64.09 万人，非农业人口 51.74 万人；按性别分，男性人口 58.91 万人，女性人口 56.29 万人。2017 年末，常住人口 116.02 万人。其中，城镇人口 77.94 万人，城镇化率 67.18%。

目前，涪陵铁路、公路和水路交通便利。渝怀铁路、渝利高铁、319 国道、长乌两江航道贯穿境内，高速公路网络四通八达。

涪陵境内有长江干线航道 77 公里，乌江四级航道 30 公里。涪陵港自然岸线总长 42 公里，其中长江段 29 公里，乌江段 13 公里。港口陆域面积 196 万平方米，水域面积 490 万平方米。主要码头作业区有龙头港、黄旗港、白鹤梁、龙王沱等客货运码头 70 多座。涪陵港主要承接乌江流域以及重庆、丰都和万州等长江沿岸城市的煤炭、水泥、非金属矿石、化肥、农药、钢铁、木材、粮食等的进出口和过境运输，同时也承担部分外贸物资的出口运输。

涪陵境内干线公路有渝涪高速公路、茶涪高速公路、南涪高速公路、涪丰高速公路、G319、S103 渝巴线、S303 石雷路、S905 桃大路等。

目前已有渝怀铁路通过涪陵境内，有 2 个客货运车站。渝利高铁通过涪陵境内，有 1 个客运车站。

涪陵旅游资源种类多样，自然旅游资源开发力度不够，精品很少，吸引力不强，与周边地区相比，没有竞争优势。然而，地处长乌两江旅游热线之上的区位优势，加上涪陵“巴国古都”“816”工程有独特的人文旅游资源优势，决定了涪陵旅游资源仍具有一定的吸引力。涪陵的旅游资源主要有武陵山大裂谷、武陵山国家森林公园、红酒小镇、乌江画廊等。人文旅游资源主要有巴人遗址小田溪、“816”工程、“水下碑林”白鹤梁和独特的榨菜文化以及现代工业文明等。

二、第三产业的发展现状

围绕“服务主城、彰显特色、错位发展”思路，不断拓展新领域、发展新业态、培育新亮点，大力发展生产性服务业，优化提升生活性服务业，形成以现代物流业、金融业、旅游业和商贸服务业为支撑，多产业协同发展的“4+X”现代服务业发展体系，努力建设服务全市、面向西部的具有特色的现代服务业示范基地。

加快发展现代物流业。发挥港航优势，加快重点物流园区和物流配送中心建设，构建以龙头港物流园区为核心，李渡、白涛、清溪三大物流园为支撑，城区、新妙、龙潭、珍溪四大物流配送中心为补充的“1+3+4”物流发展体系，形成以港口大宗物流为基础、专业市场物流为支撑的现代物流格局，其功能定位和目标任务见专栏 7-1。积极引进物流企业建立区域性总部或功能性总部，构建内畅外联的三级物流网络，大力发展多式联运、第三方物流等现代物流业态，建立健全物流公共信息服务平台和物流集疏运网络，提高物流智能化水平和产业能级。争取到 2020 年物流业增加值达 120 亿元。

专栏 7-1　重点物流园区功能定位和目标任务

◆ 龙头港物流园区。规划用地 7600 亩，积极承接自贸区分区功能和现有黄旗港运输功能，重点开展铁、公、水联运服务，发展建材、木材、石油、装备、钢铁、化工、农副产品等大宗散货运输和集装箱运输，建设港口运输、仓储配送、加工组装分区、分拨中心和交割仓库，努力建成长江上游重要的物资集散地和战略物资储运基地，年货运吞吐能力 3000 万吨，集装箱 50 万 TEU。

◆ 李渡物流园。规划用地 2655 亩，重点依托李渡工业园，发展医药食品、材料、汽车、电子等产业，为工业成品、半成品及其外购原材料提供仓储、配送等大宗物资集散及其配套物流服务，设立公路货运基地，建设涪陵最大陆上物流、物资集散、物流信息和增值服务基地，年仓储运输能力达 2000 万吨。

◆ 白涛物流园。规划用地 1180 亩，重点依托白涛化工园，建成西部重要的危化品集散基地，年物流处理能力 1000 万吨，其中港口货运能力 600 万吨。

◆ 清溪物流园。规划用地 1000 亩，重点开展水水中转服务，承接乌江流域出海货物中转。依托清溪工业园，重点发展铜铝、钢铁产品及构件等大宗运输，建成重庆重要的有色金属集散基地，年物流处理能力 800 万吨，其中港口货运能力 500 万吨。

◆ 城区、新妙、龙潭、珍溪物流配送中心。重点发展农副产品、日用消费品、汽摩配件、纺织服装等轻工产品物流配送服务。

资料来源：《重庆市涪陵区国民经济和社会发展第十三个五年规划纲要》。

加快提升金融服务业。健全完善金融服务体系，强化金融服务功能，深化金融服务改革、开放和创新，提高服务实体经济能力，建设门类齐全、结构合理、运行高效、安全稳健的金融机构体系。拓宽直接融资渠道，巩固壮大银行、证券、保险等传统金融业，组建涪陵商业银行，做大上市融资、债券融资。大力发展新兴金融业，突出发展金融要素市场，引进和培育新型农村金融机构、融资性担保机构等金融服务机构。积极发展金融保理、支付清算等现代金融，拓展金融市场的广度和深度。到 2020 年金融业增加值达 50 亿元以上。

建设长江知名旅游目的地。大力发展旅游经济，全面发展观光旅游、休闲旅游、度假旅游，到 2020 年接待国内外旅游人数达 2000 万人次，其中在涪过夜游客突破 600 万人次。突出“历史文化探秘、自然心灵回归和生态田园休闲”三大主线，积极构建“一核两区”旅游发展格局。

优化整合旅游资源，培育旅游精品线路和特色旅游线路。丰富休闲度假产品，创新发展度假避暑、温泉康疗、养生养老、自驾露营、文化体育、购物娱乐等新兴旅游业态。加快发展乡村旅游，培育坪上乡村旅游示范片，培育一批乡村旅游示范工程。积极发展“互联网+旅游”，推动旅游业发展与工业、农业、城市、文化等深度融合发展，提升旅行社、宾馆饭店、景区景点服务质量，强化旅游宣传推广和营销，培育壮大旅游市场主体，加快将涪陵建设成为具有浓郁巴国特色的游览度假胜地和长江知名旅游目的地，见专栏 7-2 所示。

专栏 7-2　建设长江知名旅游目的地重大工程

◆“一核两区”旅游布局。“一核”指以涪陵城区为核心的区域旅游综合服务中心和集散中心，打造以城市历史文化为主的旅游功能区，“两区”指打造坪上和后山旅游发展区，重点发展避暑度假、养生度假和乡村生态旅游。

◆ 旅游精品景区提档升级。推进武陵山大裂谷 5A 级景区创建工程、白鹤梁景区申遗工程、“816”工程提档升级。

◆ 旅游度假区建设。高品质打造武陵山—北山市级旅游度假区（含武陵山景区、北山景区、乌江画廊）。

◆ 旅游新景开发。包括 1898 涪陵榨菜文化小镇、涪州古城、两江游、雪峰山度假区、坪上花溪秘境公园、坪西岛湿地公园、百里特色农业观光带、蔺市古镇、青羊陈万宝庄园群、小田溪巴王墓、大溪河、御泉河、大顺、罗云红色文化景区等。

◆ 旅游基础设施及配套工程。建设长江游轮母港，乌江旅游码头，景区通畅工程，旅游集散中心，智慧旅游体系，A 级景区旅游厕所达标工程，自驾车房车营地。

资料来源：《重庆市涪陵区国民经济和社会发展第十三个五年规划纲要》。

提档升级商贸流通业。坚持消费引领、市场主导，实施“互联网+”行动计划，推动商贸流通便利化、品质化发展，社会消费品零售总额达 400 亿元以上。繁荣江南城区核心商圈，建成新城区中央商务区，加快建设鹅颈关小商品、五金机电、家居建材、农资及农副产品和龙桥粮油、纺织、建材专业市场集群，培育发展李渡汽车、化工产品和龙潭农产品专业市场集群，着力构建“两商圈四集群”的现代商业格局。建设智慧商圈，大力发展电子商务、移动支付和 O2O，完善电商配套服务体系，引导传统商贸流通与电子商务企业融合发展，鼓励发展农村电商，积极培育特色农产品电商平台，力争电子商务交易额突破 600 亿元。巩固提升乡镇商贸“五个一”、万村千乡市场工程和农村新网工程，新培育 5 个商贸强镇、5 个乡镇商贸综合服务中心，加快构建完善以乡村零售网点为基础、农产品批发市场和连锁配送中心为骨干、各类农村流通企业为主体的农村现代流通体系。

促进房地产业健康发展。坚持保障居住和改善质量并举，推动商品房向精品化、功能化方向发展，基本形成配备合理的住房结构体系。规范物业管理，完善住房租赁管理制度，积极发展存量住房市场。适应新型城镇化要求，重点推进新城区和重点城镇普通商品房开发。积极发展旅游地产和养老服务地产。

积极发展战略性新兴服务业。融入全球一体化进程，逐步培育壮大战略性新兴服务业集群。以涪陵新城区为核心区域，加强与国内外知名高校和科研院所合作，大力发展跨境电子商务、软件信息服务、保税商品展示及保税贸易、服务外包、文化创意等新兴服务业。支持企业面向金融、物流、公共事业等领域开展服务外包，以做大做强第三方平台为重点，突出制造业、农业、商贸流通业等重点领域电子商务的普及应用。

第二节　商业的发展与布局

一、商业发展

泽胜中央广场和高笋塘泽胜商业步行街两个核心区组成了涪陵江南城区商圈。泽胜中央广场是涪陵大型购物中心，建设百亿级商圈的标志性工程。其 2 栋 48 层、总建筑高度 208 米的“世贵双星”超高层塔楼，也是主城区以外第一高楼、涪陵城市的地标建筑。金科世界走廊分为酒店、写字楼和商业物业部分，总建筑面积为 23.2 万平方米，现已有乐天玛特、横店影院、金鹰天地、银乐迪等品牌入驻，销售额与招商率逐年走高。已建成建筑建材综合市场、中国榨菜展示交易中心等商品市场和涪陵港口物流园区、李渡工业园区物流园、白涛化工物流园区等大型物流园区。

近年来，涪陵区政府积极开展了多项商务谈判和营销活动，并成功举办了中国涪陵榨菜文化节暨酱腌菜调味品展销会、建材节、家博会，重庆（涪陵）国际汽车展等商业活动。涪陵区正加快推动“两线三片一城”建设，形成新老城区比翼双飞、齐头并进的发展格局。

二、商业中心布局

通过建设南门山高笋塘、李渡两个百亿级核心商圈和歪角次级商圈，滨江路、四环路两条商业走廊，珍溪、龙潭、新妙、白涛 4 个市级中心镇商业，新大兴国际农产品、泽胜家居建材等十大专业市场，望涪等 10 个社区商业，兴华东路机电产品一条街等 4 条商业特色街，凸显涪陵区域性商贸中心的地位。特别是江南主城区商业业态规划是涪陵区首次对江南城区商业业态进行政府规划，旨在通过政府的引导形成特色鲜明、布局合理的商业核心集聚区（见表 7-1）。

表 7-1　2013—2017 年涪陵区商业供应情况（不完全统计）

区域	项目	体量（万立方米）	地址
蔺市	美心涪陵洋人街	2	涪陵蔺市镇大桥村
江南	金科世界走廊	15	涪陵南门山商圈核心
江南	御景江都	2	涪陵区滨江路
江南	涪陵新街坊	2	涪陵消防大队旁
江南	泽胜中央广场二期	12	涪陵区高笋塘泽胜中央广场
新区	涪陵红星国际广场	25	涪陵新城区太乙大道与太白大道交会处
江南	涪陵渝东国际商贸	25	涪陵区鹅颈关
新区	涪陵新城区 CBD	67	涪陵区马鞍街道

资料来源：《重庆市涪陵区国民经济和社会发展第十三个五年规划纲要》。

（一）涪陵高笋塘泽胜中央广场（重庆主城区外最大商业综合体）

涪陵泽胜中央广场是重庆市私营企业 10 强之一——重庆泽胜集团旗下重庆泽胜地产公司积极参与旧城改造的涪陵区重点工程。它以 38 万立方米体量成为重庆主城区外最大商业综合体，其双子塔楼也是这一范围内最高地标建筑。目前，已成功吸引世界 500 强企业韩国乐天玛特和麦当劳等一大批品牌商家入驻。

泽胜中央广场由时尚购物中心、潮流商业街、甲级写字楼、星级酒店等建设集群组成，其中的 20 万立方米国际时尚生活中心，涵盖大型超市、精品服饰、星级影院等多种业态，其建设对于完善涪陵城市功能、吸引人口聚集、突出现代化大城市形象有显著作用。

（二）涪陵南门山金科世界走廊、国际商业步行街（金科集团）

金科世界走廊项目位于涪陵南门山商圈核心。项目占地57340平方米，建筑面积约234990平方米，包含国际商业步行街、五星级酒店、5A国标写字楼、新古典商业街等综合业态，是涪陵建设百亿级商圈的大手笔。项目总体分为酒店、写字楼和商业物业部分，总建筑面积23.2万平方米，现已有乐天玛特、横店影院、金鹰天地、银乐迪等品牌入驻，销售额与招商率逐年走高。

（三）钢龙·渝东国际工贸物流商城

钢龙·渝东国际工贸物流商城位于涪陵区龙桥工业园区，沿江高速路龙头港出入口，由重庆市钢龙投资股份有限公司投资建设。项目总投资20亿元，占地面积503亩，规划总建筑面积50万平方米，包括钢材、石材等市场、加工、仓储、商务等功能区。该项目定位为渝东地区首个电子网络平台管理和交易的市场，利用电子商务和现代物流实现远程交易、远期交易，整合“B2B”“B2C”等电子商务模式，在全国建立网络交易中心，交割仓，实现连锁经营。

（四）重庆市涪陵粮油交易中心

粮油交易中心项目地处龙桥街道办事处石塔村八组，距沿江高速路出口700米，距渝怀铁路涪陵货运站3公里，距龙头港码头2公里，交通便利，区位优势十分明显。涪陵粮油交易中心是渝东南地区唯一一个集粮油批发、交易、储存、信息发布等功能于一体的粮油综合交易中心，将成为商务集团承担区内中央、市级、区级储备粮轮换的主要载体，并为加速区域粮油周转、拓展粮油购销渠道、保障粮油市场稳定和促进企业长远发展起到积极作用。

粮油交易中心占地99亩，共计66111平方米，集粮油仓储、粮油交易、应急物资保障、粮油信息发布、粮油物资配送、大米加工、粮油质量检验检测于一体。其中，粮油仓储计划建设6万吨，食用油罐1万吨，粮油交易市场8718平方米（含办公室）、应急保障11500立方米、大米加工车间2236平方米。项目建设总投资预计1.2亿元，建设工期约2年。

（五）鹅颈关市场群

鹅颈关市场群由新大兴国际农副产品交易中心、建玛特家居建材市场、涪陵·渝东国际商贸城、涪陵农资商贸城4个专业市场组成，规划总建筑面积54万平方米。

新大兴国际农副产品交易中心：该市场由新大兴集团投资建设，总占地面积122亩，市场总面积11万平方米，总投资1.5亿元。主要包括蔬菜、水果、副食、粮油交易区，检测检疫中心、信息发布中心、指挥监控中心、行政商务中心等功能区，拥有冷链系统10000平方米、大型仓库10000平方米，已入驻商户500余户，进场交易各类农副产品达10000多种，辐射垫江、长寿、南川、丰都、武隆、彭水、黔江等区县。

建玛特家居建材市场：该市场是建玛特家居集团旗下第一家单店经营面积最大、品类最齐全、真正体验式的高档次家居建材生态MALL，辐射重庆主城、武隆、丰都、石柱等周边区县。市场总经营面积11.5万平方米，该市场主要经营建材、家具、家电、灯饰、家居饰品、装饰6大品类，拥有美标卫浴、蒙娜丽莎瓷砖、索菲亚定制家具、圣象地板、西蒙开关等300余个国内外一线建材家具品牌。

涪陵·渝东国际商贸城：该项目由重庆国盛基业投资有限公司投资建设，占地约200亩，规划建筑总面积25万平方米。主要包括小商品市场、五金机电汽摩配件市场、商业街、酒店等功能服务区。

涪陵农资商贸城：该项目由重庆市农业生产资料集团涪陵市场有限公司投资建设，占地30亩，规划建筑总面积6.5万平方米。主要包括服务中心、交易市场、农机具展示厅、仓储配送等功能区，销售种子、农药、化肥、饲料、兽药、农用薄膜、农业机械及零配件等农用物资。

三、大型仓库布局

涪陵作为全市工业大区，在向重庆现代制造业基地迈进的过程中，面临的一个突出问题是全区货运站场不足，物资进出绕行距离远，无专业货运中心和信息发布平台，企业物流成本高。不同货运方式缺乏衔接，无法形成多式联运；一些铁路货站超负荷运营，比如涪陵主要的铁路货站——涪陵西货站，设计能力只有120万吨/年；公路货运站无专业、统一规划，企业物流成本高。

目前，涪陵区已设立有涪陵海关、检疫检验局，以及国家批准的西部的出口船舶制造基地；并争取设立国家一级水运口岸和航运口岸，完善

“一关三检”，建立进出口检测中心和涪陵保税仓库，将涪陵港打造为两路寸滩保税港区C区，实施启运港退税。仓储区建设规划：A江南片区内，控制现有工业的发展，关停整改“重污染、低效益、小规模”零散工业，整理零碎工业用地，适当归并，成规模集中发展。B李渡片区内，在涞滩河入江口的东侧地块，发展生态高科工业区；在渝涪高速南侧、片区西北角地块，发展以建材产业为主的工业区；对片区东侧的川东造船厂在现有基础上适当进行改造，改善绿化生态环境，配套发展部分居住及公共服务设施。C南岸浦片区依托中化重庆涪陵化工公司发展化工产业区，依托北拱铁、公、水码头和龙桥电厂发展物流和能源产业区。D江东片区内的工业近期以“控制发展，逐步置换”为基本原则，保留金帝等规模较大的工厂，其他生产效益低的工业在近期要陆续搬迁。E黄旗依托临江港口优势，初步建成物流仓储产业区。

货运规划形成“一基地、四园区、多节点”的货运枢纽体系。“一基地”指龙头山港综合物流基地。“四园区”指中心城区级的现代物流园区、新妙—石沱综合物流园区、清溪材料与“水—水”中转物流园区、白涛化工品物流园区。“多节点”指中心城区高山湾物流配送中心、各个乡镇的基础型物流配送中心和特色型物流配送中心。

白涛化工园区现代仓储物流中心被认定为市级重点物流园区，随着现代仓储物流中心项目建成，梓里至白涛高速公路即将通车、乌江航道河口至白涛段航道整治的完成，其区位条件更具优势。正在建设的“涪陵工业园区华达码头”由攀华集团投资兴建，总投资3.15亿元，规划建设6个3000吨级泊位，项目一期2个泊位已建成投入使用。

黄旗物流园区，涪陵黄旗集装箱港一期投资6.5亿元，占地358亩。从2003年立项开工建设，现建成2个3000吨级深水集装箱泊位，1个3000吨级滚装码头，集装箱堆场5.5万平方米，年吞吐能力为40万标箱和20万辆汽车，1500平方米的办公场所、1032平方米的监管仓库和11000平方米的监管查验场所已经投入使用。黄旗集装箱港是重庆中部综合运输体系和长江、乌江水运主通道的重要节点，成为渝东南、黔北等经济腹地资源开发和生产力布局、区域经济发展的重要依托。

涪陵龙头港物流园区不但承担着重要的储煤转运功能，还是渝南、渝东地区和贵州、长江航运重要的物流枢纽，要建成长江上游最大的现代物流园区。涪陵龙头港作为重庆“1+3”核心枢纽港之一，定位为长江上游重要的综合物流基地、长乌两江物资集散中心和保税口岸、长江经济带多种方式联运基地和长乌两江通江达海出口，是目前5000吨级船舶、万吨级船队能够到达的长江上游最西端港口。清溪物流园承担着向新疆供给氧化铝的转运功能，白涛物流园区也将成为渝东南水运、铁路转运基地。涪陵将成为全市重要的物流枢纽。

第三节　对外经济发展与布局

一、对外贸易的地域分布

目前涪陵黄旗港正式开通至上海的“五定”外贸集装箱快班轮。将由重庆中远国际货运代理公司负责运行涪陵至上海外贸集装箱班轮航线，每周2班。采取“定港口、定航线、定船期、定运时、定船舶”（“五定”）模式，由涪陵驶达上海港外高桥码头，全程运行时间130小时。这是涪陵及周边地区外贸企业的一条快速通江达海的外运线路。

应加快涪陵综合保税区基础设施建设，紧紧围绕综合保税区“边申报、边建设、边招商”的总体思路，强力推进基础设施建设和招商引资工作。涪陵综合保税区将分两期规划建设，目前规划区内一、二期的征地拆迁已全部完成，一期场平工程已经完工。杨雀岭至攀华码头连接道项目于2017年完工，道路设计总长1.59公里，路幅宽24米，双向4车道，设计时速30公里/时，属于涪陵新城区次干道，为综保区获批创造条件。该道路便于华晨鑫源及配套企业原材料、产品的运输，将成为综合保税区的一条便捷物流通道，将助推涪陵新城区西进拓展城市空间。

二、产业转移与承接

一是明确产业定位。进一步明确涪陵综合保税区产业定位。按照制造业与服务业并重发展的定位，依托“渝新欧”和长江、乌江物流大通道优势，积极发展保税加工、保税物流等传统业态，大力发展转口贸易、服务贸易、总部贸易、保税贸易、跨境电商等新业态，以全方位开放为契机加快产业转型升级和提质增量。

二是同步推进项目入驻。现阶段主要招引太极集团、华通电脑、伍尔特、三爱海陵、凯高玩具等已落户涪陵工业园区的有条件的外向型企业入区，租用标准化厂房及保税仓库开展外贸进出口业务，同时积极跟踪太平洋物流、道道全二期、黄金珠宝加工产业园等项目。

三是招商引资成效显著。意向入区项目19个，总投资近170亿元，达产后年产值420亿元以上。目前已正式签约深圳万润科技、湖南金健米业等项目，意向签约中山东冠星光电科技，跟踪在谈道道全二期、香港永耀控股集团服装生产、东莞中天自动化设备等项目，正在接洽深圳倍易通、乐源数字、金汇基金和广州海格通信、广电运通金融电子等项目。

三、对外贸易与对外投资

2011—2017年，涪陵对外贸易呈现较大波动。2012—2014年连续3年持续下滑，2014年稍有企稳，但2016年进出口贸易总额大幅下滑44.5%，其中出口下滑58.9%，2017年企稳。同时，利用外资方面平稳增长，2017年达到12498万美元（见表7-2）。

表7-2　涪陵区2011—2017年对外经贸情况

单位：万美元

年份	总额	进口	出口	实际利用外资
2011	141915	86033	55882	6216
2012	129652	58718	70934	13477
2013	120957	35501	85456	4485
2014	119236	30868	88368	10715
2015	125019	40969	84050	6223
2016	69400	34900	34500	15123
2017	72127	37821	34305	12498

资料来源：《涪陵统计年鉴2018》。

第四节　金融业的发展与布局

一、金融业发展与布局特点

2017年末，全区有银行机构22家，小贷公司4家，融资担保公司3家，私募股权投资公司2家，要素市场服务单位2家，融资租赁公司1家。2017年，金融业实现增加值25.16亿元，比上年增长2.7%，占全区地区生产总值的2.7%。2017年末，金融机构本外币存款余额743.92亿元，比年初增长2.0%，其中人民币存款余额737.75亿元，比年初增长3.0%。年末住户存款余额438.41亿元，增长8.2%；非金融企业存款余额206.42亿元，下降4.6%。年末金融机构本外币贷款余额537.66亿元，比年初增长11.9%，其中人民币贷款余额537.01亿元，增长11.9%。年末个人消费贷款余额172.28亿元，增长13.7%。2017年，金融机构全年利润收入7.34亿元，比上年下降7.2%。金融机构存贷比（贷款比存款）由上年的67.0%提高到72.8%。2017年，纳入新型金融业（除传统的银行、证券、保险以外的金融机构）统计的企业有13户，实现营业收入7.2亿元，比上年下降47.2%。

（一）各类金融机构布局

银行、保险、证券等行业的大中小型金融机构均在涪陵区布局有分支机构，银行业占主要部分。国有商业银行机构数量近年来没有发生较大变化，但与10年前相比有明显减少。从保险行业来看，涪陵区保险公司分支机构达29家，包括太平人寿、中国人寿、阳光人寿、都邦财产保险、平安养老保险等，涉及寿险、财险、养老保险等多种职能的保险公司。同时，有8家证券公司在涪陵区布局有营业部，包括申万宏源证券、中信建投证券、招商证券等大型证券公司。涪陵区的金融系统功能日趋多样化，对于社会投融资的渠道逐渐增多，金融机构、金融产品逐渐呈现出多样化的特征，全方位促进金融业的全面发展。

（二）银行业金融机构发展比较

从国有银行来看，2005年以来，五大国有商业银行的总资产、总负债规模基本保持不断上升趋势，但其经营规模比重有所下降。而邮储银行不论总规模还是所占比重都保持上升趋势，总资产 75.39 亿元，总负债 75.26 亿元，其经营规模及占银行业总规模的比重也在逐年缓慢上升。2017 年，五大国有商业银行总资产 319.05 亿元，总负债 314.55 亿元。然而，其所占该地区银行机构总体规模的比重却在不断下降。同样，五大国有商业银行的总负债比重也显现出类似的下降趋势，主要是由于银行业业内竞争日益激烈所致。

对于本地仅有的政策性银行，涪陵区农业发展银行的总资产、总负债分别占该地区银行业总值的 3%左右，比重较小；且这些比重自 2005 年以来先升后降，近两年又有上升的趋势，其业务规模受国家及地区产业政策影响较大。由于该银行不是单纯以盈利为目的，所以根据其营业规模的变化以分析其在该地区的地位并不客观，仅以此作为参考。

与国有银行不同，全国性股份制商业银行的经营规模占整体银行业经营规模的比重呈现出波动上升的特点。地区股份制银行在涪陵区银行业中也占据着较大的市场份额，包括重庆当地的股份制银行和其他地区的股份制银行，如重庆银行、三峡银行、哈尔滨银行、富滇银行、农商行等。截至 2017 年底，地区股份制银行的总资产 218.74 亿元，占涪陵区银行市场总量的 29.48%，总负债也保持类似的发展态势。2017 年底，农商行涪陵分行的总资产、总负债、机构数量以及从业人员数量都上升至涪陵区银行业的第一，农商行的惊人业绩与其分支机构的不断扩增不无关系。

二、金融机构网点布局

通过对涪陵区各个银行所有分支机构的地理位置进行统计得知，在国有银行中，除中国农业银行及中国邮政储蓄银行外，其余银行的大多数分支机构都分布在涪陵城区。其中，中国工商银行在涪陵区共设有 13 家分支机构，有两家分支机构分布在乡镇上；中国建设银行与中国工商银行的机构分布情况相似；中国银行共在城区分布有 8 家分支机构，仅在城区外设置 2 家分支机构；交通银行则没有在城区外设置分支机构；中国农业银行分别在城区内和城区外设置有 9 家分支机构；中国邮政储蓄银行在涪陵区共有 64 家分支机构，其中有 49 家分布于涪陵城区外，仅有 15 家位于涪陵城区内。由此可以看出，不同银行机构的主要职能、业务侧重点不同，则在某一地区的地理分布状况也不同。

通过观察涪陵城区内的银行业机构网点分布图可以了解到，大多数银行分支机构以及证券公司营业部、保险公司都较为集中地分布于兴华路、广场路、太极路、人民路及江边附近，具有一定的集群效应。重庆农商行与邮储银行则较为均匀地呈网状分布于涪陵区内，且重庆农商行与邮储银行的网点设置往往距离较近，也显示出一定的集群效应。

三、涪陵新金融产业发展状况

截至2017年底，涪陵有新型金融业务单位13个，其中非货币银行服务单位4个，要素市场服务单位1个，资本投资服务单位2个，担保服务单位3个，金融租赁服务单位1个，保理服务单位2个。资产总计65.84亿元，营业收入7.2亿元，实现营业利润3.58亿元。小贷公司资本规模23.02亿元，贷款余额37.48亿元，年内贷款49.8亿元，融资性担保公司资本规模3.8亿元，在保金额17.51亿元，年内累计担保13.97亿元。金融要素市场健康发展，林交所全年累计交易面积11.52万亩，交易额1.25亿元。

2017年，非货币银行服务单位拥有资产总计36.47亿元，负债合计8.31亿元，营业收入4.48亿元，营业支出1.70亿元，营业利润2.78亿元。

2017年，要素市场服务单位拥有资产总计0.2亿元，负债合计0.08亿元，营业收入0.066亿元，营业支出0.069亿元，营业利润-0.0026亿元。

2017年，资本投资服务单位拥有资产总计1.087亿元，负债合计1.155亿元，营业收入0.483亿元，营业支出0.448亿元，营业利润0.035亿元。

2017年，担保服务单位拥有资产总计6.007亿元，负债合计1.645亿元，营业收入0.341亿元，营业支出0.303亿元，营业利润0.038亿元。

2017年，金融租赁服务单位拥有资产总计15.384亿元，负债合计9.865亿元，营业收入1.485亿元，营业支出1.071亿元，营业利润0.414亿元。

2017年，保理服务单位拥有资产总计6.70亿元，负债合计2.62亿元，营业收入0.349亿元，营业支出0.036亿元，营业利润0.313亿元。

四、货币资金的跨区域流动

随着新时代中国特色社会主义市场经济的发展，金融资源流动也逐渐市场化，区域资金流动渠道也更加多样，包括银行渠道、资本市场渠道、政府资金渠道、利用外资渠道等。其中，银行渠道是我国货币资金跨区域流动的主要渠道，非银行的资金流动量较小，且大部分非银行渠道最终也需要通过银行渠道进行划拨。在此，主要以银行渠道的货币资金流动来研究涪陵区的区域资金流动状况。

银行资金的流动主要表现为存贷款的变动、银行间同业拆借资金的变动、银行资金的汇入汇出变动等，由于存贷款是银行最主要的业务，且同业拆借及汇入汇出数据难以获取，在此以存贷款情况来探究涪陵区银行渠道所反映的货币资金流动情况。

如果存款可以视作一个地区产出的价值反映，贷款则是该地区投入的价值反映，那么银行新增存贷差为正的地区代表着银行资金流出该区域，为负则表示银行资金流入该区域。表 7-3 为涪陵区银行业本外币存贷款变动情况，存贷差则直接反映出货币资金流入流出情况。

表 7-3　涪陵区银行业本外币存贷款变动情况

单位：万元

年份	新增存款	新增贷款	存贷差
1999	67805	60302	7503
2000	144696	43629	101067
2001	93369	157044	-63675
2002	228047	231101	-3054
2003	74262	178552	-104290
2004	83848	-99200	183048
2005	101871	-51848	153719
2006	197246	-42116	239362
2007	332239	153129	179110
2008	483528	347316	136212
2009	697348	593521	103827
2010	602566	705525	-102959
2011	289094	475602	-186508
2012	698410	187518	510891
2013	716703	565167	151536
2014	965378	311877	653501
2015	668622	63507	605115
2016	344694	357998	-13304
2017	145223	569629	-424406

资料来源：根据涪陵区金融办资料整理。

从表 7-3 中可以看出，1999—2017 年涪陵区存贷差总额约为 212.7 亿元，反映出这 10 多年来涪陵区货币资金的流动特征主要表现为净流出。具体来看，在大多数年份，涪陵区都呈现出货币资金流出特征，只有 3 个时段产生净流入，即 2001—2003 年、2010—2011 年以及 2016—2017 年。

形成这一特征的原因来自我国银行业总分行制度下的资源配置效应。在我国的国有银行及大部分全国性商业银行所采用的总分行制度下，会形成总行层面对全行资金的统一调配，在利润最大化的推动下促使银行资金投放向发达地区倾斜。即大部分银行会在利润最大化的驱使下，将在欠发达地区所吸收的存款转化为发达地区的贷款和投资，进而形成对欠发达地区资金的“虹吸”效应，进一步拉大了区域间金融规模的差距和经济发展差距。

由于市场经济条件下，金融资源的跨区域流动是逐利性的，在涪陵区经济实力尚有所欠缺、资本收益竞争力较低的情况下，难以通过市场竞争获取更多的资金流入，反而可能造成资金流出。因此，通过政策手段吸引资本流入便成为涪陵区金融提升和经济发展的必要途径。

增加政府投资，改善地区投融资环境，因地制宜地制定本地产业发展政策等手段将会有利于吸引资金流入涪陵区，带动经济更好更快地发展。与此同时，充分发挥政策性金融机构作用，有利于破除涪陵区金融发展困境。政策性金融机构不同于商业银行，由于其不追求利润最大化，在项目选择上不以经济效益为首要条件，而是要根据国家经济社会发展战略的需要为符合条件的借款人提供资金支持；在贷款条件上，政策性金融的贷款一般期限较长且利率比较优惠。而且在贷款方面，政策性金融机构承担着“最后的偿债人”的特殊角色。由于政策性金融机构的特殊地位，政府除保证充足的资金供应之外，还给予种种优惠政策和特殊保护，甚至还为政策性金融机构承担经营风险。

第五节　房地产业的发展与布局

一、房地产开发市场运行情况

（一）房地产投资增长平稳

房地产行业一直是涪陵国民经济的重要产业之一。2017 年，全区房地产开发累计完成投资 107.85 亿元，比上年增长 9.4%。其中，住宅完成开发投资 66.28 亿元，增长 8.5%；商业营业用房完成投资 27.50 亿元，增长 41%，分别占全部房地产投资的 61.5%、25.5%，住宅投资仍然是房地产开发投资的主力军。涪陵房地产业发展情况见表 7-4 所示。

表 7-4　涪陵房地产业发展情况

年份	单位数（个）	平均用工人数（人）	资产总计（万元）	负债总计（万元）	营业收入（万元）	营业利润（万元）
2016	96	3976	7466941	5263674	798175	125034
2017	92	4309	8072704	5722958	792657	32245

资料来源：《涪陵统计年鉴 2018》。

（二）商品房销售形势良好

2017 年，全区商品房销售面积 171.72 万平方米，比上年增长 8.2%。其中，住宅销售面积 152.97 万平方米，同比增长 11.2%；营业用房销售面积 8.74 万平方米，同比下降 22.7%。

（三）商品房销售价格小幅上涨

2017 年，全区商品房销售总额 84.42 亿元，比上年增长 12.4%。其中，住宅销售额 74.01 亿元，同比增长 18.3%；商品房销售均价 4916 元/平方米，同比增长 4%；住宅销售均价 4839 元/平方米，同比增长 6.4%。

（四）房屋施工和竣工面积呈下降趋势

2017 年，全区商品房房屋施工面积 663.22 万平方米，比上年下降 13.8%。其中，住宅施工面积 427.44 万平方米，同比下降 14.4%；商品房营业用房施工面积 85.67 万平方米，同比下降 22%。全区新开工面积

161.08 万平方米，同比下降 14.5%。其中，住宅新开工面积 108.47 万平方米，同比下降 7%；商品房营业用房新开面积 17.33 万平方米，同比下降 42.2%。房屋竣工面积 203.76 万平方米，同比下降 11.5%。其中，商品房住宅竣工面积 141.51 万平方米，同比下降 11.9%；商品房营业用房竣工面积 17.77 万平方米，同比下降 45%。

（五）房地产企业到位资金增长

2017 年，全区房地产企业本年实际到位资金 114.54 亿元，比上年增长 14.1%。其中，国内贷款资金 18.07 亿元，同比下降 5.3%；自筹资金 42.12 亿元，同比增长 20.5%；个人定金、预收款和按揭款合计 54.36 亿元，同比增长 17.8%。

二、房地产发展与布局中存在的问题

（一）企业总体实力较弱，高资质企业比重有待提高

2017 年，全区房地产开发入统的企业共有 95 家。其中，一级资质开发企业 0 家；二级资质开发企业 21 家，占房地产企业总数的 22.1%；三级资质开发企业 20 家，占房地产企业总数的 21.1%；四级及暂定 54 家，占房地产企业总数的 56.8%。多数本地房地产企业资质不高，竞争力不强，难以抗衡外地实力强大的房地产企业。

（二）房地产开发项目存量不多

2017 年，全区新入库项目 12 个，比 2016 年减少 5 个。全年在库项目 91 个，其中续建在建上报开发投资的项目只有 44 个。根据入库规划的开发项目情况，绝大部分项目从开始到结束周期基本在两年内完成。房地产旧项目接近完工，新项目尚未启动，投资项目存量显得不足。

三、推进全区房地产市场平稳健康发展的建议

（一）鼓励货币安置，注重社会效益

鼓励货币化安置，积极引导拆迁户购买商品房，分散拆迁户居住，降低后期管理成本，减少群体性事件安全隐患。

（二）鼓励环境保护，打造绿色地产

围绕打造“绿色家园”，打好绿色环保地产牌。作为房地产企业，可加大绿色环保地产宣传力度，将绿色环保作为改善性住房需求的新卖点。作为政府，尽力做好“绿色屏障、绿色产业、绿色家园”三篇文章，高规格规划，严控容积率，完善配套设施，对新审批楼盘项目的车位数量、健身场所、幼儿园等进行优化配置，打造宜居环境。

（三）鼓励创新方式，消化房屋存量

进一步扩内需促消费，刺激现有待售房屋的销售，采取有效方式消化房屋库存。结合经济适用住房、廉租房、公租房的项目调配，有条件地把部分房地产市场待售商品房转型为经济适用房、廉租房、公租房，进一步完善涪陵区房地产市场供应结构，促进商品房销售。

第六节　旅游业的发展与布局

一、涪陵旅游资源及其特点

（一）涪陵自然旅游资源概况

涪陵拥有四季秀美的自然景观。喀斯特地貌造就出独特的山川景致，两江交汇孕育出迷人的江河气息。有景色秀美且夏可避暑、冬可赏雪的武陵山国家森林公园；有风光旖旎，集雄、奇、险、秀、幽于一体的乌江画廊；有奇峻多姿，山、林、泉、洞、瀑、湖、潭、峡、坑一应俱全，以绝壁裂缝称奇的“中国第一动感峡谷”武陵山大裂谷；有群山绵绵山环水抱的雨台山；有山青、水碧、波峰、浪谷的御泉河；有神奇幽深的“千里乌江第一景”小溪和有“十里小三峡”之称的大溪河；有湖光山色适宜休闲垂钓的水磨滩；等等。此外，大梁山荔枝园、天台峡谷、聚云山、望州山、平西坝、热温泉等奇山异水，都为涪陵旅游业的发展奠定了坚实的资源基础。

（二）涪陵人文旅游资源概况

涪陵是古代巴国的故都，中国榨菜之乡，程朱理学的发祥地之一，在几千年的历史积淀中，孕育出丰厚的文化资源。有可以发展考古、溯源、观光旅游的特色旅游资源小田溪巴人墓群；有国家级文物保护单位、古代水文站、世界唯一的水下博物馆白鹤梁碑林题刻；有重庆市级文物保护单位宋代理学圣地和发祥地北岩周易园；有佛教寺庙天子殿、天宝寺、普陀寺，道教宫观北山道院，周煌墓以及陈万宝庄园；有“世界第一大人工洞体”、“三线建设”遗址、“816”工程；有榨菜文化发源地邱家院；有原涪州城区八景（群猪夜吼、荔圃春风、黔水澄清、白鹤时鸣、松屏列翠、桂楼秋月、鉴湖渔笛、铁柜樵歌）；有现代工业文明、城市建设成果及滨江休闲游憩景观；等等。几千年文化沉淀形成的人文景致，多姿多彩、神奇迷人、极具魅力。

（三）涪陵旅游资源的特点

1. 类型多样，开发潜力大

从对区域旅游资源普查的结果来看，涪陵旅游资源可谓类型多样，形成了一个较为完整的旅游资源结构。自然旅游资源大类中，涪陵有地质地貌景观、水域风光、生物景观等亚类；人文旅游资源大类中，涪陵有文物古迹、文学艺术、宗教文化、城乡风貌、现代设施、民俗风情、饮食购物等亚类。旅游资源类型多样，开发潜力大，为当前和未来的旅游发展提供了丰富的资源基础。

2. 区位良好，辐射范围广

涪陵位于长江和乌江交汇处，水陆交通便利，地处三峡库区腹地和重庆、宜昌两大旅游增长极的中点上，且位于三峡旅游发展主干轴与“川渝黔”旅游发展轴的交汇处，是长江三峡游的必经之地，也是新三峡生态旅游区的重要节点，可以纳入三峡游环线中。在三峡旅游经济区域中，涪陵能够辐射长寿、武隆、丰都、垫江、主城各区，和周边的区县之间能够形成有益的互补互促作用。涪陵距重庆主城区 120 公里，主城市民自驾游仅需一小时左右的车程，所以又可成为周边居民休闲度假的理想去处。涪陵是从渝东南、黔北、川东进入长江的重要通道，区位优势极佳，也是乌江旅游带的口岸，可以和贵州省合力打造乌江生态旅游功能区。

3. 品位较高，利用价值高

两江福地，神奇涪陵，雄山秀水，厚重的历史，极具观赏和科研价值。国务院西部开发办、国务院三峡办、国家计委、水利部、交通部、国家旅游局等部委已将涪陵的自然旅游资源纳入国家级旅游黄金线的旅游总体规划中。"水下碑林白鹤梁""榨菜之乡""巴国古都""理学圣地"等美誉已经在国内外颇具影响力，现代生态农业造就的旅游资源、太极集团等工业旅游资源、神秘的"816"工程、"三线建设"遗址旅游资源，丰富多彩且科学研究价值大、吸引力强，能够满足不同旅游需求的客源市场。

二、主要旅游景点分布

（一）武陵山大裂谷景区

武陵山大裂谷景区，位于长江上游地区、重庆涪陵区城东南约45公里的武陵山乡境内。属著名的武陵山脉西北段，以峭壁、奇峰和地缝奇观闻名。景区面积30平方公里，山峰、台地、沟谷等景观高低错落，层次丰富，海拔600~1980米，谷底至峰巅间的落差达700多米，山势奇峻多姿，极具壮观之美。景区以地球上最古老的"伤痕"——剧烈地壳运动所致绝壁裂缝称奇，长达10公里的喀斯特地貌原生态裂谷，有着"中国第一动感峡谷"的美誉。景区森林覆盖率95%以上，夏季平均气温低至22℃，负氧离子含量每立方厘米高达10万个以上。武陵山大裂谷与武陵山国家森林公园、大木花谷等景区共同构成涪陵武陵山旅游度假区。

（二）武陵山国家森林公园

武陵山国家森林公园地处涪陵城东南的大木乡境内，位于涪陵城东南54公里的武陵山乡境内，海拔1340~1980米，面积2.45万亩，森林覆盖率95.2%，2001年经国家林业局批准为国家级森林公园。公园内森林茂密、层峦叠嶂，具有中国少有的千顷柳杉，夏可避暑，冬可滑雪，春可品果。林海松涛、云海日出、奇峰异洞、层林尽染、风光旖旎，令人神往。园内年平均温度9.9℃，最热月（8月）平均气温仅15.7℃，乃休闲避暑度假胜地。景区内共有植物1556种，基本保持原生状态，特别是10平方公里的柳杉林，属国内少有，游客穿行林间，戏称其为"天然氧吧"。景区内还有猕猴、锦鸡等263种野生动物穿行其间。冬季的武陵山，积雪厚度有时超过50厘米，大雪飞扬，银装素裹。

（三）大木花谷

大木花谷景区位于北纬30°的重庆市涪陵区大木乡，身处武陵山中，海拔高度1000米，气候宜人，是独具特色的高山主题花园，由大木花谷、大木林下花园和大木岩上花园三大花卉公园构成。大木花谷占地8000亩，大木林下花园占地1100亩，大木岩上花园占地1500亩。景区花卉种类繁多，跨季长，从初春到深秋都有各色鲜花盛开，形成连天花海、山水相依的谷地花海景观，已成为国内高山花卉主题公园的引领者，全国花卉旅游典范之一，素有"中国普罗旺斯""重庆第一高山花乡"等美誉。

（四）白鹤梁水下博物馆

白鹤梁，古称巴子梁，因白鹤群集梁上而称白鹤梁，是涪陵城区长江之中的天然石梁，长1600米，平均宽度15米。自唐代广德元年（763年）以来，这道江中天然石梁上，题刻了众多诗文图案和长江枯水水位，距今已有1200多年的历史，被誉为"世界第一古代水文站""水下碑林"。1988年，被列为全国重点文物保护单位。白鹤梁题刻记录有1200多年间的72个枯水年份的水位，留下了弥足珍贵的水文资料，水下碑文之多，历史之悠久，内容之丰富，形式之多样，堪称世界水文一大奇观。由于三峡工程的兴建，为防止位于淹没水位线下的白鹤梁题刻永沉江底，经国家文物局批准，采用上海交通大学葛修润院士设计的"无压力容器方案"，已建造成为水下博物馆。

（五）"816"工程

"816"工程位于涪陵白涛镇，距涪陵城区25公里。该工程是继我国第一套核反应堆建设之后，1966年由周恩来总理签署命令批准在西南建设的最早的核工厂（代号："816"工程）。1966年开始，进行长达17年的建设，先后投入6万多建设大军，经历急建、缓建、停建3个阶段，总投资7.4亿元，总建筑面积10.4万平方米，洞体规模庞大，共9层，高达79.6米，总长21公里，整座大山被挖空，是一处人文奇景。1984年，在整个工程接近收尾时被中央军委宣布停建。2002年4月，国防科工委下达解密令——816地下巨型核军工洞重见世人。2010年，"816"工程首次作为景点向游客部分开放。专家评说此洞特点为"三神"：神奇、神秘、神圣。

（六）北岩周易园景区

周易园，原名点易洞，位于长江北岸，与涪陵城隔江相望。据《舆地纪胜》和《涪州志》载，北宋程颐曾在此注《易》，写成理学代表作《程氏易传》，程氏理学由此发祥。周易园中心景点为长 400 米、高 20 米的摩崖石刻，上有黄庭坚、朱熹、陆游、王士祯等历代名人书法手迹 80 余幅，园西壁上刻有“点易洞”字迹。崖上有佛塔 1 座、佛龛若干。此外，园中还有碧云亭、钩梁堂、致远亭、三畏斋、三仙楼、四贤堂、北岩书院等遗迹。

（七）小田溪巴文化遗址

涪陵曾是巴国故都，巴王陵所在地。在位于白涛镇陈家嘴村的小田溪发掘出大批巴国墓葬群，出土有大批珍贵的文物，包括铜兵器 54 件，生活用具 41 件，生产工具 8 件，乐器 37 件，其他文物 52 件。涪陵镇安商周遗址，文化堆积 16 层，出土了具有早期巴人特色的器物及标本 1000 余件，对研究“千古之谜”的古巴国历史具有重要作用。

图 7-1　涪陵区主要景点分布

三、涪陵旅游业发展与布局的影响因素

（一）旅游资源整合力度不够

与涪陵毗邻的区县，如武隆、丰都、南川等，都有各自紧紧围绕的核心旅游资源或景观，如武隆的天生三桥喀斯特地貌景观，丰都的鬼城文化景观，南川的金佛山风景区，均以这些优质旅游资源为核心，打造出独具特色的旅游品牌，并形成较优质、成熟的旅游目的地。相比较而言，涪陵的旅游资源虽然丰富多彩，但却没有一个处于核心地位的旅游资源，各旅游项目之间分散、独立、吸引力较弱，旅游资源整合力度不够，没有形成规模效应。

（二）市场定位不明确

涪陵虽然有武陵山国家级森林公园，有白鹤梁水下博物馆，有“中国第一动感峡谷”武陵山大裂谷，有榨菜之乡的文化底蕴。但总体来讲，目前这些旅游资源的国内知名度都较低，对游客的吸引力相对较弱。此外，由于旅游资源相对分散，整体吸引力不强，未能形成独树一帜的核心旅游资源，导致涪陵的旅游细分市场定位不够明确，对旅游市场需求的掌控力较弱。区内没有叫得响的旅游品牌，也就无法满足游客的多样化旅游休闲需求。

（三）交通状况有待改善

涪陵大多数旅游景区均离市区较远，许多景区还尚未开通旅游专线和专车，直接影响到游客的可进入性。且部分通往景区的道路等级较低、路况较差，交通标识不够完善，景区停车场规划远远跟不上自驾游的发展速度。沿江旅游带的船舶旅游交通站设施不齐，进一步影响到景区的可进入性。现有的旅游线路缺乏特色，未能有效地将各景区景点之间连接起来，这在很大程度上与交通瓶颈问题有关。所以，今后还需注重以改善交通条件为契机，将涪陵区内的自然和人文旅游资源组合成独具特色的精品旅游小环线，联合长寿、丰都、武隆、南川等周边区县组合成中环线，将乌江画廊与长江三峡联合组成大环线。

（四）旅游基础设施不够完备

由于旅游业发展起步较晚，投入旅游业的发展资金有限，涪陵的旅游基础设施和配套设施有些滞后，星级饭店数量偏少，通信、餐饮、旅游服务设施等相对落后，均影响到接待能力。有些景区的住宿餐饮设施较差，不能有效地满足游客的需求，有些景区的旅游信息网络平台没能很好地搭

建起来，有些景区的旅游标识不规范、不完善且损毁严重，这些问题都严重制约着涪陵旅游业的发展。

（五）旅游宣传力度不足

涪陵的旅游宣传力度一直较小，虽然近些年也做了一些努力，但比起武隆、南川、酉阳等地，宣传效果还不够理想，主要原因在于宣传模式太过单一。虽然在央视和重庆卫视等主流媒体也借“重庆非去不可”的宣传机会，对白鹤梁水下博物馆做了宣介，但缺乏对区域的整体形象策划和市场定位，宣传促销目标不够明确，宣传手段太过单一，宣传模式缺乏本土特色，影响力度小，美誉度不高。再加上旅游规划缺乏系统性和整体性，旅游宣传营销团队和人才匮乏，没能够凝练出叫得响的宣传口号，因此知名度不够。

第七节　运输物流业的发展与布局

一、涪陵区综合物流服务

（一）公共交通发展状况

涪陵区公共交通在重庆整体处于领先地位。目前拥有铁路、高速公路和水上运输多种交通方式，交通网络体系初步形成。基于涪陵良好的水运、陆运环境，物流产业逐渐发展成为涪陵区的优势产业。涪陵交通实行大部门体制，区交委机关现有职工 39 人。交委下属 9 个事业单位（公路局、港航局、运管处、桥管处、交通技校、质监站、路政支队、渡管所、机动车检测站），归口联系 6 个中渝驻涪交通运输单位（邮政管理局、海事处、长江航道处、乌江航道处、成铁涪陵车务段、成铁涪陵工务段），行业管理 15 个交通运输企业。

受地形条件限制和资金投入不足等因素影响，区内高速公路与地方公路衔接还不紧密，区乡之间连接道路还不完善，旅游景区、产业园区与骨架公路还未高效快速连接。同时，道路等级低，通过能力低，抗灾能力低。三级以上等级公路里程占公路总里程的比重不足 8%，未铺装路面高达 43%，村通畅率仅 83%，交通对经济社会发展的支撑保障力不足。

现有涪陵火车北站、火车南站两个火车站。有位于涪陵区兴华东路 10

号的涪陵汽车客运中心（客运东站）、位于涪陵区百花路 111 号的涪陵客运西站和位于各乡镇的乡镇客运站和位于涪陵区兴华东路 43 号的重庆市汽车运输集团涪陵公共交通有限公司，并已建成高山湾综合客运换乘枢纽，正在启动李渡火车综合客运枢纽项目建设。

在水运方面，涪陵区地处长江流域和乌江流域交汇处，拥有便利的内河航运资源。依托涪陵港等港口岸线、泊位的发展，其运力成长得越来越快，对工业的促进作用也越来越大。龙头港、李渡码头、白涛码头均具有铁、公、水联运的基础条件。尤其是龙头港，岸线、水深、陆域条件十分优良，铁路、高速公路、茶涪路纵横交错，是西部地区的优良港口。在陆运方面，涪陵区有渝利高铁、渝怀铁路、南涪铁路 3 条铁路；涪长高速公路、涪南高速公路、沿江高速公路、涪丰高速公路“十”字交叉，贯穿东南西北，人均拥有高速公路里程高于全市平均水平；319 国道、茶涪路、涪丰南线、涪丰北线、涪垫路、涪南路等二级公路通达周边区县。因此，涪陵已经具备打造综合立体交通走廊的基本条件。一旦“两江六铁八高”对外交通大通道建成（见图 7-2），形成西部重要的综合交通枢纽，涪陵区物流环境将会进一步提升。

图 7-2　“十三五”涪陵综合交通规划示意

资料来源：《重庆市涪陵区国民经济和社会发展第十三个五年规划纲要》。

（二）物流业发展状况

目前涪陵区有白涛工业园区、李渡工业园区、清溪特色园区、龙桥工业园区四大工业园区，带给物流最大的便利就是物流业务量的支撑，依托区内外资源，涪陵区物流业在近几年迅猛发展。2017 年，全区货运周转量就达到 606.58 亿吨公里，其中水运运力 573.9 万吨公里，水运运力规模居全市各区县第一。其中，化危品运力占全市 90%以上，占长江干线的 42%。单船平均运力居世界内河领先地位，远高于长江流域、长江上游平均水平。

截至 2017 年，涪陵区共计完成国际国内函件 62 万件，特快专递 83.9 亿件。在涪陵区邮政局备案的快递企业网点数 30 个（独立许可企业 2 个，分别为涪陵中通、涪陵韵达），乡镇快递服务覆盖率达到 100%。其中江南城区共计 20 个，马鞍街道共计 7 个，白涛街道 1 个，江东街道 1 个，蔺市镇 1 个。

二、水路运输分布

涪陵区内有长江干线 I 级航道 77 公里（卫东黄草峡—龙驹立石子），乌江Ⅳ级航道 33 公里（乌江河口—大溪河口）。新增尚未定级航道 33.5 公里，其中渠溪河 21 公里，梨香溪 12.5 公里。港区陆域面积 196 万平方米，水域面积 490 万平方米。目前已利用岸线 25 公里，占可利用岸线的 51%。规划可利用建港岸线 49 公里，规划长期预留岸线 167 公里。全区有港口经营企业 38 家，码头 86 座，泊位 133 个，其中生产用码头泊位 121 个，非生产用码头泊位 12 个。最大靠泊能力 5000 吨，年设计货物综合通过能力 2500 万吨，集装箱年 20 万标箱，重载滚装车年 18 万辆，旅客综合通过能力 300 万人次。2014 年，完成港口货物吞吐量 2273 万吨，增长 12.71%。

三、公路运输分布

2017 年末，境内公路里程 5827 公里。区内有长涪高速、涪陵至南川高速、沿江高速公路涪陵至丰都段、沿江高速主城至涪陵段等 4 条高速公路，共 130 公里；国道 319 厦成线、省道 103 渝巴路、省道 105 渝建路、省道 204 长习路、省道 303 开綦路、省道 306 渝丰路、省道 407 葛丛路、省道 408 桃大路、省道 413 龙金路等公路总里程 4923 公里，面积密度为 163 公里/百平方公里。其中，按行政等级分，国道 171 公里，省道 474 公里，县道 506 公里，乡道 857 公里，村道 2915 公里；按技术等级分，高速公路 130 公里，一级公路 29 公里，二级公路 299 公里，三级公路 54 公里，四级公路 3741 公里，等外级公路 670 公里。有铺装（高级）路面里程 3113 公里，未铺装路面里程 1940 公里。乡镇通畅率 100%，行政村通畅率 100%。全区有客货运输车辆 10531 辆，其中客车 1856 辆（出租车 848 辆、公交车 414 辆、班线客车 594 辆），货车 8675 辆。高速公路里程达 130 公里，铁路里程达 170 公里。2017 年末，机动车保有量 189865 辆，其中营运汽车 9698 辆（载客汽车 1982 辆，载货汽车 7716 辆），公路里程和密度居全市前列。

四、铁路运输分布

目前涪陵有涪陵北站和涪陵南站两个火车站，其中涪陵北站为高铁动车站，涪陵南站为普通火车站。涪陵境内铁路总里程 168 公里，其中渝怀铁路 74 公里，渝利铁路 43 公里，渝涪二线铁路 30 公里，南涪铁路 21 公里。渝利铁路、沿江高速等“三高三铁”建成通车，涪陵全面融入国家高速路网。

五、城市公共交通分布

2017 年，全区共有公交车 460 辆、47 条公交线路，出租车 878 辆。旅客运输服务户 20 户，客车 594 辆；其中班车客运户 13 户、旅游客运（户）包车 2 户、停车场经营（户）客运站 7 户、旅客运输从业人员 4031 人、运输服务从业人员 923 人。全年完成客运量（不含出租、公交，主要是公路）0.26 亿人次，下降 13.3%，客运周转量 12.13 亿人公里，下降 19.1%。客运量（不含出租、公交）2631 万人次，比上年度下降 13.3%。有各类汽车站 6 个，其中一级站 1 个、二级站 1 个、四级站 4 个。有农村招呼站亭 846 个、汽车维修业户 387 户。区内开行客运线路 297 条，日发班次 8753 班，日运送旅客量（含公交）34 万人次。

六、网络通信分布

涪陵的网络通信主要是移动、联通、电信三大运营商。中国移动不断投入建设，公司网络规模达到4G宏基站600余个，实现4G网络覆盖率99%以上；3G基站300个，实现涪陵城区及主要乡镇场镇的连续覆盖；传输光缆近7000公里，在涪陵区域内形成完善的传输基础网络，可满足3G及4G网络的传输宽带需求。

涪陵联通已建成移动网络基站936个，其中WCDMA3G站点357个、LTE4G站点189个、4G站点390个，移动网络覆盖全区26个乡镇、街道办事处。区域内大部分行政村均可通过3G或4G网络使用移动互联网服务。实施国家“宽带中国”战略，推进城乡光网建设，已开通18个乡镇的宽带互联网业务，重点乡镇新建楼盘全面实现FTTH光网络覆盖。

目前，中国电信已建成一个覆盖范围广、功能完善、设备先进、种类齐全的现代基础通信网络。公司拥有高笋塘营业厅、消防队营业厅及马鞍营业厅3家宽敞明亮、功能齐备的大型卖场，以及12个支局、9个农村全网通营业网点，服务范围辐射涪陵城区和乡镇，构建起功能强大的服务网络。

第八节　公共服务业的发展与布局

一、涪陵公共服务业发展现状

基础教育、公共卫生和基本医疗、基本社会保障、基本劳动就业服务等是城乡居民最关心、最迫切需要的公共服务，是建立社会安全网、保障公民基本生存权和发展权必须提供的公共服务，是现阶段基本公共服务的主要内容。

（一）基础教育服务现状

从涪陵区现阶段情况来看，公共教育服务主要体现在基础教育服务方面，包括幼儿教育、小学教育、普通中等教育。涪陵基础教育服务取得较大的进步，渝东南教育服务辐射中心已初步形成。九年义务教育入学率100%、巩固率96%；成功创建国家义务教育发展基本均衡区。中小学标准化建设全面推进，高考重本上线率位居全市前列。全区初中毕业生升入高中阶段接受教育的比例达到99%；创建国家级中职示范学校2所、市级重点中学1所，目前已建成市级重点高中4所。全区学前教育在园幼儿3.3万人，学前三年毛入园率87.2%，乡镇中心幼儿园基本实现全覆盖，普惠性幼儿园在园幼儿占全区在园幼儿的68.5%，等级幼儿园122所。创建2所国家中职示范学校。成功引进重庆医科大学、上海新纪元学校、重庆巴蜀中学。新办民办教育机构77个，公办、民办教育共同发展的格局基本形成。高等教育加快发展，长江师范学院建设教学应用型大学取得新进展。重庆工贸职业技术学院成功建成市级示范性高职院校，涪陵电大跻身全国首批示范性基层电大50强，办学规模居全市区县电大第一，重庆医科大学涪陵校区启动建设。5万余名区外学生在涪就读，彰显出涪陵教育的辐射示范效应。义务教育合格率、优生率逐年提高；高考质量稳步提升，位居全市区县前列。实施队伍梯级培养工程和名师、名校长队伍建设工程，培养市级以上特级教师、骨干教师、优秀教师等297名，命名区级骨干教师1001人、学科带头人100名，评选区级教坛新秀1129人、教学能手827人、名教师81人、名校长20人，建立区级名师工作室24个、名校长工作室8个；中职“双师型”教师占专业教师比例56%。加大教育经费投入，5年内全区财政性教育经费拨款83.22亿元。新改扩建校舍38.9万平方米。其中，建成11所中小学、15所公办幼儿园，改造学校食堂31个、厕所67个，新增学生床位8400个，新建教师周转宿舍2.2万平方米；建设六大功能室562间，中小学百生计算机分别达9.65台、9.36台，全区中小学班班通、校园网实现全覆盖。构建起贫困学生资助体系，向51.2万人次学前教育、义务教育、高中阶段教育家庭经济困难学生发放资助、补助3.48亿元，为3.82万人次大学生办理生源地信用助学贷款2.38亿元，贫困学生资助实现全覆盖。

2017年末，全区有各级各类学校157所。其中，高等教育学校2所，中等专业学校1所，中等职业学校6所，普通中学48所（高中8所，初中40所），小学104所，幼儿园和其他教育机构189所。2017年，全区在校学生168832人、专任教师10473人（生师比为15∶1）。全区学龄儿童入学率 100%，小学完成率 100%，小学升学率 100%；初中毛入学率 103.49%，初中升高中升学率 99.0%；高中升大学升学率 86.94%。2014—2017 年涪陵区在校学生数见表 7-5。

表 7-5　2014—2017 年涪陵区在校学生数

单位：人

年份	在校学生数	普通高校	中等专业学校	普通中学	职业中学	小学
2014	17.34	2.62	0.65	5.63	1.40	7.05
2015	37.36	3.04	0.64	5.29	1.10	7.29
2016	16.89	2.65	0.63	5.16	0.96	7.50
2017	16.88	2.60	0.62	5.16	0.94	7.56

资料来源：《涪陵统计年鉴 2018》。

（二）公共卫生和基本医疗服务现状

涪陵医疗卫生服务体系健全，中心医院完成综合改造升级，区中医院完成迁建投用，标准化村（社区）卫生服务机构实现全覆盖。医药卫生体制改革不断推进，全面推行基本药物制度，减轻群众药品费用负担，群众“看病难”“看病贵”矛盾明显缓解。

2017 年末，有卫生机构 230 个，其中医院 56 个，妇幼保健院 1 个，疾病预防控制机构 2 个。卫生机构有床位 6367 张，其中医院（含卫生院）6161 张。卫生机构从业人员 8570 人，其中卫生技术人员 6583 人（执业医师和执业助理医师 2518 人）。

（三）基本社会保障服务现状

涪陵区城乡养老保险、医疗保险、社会保险实现全覆盖。2017 年，全区基本医疗保险支出 6.59 亿元，养老保险基金支出 29.84 亿元。参加城镇基本养老保险人数 21.47 万人，参加长江基本医疗保险人数 20.9 万人，参加工伤保险人数 19.8 万人，参加生育保险人数 12.7 万人。建成保障性住房 186 万平方米，住房保障支出 4.10 亿元，下降 30.3%。建成农民新村 225 个，改造农村危旧房 1.7 万户。2017 年末，全区各类社会养老机构 37 个，社会养老机构收养床位 2465 张，年末入住人数 1383 人。全区在册城市低保对象 15722 人，在册农村低保对象 26645 人，发放低保金 16920 万元。

（四）基本劳动就业服务现状

2017年末，城镇登记失业人数4640人，城镇登记失业率2.89%。当年安置就业人数11425人，其中女性5490人。

（五）其他公共服务现状

1. 公共文化和体育

全区文化馆（站）27个，剧场、影剧院6个。公共图书馆2个，公共图书馆藏书95.1万册，其中电子藏书32.2万册。2017年末，有线电视用户19.7万户，其中数字电视用户18.12万户，电视人口覆盖率97.87%。全区拥有体育场8个，体育馆3个，游泳池（馆）29个，健身广场22个，健身登山步道9个，体育场地面积196.24万平方米，人均体育场地面积1.72平方米。在全市率先实现乡镇、村（社区）体育场地及设施设备全覆盖。

2. 生态环境保护现状

涪陵区“蓝天、碧水、绿地、宁静、田园”环保五大行动深入实施，单位地区生产总值能耗和主要污染物排放总量得到有效控制，万元GDP能耗下降17%，全面完成市里下达的水和大气主要污染物削减目标任务。治理水土流失面积157平方公里，新增造林面积31万亩，全区森林覆盖率提高到46%。关闭小煤矿11个、非煤矿山37家、禁养区规模养殖场233个。城市环境不断改善，相继建成白鹤森林公园、江南滨江公园、乌江滨江公园、江东滨江公园、朱家沟湿地公园等市政公园，新增城市绿地面积657公顷。2017年，环境污染治理投资额51927万元。

二、公共服务资源的分布

涪陵构建区域性公共服务中心虽然具备一定的良好的区位、资源、人才发展基础，但由于历史等原因，地区之间、城乡之间在公共服务的发展方面存在不平衡、不合理的现象，涪陵公共服务发展面临诸多制约因素。

（一）基础教育服务资源的分布

目前涪陵区已有两所高等学校，分别是位于新城区李渡聚龙大道的长江师范学院和位于蒿枝坝都市工业园（涪陵区涪南路108号）的重庆工贸职业技术学院。

教育管理、服务机构主要有位于重庆市涪陵区黎明路36号的重庆市涪陵区教育委员会，以及分别位于9个街道和18个乡镇的教管中心。

中等职业学校主要有位于马鞍街道太白大道21号的重庆市涪陵区职业教育中心和重庆市医药卫生学校、涪陵兴华中路45号的重庆市第二交通技工学校（学府路聚贤大道路口附近有重庆市第二交通技工学校马鞍新校区）、马鞍街道和平路90号的重庆市涪陵第一职业中专学校、涪陵区涪南路86号的重庆市涪陵信息技术学校（原西南文武学校）、涪陵区江东建陶一路2号的创新计算机学校。

涪陵区的中小学和幼儿园分布于城区各街道、乡镇、社区（村）、居民小组，但是校点布局不够合理、城乡之间和校际教育资源不均衡等问题比较明显。城区的各类学校分布比较密集，而一些偏远农村地区学校较少，使得当地学生就学不是很方便。优质的中小学校和幼儿园主要集中在涪陵江南城区，不管是硬件设施、学校环境，还是师资力量都普遍比较优良。但一些乡镇、村居学校教学设施不足、师资队伍薄弱的问题依然存在。城区优质学校如实验中学、涪陵五中、十四中、实验小学、城七校等人满为患，有些班级人数达到80人之多，学生学习和生活场所严重不足，教师超负荷工作；农村一些学校又存在生源严重不足、校舍和教师闲置的状况，如龙潭镇新村小学、蔺市镇龙泉小学等都只有几名学生。区内比较知名的中小学校和幼儿园分别是位于涪陵区新华西路2号的涪陵实验中学，位于涪陵区迎宾大道555号的涪陵第五中学，位于马鞍街道太乙大道99号的涪陵高级中学，位于重庆市涪陵区滨江大道一段58号的涪陵第一中学，位于涪陵区黎明路124号的涪陵第十八中学，位于涪陵区北斗支路10号的涪陵第十四中学，位于涪陵区黎明北路15号的涪陵第十五中学校A区（B区位于黎明西路铁塔巷7号），位于涪陵区江东群沱路2号的长江师范学院附属中学，位于涪陵新城区的涪陵巴蜀中学，位于涪陵新城区恒大山水城旁的重庆涪陵外国语学校、位于涪陵区育才路3号的涪陵第九中学，位于涪陵区江南片区的涪陵城区第七小学（分3个校区，分别位于涪陵区中山路演武厅12号、兴华中路60号、涪陵区迎宾大道455号），位于涪陵区兴华中路48号（涪陵区北斗支路5号）的涪陵区实验小学北斗校区，位于涪陵城区广场环路6号的涪陵区城区第二幼儿园，位于涪陵人民东路后街 106 号的涪陵区城区第三幼儿园，位于涪陵区白涛街道麦子坪园丁路的涪陵区白涛建峰集团幼儿园和涪陵区少年宫（本部位于涪陵城宏声桥下行 30 米，一个艺术中心位于涪陵饭店公交车站旁），位于五桂堂街 2 号的涪陵区特殊教育学校（新校区位于高山湾居委），等等。

（二）公共卫生和基本医疗服务资源的分布

2017 年，全区各级各类卫生机构共 230 个。从医院等级看，三级甲等医院 2 个（位于涪陵区高笋塘路 2 号的重庆市涪陵中心医院，位于涪陵新城区太乙大道 38 号的重庆市涪陵区中医院），二级甲等医院 3 个（位于涪陵区广场路 64 号的重庆市涪陵区中医院体育路分院、位于涪陵区太极大道 47 号的重庆市涪陵中心医院口腔分院、位于涪陵区太极大道 21 号的重庆市涪陵区妇幼保健院），二级乙等医院 2 个（位于涪陵区白涛镇麦子坪的重庆市涪陵建峰医院、位于涪陵区安康路 6 号的重庆市涪陵区人民医院），一级甲等医院 8 个（除重庆市涪陵区精神病医院位于涪陵清溪镇之外，其他都位于涪陵老城区和新城区），一级乙等医院 2 个（位于涪陵区百胜镇双河场村的涪陵极康医院，位于涪陵区荔圃路 1 号的涪陵郭昌毕骨伤科医院），其余皆未评级。

从经济类型看，国有全资 108 个，集体全资 402 个，股份合作 3 个，私有 172 个，其他 3 个；从卫生机构类别看，综合医院 13 个（包括重庆市涪陵区人民医院、重庆市涪陵中心医院、重庆市医药卫生学校附属医院、重庆市涪陵区计划生育服务中心、重庆和万家医院、涪陵三峡医院等），综合门诊部 17 个（包括重庆市涪陵区新妙镇中心卫生院一门诊部、重庆市涪陵区马武镇中心卫生院一门诊部和二门诊部、重庆市涪陵区优抚医院一门诊部和二门诊部、重庆市涪陵区人民医院董家湾门诊部、重庆市涪陵区珍溪中心卫生院二门诊部、涪陵刘澎综合门诊部等），中医（综合）医院 10 个（包括涪陵区中医院、涪陵区中医院体育路分院、位于涪陵区北斗路 23 号的重庆市涪陵区中医院北斗路分院、位于重庆市涪陵区兴华西路 38 号的涪陵协和中医院等），妇幼保健院 1 个（重庆市涪陵区妇幼保健院），疾病控制中心 1 个（位于涪陵区育才路 22 号的重庆市涪陵区疾病预防控制中心），结核病防治所（站、中心）1 个（位于涪陵区实验路 5 号的重庆市涪陵区结核病防治所），精神病医院 1 个（位于涪陵区清溪镇中民路 155 号的重庆市涪陵区精神病医院），卫生监督所（局）1 个（位于兴华东路 31 号的重庆市涪陵区卫生计生监督执法局），中心血站 1 个（位于涪陵区四环路 13 号的重庆市涪陵区中心血站），中心卫生院 15 个（分别位于马武、蔺市、珍溪、新妙等乡镇），社区卫生服务中心 25 个（分别位于马鞍街道、李渡街道、敦仁街道、崇义街道、荔枝街道、江东街道、江北街道、白涛街道、龙桥街道 9 个街道），社区卫生服务站 42 个，中医诊所 40 个（包括重庆衡生医药连锁有限责任公司连锁七十二店中医坐堂医诊所、涪陵康平诊所、涪陵郑海燕诊所、涪陵小琴诊所、涪陵刘云德诊所、涪陵汤清桂诊所、涪陵姚应明诊所等），剩下的为其他类型。

（三）其他公共服务资源的分布

辖区内主要的文化、体育服务资源位于滨江大道二段 2 号锦绣广场的涪陵大剧院、位于涪陵区兴华中路 41 号的涪陵体育场和体育馆、位于涪陵新城区聚贤大道 19 号的涪陵奥体中心、位于涪陵区兴华中路 72 号的涪陵博物馆、位于涪陵区滨江大道二段 185 号的白鹤梁水下博物馆、位于重庆市涪陵区锦绣州广场的涪陵区文化馆、位于涪陵区人民东路 2 号的涪陵区图书馆。

521 家文化类微型企业遍及涪陵城区及各个乡镇，12 家从事文化创意经营的单位主要分布在涪陵城区，67 家从事艺术品经营的单位主要分布在涪陵城区，257 家新闻出版单位主要分布在涪陵城区、新妙镇等人口大镇，69 家体育休闲产业主要分布在涪陵城区、新城区以及天台等乡镇。全国重点文物保护单位白鹤梁题刻位于涪陵区滨江路龙王沱，省级文物保护单位 12 个（如邱家榨菜作坊、小田溪巴人墓群、“816”工程遗址、龙门桥等），主要分布于涪陵崇义街道、江北街道、白涛街道、南沱镇、马武镇、青羊镇、石沱镇、蔺市镇、大顺乡等地，还有 935 个尚未核定为保护单位的文物点分布于区内各街道和乡镇。

就业服务和社保服务机构的分布情况是：位于兴华中路 46 号的涪陵区人力资源和社会保障局，位于涪陵新城区社保所 2 楼的职业技能鉴定培训机构，位于重庆市涪陵区太极大道 21 号的涪陵区民政局直属的涪陵区城乡居民最低生活保障管理中心，分布于各乡镇、街道的社保所等机构，位于涪陵区兴华中路 21 号的涪陵区人才交流中心、涪陵在线网上招聘等。

区内生态安全屏障的分布情况见图 7-3。

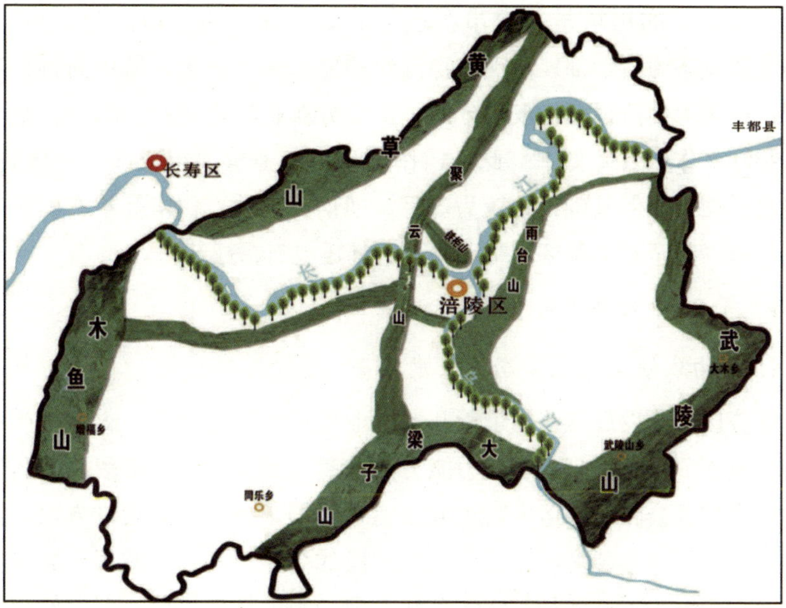

图 7-3　涪陵“十三五”生态安全屏障示意

资料来源：《重庆市涪陵区国民经济和社会发展第十三个五年规划纲要》。

第九节　服务业的优化布局

一、涪陵第三产业布局存在的问题

统计数据显示，2017 年，涪陵地区生产总值在重庆 38 个区县中居第 5 位，其中工业增加值居第二位，第三产业增加值居第八位。涪陵第三产业的发展，不仅比全国滞后，也比重庆各区县发展滞后。因此，必须加快发展涪陵第三产业，提高第三产业对涪陵国民经济增长的贡献率，是加速涪陵经济发展的一项重要战略举措。

（一）基础设施相对薄弱

第三产业的生存发展需要良好的基础设施。基础设施涵盖的范围很广，其中最重要的是公路、铁路以及航道港口、码头的建设等。而水路运输在涪陵地区属于比较传统的运输方式，相对来讲较为落后。有的利用趸船作码头，有的用塔吊乃至吊车进行装卸作业。陆上物流企业小、散、乱，主要业态为货运部，与现代物流业的要求相去甚远；城市商贸企业仓储配送用房等物流设施均较为分散，主要分布在城市支路和辅路，基本为人工装卸，作业效率低下。此外，作为第三产业重要组成部分的旅游业，发展势头强劲，但基础设施较为落后，通信、餐饮、住宿等基本硬件条件都比较差，甚至有的景区网络信息平台都还没有搭建起来。

（二）交通网络相对落后

1. 运力供给与运力需求匹配度不高

涪陵区工业发展迅速，最近几年工业生产量越来越高。工业生产带来的运力范围需求越来越广，运力能力需求越来越大。目前涪陵区的运力需要主要表现为公路运输运力需求和水运运力需求。在公路运输方面，受到城区发展限制，涪陵城区尤其是老城区段的公路对货运具有很大影响。水运方面，目前涪陵区依托长江和乌江占据一定的地理优势，拥有便利的航线，但其运力却需要依托于其他航运企业。近年航运市场的低迷，导致部分航运企业调整运力结构以规避运力浪费带来的惩罚成本，从而导致无法及时有效获得有效运力。在港口和铁路结合方面，一直都提倡紧密结合无缝衔接，但是实际情况却很不乐观。

2. 陆路网络结构相对薄弱

涪陵区陆网结构当中，2017 年末，公路总里程 5727 公里，铁路总里程 170 公里。与其他相对发达区县相比，涪陵区高速公路等级偏低、绕城环线尚未形成，轨道交通发展不完善。同时，受到地域性地形、资金投入等多方面原因的限制，涪陵区与其他区之间的公路连接、区域内的公路连接、旅游景区内的公路连接、工业园区之间和运输场地之间的公路连接等都不完善。部分地区道路等级低，重物流区道路承载能力低。

（三）市场定位相对模糊

第三产业的整体布局要与第一、第二产业的布局有条不紊结合起来。然而，现实中的涪陵以第二产业为主。第三产业是以旅游、物流、交通、商贸等为主的服务业，在众多的第三产业中，缺乏优先布局和发展的目标。曾经有过旅游业先行的规划，倡导旅游的绿色发展，但明显受到工业城市形象的遮蔽。由于市场定位模糊，第三产业的品牌建设也相对滞后，比如涪陵老字号酒业百花露一直沉沦于经济发展的大潮中，没有往昔的风采；涪陵榨菜在品牌建设中也鲜有新的突破。

二、涪陵第三产业布局的影响因素

（一）收入水平

随着收入的增长，人们会逐步把增加的收入用来购买满足更高层次需求的服务品。也就是说，伴随着人均可支配收入的增加，人们用于食品消费的支出占家庭消费总额的比重趋于下降，人们把更多的可支配收入用于耐用消费品、文化娱乐、保健、医疗、教育、卫生、体育等服务品的消费。因此，随着人们生活水平的提高，人们对服务消费品的需求增长相对迅速，由此带动服务业在国民经济结构中的比重增大。

（二）工业化水平

工业化极大地促进了分工和专业化水平的提高。一方面，由于劳动分工的拓展和深化，工业部门对服务活动的中间需求极大地扩张，除直接的制造环节之外，其他的环节如研发、管理、售后等都以需要更高的人力资本、知识资本密集的生产者服务为特征，构成了分工深化所带来的中间服务需求。另一方面，当社会专业化分工进一步深化，复杂的工业组织结构在不断的专业化下将出现越来越多的裂变，把原先包括在生产部门之中的生产性服务逐步分离出来，成为独立的服务部门。科学技术的发展和应用使社会分工日益精细，对专业性的生产性服务部门的要求也越来越高，服务活动从工业领域中脱离出来，生产性服务部门越来越多，内容日益丰富，规模不断扩大。国际经验表明，工业高度发展会呈现“服务化”的新趋势，其附加值中来源于服务业的比重越来越大。

（三）资本供给

固定资产投资是社会固定资产再生产的主要手段，是资本供给的主要体现，通过建造和购置固定资产的活动，国民经济不断采用先进技术设备，建立新兴部门，进一步调整经济结构和生产力的地区分布，增强经济实力，为改善人民物质文化生活创造物质条件。固定资产投资额是以货币表现的建造和购置固定资产活动的工作量，它是反映固定资产投资规模、速度、比例关系和使用方向的综合性指标。涪陵区的固定资产投资占比逐年递增，这些投资有的转化为第三产业的产出，有的为更多服务行业的发展提供了基础条件。

（四）技术供给

技术进步会促使新的第三产业部门形成。例如，信息技术服务和广告服务、咨询业等是在互联网技术的基础上产生的，并且科学技术会使原有的第三产业部门得到改造，如交通运输部门由原来的以马车为主要运输工具变成以现代汽车、火车为主要运输工具。再者，技术进步会刺激需求结构发生变化。例如，航空技术的发展使人们外出旅游更加方便，从而刺激人们对旅游的需求；网络技术的不断发展，促使人们可以更加方便快捷地从网上采购到自己所需要的产品，极大地刺激了人们对网上购物的需求。

（五）政府作用

政府部门本身是第三产业的一个门类，主要是为满足社会公共需要。政府部门的发展体现着第三产业的发展，同时政府部门对其他第三产业的需求，也影响着第三产业内部结构的变化。可通过政府需求，对第三产业的薄弱环节、关键领域和重点行业的发展进行引导，加快这些服务业的发展。随着社会的不断进步，政府逐步由行政型政府向服务型政府转变，将产生大量对新型服务产品的需求，例如为提高政府效率所实施的电子政务工程将加大对邮电通信、信息技术服务产品的需求。另外，随着政府机构改革的不断深入，政府规模会在效率不断提高的基础上逐渐缩小，这又会减少对某些服务产品的需求。这一增一减，引导着第三产业发展的方向，同时也影响了第三产业结构的变化。

三、涪陵第三产业的发展与布局优化路径

涪陵第三产业现在面临着加快发展、结构转型和选择合理空间发展策略等任务。通过加快发展、重点发展现代生产性服务业（如金融业、物流业、科技信息服务业等），可以推动涪陵第三产业的结构转型，提升涪陵经济整体竞争力；根据第三产业不同行业在涪陵地区社会发展中的作用和发展效应来选择涪陵第三产业的空间发展策略，不仅可以依据聚集和扩散效应提升涪陵第三产业发展的竞争力，也可以充分发挥涪陵各地区的区位及资源优势，提升涪陵经济整体运行及发展效率。

涪陵第三产业发展，要针对涪陵第三产业发展总量不足以及涪陵城区与乡镇第三产业发展不平衡的状况进行总体布局。在布局上，要以城市现代化、农村城镇化、城乡一体化为主线，依据产业的集聚和扩散效应理论，正确处理好中心城区和农村集镇之间的合理分工、相互促进、协调发展的关系。

（一）中心城区建设

按照城市功能分区的原则和“腾笼换业”的发展策略，在涪陵城区进一步调整和优化传统第三产业，大力发展一批适应涪陵城区现代化发展需求、适应居民生活需要和含有高科技的现代化的新兴第三产业，推进涪陵城区第三产业高级化、产业化、社会化进程。

一是要加快涪陵城区的中央商务区建设，集中发展商贸、金融业。要采取切实可行的政策措施，一方面促进一批城区内的大型商贸公司或金融机构向此集聚；另一方面鼓励和吸引国内外金融机构、大型企业集团和跨国公司到此设立分支机构，以增强中心城区集聚、辐射功能，逐步形成涪陵区域性的商贸中心和金融中心。要加快涪陵地区传统商贸企业向现代化商贸企业的转变，构建一批大中型的集农工商、科工贸、产供销、内外贸为一体的跨地区的大型商贸集团。加快构造涪陵现代化商品流通组织形式，积极发展购物中心、配送中心、连锁商店、超级市场、会员制商场，推行商品销售代理制，推动涪陵商贸流通产业现代化。兴建一批与现代化涪陵城区相适应的商业流通设施，重点发展几个功能较全、规模较大、辐射力较强的大型商业批发市场。

二是在涪陵城区大力发展新兴第三产业。加快城市信息基础设施建设，形成涪陵信息服务体系，加强涪陵信息网、涪陵信息港、涪陵公用信息网、涪陵科技信息网以及外贸、商业、财税、教育等网络建设，拓宽服务功能，逐步做到网络互联、信息共享。建立一批智力密集型的经营性信息服务机构和各具专业特色的咨询机构，并加速其社会化、企业化进程，通过“十三五”期间的努力，基本建立起为涪陵政府宏观决策、涪陵地区企业生产经营、涪陵人民生活和市场体系运行服务的信息、咨询综合服务的网络信息支撑体系。

三是构筑涪陵旅游产业发展的“一核两极”的空间战略格局和“一心两带两区”的产业布局。“一心”，即以白鹤梁水下博物馆、涪州古城、

1898涪陵榨菜文化小镇等为核心吸引物打造涪陵城区旅游功能区，配套城市各类文化场馆、特色街区、公园广场、城市景观风貌、各类休闲业态等，完善涪陵旅游城区建设，全面推进涪陵城区旅游综合服务中心建设，强化涪陵城区旅游休闲功能与旅游服务枢纽功能。“两带”，即长江特色休闲带和乌江文化体验带。长江特色休闲带以农旅融合、创新发展为思路，重点发展长江沿线的南沱镇、珍溪镇、百胜镇、蔺市镇、石沱镇、义和镇、龙桥街道、李渡街道，依托当地的农业产业基础与沿江的地理特性，以产业依托型乡村旅游与滨水乡村旅游为主题，大力发展沿江特色休闲乡村旅游产品，培育一批在重庆主城及周边有影响力的旅游特色村镇，打造创新型农业旅游示范区；乌江文化体验带是以文化造境、补足休闲消费的思路，整合乌江沿岸的旅游资源，深度挖掘乌江航运文化、题刻文化、纤夫文化、工业文化等，将传统文化与现代文化融合演绎，着重产品的差异化构建，进行乌江画廊、小田溪、角邦寨、“816”工程旅游区的产品建设，打造创意文化体验、乌江水上休闲、工业文化体验等的乌江水上游产品与文化体验产品，推进319国道旅游通道整治工程，增加公共服务设施，提升国道沿线农家乐，形成沿乌江水陆互动的发展局面。“两区”，即山地避暑度假片区和四季田园度假片区。山地避暑度假片区以避暑度假、养生度假为主题，提升完善包括花卉观光、峡谷探险、森林疗养、修学科普等在内的度假产品体系，以创建国家级旅游度假区为目标，理顺管理体制，完善服务体系，融入大武陵区域，引领涪陵成为面向全国的旅游目的地；四季田园度假片区主要范围为包括马武镇、青羊镇、同乐乡、大顺乡、龙潭镇等在内的西南片区。对接国民休闲需求，依托片区的山林、村落构筑的生态肌理和丰富的农业资源，大力发展城市近郊休闲与度假产品。通过“一乡一品”“一季一游”的主题营造，打造以养生农业、乡情体验、田园度假为核心功能的特色乡村旅游度假片区，成为重庆新乡村生活示范区。

四是大力发展涪陵科教事业和社区服务业。科学技术是第一生产力，要大力推进科技和经济的紧密结合，努力提高涪陵地区科技创新能力，积极培育和发展科技市场和相应的中介组织，促进科技成果转化为现实生产力。坚持优先发展教育事业，全面实施素质教育，培养适应涪陵现代化建设要求的高素质人才和劳动者；逐步完善终身教育体系，以适应多层次、多形式的教育需求；调整教育布局，优化教育资源配置，搞好区内学校的标准化、规模化建设；扩大城市受教育的人口数量，努力提高涪陵区人口整体素质。同时，要努力推进文化、卫生、体育、广播、电视、新闻、出版等各项社会事业的全面发展。通过采取无偿、低偿、有偿相结合，以有偿服务为主的方式，建立与社会发展、地区建设、产业结构优化相适应的社会化、产业化、法制化的社区服务业，促进社区服务商品化。重视城市居民生活服务，增加服务项目，拓宽服务领域，健全服务网络，大力发展那些与居民生活密切相关的家政、养老、护理、婚介、信息中介服务业等，创造温馨、和谐、友爱、安定的社区环境。

（二）街道及农村集镇建设

各街道及集镇应根据各自的区位条件、经济结构、资源优势、发展水平，以第三产业项目开发为主，制定合理的第三产业布局。街道及重点城镇要积极发展商品流通、饮食服务等行业，接受涪陵中心城区的辐射，发展连锁店、超市等分支机构。要加强规划，合理布局，促进商业企业适度规模发展和相对集中经营，形成能满足多层次消费需求的若干商业区。农村集镇要大力发展为城镇居民、乡镇工业和“三农”服务的第三产业，逐步建立起多行业、多层次、功能齐全、设施配套的社会化综合服务体系。一是随着城镇化的兴起，大力发展为集镇居民服务的商业、饮食业、交通运输业和文化娱乐业等第三产业。二是伴随农村工业化发展进程，积极引导乡镇企业向小城镇集聚，兴办工业园区，从而带动与此配套的科技咨询、技术服务、信息服务以及各类农副产品和生产要素市场等第三产业的发展。三是随着农业现代化进程加速发展，大力兴办为农林牧渔服务的第三产业，要以农业产业化为途径，大力发展为区域化、专业化生产配套的产前、产中、产后各类服务组织。围绕农业生产以及农副产品的加工和销售，培育一批集贸工农、产供销于一体的服务实体，提供育种、耕种、植保、机收、产品运输、农资供应、科技咨询、保险等综合服务，推进农业的产业化、社会化。

第八章 特色产业经济地理

第一节 概 述

一、涪陵主要特色产品及地理分布[①]

涪陵"两江交汇、北纬30度"等独特的区位条件赋予了该地区特殊的土壤、气候等自然资源禀赋，勤劳睿智的涪陵人民的锐意创新，造就了众多的特色产品，声名远播海内外。涪陵特色产品主要有涪陵榨菜、涪陵胭脂萝卜、涪陵油醪糟、涪陵青菜头、增福土鸡、涪陵水牛、涪陵黑猪、渝东黑山羊、涪陵龙眼、京酱风肉、涪陵白茶、龙潭大米、涪陵锦橙、涪陵脐橙、方坪香茗、百花露酒、老麻抄手等。

涪陵榨菜主要分布在珍溪、白胜、南沱等地，为中国地理标志保护产品，地理标志证明商标。榨菜的原材料为青菜头，20世纪80年代中期正式确定其植物学名称为"茎瘤芥"，植物分类解释云："双子叶植物纲，十字花科，芸苔属，芥菜变种。"在2017年的中国品牌价值评估中，"涪陵榨菜""涪陵青菜头"品牌价值分别达到147.32亿元、24.38亿元。在"中国农产品区域公用品牌价值排行榜"中，"涪陵榨菜"列第2位，仅次于吉林的"长白山人参"，"涪陵青菜头"居第73位。

涪陵胭脂萝卜（又名红心萝卜）主要分布在涪陵江北、江东等地，为中国地理标志证明商标，富含钙、铁等微量元素和维生素B1、B2、花青素。外形与葫芦相近，少数呈圆柱形，组织致密，微有辣味，质脆嫩，是制作泡菜、腌菜、工艺菜的上乘原料。胭脂萝卜心皮全红，色泽艳丽、清香爽口，非常适合作为提取天然食用红色素的原料，安全无毒，其提取技

① 中国地理标志产品服务中心［EB/OL］. http://www.chinapgi.org/.

术已试验成功，并获专利，产业化前景广阔。

涪陵青菜头主要分布在长江沿岸地带，叶片呈绿色或紫红色，俗称“包包菜”或“疙瘩菜”，其茎部有膨大而凸起的乳状组织，像小胖儿童的脸一样平滑光亮，奇形怪状特别可爱。涪陵青菜头为中国地理标志证明商标，相比其他地区的青菜头而言，具有肉质肥厚、清香可口、嫩脆少筋、营养丰富的特点。涪陵青菜头是涪陵榨菜的主要原料，同时，涪陵青菜头也可通过“煮、炒、腌、泡”等方式用于时鲜蔬菜，鲜香可口，深受老百姓欢迎。

涪陵特色产品详细情况见表 8-1。

表 8-1　涪陵主要特色产品及地理分布情况（截至 2017 年）

序号	产品名称	产品介绍	分布范围	特色称号
1	涪陵榨菜	涪陵榨菜为中国地理标志保护产品，地理标志证明商标。榨菜的原材料为青菜头，是芥菜的一个变种，20 世纪 80 年代中期正式确定其植物学名称为“茎瘤芥”	主要分布在珍溪、白胜、南沱等地	地理标志保护产品，地理标志证明商标。2017 年品牌价值达到 147.32 亿元，列第 2 位
2	涪陵胭脂萝卜	又名红心萝卜，是涪陵三大特产之一，曾为贡品。品种抽苔晚，不易糠心、耐寒、抗病力较强，组织致密。其色泽艳丽、清香爽口、微有辣味、质脆嫩，是制作泡菜、腌菜、工艺菜的上乘原料。红心萝卜心皮全红，可提取天然食用红色素，安全无毒，其提取技术已试验成功，并获专利，产业化前景广阔	涪陵江北、江东等地	地理标志证明商标
3	涪陵油醪糟	用糯米、芝麻、花生、蜜枣、橘饼、核桃、白糖等精致原料加工而成，营养丰富，香甜不腻	黄旗、江东、李渡	重庆市非物质文化遗产
4	涪陵青菜头	涪陵青菜头种植历史悠久，表皮青绿，肉质肥厚，具有鲜、香、嫩、脆等特点，不仅是加工涪陵榨菜的优质原材料，而且也是营养丰富的特色时蔬	主要分布于丰都—巴南的长江沿岸，其中涪陵为中心主产区	地理标志证明商标。2017 年品牌价值达到 24.38 亿元，列第 73 位
5	增福土鸡	“增福土鸡”凭借其个小、肉嫩、味鲜等特点，成为众多主城居民青睐的绿色食品	涪陵区的增福乡	地理标志证明商标

续表

序号	产品名称	产品介绍	分布范围	特色称号
6	涪陵水牛	涪陵水牛主要产于垫江、丰都、涪陵、南川的山地漕谷区和平坝地区，涪陵水牛体形较大，四肢粗壮，体躯略短，被毛多为青色与黄褐色，尾根粗、尾细长	涪陵以及南川的鸣玉和武隆的平桥等	地理标志证明商标
7	涪陵黑猪	涪陵黑猪是重庆少有的优质土猪，是地方保护品种。通过纯粮食加青饲料喂养，出栏时间一年以上，体重可达150~200斤。饮用高山深处山泉水，呼吸着大山深处的纯净氧气，快乐地生长在天然的环境中，自由自在地漫步、玩耍、采食。这样的猪肉烹煮后，能保留原有肉质的口感，肉香、肉嫩、有嚼劲、肥而不腻，并且营养十分丰富	涪陵的大木乡，常年散牧放养在海拔1500米的大山上	地理标志证明商标
8	渝东黑山羊	渝东黑山羊主要分布于武陵山脉，全身被毛黑色，肉皮兼用，屠宰率高。公羊被毛粗长，母羊被毛较短，后驱略高于前驱，臀部稍有倾斜；后肢结实，蹄质坚实，尾短直立。渝东黑山羊繁殖力强、生长发育快，开发利用价值高	涪陵、丰都、武隆、黔江、彭水、酉阳和贵州少数区县	地理标志证明商标，2009年国家级畜禽遗传资源
9	涪陵龙眼	涪陵区地处三峡库区腹心地带，日照充足、雨量充沛，加之冬无严寒，是国内难得的一块晚熟龙眼生产宝地，三峡工程蓄水后，涪陵沿江区域龙眼种植条件变得更加优越。2007年，当地成功培育出了“涪陵黄壳龙眼”，并荣获重庆市优良龙眼品种称号	涪陵南沱镇	地理标志证明商标
10	京酱风肉	京酱风肉以猪肉、甜酱、八角、盐等为原料加工而成，带皮无骨，呈酱黄色，味香、身干，素以色美味鲜、爽口不腻而闻名，是涪陵的民间传统食品	涪陵区	重庆名菜

续表

序号	产品名称	产品介绍	分布范围	特色称号
11	涪陵白茶	“涪陵白茶”，冲泡后汤色清澈明亮，叶色绿白相间，叶底似兰花盛开，其香味持久、滋味鲜醇似鸡汤，氨基酸含量是普通名优茶叶的 2~3 倍，具有明目清心、益智安神、降脂去腻、消暑止渴等功效，堪称“茶中国宝”	蔺市镇	重庆名茶
12	龙潭大米	龙潭大米产于海拔 600 米以上，颗粒饱满，色泽油浸、清香滋润、营养丰富。“龙潭牌”各种规格大米是选用质量上乘的中晚籼稻谷生产的品牌米。龙潭米业有限公司引进日本安西制作所的色彩选别机和抛光机等世界一流先进设备，提高了大米生产科技含量	龙潭镇，青羊镇、聚宝乡、新村乡、明家乡等乡镇	重庆市名牌农产品，重庆市优质稻种植基地
13	涪陵锦橙	涪陵锦橙主要产于涪陵义和镇双溪果园，2000 年注册“鹅冠”牌商标。本品种果形椭圆、色泽橙红、皮薄光滑、脆嫩化渣、汁多味甜，主要用于鲜食和加工	涪陵沿江地区、义和镇	1995 年获中国农业博览会银奖。2000 年获“重庆名果”称号
14	方坪香茗	方坪香茗产于海拔 800 米、生态环境优越、小气候突出的梓里乡方坪茶场。生产历史悠久，最早见于明朝嘉靖三十年《涪州志》。因具有扁直显毫，色泽绿润，汤色碧绿明亮，栗香持久，滋味鲜爽回甜，叶底嫩绿匀亮的特征而闻名	梓里乡方坪茶场	四川省“甘露杯”、重庆市“三峡杯”优质名茶称号
15	百花露酒	百花露酒是一种历史悠久的传统配制酒，始于清嘉庆年间，以地方优质高粱酒为基酒，配以人参、天麻、黄芪、当归等百余味名贵中药材精制浸泡而成，具有补血益气，祛风除湿等保健功能	涪陵区	曾为宫廷御酒
16	老麻抄手	老麻抄手由田川于 2003 年创建，产品分为清汤、微麻、中麻、老麻及特麻等类型，配以香浓的鸡汤或骨头汤，色香味俱全，目前在重庆各区县深受老百姓喜爱	涪陵区	重庆名小吃

资料来源：根据中国地理标志产品服务中心网站资料整理。

第二节　榨菜的生产与布局

涪陵榨菜产业发展历史源远流长。据《涪陵市志》记载，榨菜起源于1898年，其工艺创始人是涪陵下邱家湾邱寿安家所雇请的技师邓炳成，并由邱寿安命名和进行商业开发和推广。此后，涪陵榨菜产业快速发展。截至目前，涪陵榨菜拥有中国驰名商标4个，重庆市著名商标21个，涪陵区知名商标37个，其中"乌江""辣妹子""太极"榨菜在国内外具有较高的知名度和影响力。

一、涪陵榨菜的资源禀赋分布

（一）青菜头的生产与分布

1. 涪陵区青菜头生产情况（见表8-2）

表8-2　1998—2017年部分年份涪陵区青菜头种植规模、产量情况

年份	种植面积（公顷）	青菜头产量（吨）
1998	12877	441864
2000	17636	430155
2005	27400	755082
2010	42044	1290903
2015	48310	1502901
2016	48106	1506260
2017	48389	1600300

资料来源：涪陵区农业委员会。

2. 青菜头生产布局情况

（1）优质青菜头生产基地：沿江高效农业区

青菜头是生产涪陵榨菜的正宗优质原料，高品质的青菜头需要特殊的土壤和水质环境、气候条件，优质产区主要分布在丰都县高家镇—巴南区木洞镇的200公里长江沿岸地带，其中涪陵系中心主产区，主要包括沿江高效农业区，即石沱、清溪、南沱、珍溪、百胜5个沿江镇，李渡、江北、龙桥3个街道和义和、蔺市、新妙3个镇的部分区域，与其他区域相比而言，这些区域的青菜头肉质肥厚、清香嫩脆、味优少筋。

（2）早市青菜头生产基地

坪上特色农业区：包括青羊、龙潭、马武、大顺、同乐、增福6个乡镇和新妙镇（北门村、开平村）、蔺市镇（五马片、堡子片）2个乡镇的17个行政村和1个社区。

后山生态农业区：包括焦石、罗云、大木、武陵山4个乡镇和白涛街道（卷洞片）部分区域。

二、涪陵榨菜的生产现状

（一）涪陵榨菜产业发展现状

近年来，作为上市公司，涪陵榨菜加大技术开发力度，大力引进高素质管理人才，利用兼并、收购或联营等手段，聚焦佐餐开胃菜行业，着力打造强势品牌，主营产品包括榨菜、泡菜、海带丝和萝卜等中高端绿色产品（见表8-3）。近年来营业总收入和毛利润不断增长，净资产收益率不断提升，说明涪陵榨菜收入增长主要源于内生性增长，部分也受提价带动渠道打款刺激。2017年，涪陵榨菜加大营销力度，打造“红动中国”、试吃体验、标准化陈列三大营销品牌。萝卜干作为酱腌菜中的重要子品类，其潜在空间可能不亚于榨菜，涪陵榨菜的萝卜干产品近年来发展势头良好。

表8-3　涪陵榨菜的产品营收结构情况

分产品营收	2016年		2017年	
	金额（亿元）	占营收比例（%）	金额（亿元）	占营收比例（%）
榨菜	9.86	88.0	12.84	84.5
泡菜	0.85	7.6	1.23	8.1
其他开胃菜（含海带丝和萝卜）	0.45	4.0	1.07	7.0
榨菜酱油	0.02	0.2	0.02	0.1
其他业务收入	0.02	0.3	0.04	0.3
合计	11.21	100.0	15.20	100.0

资料来源：根据东方财富网资料整理。

（二）杜邦分析

杜邦分析法是综合评价企业经营业绩的重要方法，是用几种主要的财务比率之间的关系相乘得出数据分析，用以评判企业的获利能力和股东权益回报水平。其公式为：

净资产收益率=总资产收益率×权益乘数

=销售净利率×总资产周转率×权益乘数

近年来，涪陵榨菜的净资产收益率呈逐年升高趋势。除在2014—2015年有一个短暂的调整时期外，2017年又回到高点24.19%（见表8-4），这充分体现出涪陵榨菜在行业中的龙头地位。进一步分析发现，这主要是因为营业净利率的提高所致，因权益乘数的提高，涪陵榨菜的营收情况和成本控制均有很大进步，经营管理水平也有一定程度的提高。

表8-4　涪陵榨菜的杜邦分析指标变动情况（%）

年份	净资产收益率	总资产收益率	营业净利率	总资产周转率	权益乘数
2012	13.94	11.50	17.74	64.81	1.18
2013	14.26	11.62	16.62	69.89	1.25
2014	12.12	9.89	14.56	67.88	1.20
2015	12.85	10.38	16.91	64.39	1.21
2016	17.56	14.32	22.95	62.40	1.23
2017	24.19	18.75	27.24	69.00	1.29

资料来源：根据Wind数据资料整理。

（三）涪陵榨菜产业发展与布局存在的问题

1. 青菜头生产条件较差，规模化程度低，效益不高

涪陵区多为丘陵山地，农业耕种条件较差，规模化和机械化程度低，生产效率不高。从育苗到收获，1亩青菜头需要15个劳动力，平均亩产2吨左右，并且青菜头收购价格波动大，最低保护收购价为400元/吨。同时，种子、农药、化肥等支出较高，最终使青菜头种植农户每天的劳动力报酬仅有40元/天①，若遇自然灾害，青菜头产量、质量都将大幅下降，农民的收入更低。

① 何侍昌，李乾德，汤鹏主．榨菜产业经济学研究［M］．北京：中国经济出版社，2014.

2. 榨菜的科研技术水平低，产品附加值不高

榨菜不仅具有咸菜的功能，更具有营养保健功能，但涪陵榨菜在这方面的开发和研究较为落后。相比之下，四川泡菜充分利用乳酸菌发酵等新技术，短短10年时间就得到快速发展壮大。科技含量低，产品附加值不高成为榨菜产业发展的突出问题。涪陵虽成立有榨菜研究所，但由于投入有限，设施简陋，人才缺乏，在育种、栽培、工艺等方面的攻关研究力量薄弱，一些大型龙头企业的科研实力也有待提高。

3. 大多数榨菜品牌知名度不高，营销手段落后

目前，涪陵榨菜只有乌江榨菜等品牌在国内外具有一定的知名度和影响力，其余品牌知名度普遍不高，市场拓展乏力，产销量受限，生产效益欠佳。塑造一个知名品牌，需要大量的广告宣传经费投入，同时需要长时间的实践积累，而涪陵榨菜由于品牌附加值低，广告投入经费极其有限，并且对涪陵榨菜历史文化的挖掘不够，榨菜产品缺乏文化内涵，基本没有体现和提升产品的文化价值。从营销手段看，涪陵榨菜主要注重传统的4P营销模式和经销商渠道模式，对现代营销模式如互联网+、微信营销、关系营销等手段的重要性重视不够。

4. 生产布局较为分散，污水处理难度较大

涪陵榨菜的生产基地主要布局在珍溪、白胜、南沱等地，山高坡陡，较为分散。虽然近年来政府极为重视环境保护，几个龙头企业都有自用的榨菜污水处理厂，但目前仍然存在许多困难：一是治污设施安装成本和运行成本较高；二是因布局分散，只有部分大型企业的污水能够接入治污管网，其他企业的水大多以沉淀直排为主。

（四）涪陵榨菜产业的布局优化

1. 整合青菜头生产资源，优化产业链，提高生产效益

优化青菜头生产资源，调整榨菜产业结构，着力建设沿江、坪山、后山青菜头产业带，培育榨菜原料产业基地，努力探索青菜头产业化经营模式；建立健全乡、村级农技服务体系，在良种、农药、施肥等方面进行技术指导，针对不同耕地精准施肥，提高青菜头生产效率。

优化农户、仓储物流中间商和榨菜企业三级一体化网络协作产业链体

系，青菜头生产农户以承包地入股榨菜企业，榨菜企业与生产基地、生产农户签订购销合同，形成企业、基地和农户的利益共同体，共担风险，共享收益，进而提高农户的青菜头生产效益。

2. 充分利用集聚效应，优化榨菜生产布局

根据现代经济地理理论，产业的集聚能够获得知识技术、营销信息、基础设施等方面的共享，通过专业化分工获得规模经济效益，通过竞争的加剧提高创新动能，进而能够极大地促进该产业的发展。通过规划榨菜产业园区，实现榨菜生产企业的集聚，共享原材料供应，共享销售渠道，共享技术创新，集中处理“三废”，共同打造区域榨菜品牌等，提升涪陵榨菜的品牌竞争力。

第三节　胭脂萝卜的生产与布局

重庆市涪陵区不仅是闻名遐迩的榨菜之乡，也是神奇的胭脂萝卜的原产地。胭脂萝卜又名红心萝卜，因其内外红得发紫，酷似胭脂而得名。胭脂萝卜属二年生十字花科蔬菜作物，曾为贡品，与涪陵榨菜、涪陵油醪糟同属涪陵三大特产。如果把胭脂萝卜的种子运到外地，就会变种，要么内部不是通红，要么就是红白相间，无法长成内外通红的萝卜，这也成为涪陵胭脂萝卜的不解之谜。若在泡菜缸中放一两个胭脂萝卜，整坛盐水都会变成红色，其他菜品如白菜、菜头、姜、蒜等也会染上红色，不仅更加美观耐看，而且酸甜嫩脆，令人食欲大增。涪陵胭脂萝卜是制作泡菜、萝卜食品的极品原料，也是提取天然食用红色素的上乘材料。

一、涪陵胭脂萝卜的资源禀赋分析

（一）历史文化资源

1. 历史渊源悠久

据史料记载，胭脂萝卜在涪陵的培育种植已有数百年历史，明清两代曾为贡品，供皇室专享。清代已有单独栽培，主产于涪陵区荔枝乡的望涪、大塘、稻香等3个村。在涪陵县续修的《涪州志》卷7上已有记载：

“萝卜一名莱菔，有红、白、胭脂三种。”1858 年选为宫廷贡品。在 20 世纪 80 年代，全国蔬菜品种资源调查确定胭脂萝卜为涪陵特产。80 年代末四川省发布“涪陵胭脂萝卜”地方称谓；90 年代初，四川蔬菜品种权威机构发布资料明确记载为涪陵地方品种，确定只有涪陵才有的独特产品。1984 年，从胭脂萝卜中提取天然食用红色素成功，更提高了它的名气。

1997 年，涪陵市科委研制出胭脂萝卜天然红色素提炼技术，能广泛应用于食品添加剂、医药、化工等工业用途。2007 年 1 月，涪陵区农科所培育的 3 个红心萝卜新品种，由重庆市农作物品种审定委员会分别命名为“涪陵红心 1 号”“涪陵红心 2 号”“涪陵红心 3 号”。2011 年，涪陵区申报“涪陵红心萝卜”国家地理标志证明商标获审定通过。注册号为 8891102，国际分类号为 31，公告期号为 1276。这是继“涪陵榨菜”后，涪陵区又一获准的地方名特商标。

2. 文化积淀厚重

三峡大坝修建之前，在涪陵江边有一个“锦绣洲”交易市场，北周的《涪陵地图记》里记载，“锦绣洲”市场的萝卜、织锦交易非常发达。清光绪年间，涪陵城人口增多，鲜菜需求量大，出现了专门交易各种蔬菜的“萝卜市”。民国时期至 1960 年前，涪陵沿江一带萝卜量大质优，包括蔺市的中坝萝卜、高山的大木萝卜和荔枝乡的胭脂萝卜等多个品种，是冬春城乡大宗蔬菜之一，曾畅销重庆，年产量 500 吨以上。停靠菜船的水码头因此而得名萝卜市。

（二）工艺技术资源

胭脂萝卜体形瘦长、个头不大，如果像其他萝卜那样爆炒或煨汤，不仅有焚琴煮鹤、暴殄天物之嫌，而且价值上也极不划算。胭脂萝卜的缨子可以用来腌制咸菜，萝卜可以用来制成萝卜干。涪陵人多用它来泡咸菜，只需三五个胭脂萝卜丢进泡菜缸里，几天之后，整缸盐水都被染成了鲜血似的红色。用这种盐水泡出的咸菜，不仅脆嫩爽口，而且晶莹剔透，色彩艳丽。除做泡菜之外，胭脂萝卜还被用来制作萝卜干，宴席上雕刻摆盘，给红鸡蛋染色。

1. 胭脂萝卜什锦泡菜

“昔日宫廷贡品，今朝绵香品味。”胭脂萝卜什锦泡菜是涪陵人民将这种独特的萝卜和四川泡菜加工工艺完美结合，并通过独特的手工加工工艺制成的胭脂萝卜什锦泡菜。胭脂萝卜什锦泡菜内有豇豆、四季豆、嫩姜、红辣椒、青辣椒、大蒜、小蒜、青菜头、胭脂萝卜。泡菜盐水鲜红晶亮，有红、绿、粉、白各种菜品。色泽鲜美，闻味清香，质地嫩脆，口味咸酸适口，是佐餐饮食的绝好佳品。

胭脂萝卜什锦泡菜的做法：首先必须挑选上好的泡菜坛子，即专门用作泡菜，在坛颈部有一圈剩水，使空气不能进入坛的泡菜坛子，无裂缝、漏气、漏水，能保持坛内相对封闭。然后挑选品质好、洁净的蔬菜和调料原料并洗净，晾干表面水分，即可进入手工加工环节。在泡菜时切忌油渍和其他水分的渗入，并做到封好坛口，防止空气进入，以免造成坛内菜品生花长霉变质变味。一般泡菜在三五天后就可食用。

2. 胭脂萝卜干

胭脂萝卜的另一种吃法是制作萝卜干：将胭脂萝卜洗净，剖开成三四块，用竹篾丝串起晾晒。待六七成干之后，收回切片，再一次用盐水淘洗。沥干水分，加入食盐、辣椒面、花椒、八角等香料拌匀，一道有色有味、爽口爽心的咸菜就可以端上桌。每一块胭脂萝卜干，都在涪陵得天独厚的天然土壤里孕育，在自然风的微抚下进行脱水，用传承百年的独特加工工艺进行腌制加工，使胭脂萝卜干的绵香发挥得淋漓尽致。

3. 食品染色

在食用色素尚未发明之前，涪陵人也用胭脂萝卜的汁液给食品染色。如订婚糍粑上大红的“囍”字，小孩出生时报喜的红蛋，都是用它染出来的。这种纯天然色素，让你看起来称心，吃起来放心，既饱了眼福又饱了口福。

胭脂萝卜的奇特之处还在于，除原产地涪陵之外，胭脂萝卜种子从涪陵引到外地，种出来的萝卜便没有内外通红的品质，要么部分返白或全部返白，过几年就变种成为普通的白萝卜。于是，涪陵人谈到胭脂萝卜，总要将其与涪陵地处神秘的北纬30度区域、两江交汇等特殊地理环境和佛临涪陵等特殊的人文传说联系起来，毫不掩饰、无比庆幸地夸赞“两江福地，幸福涪陵!”

（三）自然生物资源

1. 营养价值

胭脂萝卜抽苔晚，不易糠心，蛋白质、脂肪以及钙、铁等微量元素和各种维生素含量远远高于其他萝卜。肉质根近葫芦形、少数为圆柱形，组织致密，微辣，质脆嫩。胭脂萝卜不仅美丽小巧，而且味美营养，常吃有利于人们的身体健康，素有“小人参”的美称，曾经是宫廷贡品，民间自古就有“上床萝卜下床姜，不劳医生开处方”“冬吃萝卜夏吃姜”“萝卜上市，郎中下岗”“萝卜进城，药店关门”“吃萝卜喝茶，气得大夫满街爬”的谚语。胭脂萝卜还含有淀粉酶和氧化酶等人所需的成分，常吃对人体大有滋补之功效。

2. 经济价值

“争艳百花亦羞闭，皆因涪陵胭脂红。”别的红萝卜只是表皮泛红，胭脂萝卜却是里外皆红；别的红萝卜只是淡淡的红色，而胭脂萝卜却红得如鲜血、如玫瑰、如胭脂。倘若拿到溪边淘洗，清清的溪水也会被染红一大片。胭脂萝卜不仅微量元素含量比其他萝卜高，抗癌功效也比其他萝卜强，更为可贵的是它特有的天然萝卜红色，其色价高于国家标准 10 倍，溶解性强，无明显萝卜味，这种萝卜红色素不仅好看，是食品、药物、化妆品等不可多得的纯天然染色素，还具有一定的抗氧化性，是对人体有保健功能的着色剂。涪陵从 20 世纪 70 年代开始研究红色素提取技术，到 1997 年提取技术研制成功并不断成熟。据开发萝卜红色素的重庆紫丰生物工程公司负责人介绍，萝卜红色素作为纯天然食用色素，可作为葡萄酒、药品、化妆品以及食品、饮料的添加剂。据统计，国际市场每年对红色素的需求量约 8000 吨，每年还以 8% 的速度递增，欧盟、美国红色素销售额已经超过 4 亿美元。国内外供不应求的市场需求，将有力地拉动涪陵胭脂萝卜红色素的生产，为涪陵经济社会发展提供又一个强有力的支撑点。

3. 药用价值

俗话说：“冬吃萝卜夏吃姜，不劳医生开药方。”李时珍《本草纲目》记载：萝卜化积滞、解酒毒、散淤血，有消食、顺气、化痰、止咳、利尿、补虚等功效。现代医学研究发现：萝卜含有的淀粉酶能分解致癌物质亚硝胺，萝卜纤维素可提高巨噬细胞吞噬癌细胞的作用，具有一定的抗癌功能。而胭脂萝卜的功效比其他普通萝卜更强，胭脂萝卜含有花青素，具有强化心血管功能，使细胞更容易吸收养分与排除废物，使细胞更加健康，充满活力。

胭脂萝卜不仅能够给人们带来健康，而且还会让人们变得更美丽。胭脂萝卜特有的萝卜红色素，即花青素，还是一种不可多得的纯天然美容素。花青素能恢复胶原蛋白活力，防止皮肤起皱纹和过早老化，保持皮肤平滑而有弹性。人们常常认为猪蹄含有丰富的胶原蛋白，但不知猪蹄要与胭脂萝卜一起炖着吃，其胶原蛋白才会被身体有效吸收。

二、涪陵胭脂萝卜的生产现状

涪陵胭脂萝卜主要产于涪陵区长江两岸上自蔺市、下至珍溪不足百里的地域内，包括荔枝街道、江北街道北坪村、同乐乡，以小菜园零星种植。胭脂萝卜在春节后收割，耐储存，贮藏一个月不烂。虽有300多年的栽培历史，但因自产自销，未形成规模，所以胭脂萝卜的优势没有充分发挥出来。据涪陵江北办事处胭脂萝卜协会负责人反映，目前涪陵地区适宜种植胭脂萝卜的耕地达到上万亩，亩产1000~1500公斤，总生产能力达到几万吨。然而在实际生产中，大量耕地荒废，或者用于青菜头（榨菜的原材料）的种植，生产者还没有形成规模化经营，没有形成品牌意识，生产经营零散，经济效益不明显。

（一）产地特征

胭脂萝卜主产于涪陵，邻近县市多有栽培，四川、贵州也有生产。或许与土壤的酸碱度和温度、湿度、日照时间等气候条件有关，胭脂萝卜具有“南橘北枳”特性，只产于涪陵区长江两岸上自蔺市、下至珍溪不足百里的地域内，一旦移种到其他地方，品质就会退化，种出来的胭脂萝卜红白不均。即使同城栽培，也会出现红皮白心、水红（无法提取红色素）、“脸颊红”等现象。目前，除涪陵外，云南从涪陵引进胭脂萝卜种子，种植有一定数量的胭脂萝卜，但其色素含量仅为涪陵胭脂萝卜的1/4左右。

（二）选种培育

根据加工的目的不同，对胭脂萝卜原料的要求也不同，因此，红心萝卜的选种非常考究。将地里的萝卜拔出来削去一半，挑选胭脂红的萝卜作为种子，选留具有品种叶形，色泽鲜绿，叶片舒展，叶柄及肉质根均为紫红色的纯、壮苗。有缺苗应及时补栽，栽时应保持根直立不弯，先把根直放靠窝的一边，然后从侧面用土压紧或带土移栽。周围不能出现其他的萝卜品种，避免出现窜种，影响萝卜的颜色。通过对胭脂萝卜的培养和选育，涪陵区江北办事处目前收集有3种优良品质的胭脂萝卜品种资源：涪陵红心1号、涪陵红心2号和涪陵红心3号。

涪陵红心1号（萝卜），由涪陵区天台乡收集种源经连续5年培育而成。该品种丰产性较好，平均亩产2317千克，适用于加工红萝卜干，色素含量9.3‰，色素产量21.2千克/亩。涪陵红心2号（萝卜），品种资源经由涪陵区江北办事处收集，亩产1307千克，适用于加工泡菜和提取天然红色素，色素含量11.0‰，色素产量14.3千克/亩。涪陵红心3号（萝卜），主要产地为涪陵近郊，亩产957千克，是提取天然红色素的首选品种，色素含量14.2‰，色素产量13.6千克/亩。

（三）发展困局

1. 生产分散，没有标准化生产

胭脂萝卜的栽培分散，现在胭脂萝卜的生产仍然以家庭菜园独户种植为主，难以进行规范的技术指导，难以实现商品标准化，并且自产自销，难以产生规模效益。由此导致胭脂萝卜生产、加工、销售一体化水平低，生产链衔接不够紧密。市面上的胭脂萝卜有好有坏，没有生产标准，市场混乱分散。

2. 品牌建设薄弱

与涪陵榨菜相比，胭脂萝卜的品牌推广滞后、市场定位不准、研发创新不足。涪陵榨菜已于2010年上市，而胭脂萝卜的知名度随着萝卜市的消失，渐渐淡出重庆市的蔬菜市场，不为外人所熟知。对于胭脂萝卜，需要加大区域性品牌宣传力度，开拓国内外市场，科学研究和制定中长期总体发展战略，利用互联网+现代营销技术整合资源，促进胭脂萝卜的品牌发展。

3. 色素提取瓶颈

涪陵胭脂萝卜亩产量高，生产成本低，色素含量比例大，营养价值高，在提取天然红色素上具有很强的优势。1997年，涪陵胭脂萝卜天然红色素提取技术研制成功，虽注册有国家商标，但胭脂萝卜在提取红色素上一直存在着无法去除萝卜异味的技术瓶颈。

4. 产品结构单一，经济价值没有得到开发

对胭脂萝卜的使用主要集中在3个方面：泡菜、萝卜干、红色素。胭脂萝卜从口感上来说不宜熟食，制作什锦泡菜和萝卜干的市场需求十分有限，红色素提取遭遇瓶颈。单一的产品结构限制了市面上对胭脂萝卜的需求，进而阻碍了胭脂萝卜的种植和发展，影响到规模化种植的可能性，降低了农民种植胭脂萝卜的信心和热情。同时，胭脂萝卜的产品属于未加工或粗加工产品，精深加工产品比较少，致使其基本上以初级产品的状态进入消费领域，附加值低，经济效益差。

5. 种子市场混乱，种子质量退化

一是缺乏标准化生产体系和有效的市场管理监督，市面上的胭脂萝卜种子质量参差不齐，会影响胭脂萝卜的口碑，不利于它的推广。二是国内大量耕种地荒废，务农人口进入城市务工等现象，可能导致胭脂萝卜的耕种技术失传，产生失种危机。

三、涪陵胭脂萝卜发展与布局优化

（一）胭脂萝卜的发展对策

1. 找准着力点，加大政府支持力度

涪陵胭脂萝卜生产零散，未形成规模，零散农户的力量十分有限。突破科研瓶颈对胭脂萝卜意义非凡，而前期高额的研发投入离不开政府的大力支持。为全方位搞好胭脂萝卜的开发，还需要涪陵区政府积极组织协调，多方筹措资金，做好胭脂萝卜开发田的面积落实、技术指导培训、服务协调等项工作。首先，区政府应该成立领导班子和技术小组，拨专款进行胭脂萝卜的品牌挖掘和整理工作，对胭脂萝卜的生产和研究进行扶持。其次，基层工作委员会还应广泛开展调查研究，根据胭脂萝卜的生产特点开展生产、加工、销售等方面的调研，制订正确的产销发展战略，及时向区委、区政府和业务部门提出意见和建议，并协助组织实施。最后，还应顺应社会发展的趋势，加快农业标准化体系的建设和实施，提高产品竞争力。

2. 加大科研投入

胭脂萝卜一旦移种到其他地方，品质就会退化，种出来的胭脂萝卜红白不均。应通过引种和科研实验，扩大胭脂萝卜的生产范围，实现胭脂萝卜的增产增收。

（1）加大科研投入，完善育种体系

以市场为导向，以产业为基础，以企业为主体，根据市场需求开展育种工作，形成商业化育种机制，构建覆盖生物技术、育种技术和测试技术的三级研发体系，鼓励科研院所、大专院校的研究成果与生产企业相结合，建立互惠互利的协作关系，建立利益共享机制。同时，尊重知识产权，维护科研人员的合法权益。采用技术入股、有偿服务等形式，并在财税政策和福利待遇等方面给予支持，以吸引研究机构加大对腌制萝卜的新产品开发力度，调动科研人员的积极性。

（2）推进天然红色素的提取技术研究

胭脂萝卜具有产出量大，安全无毒，成本低廉，保存期长，耐光热性好等突出特点，并且具有抗癌、抗氧化、美容等药理作用。但由于胭脂萝卜不宜熟食，民间多用于制作泡菜、咸菜，优质资源未能充分开发利用。胭脂萝卜作为天然红色素的上乘原料、红色素原料和泡菜原料，在价格和需求量上都有着巨大的差异。因此，提取天然红色素是发展胭脂萝卜产业的关键点。目前的科研问题主要是无法去除萝卜味道，这就需要加大科研投入力度，争取早日攻克难关。

3. 品牌建设

通过品牌效应以提升竞争力。产品在市场上只能带来利润，而品牌可以带来源源不断的财富。品牌是高质量的商品标志，是产品有效进入市场和扩大市场占有率的通行证。在农产品市场竞争力日益激烈的今天，只有创建优质品牌，发挥品牌优势，形成产业化经营，才能获得较好的经济效益。加强宣传力度，强调胭脂萝卜的神奇与功效，提高胭脂萝卜在国内外的知名度，从长远的战略高度，带领农民开发市场，树立品牌，形成规模经营，使胭脂萝卜品牌与规模经营良性互动，提高市场竞争力。

4. 产业化开发

以规模化、集约化和市场化为导向，深化生产经营体制改革，积极探索涪陵胭脂萝卜产业标准化的新路子。培育壮大龙头企业，推广一二三产业高度融合的经营管理模式，引导和扶持一批集生产、加工、销售为一体的胭脂萝卜龙头企业，提高胭脂萝卜生产规模化和组织化程度，彻底打破以家庭承包经营为主的小生产格局，从根本上解决由此带来的胭脂萝卜生产分散的问题。

5. 利用电子商务，拓展销售渠道

通过企业、农户、政府、行业协会等共同努力，打造全新的区域品牌，为未来的发展奠定基础。通过现代营销手段，拓宽线上线下的销售渠道。互联网时代的到来，让人们能够接受更多的事物，这是奇特的胭脂萝卜大展拳脚的时代。利用新媒体、新技术，打响胭脂萝卜的知名度，打开销路，为进一步研发奠定基础。作为绿色蔬菜，胭脂萝卜更能成为打破绿色壁垒的重要经济作物。

（二）胭脂萝卜的优化布局

1. 胭脂萝卜的生产优化布局

或许与土壤的酸碱度和温度、湿度、日照时间等气候条件有关，胭脂萝卜具有“南橘北枳”特性，只产于涪陵区长江两岸上自蔺市、下至珍溪不足百里的地域内，一旦移种到其他地方，品质就会退化，种出来的胭脂萝卜红白不均。因此其生产地主要局限在这一地区内，为使其生产能力适应市场需求，应该加强对该区域的环境保护和良种培育，避免胭脂萝卜失去最后的栖身之地。随着技术的进步，天然红色素的研究发展，必然会带来巨大的市场需求，这就需要进行进一步的引种研究，优化胭脂萝卜的生产布局。

2. 胭脂萝卜的销售优化布局

胭脂萝卜具有极强的营养价值和药用价值，其知名度不断提高。胭脂萝卜耐贮藏，作为初级农产品可以运送到其他省份，但是作为泡菜或者萝卜干的原料，交通成本过高。制成泡菜的胭脂萝卜在三到五日内口感变差，无法沿袭榨菜的销售模式。要想优化胭脂萝卜的销售布局，只能从就近的区县出发，降低运送成本，扩大销售市场。

涪陵胭脂萝卜是涪陵地区地理标志特色农产品，富含天然可食用红色素，具有较高的经济开发价值，并且是重庆市的地理标志产品，但这些潜在价值并没有得到充分的挖掘。这些问题对于涪陵区发展特色农业，深入推进供给侧改革，进而维持经济社会的持续健康发展极为不利。发展胭脂萝卜，需要政府的大力支持，以企业为主导，以技术研发为突破点，深度开发胭脂萝卜的经济价值，才能发挥出胭脂萝卜的资源禀赋。

第四节　油醪糟的生产与布局

据《涪陵市志》记载，涪陵油醪糟始创于清嘉庆四年（1799 年），距今有两百多年的历史。油醪糟与传统的醪糟相比，具有显著的特点，是涪陵所独有的特色产品。

一、涪陵油醪糟的资源禀赋分布

（一）涪陵油醪糟的文化资源

1. 涪陵油醪糟的人文价值

长期以来，作为一种重要的饮食习俗文化载体，涪陵油醪糟逐渐构成当地民间特有的一种地域饮食文化生活习俗，是巴渝饮食文化乃至中国饮食文化的组成部分，众多典籍和文人墨客的作品中都有关于它的记载。

“一碗待客，引起满城效仿。”在《涪陵辞典》中，介绍了油醪糟的来历。1799 年，时逢新春佳节，川东白莲教发动战乱，有一富绅人家迁居至涪陵安家避乱，恰逢喜添人丁，众多亲朋好友登门祝贺，主人吩咐家人煮汤圆招待客人。但因客人众多，包心汤圆不够食用，厨子便将府上专为太太“坐月子”而准备的醪糟，加入芝麻、白糖等汤圆心子，再添加荷包蛋煮给客人们食用。客人们食用后满口留香，赞不绝口，纷纷问其食为何物，情急之下，厨子答曰：油醪糟煮荷包蛋。从此，涪陵满城竞相效仿。

“一绎风行，绽放好客礼俗。”涪陵油醪糟早年是涪陵人民接待客人的尊贵食品，客人一进门，主人就呈上一碗热气腾腾的油醪糟，加上一两个荷包蛋，以表盛情款待之意。因此油醪糟在客人心目中有热情待客“第一印象”的作用。袁世祖制作的油醪糟在古涪水两岸盛名远播，家喻户晓，其独特的香味、上等的辅料，令南来北往的客人随味而追寻。随着时间的推移，油醪糟在涪陵家喻户晓，几乎家家都会制作。制作油醪糟的水平还是衡量家庭主妇能干与否的民间话题之一。

“一碗定亲，曾为爱情信物。”早年间，油醪糟还是涪陵当地一种民间爱情信物，有“一碗定亲”之甜蜜意义。有男孩到女孩家相亲，如果女孩家父母同意这门亲事，就会在第二天清晨煮一碗油醪糟荷包蛋，送到“未来女婿”的床头。倘若没有吃到这碗油醪糟荷包蛋，那就说明女方家长对这桩亲事持不同意的态度。

“一品人情，荣升馈赠佳礼。”在涪陵民间婚俗中，还有一个重要习俗，那就是“三朝酒”。所谓“三朝酒”，就是家中添了小孩，满月时邀请三亲六戚（特别是娘家亲戚）共同庆祝添丁的一种庆典习俗。参加“三朝酒”的主要是娘家的女性亲戚，男性亲戚一般不参加。而参加“三朝酒”时送给“月母子”的贺礼中，油醪糟是必不可少的礼品。据专业营养专家考证，油醪糟不仅香甜可口，而且营养丰富，是“月子”里的产妇养生通乳的滋补品。

2. 涪陵油醪糟的发展历程

作为涪陵人代代相传的甜食，涪陵油醪糟在口口相传之中声名远播。20 世纪 80 年代末，涪陵油醪糟在四川省名特小吃评比中，一举夺魁，被评为省级名特小吃。在 1986 年出版的《中国小吃集萃》一书中，也收录有涪陵油醪糟。在 2009 年举办的第五届中国美食节上，涪陵油醪糟荣获“中华名小吃”称号。2010 年，作为地方名特产品的代表，涪陵油醪糟被上海世博会重庆组委会指定为“上海世博会重庆馆”的重要礼品之一，受到游客喜爱。2011 年，涪陵油醪糟被列入重庆市非物质文化遗产保护名录，享有“重庆名特小吃”的美誉。

（二）涪陵油醪糟的工艺价值

涪陵油醪糟对原材料十分讲究，生产工艺非常精细。油醪糟营养丰富、油而不腻、入口即化。它的吃法多种多样，根据个人的口味、喜好、需要而变化，加入鸡蛋，即成油醪糟荷包蛋或油醪糟蛋花；加入小汤圆或干糍粑块，即成油醪糟小汤圆或油醪糟糍粑；如蒸食，加糖后不再加水，也可直接煮沸食用。涪陵油醪糟从原料加工到成品均由老师傅手工完成，没有统一的标准，全凭老师傅通过目视、手触、耳听、鼻闻等经验和感觉掌控，判断何时加料、何时出锅。工艺流程为：原料处理—上甑蒸熟—拌曲—入缸搭窝—发酵—煎煮—成品。这些生产工艺难以为现代技术所替代，是涪陵劳动人民的智慧结晶，它蕴含着传统民俗文化的元素，同时又具有现代科学技术的基因，是一份极其宝贵的历史人文科学遗产。

（三）涪陵油醪糟的经济价值

长期以来，油醪糟一直是涪陵的地方特色名小吃，在当地餐饮业发展中发挥出十分重要的作用，在一定程度上带动着农副产品生产、城镇居民就业及旅游业的发展。涪陵油醪糟越来越受到广大消费者的青睐，对其进行保护传承、发扬光大，必将带来极大的经济效益和社会效益。

（四）涪陵油醪糟的实用价值

涪陵油醪糟既是一道甜心爽口的风味小吃，富含碳水化合物、蛋白质、B 族维生素、矿物质等多种人体必备营养成分，又因含少量酒精而具有促进血液循环、助消化及增进食欲的功效，是兼具补气益血、化痰润燥、健脾开胃、理气通乳、静心养心等多重功效的滋补佳品，具有较高的实用价值。发掘、挖掘、保护好这项传统手工技艺，对丰富巴渝饮食文化和饮食产品，满足广大群众生活需求，具有显著的促进作用。

二、涪陵油醪糟的生产现状

（一）涪陵油醪糟的产销现状

1. 涪陵油醪糟的生产与销售模式

目前，涪陵油醪糟市场生产者主要包括袁朝辉涪陵油醪糟、范氏涪陵油醪糟、坤陵油醪糟等品牌生产者及多数散户生产者。其中，规模最大的是袁朝辉涪陵油醪糟，占据市场份额达 80%左右。袁朝辉油醪糟采用以销定产的方式，对产品的数量、品种、规格、包装等按照市场的需求组织生产。其销售渠道主要有四：一是在涪陵城内成立有 3 家袁朝辉涪陵油醪糟品牌形象店（重庆涪陵区龙湾花园店、易家坝水上乐园店、望州路电力大厦财贸校店）；二是在涪陵城内开设有两家快餐直营店（高笋塘门店、霸王水饺门店）；三是开设有两家线上销售网店（淘宝店铺、微店）；四是批发给各大超市、商铺等进行销售。2014—2017 年涪陵油醪糟生产销售情况见表 8-5。

表 8-5　2014—2017 年涪陵油醪糟生产销售情况

年份	年产量（吨）	各类产品产量（吨）			年收入（万元）
		红糖油醪糟（15%）	油茶油醪糟（15%）	传统油醪糟（70%）	
2014	80	12	12	56	387
2015	110	16.5	16.5	77	532
2016	120	18	18	84	581
2017	133	18.5	19.6	95	602

资料来源：作者通过调查统计得出。

2. 产品开发

袁朝辉涪陵油醪糟在做好传统品种的同时，研发出高脂、中脂及低脂低糖型油醪糟，弥补了传统油醪糟在消费市场上的空白。为配合现代人健康、养生的观念，还将部分产品改用茶油、橄榄油来炒制。

（二）涪陵油醪糟的发展趋势

“袁朝辉涪陵油醪糟”是重庆齐圣食品有限公司旗下著名土特产品牌，该企业于 2017 年成功签约加工及餐饮产业园项目。该项目投资约 5000 万元，征地约 35 亩，在涪陵新区打造油醪糟生产加工基地、油醪糟“非遗”传承体验馆及中央厨房餐饮配送中心。

（三）涪陵油醪糟的品牌现状

品牌建设过程中，产前需要基础设施、品种研发等大量投入，产后还需要营销和广告等巨额品牌打造费用。然而，目前作为涪陵油醪糟品牌创建主体的生产企业的实力和数量明显不足以带动生产基地及农民生产户，还不具备创品牌的实力。涪陵油醪糟品牌代表涪陵该品牌整体的形象，而不是局限于某家某户的品牌，因此，在涪陵本地有数家实体经营店，但规模尚小。目前市场上规模最大的袁朝辉牌涪陵油醪糟平均年销售额 500 万元，企业员工仅 30 余人，范氏油醪糟等小众品牌的规模更小，市场占有率远不及袁朝辉牌油醪糟，加上散户才达到 20%左右。市场上以散户商贩流动售卖的方式更为常见，但流动摊贩各自为政，难以形成合力。由于经营分散，生产规模小，市场开拓能力弱，加上涪陵油醪糟内部恶性竞争，制约着涪陵油醪糟的健康发展。

三、涪陵油醪糟的发展与布局优化

（一）涪陵油醪糟的发展对策

1. 依托互联网技术，推广现代营销手段

首先，建立和完善涪陵油醪糟的产品信息服务体系，由于涪陵油醪糟的生产者居住分散、经营规模小、文化素质相对较低，需要政府建立农村信息网络，提供农产品技术和信息服务，对市场供给与需求进行分析和预测，做好产销对接。其次，着力培育新型农民，推广电子商务技术，充分利用微信、淘宝等现代网络媒体加大对涪陵油醪糟的品牌宣传，积极争取财政加大品牌宣传的支持力度。充分运用互联网+和大数据技术，挖掘潜在客户，大力推广淘宝网、微信等电子商务营销渠道，提升涪陵油醪糟的品牌影响力。最后，创新产品线下实体营销方式。一是通过举办特色产品推介会、博览会、美食文化节及节庆文化旅游等多种形式的活动，扩大特色产品的影响力；二是建立“农超对接”“农社对接”“农校对接”等营销模式，加快涪陵油醪糟进大超市、大社区、大城市的步伐。

2. 加强涪陵油醪糟的品牌建设

涪陵油醪糟是具有涪陵地区独特的文化资源，因此可由政府对外进行区域性“三大特色品牌”的整体形象宣传，以特色产业为基础，形成统一经营的合力，共同打造涪陵油醪糟的地域品牌。同时从企业生产加工环节、营销宣传环节、行政审批环节及企业外销出口等多个环节提供优惠政策，以补偿企业增加的成本，增强产品生产力，切实扩大品牌影响力。一是根据家厨情急之下将自家“坐月子”专制食品——油醪糟煮荷包蛋给客人食用而致使涪陵满城竞相效仿的来历，结合油醪糟对孕产妇具有的特殊滋补功能，积极开发“孕补油醪糟”“月子牌油醪糟”等品牌；二是根据其早年是传统民间接待客人时表盛情之意的饭前饮品这个传统习俗，打造“贵人油醪糟”等品牌，充分表达涪陵人民热情好客的风土人情。三是根据涪陵油醪糟早年间是一种有“一碗定亲”之用的爱情信物，推出“定情牌油醪糟”等品牌，将目标客户群体锁定为恋爱青年，作为表达定情之意的礼品。

3. 加快涪陵油醪糟产业化、规模化进程

首先，以龙头企业为主体，积极发展产业化、规模化经营，在财税、金融等方面给予龙头企业适当扶持，以增强其品牌创建的带动作用。其次，加强对大小生产者的培训力度，按照“政府搭台，企业互动，产业渗透，民间参与”的思路，深入推进涪陵油醪糟的产业化、规模化进程。改变涪陵油醪糟“自产自销”的现状，变“游击战”为“阵地战”，主攻大超市、大卖场和在大城市推广，这样才能进一步增强市场竞争力，实现涪陵油醪糟的产业化、规模化。再次，按照“依托主导产业建基地，围绕龙头企业建基地，突出区域特色建基地”的思路建设原料生产基地、人才培育基地及工艺生产基地。同时，充分利用政策优势，加大资金投入，加强基础设施建设，以保证特色产业持续、快速、规模化发展。近年来，为保护油醪糟的制作技艺，区里建设有涪陵油醪糟原料生产基地，设置油醪糟古法生产作坊，集合老艺人，成立顾问小组，培养年轻人才。但政府需要进一步出台优惠政策，加大对其基地建设的资金投入力度，完善基础设施建设。最后，引导产业集群化发展，实施标准化生产。按照统一、简化、选优的原则，制订和实施标准。一是建立完善绿色标准化生产体系，制订涪陵油醪糟绿色生产技术标准；二是政府应完善食品质量检测体系，加强产品质量监管，提高产品质量和安全，加强标准化生产和三品认证。

（二）涪陵油醪糟的优化布局

1. 涪陵油醪糟生产原料的优化布局

从涪陵油醪糟产品的生产原料来看，其所需原材料为糯米、芝麻、核桃、花生、冬片、枣泥、橘饼、蜜桂花、枸杞等各类坚果、果蜜饯之类的常见用料，其可获取性强，供应量充足，易贮存，且运输成本较低。因此涪陵油醪糟无须靠近原料产地，生产地布局灵活。

2. 涪陵油醪糟生产销售地的优化布局

从涪陵油醪糟的生产情况来看，由于其生产过程从原料加工到成品均由手工完成，全由老师傅凭经验和感觉来掌握，因而其生产地多集中于涪陵本地。从这一点来看，涪陵油醪糟生产原料及生产工艺简单、劳动强度不大，且易贮存、易运输，生产成本低且不会造成环境污染。其生产布局宜位于涪陵本土，但也可通过人才、技术的转移克服地域限制，因此其生产地布局较为灵活。在产品质量上要提高品质，以绿色、生态理念实行高标准生产，在营养、口感、色泽、气味等方面进行研发创新，打造绿色产品，提升涪陵油醪糟的品质。

第五节　涪陵新兴特色产业的生产与布局

一、涪陵新兴特色产业概述

涪陵除榨菜、胭脂萝卜、油醪糟等传统特色产业外，近年来还不断涌现出柑橘、龙眼、枇杷、蚕桑、烤烟、中药材、笋用竹、茶叶、花椒等新兴特色产业。2016 年，全区果树种植面积 23197. 33 公顷，其中柑橘 13250. 33 公顷、梨 2336 公顷、杨梅 1850 公顷、枇杷 413. 33 公顷、龙眼 1498 公顷，李 2307. 33 公顷、猕猴桃 653. 33 公顷、桃 289. 33 公顷、葡萄 137. 33 公顷。全年水果（含西瓜）总产量 16. 72 万吨，其中柑橘 8. 87 万吨、梨 2. 94 万吨、杨梅 0. 06 万吨、枇杷 0. 26 万吨、龙眼 0. 43 万吨、李 0. 87 万吨、猕猴桃 0. 04 万吨、桃 0. 5 万吨、葡萄 0. 15 万吨、草莓 0. 1 万吨、西瓜 2. 17 万吨。果品总产值 3. 81 亿元，同比增长 12. 72%，其中柑橘产值 1. 81 亿元，同比增长 19. 3%。

2017 年，全区水果种植面积 2. 52 万公顷，其中柑橘面积 1. 36 万公顷，荔枝面积 0. 07 万公顷，猕猴桃面积 0. 65 万公顷，葡萄园 0. 18 万公顷，全年水果总产量 15. 83 万吨，其中柑橘 8. 87 万吨，荔枝 920 吨，龙眼 4423 吨，葡萄 1650 吨。

二、涪陵新兴特色产业的空间布局

涪陵新兴产业在空间结构上打造沿江柑橘—龙眼产业带、坪上南方早熟梨产业带、后山淡季水果产业带的产业结构布局；在结构上提升柑橘主导产业，同时进一步做强龙眼、南方早熟梨、杨梅三大特色产业，适当发展晚熟李产业，指导农业主体建设一批蓝莓、设施草莓、设施葡萄等适合休闲采摘的精品果园，在时间上实现果品的周年供应。2016 年是加快涪陵区柑橘产业发展的开局之年，全年完成新建晚熟柑橘基地 533. 33 公顷，改造低产劣质柑橘园 338. 33 公顷，创建柑橘管理提升示范园 2113. 33 公顷，建设观光柑橘果园 93. 33 公顷。全年成立果品专业合作社 33 个，果品产业发展公司 5 个。目前，果品专业合作社已达 70 多个，果品产业发展公司近 20 家，积极探索和实践“支部+合作社（企业）+农户”的经营管理模式。

休闲观光果业健康发展。在惠民堡子等坪上片区打造南方早熟梨观光走廊，在南沱镇连丰睦和村打造柑橘—龙眼—枇杷休闲观光带、城乡接合部精品观光果园，成功举办涪陵区第二届桃花节、第四届梨花节、第六届杨梅节及义和镇李采果节等乡村旅游节会，及时通过报纸、网络发布节会信息，吸引区内外游客参与观光采摘，扩大涪陵特色产业的影响力，提升涪陵特色产业的知名度。2017 年，珍溪、南沱、同乐 3 个农业园区获批全国农村创业创新园区。

第九章 城镇经济地理

第一节 城镇体系的形成与分布

一、涪陵城镇体系概述

涪陵位于乌江和长江汇合处，自古以来为川（渝）东南重镇、通往湘鄂黔滇水道之要塞，不仅是乌江流域最大的商贸集市，也是长江流域的重要码头和商贸城市。从战国后期秦国设枳县起，一直为历代县、州（郡）治所之所在，1950年后为地（专）区、市（县）驻地，1987年被国务院列为沿江对外开放城市，1995年12月设地级市，1998年撤市设区，至今已历经2200余年。得益于两江之汇，加上口岸经济腹地深广，物产富饶，便有了涪陵“因水兴市”，同时也带动了运输、商贸、手工业等行业的兴旺，促进了城市人口的增长和城区规模的拓展。清末涪陵城垣内外已有大小街巷数十条，居民1.08万户，约四五万人。民国时期，由于现代科学技术开始广泛传播，信息和商品流转加快，经济和城市建设较清末均有较大发展。

中华人民共和国成立以后，置川东涪陵专区，隶川东行署区，辖涪陵、南川、丰都、石柱、武隆、长寿、彭水7个县。之后“三线建设”的推动，使涪陵城区得到进一步拓展，成为长江流域的工业重镇。直到1997年设立重庆直辖市，涪陵长时间作为区域中心城市，承载着相应的区域中心职能，这为涪陵的发展打下了坚实的人才和产业基础。

重庆直辖后，涪陵又迎来西部大开发、三峡移民的国家政策机遇，进入工业化、城市化快速发展阶段。既有的城市规模不断扩大，老城格局已无法满足现代生产生活需求。

20世纪末，涪陵逐渐明晰建设李渡新城的构想，从而开启新老双城的跨越发展格局。即以江南旧城为中心，李渡为副中心，沿长江水轴向江南片、江东片、李渡片、南岸浦片、江北小区形成相对独立的“一主一副”“一城四片”组团式山地城市。之后城镇空间结构体系进一步调整优化为“一城两区五组团”，即在“一个全区中心，两条发展轴”总体框架下，依托两江四岸，以涪陵中心城区为全区中心，以江南老城区和李渡新区为重点，打造江南、李渡、江北、江东、龙桥5个组团；以长江为发展主轴，辐射部分涪陵城区及石沱、蔺市、义和、清溪、珍溪和南沱等城镇；以西南方向为发展次轴，联系中心城区和龙潭新城，辐射马武、青羊、龙潭等城镇，带动涪陵西南区域发展；最终形成江南老城大力发展现代服务业，李渡新区布局工业与物流，长江北岸整合文化旅游、体育休闲功能，乌江东岸以居住为主，长江涪陵段上游龙桥片区重点发展物流的产城融合发展新格局。

受经济、社会全面迅速发展的驱动，涪陵城市建设、城市面貌发生了划时代的变化，新的空间框架使涪陵迎来全新的发展格局。2017年，全区辖9个街道、12个镇、6个乡，建成区土地面积68.4平方公里，城镇人口77.94万人，常住人口城镇化率67.18%。2018年初，涪陵重新被定位为全市区域中心性城市，把涪陵置于服务重庆全局、助推长江经济带发展的重要位置。涪陵城市发展再次迎来新的重大机遇，正向着新型工业化、新型城镇化特色突出的现代化大城市迈进。

二、江南城区的发展现状及特点

江南城区是涪陵城的老城区，主要分布于长江南岸、乌江西岸及东岸的台地和单面斜坡上，建筑物沿江分布，呈带状展开，海拔高程多在165~250米。由于地理条件优越，新石器时代晚期已有人类居住，秦汉以来一直是县、州（郡）所在地，川（渝）东南和乌江流域水上交通枢纽，商业贸易中心。涪陵解放后，江南城区面貌不断改观。尤其在“三线建设”的推动下，城区规模扩大，设施水平逐渐提高。改革开放以来，涪陵工商业空前繁荣，形成以江南城区为中心的陆路交通网，城区公共设施建设不断扩大和更新，一座新兴的工商业港口城市建立起来。

江南城区是城市乃至区域公共职能最为集中的区域，拥有巨大的基础设施优势。在公共管理与公共服务设施方面，涪陵五中、涪陵十六中、涪陵体育场、涪陵体育馆、第二人民医院、涪陵中心医院均位于此。在商业服务设施方面，已形成以高笋塘泽胜商业步行街和南门金科世界走廊为中心的核心商圈，城区还有20余个大型商业网点以及滨江路美食街、顺江好吃街、翔正丽湾新街坊特色商业街、迎宾大道汽车4S店一条街、中山路公益性市场5条商业街。

由于各类资源的集聚效应，江南城区更新建设动力强劲。在近20年的城市扩张建设中，江南组团已经并且正在进行大量以房地产开发为主的“填充式”或“拆旧楼、起高层”的更新建设。适宜的街区尺度、通达的网络、混合的街道功能，保障了老城的整体空间品质。老城的正常更新生长，使老城街巷尺度较为适宜，市民能找到合适的通行路径，大量山地步行坡道也为市民提供合理半径的慢行空间。底层较为混合的服务功能，也能让市民在步行半径内享受较好的城市服务。另外，涪陵山水城的景观格局和整体形象在长江沿线也能独树一帜。由此可见，居住空间规模的迅速拉高，导致大量居住人口在老城聚集，而大量公共服务设施和文教医疗资源集聚老城，使老城的人口聚集活力极强。受江南城区辐射带动的影响，老城片区外围圈层的江东、江北组团也经历了一轮城市用地的扩张。

开发强度高，扩张受制约。江南城区整体背山面江，位于山体北坡，基本没有规划存量用地。在更新过程中，受制于经济平衡因素，拆除旧区均换以高强度开发容量的方式进行。在此背景下，短期内拆旧建高的动力充足，但长期难以持续。而高强度的开发模式，则导致城区山水城格局不断被更迭，绿化与公共空间逐渐被蚕食或小区化，交通压力激增。长期来看，不仅不利于人口向西疏解，还会影响老城的空间品质。

三、李渡新城区的迅速扩张

李渡新城区坐落于长江北岸，明代至民国时期已成为涪陵沿江三大集镇之一。20世纪90年代末期，受制于陡山大江的自然地理条件，江南老城建设逐渐饱和，城市扩张的剧烈需求与可建设用地紧张的矛盾越发尖锐。为解决城市发展问题，涪陵提出了城市向西发展，建设李渡新区的战略构想，之后各版城市总体规划均延续了向西发展的思路，将李渡片区作为城市拓展的重点方向。

不过，在李渡组团具体建设过程中，受2011年涪陵高铁站建设的影响，李渡组团的具体发展方向在“向西”与“依托高铁向北”之间摇摆，致使城市发展战略资源并未完全向西投放。2011年版城市总规划将涪陵定位为重庆市区域性中心城市，并结合高铁站的规划大幅度提升涪陵中心城区的发展规模，最终将李渡组团的发展方向确定为依托高铁向北发展。现基本形成以涞滩河生态廊道为自然分割、东西两侧布局城市生活功能与工业功能的组团发展格局。

总体来看，李渡新区工业发展迅速，公共服务有待加强。目前，新城区（含马鞍街道）面积80平方公里，基本形成了以医药食品、装备制造、材料、电子信息为主导的产业格局。但城市生活功能板块发展不足，公共服务功能不全。李渡新区是涪陵近20年城市拓展的主要方向，通过统一规划的新城，建设质量起点较高，道路设施、绿化环境、公共空间均有较好的建设品质。现已建成的长江师范学院、重庆市医药卫生学校以及以奥体公园为核心的教育体育发展片区，是李渡新城发展程度最高、人气最旺的区域。不过，目前的城市建设与聚集程度多是通过自上而下投放的产业功能与公共设施功能（体育、学校）而实现的，商业商务配套的层次与类型不足，常住人口以产业工人、院校师生和本地农转非人口为主，消费层次偏低，尚未形成体系分明、类型多元的服务体系，让城市能够自行运转发展。尤其是高质量的文化、医疗、商业娱乐等方面的生活服务功能只能依赖老城区来解决，无法承担新城区应有的公共服务职能。

在后续的城市建设中，新城区应更好地平衡公共服务资源的配置，注重城市氛围的培育，优化利用那些具有生态和休闲意义的空间（如涞滩河沿岸），强化其空间品质的提升。

四、涪陵小城镇的发展状况

由于地理条件优越，涪陵区境内的北拱、镇安、石沱、蔺市、万寿、龙潭、白涛、清溪、珍溪等场镇附近在汉代已有居民点，并逐渐演变成场镇。截至1930年，区境内有18镇56场。当时，场镇上的建筑物主要有庙宇祠堂，富绅大院，区、乡公所等，除少数商业繁荣场镇外，其余的基础、公用设施较差或没有，即使进行建设，也是靠摊派、捐献等方式集资。解放后，场镇基础、公用设施逐渐兴起和加强，交通条件逐步改善，但总体发展较为缓慢。改革开放后，农村商品经济日益活跃，乡镇建设得到统一规划和管理，场镇建设面貌发生很大变化。

在江南老城和李渡新城外围形成了卫星城镇。受江南老城聚集发展的直接带动，在老城片区外围形成江东、江北两大组团，进行了大量以居住为主的城市开发建设。目前，江东组团建设用地沿江展开，形成新建住区、老旧住区、工业、学校等混杂的局面；江北组团分为两部分，一是沿江的老旧住区，二是位于北山坪的新建住区以及商业娱乐设施等。受制于长江、乌江的空间阻隔，江东、江北组团地形条件复杂，可用于建设的土地规模整体偏小，用地布局较为分散，较难形成功能完善、自我运转的独立新城。另外，在江南老城与李渡新城之间，沿长江岸线的龙桥组团发展迅速。其整体建设以工业功能及产业配套的市政设施为主，但以化工产业为主的工业发展对周边地区环境影响较大。为此，龙桥组团正在进行存量空间整治，欲打造“龙桥—李渡”一江两岸的生活景观。在建的龙头港因此获得了发展机遇，港口、铁路枢纽、物流仓库、现代工业等空间迅速聚集，成为龙桥城区空间增量拓展的核心动力。

全区小城镇和特色镇建设成效初显。2010 年，涪陵区制定出台了《涪陵区建设和发展特色小城镇工作实施方案》，从全区 18 个乡镇中选取龙潭镇等 7 个在产业、建筑或文化、旅游等方面具有特色的乡镇进行试点，并在城镇规划、产业发展、基础设施建设、风貌打造等方面给予大力扶持。以“561”为标准①，本着缺什么建什么的原则进行建设，经过几年的发展，这些区域的小城镇规模不断扩大，城镇功能逐步完善，集聚辐射作用进一步显现，经济社会发展呈现良好势头。全区逐渐形成了以中心城区为核心，中心镇为重点，人口集中、产业集聚、要素集约、功能集成，且层次分明、结构合理、规模适度、功能互补的梯级新型城镇化体系。即依托长江、乌江和主要交通干线，形成了点轴状的沿江、坪上、后山三大城镇带，突出发展了珍溪、蔺市、新妙 3 个全国重点镇和清溪、龙潭、焦石、马武、青羊、义和 6 个市级中心镇，构成了小城市的基本骨架和规模。中心城镇产业比较发达、功能比较完善、特色比较鲜明、聚集辐射能力比较强，成为连接城区、辐射农村的重要节点。

---

① “561”标准：“5”即五个一，分别是综合性市民广场、绕城公路、自来水厂（站）、污水处理厂、垃圾收运处理系统；“6”即六个有，分别是卫生服务体系、福利院（敬老院）、公共文化活动中心、农产品交易市场、品牌连锁超市、汽车客运站；“1”即一条主街道综合整治。

第二节　城镇化与城乡一体化

一、涪陵城镇化现状分析

（一）人口城镇化态势

涪陵区现辖9个街道、12个镇、6个乡。中心城区包括敦仁、崇义街道和荔枝、江北、江东、李渡、龙桥街道及义和镇的部分区域。2017年末，涪陵区公安户籍户数45.71万户，户籍人口115.83万人；常住总人口116.02万人，净流入人口0.19万人。其中，城镇人口77.94万人，城镇化率67.18%。

城镇化持续推进，中心城区成为城镇化核心承载区域。涪陵区城镇人口从2005年49.65万人增至2017年77.94万人，城镇化率由2005年49.00%提升至2017年67.18%，年均提升1.5个百分点。中心城区人口聚集力高，呈现快速上升趋势，近两年年均递增2.99万人。中心城区城镇人口占比不断提升，已成为涪陵城镇化的核心承载区域。

常住人口分布受区位交通影响大，沿江人口聚集度高。从常住人口空间分布特征看，中心城区极化作用显著，沿江地区、坪上地区及后山地区乡镇人口分布差异明显，城镇人口聚集水平受交通区位条件影响大。珍溪镇、清溪镇、南沱镇和义和镇等沿江地区乡镇毗邻中心城区且交通条件优越，人口分布较为集中，人口密度大于每平方公里350人，而青羊镇、同乐乡等坪上地区和武陵山乡、大木乡等后山地区乡镇，受区位交通条件限制，人口密度相对较低，均低于每平方公里200人，人口聚集力偏弱。

乡镇人口聚集受产业特征影响作用显著。从乡镇人口变化情况看，具有一定产业基础的城镇人口聚集度高。珍溪作为长江下游中心镇，现代农业优势显著，其常住人口一直领先于其他乡镇，且增长速度快，人口聚集力高；同时，白涛、清溪等工业主导型城镇，依托工业园区的建设，近几年来人口快速增长；蔺市作为长江上游旅游型城镇，人口聚集度高、吸引力强。

（二）城乡空间发展态势

从近年来用地增长情况看，中心城区增长速度快，增量大。2010年，涪陵中心城区城市建设用地3715.60公顷；2017年，中心城区建成区面积（包括已建、在建及拆迁平场用地）68.4平方公里，城市建设用地年均增加332.26公顷，年均增长7.9%。

从乡镇发展看，珍溪、白涛、蔺市、新妙、石沱、清溪等受中心城区带动发展且具有一定产业基础和优势的乡镇，建设用地增长速度较快；龙潭、马武、南沱、百胜等区位交通条件优越的乡镇，建设用地呈平稳增长态势；增福、大顺、罗云等较偏远乡镇，建设用地增长速度相对缓慢；而武陵山乡、大木乡以及青羊镇等旅游资源相对丰富的城镇，虽用地规模较小，但发展潜力相对较大。

（三）经济产业发展特征

从2017年各镇街GDP规模分布看，中心城区GDP优势显著。沿江地区GDP相对较高，珍溪镇现代农业发展优势显著，榨菜产量约占涪陵全区1/3，GDP水平在所有乡镇中排名第一。沿江地区的蔺市镇、百胜镇与坪上地区的新妙镇、马武镇以及后山地区的白涛街道，依托优越的交通区位条件，受中心城区辐射带动作用大，产业发展优势突出，GDP基本处于同一较好水平。具有次一级GDP水平的地区包括沿江地区的清溪镇、南沱镇和坪上地区的龙潭镇、同乐乡及后山地区的焦石镇，其他乡镇GDP规模相对较小。

（四）城镇体系与城乡空间结构特征

城镇三级体系基本形成，中心城区极化发展，小城镇发展受城区带动和区位交通条件影响大。经过多年发展，涪陵中心城区的人口集聚和经济增长能力均有显著提升，在经济和人口增量方面超过了其他小城镇的增量总和，极化作用明显，对于区域经济和城镇人口带动作用不断加强。4个中心镇中，珍溪镇和白涛街道作为长江下游地区和后山地区的中心镇，在经济发展和人口集聚水平上均对片区起到组织和带动作用。珍溪镇依托其特色资源、产业基础及区位交通条件，在经济发展和人口集聚方面优势显著。近5年来经济增量领先于其他所有乡镇，中心职能突出。白涛街道依托其化工园区建设，人口大规模集聚，近5年来人口增量居所有乡镇第一位，城镇聚集能力显著增强。新妙镇和龙潭镇作为坪上地区南部和西部的边缘性中心镇，受区位及交通条件限制，在经济发展和人口集聚方面略显不足，中心职能不突出。在15个一般镇中，蔺市镇、百胜镇、义和镇和马武镇等毗邻中心城区的城镇，受主城辐射带动作用大，在经济发展水平和人口集聚方面较为突出，其经济增量及人口增量已经超过部分中心镇，发展优势显著。

城乡空间中心发展突出，长江发展带初步形成。从城乡发展空间看，中心城区的辐射聚集能力显著，已成为带动全区经济发展和人口集聚的中心地。两条城乡发展轴线中，长江发展轴已基本形成，位于轴带上的珍溪镇、百胜镇、义和镇和蔺市镇发展较好；西南发展轴由于受到交通条件制约尚未形成，处于轴带上的马武镇受南涪高速带动，发展较好，而青羊镇、龙潭镇发展相对较差，轴带关系不明显。

二、涪陵城乡一体化基础条件与空间发展需求

（一）涪陵城乡一体化发展的宏观机遇与挑战

宏观机遇方面。一是国际国内产业、金融、能源和投资结构发生重大变化，全国经济发展进入新常态，发展动力转换步伐加快，创新驱动发展力度加大，“中国制造2025”深入推进和国内产业结构深刻调整掀起新一轮重大科技创新和产业革命，这为涪陵加速产业转型升级，构建现代产业体系提供了强大动力。

二是国家“四个全面”战略布局的确立，为做好各方面工作提供了总遵循、总抓手、总方略。尤其是“推动长江经济带发展”重大战略决策部署的提出，为涪陵区立足长江黄金水道，依托长江三角洲城市群、长江中游城市群，特别是成渝城市群，融入“一带一路”建设创造了有利条件和发展契机。对内能够直接承接新一轮深化改革红利，对外能够连接开放发展机遇，从而助推涪陵乘势而上、培育经济发展新优势，全面提升开放水平。

三是重庆深入实施“科学发展、富民兴渝”战略，加快建设国家中心城市。涪陵作为重庆大都市区的重要腹地，有利于更好发挥其在工业化和城镇化方面的引领带动作用和重庆大都市区的战略支撑作用；同时，涪陵自身正处于爬坡上台阶、突破求跨越的关键阶段，产业转型步伐加快，城镇化快速发展对投资和消费的需求带动较大，内生增长的动力充足。

同时，也要清醒地认识到涪陵经济社会发展所面临的挑战。一是传统

产业结构偏重，新兴产业规模较小，科技创新能力不足，核心竞争力不强，产业进一步优化升级面临较大压力；二是区域发展不平衡，城市与农村，沿江与坪上、后山在发展水平和能力上存在较大差距，提高城镇化水平还有很多难题需要破解；三是经济发展、城市建设对资源、能源平衡和环境承载能力提出更高要求，节能减排、生态环境面临更多考验；四是按照现代城市发展要求，城市管理水平、社会公共服务水平、社会管理协调能力和自主创新能力面临新的考验，市民素养和城市软实力亟待提升。此外，由于宏观环境深刻变化，经济下行压力超过预期，产业结构调整刻不容缓，战略性新兴产业亟待培育，传统产业升级任重道远。城乡、区域发展仍不平衡，新区、老城融合发展有待加快，老城区“减载、增绿、留白”压力较大，城乡管理水平与发展还不相适应，文化软实力需要进一步提升。资源环境约束趋紧，生态文明建设任务艰巨。社会管理、公共服务亟待改革优化，教育、医疗、社会保障、养老服务等民生建设与人民群众期盼还有差距。

（二）涪陵城乡一体化发展的条件

地理单元与地形条件：涪陵位于四川盆地东部的“川东平行岭谷区”与“巫山大娄山中区”过渡地带，境内海拔多在200~800米，最高1977米，最低130米，地势高差大，主要分为两江流域、坪上和后山3个地形特征区。两江流域海拔在400~600米，地势较为平坦，主要包括中心城区、义和镇、珍溪镇、百胜镇、白涛街道等沿江城镇；坪上地区海拔在600~800米，地势高，但总体上较为平坦，主要包括龙潭镇、青羊镇、同乐乡、增福乡、大顺乡等乡镇；后山地区为武陵山及延伸区域，其中武陵山区海拔多数高于1400米，地势陡峭，主要包括山上的武陵山乡、大木乡和山下的焦石镇、罗云乡。可见，两江流域地势条件优越，适宜进行城镇化建设。坪上地区虽地势平坦，但整体地势较高，交通不够便利，因此不适于作为城镇发展集中区域。后山地区整体地势复杂，应以生态保护为主，不适宜进行大规模城市建设。

水资源条件：根据流域和径流大小的不同，涪陵区水资源分布呈现沿江、坪上地区富集，后山地区稀少的特征。长江和乌江是全区主要的两条过境河流，交汇于中心城区，两江流域支流众多，水资源丰富，整体地势较低；坪上地区虽整体地势较高，但水资源相对丰富，有梨香溪、龙潭河、油江溪等长江支流和天宝寺水库、清水塘水库、东风水库等众多水库，农业发展较好；后山地区地势较为复杂，起伏较大，河流较少，主要为乌江支流，水资源相对不足。可见，两江流域及坪上地区水资源充足，农业发展条件优越，后山地区水资源缺乏，农业发展条件一般。

交通条件：全区高速、铁路、水运等重大对外交通设施主要集中于长江与乌江沿线。中心城区交通复合度高，通过东西向交通联系重庆主城、长寿、丰都，通过南北向交通联系南川、武隆。沿江城镇之间联系相对便捷，坪上与后山地区主要通过国道、省道与外围城市联系。城乡内部交通以县道、乡道为主，呈现明显的向心性，与中心城区联系较为便捷，而无大通道相连的乡镇之间交通设施建设有待加强。可见，沿江区域交通优势显著，适宜进行城市集中建设和产业规模化发展，尤其是新妙—石沱组团，不仅位于重要的交通廊道上，而且与主城距离最近，为承载主城功能转移提供了有利条件；坪上区域交通条件一般，不适宜聚集大量的规模化建设；后山地区由于地形复杂，交通条件较差，应积极加强道路建设，推动片区旅游业发展。

自然资源：涪陵自然资源优势显著，主要集中分布于武陵山地区和乌江流域。其中，武陵山地区拥有国家著名的4A级景区武陵山大裂谷，武陵山国家森林公园和大花谷、林下花园，生态景观条件优越。乌江河畔自然景观资源十分丰富，有以溶洞、秀水、石桥、石寨著称的小溪风景名胜区、景色秀丽的乌江森林公园以及雨台山、插旗山、御泉河和大溪河等自然景区。可见，整个武陵山地区和乌江流域自然景观条件十分优越，应以保护生态环境为前提，大力发展生态旅游。

文化资源：涪陵人文资源丰富，共有区级以上文物保护单位50处。其中，全国重点文物保护单位1处，为涪陵白鹤梁题刻；重庆市级文物保护单位12处，包括碑记桥、邱家榨菜作坊、陈万宝庄园、龙门桥、李蔚如旧居、“816”工程遗址等；区级文物保护单位37处。从分布看，主要集中于长江上游和坪上地区。可见，长江上游地区尤其是涪陵城区应充分结合历史人文资源特色，注重城市文脉延续，积极发展都市文化旅游。坪上地区应以丰富的人文旅游资源为依托，结合特色农业资源，积极发展乡村休闲旅游。

产业基础：涪陵工业基础雄厚，产业规模效益好，工业企业主要集中于4个工业园区，分别为李渡、龙桥、清溪和白涛工业园，均分布于长江及乌江沿岸，2017年实现规模以上工业总产值1300多亿元。农业生产区域特色明显，沿江区域以水果种植、榨菜蚕桑、畜牧养殖等为主，坪上区域以特色农产品、粮食生产和瓜果蔬菜为主，后山地区以高山反季节蔬菜、花卉、中药材种植为主。可见，沿江地区尤其是长江上游地区工业基础雄厚，适宜发展规模工业，与长寿、重庆主城形成产业联动；坪上、后山地区农业发展特色明显，未来应因地制宜发展特色农业，同时注重与旅游发展相结合。

（三）涪陵城乡空间发展需求

立足于新的发展机遇、发展形势和基础条件，未来涪陵将成为成渝城市群面向长江经济带的开放门户、重庆市域连接一区两群的战略支点、重庆大都市区东部副中心和三峡库区的生态宜居家园。涪陵将承载更多更综合的城市职能，尤其是作为大都市区的重要组成部分，是重庆主城人口与产业外溢的主要地区，因此需要一定的发展空间作为支撑，满足涪陵快速城镇化与工业化发展的需求。

在新的背景下，涪陵的发展潜力巨大，中心城区作为涪陵城镇化的核心承载区域，将继续极化发展，并辐射带动周边乡镇的整体发展。其余乡镇由于发展条件不同会有所区别，有产业基础支撑的乡镇如珍溪、白涛、清溪等会加快发展；产业基础较弱但区位交通条件好的乡镇如马武、龙潭等会保持稳定发展态势；另一些产业基础弱且资源条件一般的乡镇如同乐、焦石等发展会相对缓慢；而武陵山乡与大木乡拥有独特的自然景观资源，随着基础设施建设的日益完善，旅游业的发展将成为乡镇发展的持续动力。

三、涪陵城乡一体化的发展与布局

以中心城区为核心，从区域层面构建“融入主城、辐射区域”的开放格局，整合城乡核心优势资源，形成“一区四片、一带一轴”的城乡空间结构。

（一）“一区四片”协同发展

“一区”是城镇化、工业化的主要空间载体，具体指中心城区、新妙—石沱组团和蔺市镇部分区域构成的城镇密集区，是全区综合服务与产业组织核心。这一区域集中了现代制造、商贸物流、商贸金融、文化休闲、生态旅游、创意研发等主要城市功能，是全区经济发展的引擎，是承接主城人口产业功能外溢、实现与主城一体化发展的重要区域。

“四片”体现了城乡统筹的差异化布局，依托各自资源优势错位发展，分别为长江上游城镇发展片区、长江下游城镇发展片区、坪上城镇发展片区和后山城镇发展片区。

1. 长江上游城镇发展片区

该区主要包括中心城区、新妙—石沱组团、蔺市镇镇区及双井村和桃园村，定位为现代都市观光和休闲旅游发展区。至2030年，中心城区规划人口90万人，用地规模105平方公里，新妙—石沱片区规划人口4.0万~5.0万人，用地规模14~16平方公里，蔺市镇规划人口1.2万~1.5万人，用地规模1.3~1.5平方公里。

做强中心城区：一方面，提升现代服务水平，引导老城产业升级，重点培育“文商旅”功能，集中力量建设李渡新城，重点培育商务办公、行政文化、现代物流等服务功能，提高人口集聚力。另一方面，加强中心城区产业功能聚集，李渡新城重点发展装备制造（汽车和页岩气装备）、食品医药等支柱产业，积极培育现代物流、电子信息等产业，龙桥片区围绕龙头港继续壮大现代物流、装备制造（船舶与机电）、化工化纤（精细化工）等支柱产业。重点发展新妙—石沱片区，为承接都市区优质产业转移做好准备，主要发展装备制造（汽车和作业装备）、化工化纤两大产业。另外，蔺市镇依托其优越的自然条件和区位交通条件，重点发展休闲度假旅游。

交通设施建设：加快建设沿江高速北线、积极论证南涪高速改线方案，加快推进李渡—石沱—新妙快速路建设。预留市郊铁路、渝西高铁、沿江货运铁路、沿江高铁铁路通道，预留新石铁路编组站选址。加快推进片区内港口作业区及集疏运铁路的建设，加快启动G348龙头港改线项目，全面提升区域内部的国省干线公路等级。

基础设施建设：积极推进中心城区给排水、电力、燃气、通信、环卫环保和防灾等市政基础设施建设，加强中心城区基础设施与周边乡镇及农村地区的共享。完善城乡垃圾收运体系，促进农村地区充分利用城镇环保设施和农村小型生态化环保设施。加强城镇点源污染和农村面源污染控制，切实保护长江、乌江等重要饮用水源。

2. 长江下游城镇发展片区

该区包括珍溪镇、清溪镇、百胜镇和南沱镇 4 个乡镇，定位为现代农业和滨江旅游观光发展区。至 2030 年，珍溪镇规划人口 1.8 万~2.0 万人，用地规模 1.3~1.5 平方公里；清溪镇规划人口 1.5 万~2.0 万人，用地规模 4.0~6.0 平方公里；百胜镇和南沱镇规划人口 0.8 万~1.0 万人，用地规模 0.3~0.4 平方公里。

重点发展珍溪镇和清溪镇：珍溪镇以发展现代农业、农产品加工为主，同时提升公共服务设施建设水平，引导长江下游片区人口和产业集聚，充分发挥重点镇片区组织和带动作用；清溪镇重点发展工业园区，以铜铝型材、高端钢材、汽车船艇航空复合新材料等产业为主。此外，百胜镇重点发展现代农业和乡村旅游等；南沱镇重点发展现代农业、生态旅游等，同时注意控制南沱石佛村大型清洁能源基地环境影响区域的城镇建设。

交通设施建设：积极推进沿江高速北线和清溪港口建设，预留渝西高铁、沿江货运铁路、沿江高铁铁路通道，预留清溪铁路货站，提升片区干线公路等级，增强片区与中心城区的时间可达性。

基础设施建设：强化清溪镇市政基础设施对周边乡镇和农村地区的辐射带动作用，构建城区—乡镇—农村三级基础设施网络。农村地区充分利用城区和乡镇基础设施，同时加强农村地区自身基础设施的共建共享。严格论证南沱大型清洁能源基地建设可行性，适时推进该项目，为区域发展提供足够的电力支撑。

3. 坪上城镇发展片区

该区包括龙潭镇、马武镇、青羊镇、增福乡、大顺乡、同乐乡 6 个乡镇和蔺市镇、新妙镇的部分区域，定位为现代农业和人文旅游观光发展区。至 2030 年，龙潭镇规划人口 1.2 万~1.5 万人，用地规模 1.0~1.2 平方公里；马武镇规划人口 1.2 万~1.5 万人，用地规模 0.6~0.8 平方公里；青羊镇规划人口 0.3 万~0.5 万人，用地规模 0.4~0.5 平方公里；大顺乡规划人口 0.3 万~0.5 万人，用地规模 0.4~0.5 平方公里；增福乡和同乐乡规划人口0.3万~0.5万人，用地规模0.2~0.3平方公里。

重点发展龙潭镇：以商贸服务、农产品加工与现代农业为主，同时提升公共服务设施建设水平，引导坪上片区人口和产业集聚，充分发挥重点镇片区组织和带动作用。另外，马武镇重点发展城区相关配套产业，城郊及农村地区重点发展现代农业与乡村旅游业；青羊镇和大顺乡应依托国家历史文化名村和中国传统村落等资源，重点发展人文旅游；增福乡和同乐乡重点发展特色农业和乡村旅游。

交通设施建设：积极推进主城—白涛—武隆高速，提升区内国省干线等级，缩短坪上至中心城区的通达时间，构建马武至白涛县道联络线，连接后山片区与坪上片区，支撑坪上城镇发展。

基础设施建设：强化龙潭市政基础设施对周边乡镇和农村地区的辐射带动。农村地区充分利用乡镇基础设施，同时加强农村地区自身基础设施共建共享。推进黑塘水库建设。

加强资源保护：重点保护梨香溪河两岸的生态环境，以及几个中型水库的水源地，扩大森林资源，发挥永胜国有林地生产潜力。提高土地利用率，对25度以上坡耕地退耕还林还草，使原有破碎的林地连成片。

4. 后山城镇发展片区

该区包括白涛街道、焦石镇、罗云乡、武陵山乡和大木乡5个乡镇，定位为高山旅游和人文旅游观光发展区。至2030年，白涛街道规划人口3.5万~4.0万人，用地规模5.0~7.0平方公里；焦石镇规划人口1.2万~1.5万人，用地规模0.6~0.8平方公里；罗云乡规划人口0.3万~0.5万人，用地规模0.2~0.3平方公里；武陵山乡规划人口0.3万~0.5万人，用地规模0.7~0.9平方公里；大木乡规划人口0.3万~0.5万人，用地规模0.5~0.7平方公里。

重点发展白涛街道：加强园区建设，主要发展能源与化工化纤产业，同时完善公共服务设施建设，引导人口产业集聚，充分发挥重点镇综合服务职能和片区的组织带动作用。此外，焦石镇重点进行页岩气开发；罗云乡重点发展红色旅游和生态旅游等；武陵山乡和大木乡重点依托武陵山自然景观资源，发展高山生态旅游，加强旅游区配套设施建设。

交通设施建设：重点推进梓里—白涛及白涛—白马高速联络线，积极构建白涛跨越乌江的第二条通道。启动实施白涛港口作业区建设，实施渝怀铁路二线建设，提升白涛货运站货运能力，满足白涛化工园区对货物运输的要求。提升区域干线公路等级，实现区内所有乡镇二级公路可达，积极推进省道427建设，支撑大武陵山片区旅游产业发展。积极推进白涛化工园区二类通用机场建设，服务于白涛化工园区及武陵山景观区旅游发展。

基础设施建设：以白涛街道为中心统筹该区电力、燃气、环卫等基础设施建设。给排水设施以镇为单位建设，为各镇区及周边农村提供给水及污水处理服务。离镇区较远的农村地区分建或合建沼气池、人工湿地等基础设施。加快双江水库建设。

强化资源保护：严格保护武陵山生态屏障，适度进行旅游开发。重点管控白涛化工园区废水及废气排放，强化废水废气治理设施建设。在合理开发焦石镇页岩气资源的同时，做好相应的环境风险防控及气井周边生态恢复工作。

（二）"一带一轴"联动布局

依托重要区域交通廊道，沿长江构建城镇与产业发展带，以及沿坪上、后山片区构建乡村特色农业、旅游业绿色发展轴。

沿长江构建城镇与产业发展带，即以沿江高速为依托，串联长江上游城镇密集区和长江下游的珍溪镇、清溪镇、百胜镇和南沱镇，构成沿长江产业聚合发展走廊。其中，上游城镇密集区是承接主城功能转移、联动长寿一体化发展、承载涪陵区城镇化与工业化的主要地区；下游主要发展清溪工业园和以珍溪镇为核心的现代农业发展区，鼓励农业第二产业集中，打造长江中下游特色产业片区。

沿坪上、后山片区构建乡村特色农业、旅游业绿色发展轴，即以统筹城乡为原则，依托区域交通走廊，整合涪陵特色农业、自然人文旅游资源，形成主城至大武陵山区域的绿色发展轴。依托坪上地区丰富的历史文化资源和农特资源、乌江流域以及武陵山优越的自然山水资源，以龙潭镇、白涛街道为综合服务核心，以武陵山乡和大木乡为旅游服务节点，打造坪上农耕文化特色产业片区和后山高山休闲度假片区，重点发展人文旅游、特色农业观光、休闲度假等功能，实现坪上、后山地区的特色化发展。

第三节　涪陵城镇布局的优化

一、涪陵城镇布局存在的问题

（一）涪陵城镇化发展的总体约束

人口约束：人既是发展的目的，又是发展的动力。城镇化为了人而发展，也靠人来发展，城镇化归根到底是人的城镇化。人口集聚是经济增长和经济发展必不可少的因素，一方面，在生产上为建立规模经济、促进劳动分工和技术进步、降低生产成本提供了充足的劳动力；另一方面，在消费上为较高的产出水平提供了充分的必要需求。人口的空间迁移，其直接结果是引起人口数量、构成和劳动力分布情况的变化，进而引起信息、知识、人才和科技的移动和传播，必然对经济发展过程产生深刻的影响。尽管随着农业转移人口的迅速增加，涪陵城镇化率已从2000年38.3%提升到2017年67.18%，但受收入和生活水平、就业等因素的影响，涪陵近年来已成为人口净流出地区，人口约束日益凸显。随着涪陵农村剩余劳动力减少和人口持续净流出，人口约束日益凸显，人口红利逐步消失，依靠廉价劳动力供给推动城镇化发展的模式不可持续。

城镇发展空间约束：城镇化面临的主要矛盾之一是人与土地的矛盾。土地是城市发展的基础和命脉，基本农田的框定限定着城市的发展边界，不断扩容的城市规模约束了城镇发展空间。全国第二次土地调查成果显示，涪陵土地总面积294233.65公顷，其中农用地257073.95公顷，建设用地23706.27公顷，未利用地13453.43公顷，分别占全区总面积的87.37%、8.06%、4.57%。在农用地中，耕地103092.27公顷，园地6775.07公顷，林地119967.51公顷，其他农用地27194.23公顷，分别占农用地40.1%、2.64%、46.67%、10.58%。重庆市政府批准下达本轮土地利用总体规划中耕地保有量112000公顷、基本农田保护面积93100公顷，占涪陵实有耕地比重较大。随着城市周边永久基本农田划定工作的推进，涪陵城镇特别是中心城区拓展范围将会受到严格限定。工业用地粗放、单位面积产出偏低会加剧城镇扩张和产业发展空间严重不足的矛盾。因此，优化空间结构，提高城镇建设用地的利用效率，是涪陵城镇化推进的主要方向；“三旧”改造和中心城区工业用地转性将是盘活城镇建设用地的重要途径。资源的高投入、高消耗、高排放的传统工业化、城镇化发展模式难以为继。

城镇管理水平约束：一是城镇管理过程中没有实行标准化和规范化管理，采用模糊管理，规划多变。二是对新型城镇化的认识不够。一些乡镇依然沿用传统城镇化单纯的规模扩张、面积增加和人口增长的模式，没有将人口聚集与居民的基本公共需求有机结合，城镇建设用地粗放低效。三是城镇建设管理水平不高，存在规划管控不到位、基础设施建设欠账、城镇管理粗放等问题。部分区域交通拥堵问题严重，城市污水和垃圾处理能力不足。

（二）涪陵城镇布局的主要问题

1. 城市建设各个板块间结构与功能亟待优化

过去10余年间，涪陵城市建设经历了大幅度增长与扩展，城市形态由“块状集聚”向“组团分散”转变，“多中心、组团式”的城市结构初现，基本形成中等城市规模，但各组团间发展差异明显。

首先，老城区更新建设强劲，新城城市培育缓慢。涪陵新老城区之间被大山大江阻隔，两者相距20公里，相较于传统平原城市新老城区连片发展的格局，涪陵新城区无法受到老城区的直接辐射带动，城市培育过程缓慢。尤其是江南老城依托成熟的服务功能，具有很强的集聚效应，正在进行大量“填充式”或“拆旧起高式”的更新建设，极大地消耗了涪陵多年累积的城市发展动力，导致有限的资源难以完全集中投入到新城区。

其次，新城拓展方向犹豫反复，城市资源难以集中高效投放。李渡新城在具体建设过程中，确定了向西发展的战略。但随着2011年涪陵高铁站的修建，李渡新城的发展方向便在“向西”还是依托高铁站“向北”之间产生了分歧。从目前的发展现状看，李渡新城依托高铁站向北发展是主导方向。

再次，老城区聚集效应强，但发展空间有限，扩张受制约。江南老城是涪陵行政驻地，整体背山面江，位于山体北坡，目前已基本没有规划存量用地。而处于老城外围圈层的江东、江北片区，目前城市建设基本沿江展开，形成新建住区、老旧住区、工业、学校等混杂的局面。一方面，受制于长江、乌江的空间阻隔，江南老城的直接辐射带动受到约束；另一方面，由于地形条件复杂，可建设用地规模整体偏小，用地布局分散，难以形成功能完善、自我运行的独立新城。

最后，李渡新城公共服务功能尚待培育。李渡新城是涪陵近20年城市拓展的主要方向，目前基本形成了以涞滩河生态廊道为自然分割，东西两侧分别布局城市生活功能与工业功能的组团发展格局，但其城市建设与聚集程度仍明显低于预期。尤其是城市生活功能板块发展不足，公共服务功能不全。李渡新城北部已建成长江师范学院以及以奥体公园为核心的教育体育发展片区，也是新城区发展程度最高、人气最旺的区域。但总体来说，其城市建设多是自上而下投放的产业功能与公共设施功能，商业商务配套的层次与类型不足，常住人口以产业工人、院校师生为主，自行运转发展的机制尚未完全形成。

2. 小城镇建设过程中诸多问题亟待解决

首先，中心城镇功能不够完善。受地理环境限制，老城区土地资源异常紧张，建筑密度极大，道路标准不高，道路资源不够，综合交通枢纽的优势不明显，导致人员集散、科技、教育、医疗卫生、文化体育、现代服务、应急处置等综合功能对周边辐射带动不强。同时，新城区在优化城市发展空间布局、产城融合、园城互动方面，商业、金融、物流、教育、文化等配套功能还需进一步完善。中心镇的集镇规模总体较小，规划滞后，基础设施不足，经济规模小，文化资源供给少，吸纳生产要素、转移农业人口的能力不强，带动能力弱。

其次，产业支撑能力不够强。由于第二、第三产业发展相对滞后，就业机会相对不足，大量农村富余劳动力流向重庆主城或沿海经济发达地区，致使新型城镇化发展后劲不足。同时，特色产业，尤其是乡镇特色农业发展规模不大，现代化水平低，核心竞争力较弱，产业集聚效应不明显，带动和影响力不够，难以形成对城镇化和城乡一体化的有力支撑。

最后，中心镇发展特色不够突出。目前，小城镇建设普遍存在对历史文化挖掘和传承不够，没有形成独有地方特色的问题。有的小城镇如蔺市、新妙、青羊、大顺、罗云等虽然能突出当地的特色和历史文化，但缺乏建筑特色，绿地、公共设施数量少、规模小。生态环境治理力度不够，在乡村，生产生活垃圾随意乱倒、农村卫生厕所普及率不高。小城镇脏、乱、差现象普遍存在，导致这些小城镇的影响力不强，竞争力差，吸引力弱。

二、涪陵城镇发展对策

（一）涪陵城镇发展总体战略

坚持规划引导、合理布局、集约发展，构建中心城区、小城镇（市）、特色镇和新农村协调发展的新型城镇化格局，形成定位有别、层次分明、功能互补，在全市具有较强影响力的城镇集群（见图 9-1）。

建设组团式一体化发展的中心城区。依托独具特色的山水自然隔断，按照组群整合、相对分割、产城融合、精明增长的原则，以山水、绿带等生态空间为图底，以长江、乌江、高速公路、城市快速干道等主要交通廊道为发展轴带，统筹新城区、老城区、城市各组团一体化发展。优化城市内部空间结构，加快城市运行管理一体化，推进快速干道、桥梁隧道、城市轨道等交通主骨架建设，推动各组团城市基本公共服务功能平衡，增强各组团关联度和融合度。有效提高新城区人口承载能力，有序疏解老城区人口压力，减少新老城区交通“潮汐”现象，塑造有机疏散、簇团发展的组团式城市格局。

建设沿江、坪上、后山城镇带。依托长江、乌江及主要交通干线，逐步形成点轴状的城镇发展格局，着力建设沿江、坪上、后山三大城镇带。积极对接重庆国家中心城市和大都市区建设，重点打造涪陵西部沿江城镇连绵带（新城区—义和—蔺市—石沱—新妙）。加快中心城镇由“镇”向“城”的战略性转变，发挥小城镇（市）城乡联结中的承接带动作用，推进小城镇（市）与中心城区统筹规划、功能配套，有效分担中心城区功能。围绕历史文化古镇、生态旅游名镇、区域交通重镇和经济发展强镇，重点发展一批具有特色资源、区位优势、开发潜力，环境承载能力强的特色镇，使之成为连接城市、辐射农村的重要节点。坪上城镇带着力打造对接渝东南城镇群和渝南黔北城镇群的特色城镇密集带。后山城镇带着力打造高山生态休闲和能源旅游特色城镇带。

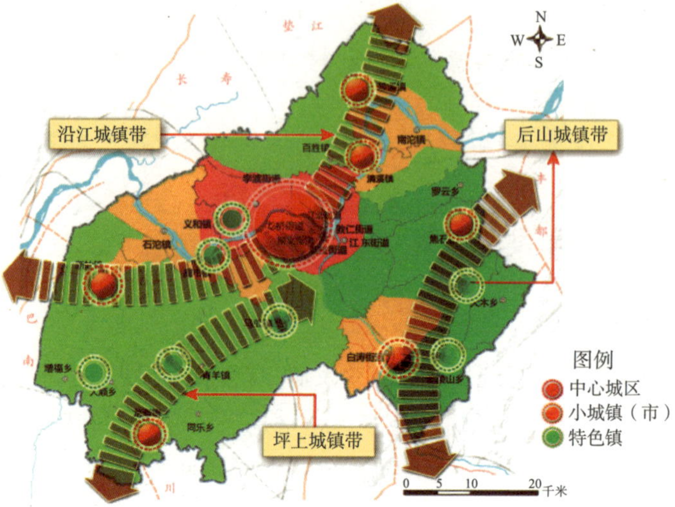

图 9-1　涪陵重点城镇体系建设示意

提升人口集聚能力，提高户籍人口城镇化水平，促进人口合理分布。完善人才吸引激励机制，促进更多区外优秀人才来涪陵居住、就业、创业。完善区内农业人口市民化体制机制。深化户籍制度改革，促进有能力在城镇稳定就业和生活的农业转移人口举家进城落户，并与城镇居民享有同等权利和义务。加强新增人口集聚区域水、电、气、路、通信以及商业网点等市政公用设施和学校、医院、文化设施、体育场所等公共服务设施建设，均衡配置公共服务资源。

（二）中心城区发展策略

协调区域发展格局，完善空间发展结构。在大都市一体化发展格局下，涪陵中心城区向西积极对接主城，城市东西向尺度进一步拉大，需要制定合理的空间框架以应对城市发展。制定涪陵区长远发展空间战略，既要保证远景城市空间结构的合理性，也要兼顾近期开发建设中“三生空间”的协调与融合。依据区域一体化空间格局，明确涪陵区城镇密集区沿江向西的总体格局，并细化分析西向沿江两侧的用地特征，寻找城市拓展的适宜用地空间。同时，结合现有的功能布局及重要节点，综合确定城市拓展区合理的空间布局与功能。

创新发展战略，预留长远发展所需的空间板块。作为重庆大都市区的重要支点，涪陵中心城区战略功能应当主动对接主城，从区域统筹角度为涪陵城市发展谋求动力。同时，以更长远的目光规划中心城区的发展，为主城区今后的产业功能战略性转移预留空间，严格控制各大功能板块的用地规模，避免下一阶段土地被较难更新的城市建设用地所占据。

建设绿色城市，合理选择发展空间并提升生态宜居品质。在中心城区范围内，绿色发展的内涵体现为 3 个方面：一是注重低冲击开发的空间选择；二是塑造山水园林特色的环境品质；三是引进绿色生态措施降低城市对库区环境的压力。涪陵中心城区内，老城区呈现单面坡型，新城区平坝与沟涧交错。绿色发展的中心城区，不应再开山填沟，而是需要保留自然廊道，依据地理信息平台选择较为适宜的发展空间。中心城区发展必须严格控制空间底线，避免不计成本的工程投放，倡导低冲击的开发模式。通过空间选择，形成城市与自然充分融合的格局。充分利用山体沟涧建设具有涪陵特色的绿色空间。同时，中心城区还应进一步选择适宜的开发强度，避免老城不断拔高加密的建设方式，提供更为舒缓的城市生活品质。此外，中心城区还要倡导海绵城市理念，在地块开发中减少径流系数和面源污染，在地块开发以外因地制宜设置绿色设施，调蓄净化水体空气。

弹性开发，用地远近结合、分期实施。首先，城市建设应统筹安全，既保证元气城市功能布局的相对完善，也要确定各个阶段的城市功能发展与布局形成相对完整的空间格局。建立滚动开发分期实施的理念，谋划一个可生长的城市空间格局。其次，在近中期阶段，城市建设不宜急于拉开框架，而应有序逐步推进新城建设。应集中优势资源发展重点片区，完善新城公共职能，以点带面推动中心城区发展。最后，在远期建设中，可对已建设用地进行更新开发，以适应城市不同发展阶段所需的配套职能。城市空间发展也逐渐转变为既有工业用地更新、产业配套升级，又可根据城市功能需求将部分产业用地转变为城市生活用地。

三、涪陵城镇的发展与布局优化路径

（一）构建“五级”城镇梯次发展格局

建立与融入重庆主城发展相适应的“城区—小城市—中心镇—特色乡镇—美丽乡村”的 5 级结构体系，提升涪陵在重庆大都市乃至更大范围内的节点支撑和服务功能。各城镇形成与涪陵产业布局相适应的综合型、工贸型、旅游型、农贸型和农林型5种职能分工。5级结构体系中，一级为涪陵中心城区；二级为由中心镇构成的具有较强辐射能力的小城市；三级为珍溪、龙潭、白涛3个中心镇；四级包括南沱、焦石、马武、蔺市、义和、百胜、清溪、青羊、石沱、同乐、大顺、增福、罗云、大木、武陵山等15个一般城镇，其中可着力打造龙桥、南沱、珍溪、石沱、百胜等临江特色集镇，加快龙潭、马武、青羊等重点镇建设；五级为中心村和居民点。

中心城区主要承担综合型职能；白涛、南沱、清溪、义和、新妙和石沱镇主要承担工贸型职能；蔺市镇、青羊镇和大顺乡、大木乡和武陵山乡主要承担旅游型职能；珍溪镇主要承担农贸型职能；百胜镇、马武镇、焦石镇和同乐乡、增福乡、罗云乡主要承担农林型职能。

（二）营造四大主体功能区协调发展态势

根据涪陵城乡资源禀赋、区位条件、发展水平和发展潜力，以及国家“城镇、农业、生态”3类空间协调发展的要求，突出城市功能核心区、沿江工业集聚区、坪上现代农业区和后山生态发展区四大功能区域主导功能，加强分类指导，形成发展导向明确、要素配置合理、空间集约节约的发展格局。城市功能核心区推动新一轮城市功能和形态开发，发挥“三区一城”核心区域带动作用和加快转变发展方式、创新驱动产业转型升级的主战场作用；沿江工业集聚区推进新型工业化和新型城镇化，培育市场竞争力较强的产业集群，建设与城市功能核心区联动发展的区域，成为涪陵发展的新引擎；坪上现代农业区和后山生态发展区加快发展特色效益农业和生态旅游，加强生态建设和环境保护，推动绿色低碳发展，成为涪陵可持续发展的战略承载区域。

1. 城市功能核心区

城市功能核心区包括涪陵新城区和江南老城区，总面积339平方公里，到2020年承载人口80万人，实现工业产值1800亿元左右，约占全区的60%，服务业产值占全区80%以上。该区域突出“扩量增效”和“优化提升”，优化城市空间结构，适度有序扩大城市建设空间，控制工业建设空间，增加城市生态空间。率先转变经济发展方式，提升经济增长质量和效益，增强自主创新能力，尽快形成以高端制造业和现代服务业为主体的功能区域，建成具有较强创新活力和公共服务辐射能力、传承历史文脉、彰显城市魅力的中心区域，成为构建现代化城市的核心区域和带动全区实现科学发展的龙头区域。

2. 沿江工业集聚区

沿江工业集聚区主要包括龙桥、白涛、清溪工业园和新（妙）石（沱）工业拓展区以及沿江乡镇（街道）沿江区域，总面积910平方公里，到2020年承载人口30万人，实现工业总产值1000亿元，占全区30%以上。该区域突出城镇化和工业化“两化提速”。加快基础配套设施建设，改善投资创业环境，增强产业和人口的聚集和承载能力。积极承接国内外、重庆都市功能区和涪陵城市功能区的产业转移，适度有序承接城郊农业区和生态发展区的人口转移，加快推进新型城镇化和新型工业化，尽快形成以提供工业和服务产品为主体功能的区域，成为全区经济实现持续快速发展的重要支撑区域。

3. 坪上现代农业区

坪上现代农业区主要包括坪上乡镇和沿江乡镇（街道）非沿江区域，总面积1178平方公里，到2020年承载人口约15万人，农业总产值占全区70%以上。该区域突出“特色发展”和“山水田园”。有效控制开发强度，因地制宜适度发展农林牧渔产品生产和加工、乡村旅游、观光休闲农业等。限制大规模的工业和城镇开发，加强对耕地、林地、果园、水产养殖水域和生态环境的保护，形成以提供农副产品为主的功能区，保障城市基本农产品供应。

4. 后山生态发展区

后山生态发展区主要包括后山乡镇，含大木乡、武陵山乡、罗云乡全境，焦石镇武陵山脉区域和李渡街道、义和镇黄草山脉区域。总面积515平方公里，到2020年承载人口约5万人。该区域突出“绿色生态”。严格控制开发强度，围绕生态旅游和新能源开发两大主线，适度发展农林牧渔产品生产和生态产品。该区域是全区自然保护区、森林公园、地质公园的主要聚集区域，对核心保护区域要依法实施强制性保护，严禁各类开发活动，引导人口转移，实现污染物零排放，形成以提供生态产品为主的功能区，成为维持生物多样性和生态产品多样化的承载地。

（三）依托主体功能区推动城镇优化发展

依托四大主体功能区，推动涪陵全区形成整体功能优化、主体功能突出、人口资源环境相协调的城镇化发展新格局，实现全区资源配置最优化和整体功能最大化，为“三区一城、幸福涪陵”建设提供空间载体支撑。

构建以城市功能区为主体的城镇化战略格局。城市功能区要加快现代化城市建设步伐，提升城市商贸物流等综合服务功能，提高人口承载能力和区域辐射能力；沿江集聚区要依托重要水系、交通干线，建设快速交通网，构建与城市功能区优势互补、协调配套的产业格局，形成在全市具有较强影响力的现代化城镇群；城郊农业区要根据资源和环境禀赋，加快现有城镇据点式开发，促进城镇化、农业现代化和信息化同步发展。生态发展区要把保护生态环境摆在突出位置，坚持绿色发展，提升城镇品质和功能。

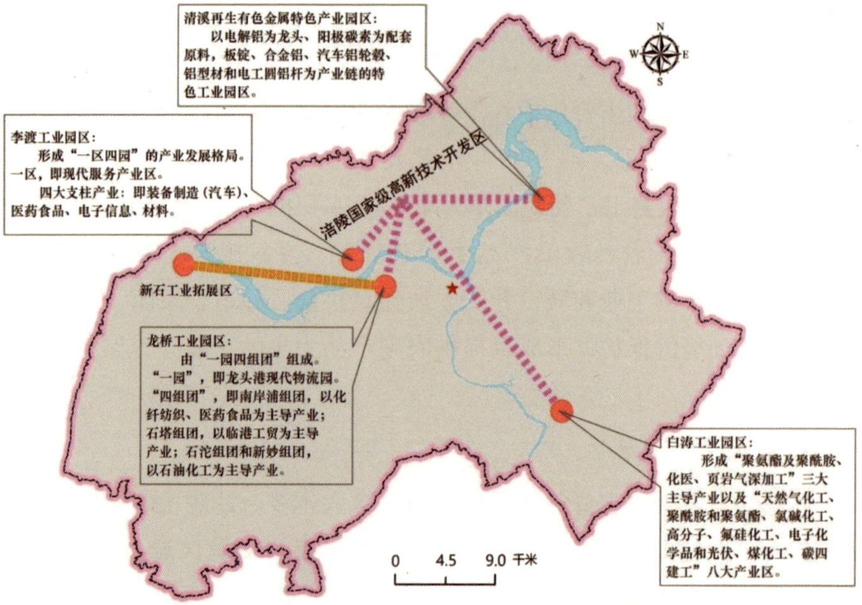

图 9-2 “二区四园三基地”工业布局

构建以“二区四园三基地”为主体的工业发展战略格局（见图 9-2）。加快建成涪陵国家级页岩气示范区，争取将涪陵工业园区升格为国家级经济技术开发区，依托城市功能区的涪陵工业园区（含李渡、龙桥园区）、沿江集聚区的白涛化工园区、清溪再生有色金属特色产业园，加快园区平台建设，推动重大产业集聚，将白涛化工园区打造成西部重要的特色化工基地，将清溪特色园区建设成西部地区有重要影响力的有色金属产业集聚区，实现各园区、基地之间差异发展、联动发展。围绕承接重庆主城和两江新区产业配套，启动新妙—石沱片区建设。产研配套一体、开发利用并重，加快建成涪陵国家级页岩气示范区。在马武、珍溪、新妙等乡镇，重点围绕农副产品加工，培育小微企业创新创业示范基地。重点集聚发展页岩气、新一代信息技术、新能源及智能汽车、生物医药及生命健康、MDI下游、节能环保六大战略性新兴产业集群，建设重庆页岩气研发生活基地、智能终端设备制造基地和生物医药研发生产基地，建成重庆重要的新兴产业基地。坚持调整优化和改造提升并重，提质发展化工化纤、机械装备、基础材料、医药、食品、能源六大优势支柱产业集群，构建“6+6”产业新体系。

构建以“四区十园”为主体的农业发展战略格局。培育城郊都市农业、沿江特色农业、坪上高效农业、后山生态农业四大特色产业区，重点发展南沱、龙潭、义和、龙桥、珍溪、江北等10个现代农业示范园区，打造一批特色农业精品园、观光园、采摘园、体验园，建成全市城郊都市型农业示范基地。推进农业产业结构调整，积极发展品质优良、特色鲜明、附加值高的优势特色农产品。稳定粮食生产，大力发展榨菜、畜牧、柑橘、蚕桑四大优势产业和蔬菜、茶叶、中药材、渔业、花卉及林下经济等五大特色产业，加速培育涪陵白茶、涪陵荔枝、南沱龙眼、增福土鸡、涪陵黑猪、渝东黑山羊等特色农产品品牌。

构建以“两环三网”为主体的生态安全战略格局。打造生态发展区外环（东部武陵山、西部木鱼山、南部大梁子山、北部黄草山）和城周内环（聚云山、雨台山、铁柜山）森林生态安全屏障，以及水系林网、农田林网、骨干道路林网的生态安全网络。加强长江、乌江等河流和大中型水库水生态功能区建设，强化风景名胜区、自然保护区、森林公园等禁止开发区域和限制开发区域生态保护，在重点生态功能区域及其他环境敏感区、脆弱区划定生态红线。

（四）聚力“两线三片一城”，推进区域性中心城市建设

长期以来，涪陵城市化滞后于工业化，且日益加剧，服务业对经济发

展的贡献持续偏低，城市结构、产业结构、人口结构亟待提升。“两线三片一城”建设，不仅可直接带来上千亿元有效投资，更重要的是为新兴产业和现代服务业发展带来广阔空间，为城市经济发展提供有力支撑平台。因此，涪陵区域性中心城市建设关键看“两线三片一城”。

“两线”，即涞滩河沿线和太白大道沿线。其中，涞滩河沿线区域位于长涪高速以南、长江以北，东至南涪高速，西至鹤凤大道，面积约 9.1 平方公里。涞滩河由北向南依次串联起规划建设中的涞滩河湿地公园、玉屏公园、双溪公园和龟陵城古遗址公园，将形成涵养城市的天然绿肺和生态屏障，是新城区城市发展的宝贵资源，拟于 2023 年基本建成沿线片区，打造“山环水绕、见山通水”的精致生活区。太白大道沿线区域，北起聚龙大道，南至长江二桥，沿线面积约 1 平方公里，是新城区发展较早、最为成熟的区域。太白大道居中贯通，串联高铁片区、中央商务片区和玉屏公园片区，紧邻涞滩河沿线，通过长江二桥连接龙桥片区、江南城区，是带动新城区整体形象提升的关键。

“三片”，即高铁片区、中央商务片区和玉屏公园片区。高铁片区位于渝利铁路以南，长涪高速以北，东至妙音路，西至鹤凤大道，面积约 7.5 平方公里。依托高铁交通快捷优势，围绕打造大数据智能化产业集聚高地、要素集聚高地、创新创业高地目标，吸引有实力的企业、院校和科研机构落户高铁片区，着力建设科技城区。中央商务片区位于聚龙大道以南，玉屏公园以北，东至妙音路，西至南涪高速，面积约 7.1 平方公里，是目前新城区教育、商业、居住最为集中的区域，未来将是展示新城区形象和品位、彰显涪陵城市区域中心城市魅力的重要窗口和推动现代服务业发展、城市经济转型升级的重要引擎。玉屏公园片区位于玉屏公园以南，长江以北，南涪高速以东，面积约 5.3 平方公里，是行政资源的主要集聚区，随着公共服务配套、居住环境、交通出行等条件的相继改善，玉屏片区将成为集公共服务、生态环保、美丽宜居于一体的新型城区。

“一城”，即江南城区。江南老城建成时间长，功能设施负荷重，运行管理难度大，亟待提质减载、有机更新。在未来十分有限的城市开发空间中，通过“快拆快整”“快整快建”，实现拆旧与出新同步、建设与保护并重、“面子”与“里子”相顾、开发与经营结合。

第十章 涪陵经济地理布局优化

经济地理的布局优化是指一个经济区域各组成要素依据产业特征进行聚合、分散、流通调节，各构成要素通过合理配置达到和谐统一。也就是对传统区域经济发展进行更便利、更有效、更和谐的科学布局，以促进区域经济又快又好发展。涪陵经济地理布局优化需要解决经济产业布局结构优化和区域经济协调发展问题，其中经济产业布局结构优化包括三次产业的空间分布，各区域乡镇根据自身优势和特点发展特色产业等；区域经济协调发展则要求通过发挥集聚效应与扩散效应的作用来予以实现。

第一节　涪陵经济地理特征

一、涪陵经济地理形成发展的构成与特点

（一）地理条件对涪陵经济的综合作用

经济地域形成发展的地理条件包括自然条件和自然资源、位置与交通信息条件、人口与劳动力和科技条件、经济条件和社会条件等方面，这些条件共同作用于经济地域，缺一不可。① 任何一个经济地域的形成与发展，都不是单项条件作用的结果，而是这些条件综合作用的产物。

涪陵经济一方面在自身的自然条件和自然资源作用下，传承了传统农业经济，在农、牧、林、渔业等产业方面发展有着强劲的动力，农、林、牧、渔业对全区 GDP 贡献率在3%左右。另一方面，基于其位于长江、乌江两江交汇之地，有着良好的区位和交通优势而发展了工业。近几十年来，建成了“三园四地”，培育成长起六大传统支柱产业（化工化纤、装备制造、重要材

① 陈才．区域经济地理学的学科理论与实践［M］．北京：科学出版社，2010：185.

料、食品医药、电子信息和清洁能源）和六大新兴产业（页岩气、新一代信息技术、MDI 下游、新能源汽车及智能汽车、生物医药及生命健康、节能环保），2017 年实现工业总产值 1350 亿元以上。随着产业结构的调整，已然形成众多的产业，这些产业生产特点不同，有的受自然条件、自然资源限制很大；有的则依赖于位置、交通、信息条件。各因素对涪陵产业分布起到一定的规制作用，一些产业部门对条件的要求程度也有所不同。地理条件对涪陵经济产业分布的影响见表 10-1。

表 10-1　地理条件对涪陵经济产业分布的影响

产业部门		自然条件与自然资源	位置、交通和信息条件	人口与劳动力条件	社会与经济因素
第一产业	采掘业农业	++++	+++	++	+
	（农、林、牧、渔）	++++	++	+++	+
	郊区农业	++++	++++	+	+++
第二产业	重工业	++++	+++	++	+
	轻工业	+	++++	+++	++
	高技术工业	+	+++	++++	++
	农副产品加工业	++++	++	+++	+
第三产业	交通运输业	+++	++++	++	+
	其他第三产业	+	+++	++++	++

资料来源：根据涪陵资源禀赋评价制作。

注："+"号表示作用强弱，越多则作用越强。以下各表同。

（二）涪陵"资源—加工混合型"经济地域的形成

受诸多影响因素作用，经济地域在其形成和发展过程中，主要条件和次要条件发挥作用不同，再加上经济地域所处的地理位置不同，拥有的自然条件和资源不同，发展水平和机遇不同，会形成不同的经济地域，如资源丰富的地域可以发展为资源型经济地域，区位、交通和信息优势明显的地区可成长为加工型经济地域，资源与区位优势兼有的地区则可发展成为资源—加工型经济地域。各种类型的经济地域会因为主要因素和次要因素的转化与递变而不断改变。

近年来，涪陵除农业资源状况没有太多变化外，新型工业资源，如页岩气、风能等开发，以及越来越便利和通畅的立体交通网络的日渐成熟，加上新一代信息技术的推广与运用，涪陵经济在"自然条件与自然资源—位置与交通、信息条件—人口与劳动力条件—社会和经济条件"中主次关系的变化，其经济地域类型正经历着"资源型—资源加工型—加工型—更高层次加工型”的递变过程（见表 10-2）。

表 10-2　各历史时期涪陵经济类型与诸因素关系

涪陵经济发展历史时期	自然条件与自然资源	位置、交通和信息条件	人口与劳动力条件	社会与经济因素	经济地域类型
“抗战”之前	++++	++	+++	+	资源型
“抗战”时期	+++	+++	+++	+++	加工型
“三线建设”时期	++	++	+++	++++	加工型
改革开放后	+++	+++	++++	+	资源—加工型

资料来源：根据 2006 年《涪陵年鉴》整理。

（三）地理条件制约下的涪陵经济发展特征

在自然条件与自然资源、位置与交通信息条件、人口与劳动力条件、经济条件和社会条件等方面，找出制约涪陵区域经济发展的主要因素和次要因素，分析其发展的主要优势和劣势，然后总结出涪陵经济发展阶段、经济类型及趋势，各条件对产业结构与空间的影响以及区域经济发展和优化的行动策略。从诸多条件分析入手，如果把涪陵作为一个经济地域来看，对其经济发展特征进行分析如图 10-1 所示。

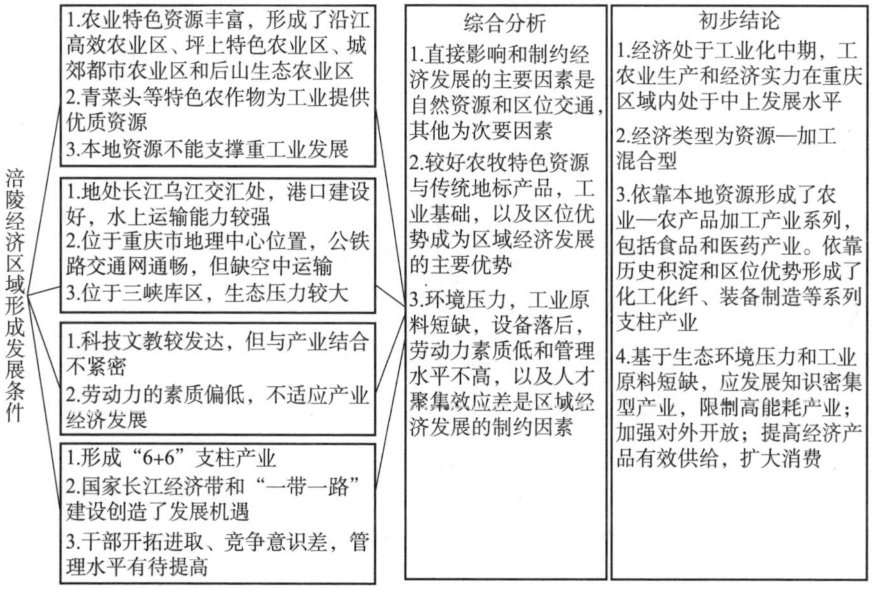

图 10-1　对涪陵经济区域形成发展诸条件分析示意

资料来源：作者制作。

二、涪陵经济地理产业结构类型及特征

（一）涪陵经济产业结构类型的划分

经济地域的产业部门是有规律分布的，并形成有机组合关系。目前，对产业结构类型的划分主要有两种方法：一是依据对生产力各要素的投入程度，划分为劳动密集型、资金密集型、能源密集型和技术密集型产业等；二是依据当地资源拥有和利用程度，划分为资源型、加工型和资源—加工型等3种产业结构类型。从经济地理的角度，这里根据资源拥有和利用程度以分析涪陵经济产业结构。

1. 资源型产业

资源型产业以当地资源为基础，第一产业发达（农林牧渔及采掘业），基础工业雄厚，原材料、农牧产品生产在地域分工中占有重要地位。资源型产业受生产力水平制约，资源型经济输出往往大于输入。在发展初级阶段，一般是投入多、产出少。在其生产结构层次上有一个逐渐提高的过程，即在发展初期阶段，以农牧产品、工业原料为主，发展到高级阶段，不仅基础产业发达，加工工业的发展也具有较高水平。在产业结构内部，各产业部门之间的生产联系比较密切。如榨菜产业，榨菜生产离不开特色农作物青菜头的种植，青菜头种植离不开农业相关产业。涪陵榨菜产业关联示意见图10-2。

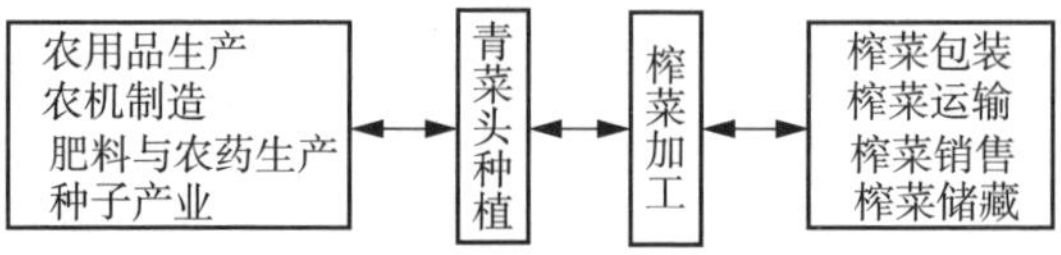

图10-2　涪陵榨菜产业关联示意

资料来源：作者制作。

2. 加工型产业

加工型产业是发挥位置、交通、信息、政策优势和已有的经济基础优势，借助外来的能源和原材料，侧重发展加工工业。加工产业内部有着十分紧密的产业链，与外部的经济联系比资源型产业密切和频繁。在涪陵传统的化工化纤和装备制造等部门，其主要原料来自外区，产品也销往外

地。部门内部存在着各分部门之间的联系，由零部件到半成品、中间产品到成品之间联系十分频繁。

3. 资源—加工混合型产业

资源—加工混合型产业既有资源型产业特征，又有加工产业特点。涪陵是一个资源丰富多样的地区，但因生产力发展水平不均衡，除依靠本地资源外，还需要从外区大量进口能源和原材料进行生产。涪陵资源—加工型产业结构见图 10-3。

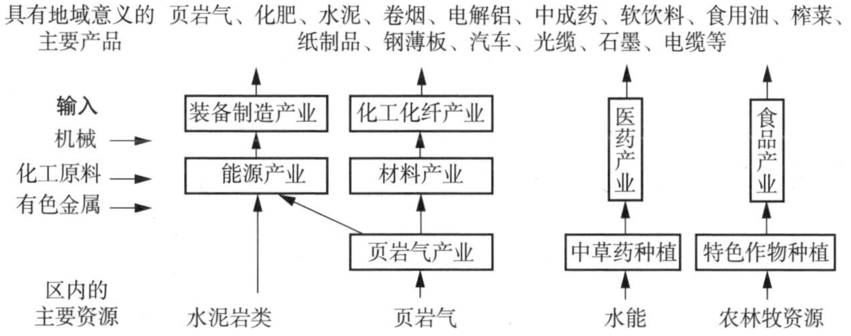

图 10-3 涪陵资源—加工型产业结构

资料来源：作者制作。

（二）涪陵产业部门构成与演变

产业发展是连续的、叠加的和演进的。产业部门随着生产力发展和部门分工深化而不断增加。从首次社会大分工以来，每次科技革命和社会分工都会形成许多新的产业部门。这并不意味着原有产业部门的消亡，而是新旧产业部门的叠加，但原有部门必须用新的技术不断改造和革新，才能求得不断发展。任何层次的经济地域都由诸多产业部门组成，而且产业部门与区域条件、地域分工和区域优势相结合。涪陵经济产业部门发展也跟随社会不断发展而逐渐丰富。涪陵产业基本情况见表 10-3。

表 10-3 涪陵经济产业基本情况

	第一产业	第二产业	第三产业	产业融合
发展动力	三次社会大分工	能源技术革命	需求拉动	电子与信息革命
主要产业部门	农林牧渔及采掘业	基础工业、轻工业、机械工业、新兴工业	为生产、生活服务的产业、新兴第三产业	“互联网+”、“旅游+”、生物工程、新能源等

续表

	第一产业	第二产业	第三产业	产业融合
主要资源投放	土地、劳动力、生产工具设备	能源、原材料、资金、设备、熟练劳动力	劳动力、资金、经营管理	知识、智力、技术和信息资源
产业主要类型	资源密集型	资金与技术密集型	劳动与资金密集型	技术密集型
主要产品	各种农产品、能源与原材料	各种工业产品	各种服务	知识的生产、开发与销售
产业发展趋势	传统第一产业不断萎缩，高新技术农业与新能源、新材料开发	传统工业不断被新技术改造，新兴产业发展迅速	产业专业分工细化，产业链构成明显	一二三产业协调发展
形成时期	农业社会	工业社会	后工业社会	知识经济社会

资料来源：根据涪陵产业发展情况整理制作。

（三）涪陵经济地理的产业部门结构

任何一个经济地域都由多个产业部门组成，而产业部门又与地域条件、地域分工和区域优势相结合。涪陵产业部门结构依据其在区域经济发展中的作用，可以分为主导产业、支柱产业、基础产业和服务性产业。

主导产业在区域产业结构系统中发挥带头作用，在很大程度上决定了一个区域产业结构的发展方向和模式。涪陵以工业立区、工业兴区为战略，大力发展工业，使其成为一二三产业的带头产业，从而成为主导产业。2017 年涪陵全年实现工业增加值 508 亿元，工业增加值占地区生产总值的比重为 52.6%，工业对 GDP 增长的贡献率达 62.6%。2017 年进入“三园四地”园区统计的规上企业 122 户，实现工业增加值 335.78 亿元，占全部工业增加值 66.1%。

支柱性产业对社会经济起支撑作用，在区域总产出中占有较大份额。涪陵区“6+6”支柱产业包括化工化纤、食品医药、重要材料、装备制造、电子信息、能源、页岩气、新一代信息技术、MDI 下游、新能源及智能汽车、生物医药及生命健康、节能环保等产业。其中，传统六大支柱产业占比 70.4%，以材料、装备制造、食品和能源为主，产值分别为 296.70 亿元、249.33 亿元、134.87 亿元；新兴支柱产业占比 23.3%，以页岩气、生物医药及生命健康、新一代信息技术和 MDI 下游产业为主，产值分别为

138.02 亿元、81.14 亿元、75 亿元、62.26 亿元。

基础产业是区域经济发展的保障性产业，包括能源、原材料、交通、通信等保障性产业。青菜头、页岩气等是支柱产业重要的能源和原材料基地，交通、信息与集中的电子产业为涪陵新兴支柱产业发展奠定了坚实的基础。2017 年，作为榨菜原料的青菜头在全区种植面积、产量分别达到 72.58 万亩、160.03 万吨，分别增长 0.2%、2%。涪陵页岩气田资源量 2.1 万亿立方米，是中国首个大型页岩气田，现已建成年产能 70 亿立方米的大油田。目前，涪陵页岩气田已成为中石化“气化长江经济带”行动的重要资源基础。涪陵—王场输气管道与川气东送管道已实现互联互通，页岩气通过川气东送管道，源源不断地为长江经济带发展提供清洁能源，惠及沿线 6 省 2 市 70 多个大中型城市的上千家企业、2 亿多居民。

服务性产业是为区域生产生活服务的所有第三产业，是经济地域发展必需的产业。2017 年，涪陵区以货物运输、仓储和邮政快递、商务服务和信息服务业、金融服务和生产性租赁服务为主的第三产业增加值 326.97 亿元，占地区生产总值的比重为 32.9%。其中，规模以上交通运输业企业 110 户，实现营业收入 65.51 亿元，比上年增长 20.5%。全年交通运输、仓储和邮政业实现增加值 76.84 亿元，比上年增长 10.0%，占全区 GDP 总量的 7.7%。批发和零售业实现增加值 61.05 亿元，比上年增长 10.8%，住宿和餐饮业实现增加值 26.50 亿元，比上年增长 8.7%，二者占 GDP 的比重为 8.8%。

三、涪陵经济地理产业空间结构

产业空间结构是指人类的经济活动在一定地域上的空间组合关系，是一个地域经济的核心、外围、网络诸关系的总和。产业空间的形成与发展必须满足以下几个条件：一是区域核心的现代城市的形成；二是周围地域的商品经济不断发展；三是网络系统的发展；四是外界的影响与作用。

（一）涪陵区产业空间结构的变化

1. 榨菜外销与涪陵产业空间结构形成的肇始

封建社会时期，涪陵经济产业以农业生产为主。作为渝东门户，借助长江、乌江水利之便，主要城镇是当地农产品与作坊加工中心。虽然运输和商业贸易较为繁荣，但仍然没有形成产业结构与产业空间结构。清朝光绪二十四年（1898 年），涪陵县城郊（现涪陵城区洗墨路）商人邱寿安送了一坛按传统工艺制作的咸菜给在湖北宜昌开“荣生昌”酱园店的弟弟邱汉章。邱汉章在一次宴会上拿出咸菜让客人品尝。客人们倍觉可口，其风味“嫩、脆、鲜、香”，为其他任何咸菜所不及，遂争相订货。1899 年，邱寿安专设作坊加工，扩大生产，并按其加工工艺过程将其命名为“榨菜”，开始规模外销。经过 100 多年的发展，涪陵榨菜已远销全国各大、中城市，并出口到日本、新加坡、韩国、欧美、俄罗斯、南非、加拿大等 50 多个国家和地区，在川渝地区更是做到了家喻户晓。截至 2017 年底，涪陵的榨菜已经成为涪陵当地乃至重庆地区农产品品牌知名度最高的传统支柱产业。

2. 抗战期间产业大量集聚重庆和涪陵

1937—1945 年是重庆经济畸形发展、短暂繁荣时期。1937 年，日本帝国主义全面发动侵华战争后，国民党退据四川，以重庆为陪都，资本和民族工业迁入四川，使四川的工业发生了畸形的变化。尤其是重庆的工厂和资本投资急剧增加，涪陵地区也有大量的产业聚集。为军事、政治、经济的需要，修筑了川湘、川鄂、汉渝、渝绵等公路的未完成线段，并在成、渝附近修筑了一些短途公路。此外，川江轮船吨位也增加了两倍多①。

3. “三线建设”对涪陵产业布局的影响

中华人民共和国成立后，四川是全国建设的重点地区之一，是“三线建设”的重点区域，从而使工业生产得到很快发展。四川化学工业是中华人民共和国成立后发展起来的，主要分布在重庆、成都、自贡、宜宾等地。其中，尤以重庆占比较大，在 90%以上（包括重庆天原化工厂、四川维尼纶厂、重庆化工研究所等）。塑料生产主要集中在宜宾、重庆和成都 3 个市，生产的主要品种有聚氯乙烯、酚醛塑料和氨基塑料、有机玻璃、环氧树脂、离子交换树脂等 16 种类塑料树脂产品。

4. 西部大开发战略对涪陵经济布局的影响

进入 21 世纪，在西部大开发战略背景下，涪陵紧抓机遇，敢于面对挑

① 孙敬之. 西南地区经济地理［M］. 北京：科学出版社，1960.

战，结合自身的优势，实施工业强区发展战略，到“十二五”时期逐步形成化工化纤、装备制造、重要材料、食品医药、清洁能源电子信息六大传统产业体系，以及页岩气、新能源及智能汽车、新一代信息技术、MDI下游、节能环保、生物医药及生命健康等六大新兴产业体系，使涪陵的经济发展步入快车道。

（二）涪陵经济产业空间结构的基本特点

1. 形成以工业为主的地域空间体系

受中华人民共和国成立后“大三线”建设影响，涪陵逐渐发展形成以工业为主的产业体系。经过40余年的发展，涪陵工业产业已成为区域经济的主导产业，三次产业比重在2017年为6.1∶61.0∶32.9。工业产业中，化学工业、装备制造、食品、能源、医药发展为区域经济的支柱产业，在重庆市占有一定地位。

涪陵产业空间结构主要是在“大三线”建设成果基础之上形成的，基本采用“苏联模式”和计划经济时期的产业发展模式，主要企业均以国有大中型企业为主，采用“大而全”的组织模式，企业之间、产业之间关联度不高，经济效益差。

2. 工业农业共存，二元结构严重

涪陵不仅是重庆市较为重要的工业基地，特别是重化工基地，也是重庆市重要的农业生产基地。中华人民共和国成立后，除工业获得较大发展外，农业也迅速发展，二者形成互动局面。特别是涪陵榨菜产业的发展，极大地带动着涪陵特色经济作物青菜头、胭脂萝卜等的种植。但在优先发展工业的策略指导下，城市建设、工业基地建设与农村建设速度明显不一致，从而在城乡之间、工业与农业之间形成较大差距，导致“三农”问题较为突出。

3. 中部城市核心形成，周围发展相对滞后

由于工业优先发展，涪陵城区和工业园区发展较快。城市城区和工业基地（园区）在基础设施建设、交通发展等方面取得优势。而周围农村如坪上、后山片区发展严重滞后。

4. 等级分布城镇体系特征明显

等级分布城镇体系是以核心城市为中心，几乎等距离地分布着下一级

城镇。涪陵等级分布城镇体系以涪陵城区为中心，以街道办事处、乡镇为第二级城镇，再下一级是村组社中心。随着交通、信息、基地建设以及特色产业发展，单一城市核心逐渐被双核替代，等级分布的格局正在消失。全区拥有全国重点镇3个（珍溪、蔺市、新妙），全国特色景观旅游名镇2个（蔺市、武陵山），全国特色小镇1个（蔺市），全国历史文化名村1个（青羊安镇村），全国传统村落4个（大顺乡大顺村和大田村、青羊安镇村、蔺市凤阳村），市级中心镇5个（新妙、珍溪、蔺市、龙潭、焦石），市级农民新村示范点14个，市级改善农村人居环境示范片1个（武陵山“龙塘月色”）。

第二节　涪陵经济地理布局的客观要求

经济地理是研究经济布局与产业空间配置规律的一门科学，经济地理布局的客观要求是通过产业要素的合理流动和配置达到区域经济结构和产业空间组织结构的优化，强调产业布局的合理性与区域整体发展的协调性，实现经济、社会、环境的协调发展，提高社会、经济和生态效应，满足人民大众对美好生活的需求。

一、农业布局的客观要求：区域化布局、专业化生产、产业化经营

涪陵农业资源较为丰富。2017年，全区粮食播种面积148.16万亩，与上年持平；蔬菜播种面积120.07万亩，增长3.9%；油料播种面积5.67万亩，增长5.0%。呈现河谷、坪上、后山阶梯式分布，立体气候明显，客观上要求农业布局区域化、立体化；涪陵气候适宜，雨量充沛，非常适合农业生产；目前全区共有农村从业人员33.24万人，劳均耕地面积4.65亩；2017年，全年农林牧渔业总产值90.17亿元，比上年增长2.5%。2017年，珍溪、南沱、同乐3个农业园区获批全国农村创业创新园区。目前，涪陵第一产业总体上分为城郊都市农业、坪上特色农业、沿江高效农业、后山生态农业四大特色产业区。拥有榨菜、畜牧、柑橘、蚕桑四大优势产业，蔬菜、茶叶、中药材、渔业、花卉及林下经济五大特色产业，以

及涪陵白茶、方坪茶、涪陵荔枝、南沱龙眼、增福土鸡、涪陵黑猪、渝东黑山羊等特色农产品品牌；同时，因地制宜适度发展农林牧渔产品生产和加工、乡村旅游、观光休闲农业等现代农业。

根据市场化、差异化、本地化原则，各乡镇应根据自身特点，选择本区域具有比较优势的产品进行生产和发展。在选择重点发展的农业产业时，主要考虑三大因素：一是考虑有没有市场需求。不仅要研究国内市场，还要研究国际市场；既要着眼现实需求，也要着眼潜在需求，重点发展市场占有率高或市场前景广阔的产品。二是考虑有没有资源禀赋。要用动态演变的视角考虑资源禀赋的变迁发展因素。三是考虑产业基础发展现状。主要是强调要立足现有基础，充分利用群众生产传统和技术传统，尽快形成产业规模等。按照党的十九大报告关于乡村振兴战略的要求，坚持农业农村优先发展，按照产业兴旺、生态宜居、乡风文明、治理有效、生活富裕的总要求，加快推进农业农村现代化，积极构建现代农业产业体系、生产体系、经营体系，完善农业支持保护制度，发展多种形式适度规模经营，培育新型农业经营主体，健全农业社会化服务体系，实现小农户和现代农业发展有机衔接。

二、工业布局的客观要求：高新化、智能化和集群化

涪陵是重庆的工业重镇，2017 年工业增加值 508.02 亿元，比上年可比增长 11.4%；目前涪陵有 17 家工业企业跻身重庆市 100 家重点工业企业，位列全市第二。近年来，通过深入实施“四园齐进”“千亿园区、百亿企业”发展战略，提高工业园区化、集群化、高新化发展水平，逐步形成了涪陵工业园区（A 区：李渡工业园区，B 区：龙桥工业园区）、白涛化工园区、清溪特色园区“三园四地”的工业园区格局，基本形成了六大传统支柱产业（食品医药、重要材料、清洁能源、化工化纤、装备制造、电子信息）和六大新兴产业（页岩气、新能源及智能汽车、新一代信息技术、MDI 下游、节能环保、生物医药及生命健康产业）并行的发展格局，逐步形成清洁能源、装备制造、新材料、食品医药、信息技术五大主导产业，现代制造业基地产业支撑更加扎实，工业集群效应逐步显现。

（一）大力推进高新技术产业发展

从国际发达国家的经验看，工业发展的大趋势是高新化、智能化；工

业布局的大趋势是集群化、园区化。2017年，我国经济已由高速增长阶段转向高质量发展阶段，正处在转变发展方式、优化经济结构、转换增长动力的攻关期，要以供给侧结构性改革为主线，推动经济发展质量变革、效率变革、动力变革，提高全要素生产率，不断增强我国经济创新力和竞争力。目前，涪陵强化规划引导，着手编制了园区高新技术产业发展规划，立足现有产业基础，重点培育三大高新技术产业集群。一是生物医药与大健康产业集群。以太极集团、华兰生物、葵花药业、三海兰陵等龙头企业及产业链科技型企业为核心，积极推进天圣制药等在建项目，计划2020年实现年产值500亿元。二是先进制造与自动化产业集群。以华晨鑫源、美心翼申、三爱海陵、杜奥尔、智寰、万达汽车板、盛时达、川东船舶出口基地、页岩气研发中心等龙头项目为核心，加快推进中石化页岩气设备西南维护基地等在建项目，计划2020年实现年产值1200亿元。三是电子信息产业集群。以华通电脑、华为云计算、江森电池、特发光缆、仓兴达、伍尔特、天华照明、品鉴光电、万润LED产业园等重点企业为核心，加快推进大米手机、鑫华通智能终端、互爱科技园等百亿元级在建项目，计划2020年实现年产值300亿元。

（二）大力发展智能制造产业

中国拥有全球规模最大、增长速度最快的智能产业市场，智能家居、智能穿戴、智能汽车、智能装备等都是市场潜力巨大的行业。从“十三五”开始，以云计算、大数据、人工智能为代表的第三次工业革命使我国第一次和西方工业国家站在同一条起跑线上，参与新一轮智能产业革命的竞争。根据“中国制造2025”中长期发展战略规划，坚持创新驱动、智能转型、强化基础、绿色发展，加快从制造大国转向制造强国。而且，顺应大数据、物联网技术、云计算技术、移动互联网技术、社交网络平台技术等深入发展，现代科技服务业越来越多地被赋予智能概念，逐步实现了在现有产业基础上的延伸和升级，以智能家居、智能医疗、智能健康、车载智能等为主要热点方向。此外，从应用热点看，智能产品逐步向工作生活场景进行全维度的渗透，再加上人工智能、3D打印技术、语音识别技术等发展，未来产品和产品之间、产品和人之间的互联互通越来越重要。涪陵应坚持以大数据智能化为引领，突出智能制造和智能应用技术产品研发，积极引进人工智能、集成电路、智能装备等重大项目，推动先进制造业发展，为实体经济赋能，努力打造重庆重要的现代制造业基地。

（三）工业发展集群化和园区化

工业园区化是把大量工业企业相对集聚在一个生产区域，配备比较完善的基础设施和高效齐全的配套服务功能，通过形成产业、集群和产生集群效应，有效推动地方经济快速发展。同时，发挥在规模、资源、管理、成本等方面所具备的竞争优势，有效促进企业提升效益，做大做强。不管是从国外的还是从国内的经验看，工业园区的建设和发展都为企业创造了良好的发展条件，并能有效推进制造业特别是产业集群的发展，推动整个区域的工业化社会的转变，进而推动经济结构的调整和优化。目前，涪陵由于历史沿革、地理位置和主导产业的不同，初步形成了李渡、白涛、龙桥、清溪四大工业园区。其中，李渡工业园区以发展先进制造业、信息产业、医药生物产业为主；白涛工业园区则以化工为主导；龙桥工业园区重点发展石油化工和化纤纺织；清溪工业园区则以铝铜原材料及下游产品为特色。

（四）注重生态保护，推动绿色低碳发展

党的十九大报告提出，加快生态文明体制改革，建设美丽中国，构建人与自然和谐共生的现代化。涪陵工业发展必须坚持节约优先、保护优先、自然恢复为主的方针，形成节约资源和保护环境的空间格局、产业结构、生产方式、生活方式，还自然以宁静、和谐、美丽。加快建立绿色生产和消费的法律制度和政策导向，健全绿色低碳循环发展的经济体系。构建市场导向的绿色技术创新体系，发展绿色金融，壮大节能环保产业、清洁生产产业、清洁能源产业。推进能源生产和消费革命，构建清洁低碳、安全高效的能源体系。推进本区域资源全面节约和循环利用，实施节水行动，降低能耗、物耗，实现生产系统和生活系统循环链接。持续做好构筑绿色屏障、发展绿色产业、建设绿色家园，助力重庆在推进长江经济带绿色发展中发挥示范作用。

三、服务业布局的客观要求：为生产服务，为生活服务

目前，涪陵坚持消费引领、市场主导，实施“互联网+”行动计划，提档升级商贸流通业，推动商贸流通便利化、品质化发展，以泽胜中央广场和金科世界走廊为两大“龙头”的商业步行街日渐繁华，开创出新的商

贸经济发展格局。同时，充分发挥港航优势，加快重点物流园区和物流配送中心建设，构建以龙头港物流园区为核心，李渡、白涛、清溪三大物流园为支撑，城区、新妙、龙潭、珍溪四大物流配送中心为补充的“1+3+4”物流发展体系。优化整合旅游资源，培育白鹤梁水下博物馆、武陵山大裂谷、大木花谷、“816”工程等旅游精品线路和特色旅游线路，建设长江知名旅游目的地，大力发展旅游经济，全面发展观光旅游、休闲旅游、度假旅游。此外，金融服务体系逐步健全和完善，战略性新兴服务业和生产性服务业实现稳步发展。

（一）加强科技创新，促进生产性服务业发展

生产性服务业是指为保持工业生产过程的连续性、促进工业技术进步、产业升级和提高生产效率提供保障服务的服务行业。它是与制造业直接相关的配套服务业，是从制造业内部生产服务部门独立发展起来的新兴产业，本身并不向消费者提供直接的、独立的服务效用。主要包括研发设计与其他技术服务，货物运输、仓储和邮政快递服务，信息服务，金融服务，节能与环保服务，生产性租赁服务，商务服务，人力资源管理与培训服务，批发经纪代理服务，生产性支持服务这几类服务行业。当今世界正处在新一轮科技革命和产业变革群体迸发的新时期，特别是以数字经济、网络经济、共享经济、区块链等为代表的新经济形态已悄然兴起，利用网络信息技术，借助互联网平台将分散资源进行优化配置，提高资源利用效率的新兴业态正在对各行各业产生重大影响。可以预见，未来世界很有可能变成一个“无成本”“无重量”的世界。这将使区域经济理论和新经济地理理论中对于运输成本、外部性收益递增和产业集聚的关系不断淡化，对传统产业布局理念带来新的挑战。加强科技创新建设，要加快基础理论研究和应用技术研究，建立以企业为主体、市场为导向、产学研深度融合的技术创新体系。加强对中小企业创新的支持，促进科技成果转化。倡导创新文化，强化知识产权创造、保护、运用。培养造就一大批具有国际水平的战略科技人才、科技领军人才、青年科技人才和高水平创新团队。

（二）繁荣商贸业，服务美好生活

开放带来进步，封闭必然落后。涪陵要充分利用长江、乌江交汇的地理区位优势，以“一带一路”建设为重点，坚持“引进来”“走出去”并

重，遵循共商共建共享原则，拓展对外贸易，形成两江流域与陆海内外联动、东西双向互济的开放格局。未来一段时期，涪陵应把握好国际科技经济分工格局酝酿深度调整的重大机遇，着眼产业发展的新形势和新动态，瞄准全球新一轮科技革命和产业变革孕育突破的领域，遵循新技术、新业态、新产业演进的基本规律，积极优化产业布局，把以分享经济、信息经济、生物经济、绿色经济、创意经济、智造经济为引领的大量新的产业形态和经济运行模式放在更加突出的位置，使其成为促进经济社会发展的新的支撑力量，这将有利于带动全区培育壮大经济发展新动能、促进产业迈上中高端，为建设全面创新驱动发展先行区提供有力支撑。

四、城镇布局的客观要求：中心城市与小城镇协调发展

涪陵位于乌江和长江汇合处，自古为川东南重镇、通往湘鄂黔滇水道之要塞，历来是乌江流域和长江流域的重要码头和商贸城市。涪陵以中心城区为全区中心，以江南老城区和李渡新区为重点，打造江南、李渡、江北、江东、龙桥五大组团；以长江为发展主轴，辐射部分涪陵城区及石沱、蔺市、义和、清溪、珍溪和南沱等城镇；以西南方向为发展次轴，联系中心城区和龙潭新城，辐射马武、青羊、龙潭等城镇，带动涪陵西南区域发展；最终形成江南老城大力发展现代服务业，李渡新区布局工业与物流，长江北岸整合文化旅游、体育休闲功能，乌江东岸以居住为主，长江涪陵段上游龙桥片区重点发展物流的产城融合发展新格局。

城镇布局与产业布局存在较强的关联性，两者存在相互促进、互相融合的关系。产业布局理论的主要任务是关注区域产业结构变化，确定在怎样的空间安排下所进行的经济活动能够实现经济的最优效果。产业布局是区域经济、社会与环境可持续发展的关键问题。目前涪陵城市空间规模产业结构失衡、生产生活生态布局不均衡，再加上环形交通组织方式，带来了一系列城市病，主要表现在4个方面：一是交通潮汐式循环突出，跨区域、大规模、长距离的通勤交通需求，加剧了早晚高峰时段城市交通拥堵。二是产业同质化竞争严重，空间资源配置不均衡。三是地区开发强度不均衡。四是园区生活配套欠完善，宜居水平欠高、生活品质欠优，教育、医疗等公共服务设施短缺。造成这种现象的根本原因是产业过度集中，从而导致人口过度聚集。因此，涪陵区应当大力推动优化城市产业空

间布局，加强乡镇基础设施建设，促进中心城区与小城镇统筹协调发展。一是解决产业发展区域过于集中问题。通过构建“双核联动、多中心支撑”网络化功能体系，着力构建以江南城区和李渡新区为两轴中心，南北双向拓延、东西两侧发展的战略空间布局。二是解决城市辐射带动作用不强问题。遵循城市发展规律，按照《城乡规划法》优化城乡空间布局，打破圈层结构，扩大中心城区范围，形成“中心城区+郊区新城”的空间层次，进一步疏解城市核心区非核心功能，促进资源要素高效流动，提高中心城区的外溢效率和辐射能力，带动全域均衡协同发展。三是通过产城融合发展，实现产业与城镇的相互促进，协调共生。

第三节 涪陵经济地理布局存在的问题

涪陵经济正经历着从资源导向、市场导向向创新驱动导向的转型过程。在“共抓大保护、不搞大开发”发展方针和新时期经济高质量发展要求下，涪陵经济更加强调绿色和可持续发展，统筹产业与生态环境协调发展，优化产业布局结构，促进涪陵经济转型。但长期以来，因受传统产业发展惯性和城乡差异等因素影响，涪陵经济地理布局已越来越不适应当前经济社会发展需要，阻碍和制约了涪陵经济高质量发展。

一、全局统筹性特征不明显

一是涪陵经济地域性特征不鲜明，具有明确地方特色的优势产业在区域内布局较少，没有形成较好的原产地资源与产业的有效衔接，如中医药产业。二是经济产业“点”“带”“片”布局不合理。新旧支柱产业未表现出明确的产业空间特征，没有形成较为明显的产业分区特征，即缺少特色鲜明的产业经济带或片。三是三产结构仍不合理。2017 年，涪陵区三产结构比为 6.1：61.0：32.9，第三产业占 GDP 比重明显低于重庆平均水平。四是大部分工业产业“资源外来、产品外销”特征明显，本地物产如页岩气、石灰石、特色物产未能较好支持工业产业发展。五是产业融合和产城融合进展缓慢。

二、农业经济现代化特征不明显

一是农业现代化进程滞后。传统农业种植面积大，生产方式落后，青菜头种植面积72.5万亩，从种植、管护到收割全部采用人工操作。现代农业科技园数量少且布局不均衡，市级现代农业示范园仅有义和、龙潭、南沱、龙桥、珍溪、同乐6个，带动辐射效益不明显。二是特色效益农业规模偏小。在榨菜、柑橘、畜牧、蚕桑四大特色农业中，仅青菜头具有规模；水果、生猪、土鸡、花卉苗木、蚕桑、笋竹、花椒、烤烟、油茶等存量少，产出低，不足以支撑特色农业品牌建设。三是农业与其他产业融合度不高。休闲农业、生态农业尚处于起步探索阶段，农业产业化经营体系尚未建设完善，农产品供给、产品精加工、产品运销等全产业链整合受阻。

三、工业转型高新化特征不明显

一是工业产业转型发展缓慢。传统主导产业的技术改造和产业升级进度迟缓，大部分化工企业、铝金属企业仍未走出亏损困境。二是工业园区土地单产不高。2017年，涪陵新城区建成区单位面积产出仅为8.8亿元/平方公里，分别低于重庆两江新区、深圳南山区、上海长宁区产业园的10.9亿元/平方公里、27.4亿元/平方公里、25.8亿元/平方公里，见表10-4。三是工业园区建设层次较低。目前尚无国家级现代工业园区，2017年底才获重庆市高新区建设验收批准。四是工业产业聚集程度不高。化工化纤产业在李渡、龙桥、白涛、石沱等工业园区均有分布，不利于原材料、半成品的相互利用，同时，在一定程度上存在恶性竞争。五是大多数工业企业生态环境保护压力巨大，面临“关停迁转”威胁。

表10-4　涪陵工业园区发展比较数据

项目＼地区	涪陵新城区	江津双福新区	重庆两江新区	深圳南山区	上海长宁区
地区生产总值（亿元）	334	125	2261	4049	1316.2
总面积（平方公里）	80	66	1200	182	38
建成区面积（平方公里）	38	26	229	112	38
建成区单位面积产出（亿元/平方公里）	8.8	4.8	10.9	27.4	25.8

资料来源：各市（区）统计局、管委会。

四、第三产业体系化特征不明显

一是第三产业占比偏低。2017年，涪陵区第三产业占GDP的32.9%，分别低于重庆市、上海市16.1个、27.1个百分点。二是第三产业专业化程度低。传统现代产业占比较大，集中于批发零售贸易、餐饮行业。物流、旅游、金融、研究开发、中介咨询和网络服务等现代服务业与制造业剥离不足，专业企业成长缓慢。三是第三产业覆盖范围狭窄。服务业主要面向工业和群众生活市场，与农业、城乡基本公共服务衔接较少，对教育、公共卫生、环境治理领域融入不足。

五、城乡功能分工差异性特征不明显

一是区域性中心城市内涵和品质建设不够。中心城区、城市副中心、中心村镇建设仍未达到规划要求；旧城与新城互补性功能作用发挥不够，对周边区域辐射带动作用不明显。二是城乡公共基础设施供给仍然不足。新旧城区上下班高峰时段城市交通拥堵，交通潮汐式循环突出；新城区公交、银行、邮电、商场、基建等配套服务欠完善，宜居水平欠高，生活品质欠优。三是城乡区域发展不均衡。涪陵都市功能区、沿江集聚区、城郊农业区和生态发展区之间的发展差距较大。四是城乡协调与合作有待加强。新城区产业过度集中，人口集聚力不强；旧城区人口分流不足，过度聚集。全区未能形成在市场需求、资源配置、功能支撑等方面城镇和乡村与区域性中心城市发展协调合作的有效机制。

第四节　涪陵经济地理布局的优化

产业布局的选择是一个涉及多层次、多行业，受多种因素影响的，具有全局性和长远性的国民经济建设战略部署。不同产业部门对布局的要求不同，使不同地区适宜发展不同的产业部门，同一产业部门布局在不同地区也会产生不同的经济效果。就区域经济而言，产业布局优化实质上是区域内产业布局合理化和主导产业高级化的过程，而主导产业决定着区域经济的发展方向、速度、性质和规模。涪陵经济地理的布局优化应主动服务国家和市委的重大战略，因地制宜，特色发展。

一、以生态布局理念统筹优化涪陵经济地理

一是深化涪陵经济地理总体特征认知，实现新时代涪陵经济发展方针、方向和策略精准化。二是立足涪陵资源、区位与经济特征，总体规划调整涪陵经济布局，突出长江经济带和“一带一路”重要节点，主城辐射渝西、渝东南、渝东北的重要战略支点，以及乌江、长江流域经济文化核心枢纽地位。三是建立涪陵经济“斑、廊、基”地理结构框架，即根据一二三产业规模的大小、分布状态、边界性质以及空间分布特征，合理规划建设互融互补的经济产业生态带。四是统筹调整国土、经济、文化、生态环境等专项规划，形成基本公共服务与经济发展相协调的发展格局。

二、以特色发展做强现代效益农业

一是结合城郊、沿江、坪上、后山的特点，发展高效生态农业产业，针对不同海拔的耕地，布局和优化特色农业区，实施农业立体化开发。二是依托榨菜、中医药等特色种植，以及新型养殖、景观农业等产业，重点培育和打造“榨菜产业园”“中药材产业园”“柑橘产业园”“蚕桑产业园”“花卉产业园”等现代农业园，延伸产业链、提升价值链、拓宽利益链。三是加大农业基础设施建设力度，实施耕地成片平整计划，完善生态农业景观化改造与布局。四是盘活乡村资源，推进土地流转，建立现代农业多元化经营机制，提高农业生产效率。五是强化山地农业技术研发和新型农业人才培养，解决农村劳动力逐渐流失、劳动力成本逐渐提高、农民耕种技能下降等问题。

三、以创新驱动促进工业专业化发展

一是打造专业产业园。坚持行业聚集和补全产业链原则，重点打造“现代新化工园、新能源工业产业园、制造工业产业园、食药工业产业园、高新技术产业园、智能信息产业园”等专业工业园区，实现产业集聚的规模经济效益，降低运输成本，共享基础设施、技术创新和生产要素。二是强化现代工业园区的绿色化、智能化改造，打造园区公共服务平台，完善园区功能，建设智能园区，提高工业用地的集约性，降低土地成本和生产成本。三是推进制度创新，建立绿色生态园区发展的激励机制，推动产业

转型升级，大力发展战略性新兴产业，逐渐改善传统支柱产业比重较高的局面。四是加快引进和发展战略性新兴产业，促进重化工产业转型升级。

四、以供给侧改革完善现代服务业体系建设

一是抓住“一带一路”发展机遇，扩大对外贸易，建设以龙头港为核心的货运物流，借助高速公路网和铁路运输网，将涪陵打造成为渝东南“区域性商贸物流中心”。二是通过产业集聚带动地区商业和居住功能等综合配套，依托主导产业配置生产型服务业、知识密集型服务业，实现工业化和城镇化的良性互动。三是突出建设金融、证券、研究开发、中介咨询、市场营销、网络服务等现代服务业供给体系，推进商贸、旅游、餐饮、交通、住宿、娱乐金融保险和房地产等重点行业深度发展。四是强化城乡基本公共服务体系建设，探索第三产业进入公共服务的渠道和实现方式，加大社区基础设施建设、教育、医疗卫生、环境治理、生态保护、文体活动等方面的供给力度；创新其供给方式。

五、以差异化战略实现城乡功能性分工

一是整体性协调布局城乡一体的产、城（村）、文、旅融合的体系。二是调整优化城镇结构，推行“中心城区+中小城镇”的城乡统筹建设模式，引导人口向城市新区、工业园区等产业集聚区流动。三是支持中心镇和特色小镇“特色化发展”，努力营造“一镇一品”“一乡一特色”的城镇体系。四是实施城镇建设“东西战略”。西部重点开发新妙—石沱组团，主动对接重庆主城区，承接产业转移和产业配套；东北以清溪—珍溪为节点，培育和发展特色效益农业；东南以白涛—白马为节点，辐射武隆、黔江，优化城镇功能定位，着力打造蔺市—武陵山—大木特色旅游。五是优化“江南、李渡”城区的联动性，通过建设涪陵城市（轨道）交通体系，构建“双核联动、多中心支撑”网络化功能体系，着力构建以江南城区和李渡新区为两轴中心，南北双向拓延、东西两侧发展的战略空间布局，增强城市辐射和带动能力。

参考文献

一、资料类

[1] 涪陵区统计局．涪陵统计年鉴（2018）[Z]．2018.

[2] 涪陵区规划局．重庆市涪陵区城市总体规划（2004—2020）土地利用规划图[Z]．2004.

[3] 涪陵区规划局．重庆市涪陵区综合交通规划（2008—2020）[Z]．2011.

[4] 重庆市涪陵区人民政府办公室．涪陵区国民经济和社会发展“十三五”规划纲要 [Z]．2016.

[5] 涪陵区规划局．重庆市涪陵区城乡总体规划（2015—2035）[Z]．2018.

[6] 四川省《涪陵市志》编纂委员会．涪陵市志 [M]．成都：四川人民出版社，1995.

二、著作类

[1]（英）马歇尔．经济学原理 [M]．北京：商务印书馆，1964.

[2] 孙敬之．西南地区经济地理 [M]．北京：科学出版社，1960.

[3] 中国科学院成都地理研究所．四川农业地理 [M]．成都：四川人民出版社，1981.

[4] 安虎森．新经济地理学原理 [M]．北京：经济科学出版社，2009.

[5]（英）配第．配第经济著作选集 [M]．北京：商务印书馆，2009.

[6]（英）亚当・斯密．国民财富的性质和原因的研究 [M]．北京：商务印书馆，1972.

[7]（美）阿瑟・刘易斯．经济增长理论 [M]．上海：上海三联书店，1994.

[8]（德）杜能，约翰・冯，吴衡康．孤立国同农业和国民经济的关系 [M]．北京：商务印书馆，1986.

[9] 向伯殳．涪陵经济概况 [M]．重庆：重庆出版社，1989.

[10] 鲁锡海，严卫东．跨世纪工程与三峡地区经济发展——理论探讨及决策建议 [M]．成都：四川人民出版社，1993.

[11] 李小建．经济地理学 [M]．北京：高等教育出版社，2006.

[12] 胡欣．中国经济地理——经济体成因与地缘架构 [M]．上海：立信会计出版

社，2010.

［13］杨伟兵．中国近代经济地理：西南近代经济地理［M］．上海：华东师范大学出版社，2015.

［14］何侍昌，李乾德，汤鹏主．榨菜产业经济学研究［M］．北京：中国经济出版社，2014.

［15］陈才．区域经济地理学的学科理论与实践［M］．北京：科学出版社，2010.

［16］刘隆华．重庆市经济地理［M］．重庆：重庆出版社，1987.

三、论文类

［1］J. Sachs，A. Warner. Economic Reform and the Process of Global Integration［J］. Brookings Papers on Economic Activity，1995（1）：1-118.

［2］Paul Krugma. Increasing Returns and Economic Geography［J］. Journal of Political Economy，1991（99）：483-499.

［3］Fujita M.，Krugman P. R.，Venables A. J. The Spatial Economy：Cities，Regions，and International Trade［M］. MIT Press，2001.

［4］Barton S. L.，Gordon P. J. Corporate Strategy：Useful Perspective for the Study of Capital Structure［J］. Academy of Management Review，1987，12（1）：67.

［5］Kilkenny M. Transport Costs，the New Economic Geography，and Rural Development［J］. 1998，29（3）：259-280.

［6］Haig R. M. Toward an Understanding of the Metropolis：II. The Assignment of Activities to Areas in Urban Regions［J］. Quarterly Journal of Economics，1926，40（3）：402-434.

［7］Isard W. The General Theory of Location and Space-economy［J］. Quarterly Journal of Economics，1949，63（4）：476-506.

［8］Samuelson P. A. Spatial Price Equilibrium and Linear Programming［J］. American Economic Review，1952，42（3）：283-303.

［9］Dixit A. K.，Stiglitz J. E. Monopolistic Competition and Optimum Product Diversity［J］. American Economic Review，1975，67（3）：297-308.

［10］Solow R. M. A Contribution to the Theory of Economic Growth［J］. Quarterly Journal of Economics，1956，70（1）：65-94.

［11］Romer P. M. Endogenous Technological Change［J］. Journal of Political Economy，1990，14（5）：71-102.

［12］Robert E.，Lucas Jr. On the Mechanics of Economic Development［J］. Journal of Monetary Economics，1988，22（1）：3-42.

［13］Gallup J. L.，Sachs J. D.，Mellinger A. D. Geography and Economic Development［J］.

Cid Working Papers，1999，22（2）：179-232.

［14］Baldwin R. E.，Forslid R. The Core-periphery Model and Endogenous Growth［J］. Social Science Electronic Publishing，1997，67（67）：307-324.

［15］Baldwin R. E.，Martin P.，Ottaviano G. I. P. Global Income Divergence，Trade，and Industrialization：The Geography of Growth Take-offs［J］. Journal of Economic Growth，2001，6（1）：5-37.

［16］Ottaviano G.，Tabuchi T.，? J. F. T（hisse）. Agglomeration and Trade Revisited［J］. International Economic Review，2002，43（2）：409-435.

［17］Baldwin R. E.，Okubo T. Heterogeneous Firms，Agglomeration and Economic Geography：Spatial Selection and Sorting［J］. Cepr Discussion Papers，2004，6（3）：323-346.

［18］Martin P.，Ottaviano G. I. P. Growth and Agglomeration［J］. International Economic Review，2001，42（4）：947-968.

［19］Mori T.，Nishikimi K.，Smith T. E. The Number-Average Size Rule：A New Empirical Relationship between Industrial Location and City Size［J］. Journal of Regional Science，2008，48（1）：165-211.

［20］Behrens K.，Lamorgese A. R.，Ottaviano G. I. P，et al. Testing the Home Market Effect in a Multi-country World：The Theory［A］//Econometric Society 2004 Far Eastern Meetings. Econometric Society［C］. 2004.

［21］林毅夫，董先安，殷韦．技术选择、技术扩散与经济收敛［J］．财经问题研究，2004（6）：3-10.

［22］陈才．区域经济地理学的学科性质与任务［J］．经济地理，2008，28（6）：918-922.

［23］朱苏加，韩瑞玲，范智超，等．中国区域经济地理研究发展历程评述及其现实意义［J］．地理与地理信息科学，2009（3）：49-53.

附　表

附表 1　1950—1976 年涪陵区经济社会发展主要指标数据

指标名称	1950 年	1951 年	1952 年	1953 年	1954 年	1955 年	1956 年	1957 年	1958 年	1959 年	1960 年	1961 年	1962 年	1963 年
年末总人口（万人）	70. 12	71. 58	72. 84	74. 78	75. 84	74. 99	75. 83	80. 37	81. 0	65. 22	56. 02	53. 58	52. 98	55. 19
比上年增长（%）	1. 1	2. 1	1. 8	2. 7	1. 4	-1. 1	1. 1	6. 0	0. 8	-19. 5	-14. 1	-4. 4	-1. 1	4. 2
全社会固定资产投资总额（万元）	20	28	44	64	66	59	82	95	465	756	1284	224	78	109
比上年增长（%）	—	40. 0	57. 1	45. 5	3. 1	-10. 6	39. 0	15. 9	389. 5	62. 6	69. 8	-82. 6	-65. 2	39. 7
社会商品零售总额（万元）	2155	2229	2254	2665	3300	3467	3490	3829	4004	5036	5008	3755	3115	2987
比上年增长（%）	—	3. 4	1. 1	18. 2	23. 8	5. 1	0. 7	9. 7	4. 6	25. 8	-0. 6	-25. 0	-17. 0	-4. 1
财政总收入（万元）	451	789	710	778	922	940	964	988	1600	2310	1621	645	574	953
比上年增长（%）	—	74. 9	-10. 0	9. 6	18. 5	2. 0	2. 6	2. 5	61. 9	44. 4	-29. 8	-60. 2	-11. 0	66. 0
财政总支出（万元）	44	74	139	190	204	216	269	261	242	923	1154	1133	434	342
比上年增长（%）	—	68. 2	87. 8	36. 7	7. 4	5. 9	24. 5	-3. 0	-7. 3	281. 4	25. 0	-1. 8	-61. 7	-21. 2
工业总产值（万元）	699	1205	1660	2191	2824	2995	3014	2625	3676	5849	5318	2335	1630	1684
比上年增长（%）	6. 6	72. 4	37. 8	32. 0	28. 9	6. 1	0. 6	-12. 9	40. 0	59. 1	-9. 1	-56. 1	-30. 2	3. 3
城镇职工年平均工资（元）	155	201	267	270	280	319	374	389	319	276	325	294	314	577
比上年增长（%）	22. 0	29. 7	32. 8	1. 1	3. 7	13. 9	17. 2	4. 0	-18. 0	-13. 5	17. 8	-9. 5	6. 8	83. 8

续表

指标名称	1964 年	1965 年	1966 年	1967 年	1968 年	1969 年	1970	1971 年	1972 年	1973 年	1974 年	1975 年	1976 年
年末总人口（万人）	58.24	60.9	63.66	66.04	69.4	72.92	76.69	80.17	83.43	86.96	89.86	92.83	93.92
比上年增长（%）	5.53	4.57	4.53	3.74	5.09	5.07	5.17	4.54	4.07	4.23	3.33	3.31	1.17
全社会固定资产投资总额（万元）	230	558	596	284	294	677	693	786	896	808	765	624	694
比上年增长（%）	111.01	142.61	6.81	-52.35	3.52	130.27	2.36	13.42	13.99	-9.82	-5.32	-18.43	11.22
社会商品零售总额（万元）	3688	4394	5155	5805	5672	6108	6480	7031	7482	7812	7608	7869	8329
比上年增长（%）	23.47	19.14	17.32	12.61	-2.29	7.69	6.09	8.50	6.41	4.41	-2.61	3.43	5.85
财政总收入（万元）	1140	1000	999	976	961	966	854	1001	1106	1261	1038	1122	1056
比上年增长（%）	19.62	-12.28	-0.10	-2.30	-1.54	0.52	-11.59	17.21	10.49	14.01	-17.68	8.09	-5.88
财政总支出（万元）	327	309	476	406	452	737	635	857	1067	878	1043	1020	1157
比上年增长（%）	-4.39	-5.50	54.05	-14.71	11.33	63.05	-13.84	34.96	24.50	-17.71	18.79	-2.21	13.43
工业总产值（万元）	2302	3225	4638	4012	4220	4551	4556	5353	6206	6484	6187	7891	7572
比上年增长（%）	36.70	40.10	43.81	-13.50	5.18	7.84	0.11	17.49	15.93	4.48	-4.58	27.54	-4.04
城镇职工年平均工资（元）	503	482	430	455	476	454	488	495	533	521	524	519	520
比上年增长（%）	-12.82	-4.17	-10.79	5.81	4.62	-4.62	7.49	1.43	7.68	-2.25	0.58	-0.95	0.19

附表 2　1977—2017 年涪陵区经济社会发展主要指标数据

指标名称	1977 年	1978 年	1979 年	1980 年	1981 年	1982 年
年末总人口（公安户籍人口）（万人）	94.17	94.2	94.62	94.95	95.66	96.38
比上年增长（%）	0.27	0.03	0.45	0.35	0.75	0.75
#非农业人口（万人）	11.21	11.6	11.6	12.09	12.41	12.77
#男（万人）	47.83	47.81	48.09	48.32	48.75	49.28
女（万人）	46.34	46.39	46.53	46.63	46.91	47.1
人口自然增长率（‰）	9.53	2.89	5.54	5.31	8.26	6.44
年末常住人口（万人）	—	—	—	—	—	—
#城镇人口（万人）	—	—	—	—	—	—
城镇化率（%）	—	—	—	—	—	—
社会从业人员（万人）	36.57	37.4	37.93	39.53	40.96	42.35
第一产业（万人）	31.18	31.01	31.16	32.06	33.61	34.12
第二产业（万人）	2.07	2.57	2.83	3.21	3.31	3.56
第三产业（万人）	3.32	3.82	3.94	4.26	4.04	4.67
国内生产总值（现价）（万元）	16003	17895	19413	21411	27743	29792
第一产业（万元）	9013	9956	10337	10637	14641	13983
第二产业（万元）	4262	4709	5010	5563	6394	6927
第三产业（万元）	2728	3230	4066	5211	6708	8882
国内生产总值比上年增长（%）	12.1	11.1	9.3	4.7	11.0	10.1
第一产业（%）	11.2	10.2	9.1	-5.9	8.3	7.0
第二产业（%）	13.9	12.3	8.0	12.6	14.1	7.2
第三产业（%）	9.3	8.5	9.2	26.1	13.7	19.1
全社会固定资产投资总额（万元）	638	1837	1761	2098	2234	3845
比上年增长（%）	-8.1	187.9	-4.1	19.1	6.5	72.1
社会消费品零售总额（万元）	7762	8206	9347	11851	13951	15611
比上年增长（%）	9.8	5.7	13.9	26.8	17.7	11.9
地方预算内财政收入（万元）	1388	2293	2078	2021	1876	2281
比上年增长（%）	31.4	65.2	-9.4	-2.7	-7.2	21.6
地方预算内财政支出（万元）	1271	3698	3840	3423	2741	3177
比上年增长（%）	9.9	191.0	3.8	-10.9	-19.9	15.9
职工年平均工资（元）	498	533	493	667	670	693
比上年增长（%）	—	7.0	-7.5	35.3	0.4	3.4
城镇居民人均可支配收入（元）	—	—	—	303	—	—
比上年增长（%）	—	—	—	—	—	—
农民人均纯收入（可支配收入）（元）	—	119	140	168	216	239
比上年增长（%）	—	—	17.6	20.0	28.6	10.6

续表

指标名称	1983 年	1984 年	1985 年	1986 年	1987 年	1988 年
年末总人口（公安户籍人口）（万人）	96.51	96.48	97.35	98.56	100.33	101.5
比上年增长（%）	0.13	-0.03	0.90	1.24	1.80	1.17
#非农业人口（万人）	12.74	13.84	16.63	16.45	16.72	17.03
#男（万人）	49.36	49.37	49.9	50.39	51.37	52.06
女（万人）	47.15	47.11	47.45	48.17	48.96	49.44
人口自然增长率（‰）	4.52	3.45	6.67	11.84	13.33	7.10
年末常住人口（万人）	—	—	—	—	—	—
#城镇人口（万人）	—	—	—	—	—	—
城镇化率（%）	—	—	—	—	—	—
社会从业人员（万人）	43.92	45.13	45.97	49.70	52.51	53.70
第一产业（万人）	35.39	35.50	34.39	34.94	36.27	35.55
第二产业（万人）	3.65	4.10	5.30	6.03	8.00	9.60
第三产业（万人）	4.88	5.53	6.28	8.73	8.24	8.55
国内生产总值（现价）（万元）	34844	38113	43189	49184	55524	73239
第一产业（万元）	15446	15942	15549	15734	16062	20293
第二产业（万元）	8044	9636	12594	15825	19539	27421
第三产业（万元）	11354	12535	15046	17625	19923	25525
国内生产总值比上年增长（%）	11.9	12.9	11.9	12.8	10.9	18.4
第一产业（%）	7.8	8.5	2.0	1.9	1.8	2.7
第二产业（%）	23.5	25.4	27.5	17.8	7.9	27.0
第三产业（%）	9.1	8.5	11.7	24.0	26.9	26.3
全社会固定资产投资总额（万元）	2579	9126	6175	11063	10229	16180
比上年增长（%）	-32.9	253.9	-32.3	79.2	-7.5	58.2
社会消费品零售总额（万元）	16412	20364	25228	25640	29896	40340
比上年增长（%）	5.1	24.1	23.9	1.6	16.6	34.9
地方预算内财政收入（万元）	2848	2735	4695	6668	7513	9905
比上年增长（%）	24.9	-4.0	71.7	42.0	12.7	31.8
地方预算内财政支出（万元）	4068	6070	7491	10211	9197	11295
比上年增长（%）	28.0	49.2	23.4	36.3	-9.9	22.8
职工年平均工资（元）	729	834	931	1057	1088	1447
比上年增长（%）	5.2	14.4	11.6	13.5	2.9	33.0
城镇居民人均可支配收入（元）	—	—	547	706	742	851
比上年增长（%）	—	—	—	29.1	5.1	14.7
农民人均纯收入（可支配收入）（元）	244	265	300	304	318	387
比上年增长（%）	2.1	8.6	13.2	1.3	4.6	21.7

续表

指标名称	1989 年	1990 年	1991 年	1992 年	1993 年	1994 年
年末总人口（公安户籍人口）（万人）	102.31	103.02	103.64	104.52	105.16	106.04
比上年增长（%）	0.80	0.69	0.60	0.85	0.61	0.84
#非农业人口（万人）	17.18	17.39	17.61	18.50	18.96	20.90
#男（万人）	52.45	52.87	53.22	53.77	54.10	54.66
女（万人）	49.86	50.15	50.42	50.75	51.06	51.38
人口自然增长率（‰）	7.01	6.98	7.50	7.74	7.00	7.08
年末常住人口（万人）	—	—	—	—	—	—
#城镇人口（万人）	—	—	—	—	—	—
城镇化率（%）	—	—	—	—	—	—
社会从业人员（万人）	55.33	56.91	58.69	60.41	62.00	61.83
第一产业（万人）	37.00	38.44	39.79	40.00	40.30	38.82
第二产业（万人）	9.61	9.72	9.89	10.91	10.50	10.54
第三产业（万人）	8.72	8.75	9.01	9.50	11.20	12.47
国内生产总值（现价）（万元）	91182	116047	136294	154540	214041	276953
第一产业（万元）	24081	29956	34720	32655	39501	56409
第二产业（万元）	34383	40354	44096	51574	80617	104237
第三产业（万元）	32718	45737	57478	70311	93923	116307
国内生产总值比上年增长（%）	14.1	12.1	13.4	8.5	20.8	17.2
第一产业（%）	6.6	3.9	9.4	-3.1	11.6	9.4
第二产业（%）	15.4	24.8	13.9	12.7	32.2	23.3
第三产业（%）	19.3	8.0	15.6	12.1	15.8	15.2
全社会固定资产投资总额（万元）	21543	47524	50783	49864	48382	66698
比上年增长（%）	33.1	120.6	6.9	-1.8	-3.0	37.9
社会消费品零售总额（万元）	46500	46176	52906	59925	73183	94631
比上年增长（%）	15.3	-0.7	14.6	13.3	22.1	29.3
地方预算内财政收入（万元）	12905	12049	15228	14668	14358	15415
比上年增长（%）	30.3	-6.6	26.4	-3.7	-2.1	7.4
地方预算内财政支出（万元）	12996	15571	17959	20738	25831	33815
比上年增长（%）	15.1	19.8	15.3	15.5	24.6	30.9
职工年平均工资（元）	1574	1762	2043	2164	2450	3463
比上年增长（%）	8.8	11.9	15.9	5.9	13.2	41.3
城镇居民人均可支配收入（元）	1144	1246	1453	1845	2219	3206
比上年增长（%）	34.4	8.9	16.6	27.0	20.3	44.5
农民人均纯收入（可支配收入）（元）	446	457	500	528	593	817
比上年增长（%）	15.2	2.5	9.4	5.6	12.3	37.8

续表

指标名称	1995 年	1996 年	1997 年	1998 年	1999 年	2000 年
年末总人口（公安户籍人口）（万人）	107.05	108	108.71	109.23	110.13	110.75
比上年增长（%）	—	0.89	0.66	0.48	0.82	0.56
#非农业人口（万人）	21.13	22.88	22.99	23.72	24.49	25.80
#男（万人）	55.27	55.76	56.2	56.42	56.93	57.13
女（万人）	51.78	52.24	52.51	52.81	53.20	53.62
人口自然增长率（‰）	6.83	6.08	5.18	3.68	2.94	2.80
年末常住人口（万人）	—	—	—	—	—	105.19
#城镇人口（万人）	—	—	—	—	—	40.29
城镇化率（%）	—	—	—	—	—	38.3
社会从业人员（万人）	62.36	61.60	60.86	60.47	60.58	62.72
第一产业（万人）	38.75	38.03	36.34	34.55	34.39	34.08
第二产业（万人）	10.72	8.46	8.03	11.31	11.25	11.82
第三产业（万人）	12.89	15.11	16.49	14.61	14.94	16.82
国内生产总值（现价）（万元）	380083	460892	556688	628790	713874	786074
第一产业（万元）	75858	79796	90800	92796	94480	97042
第二产业（万元）	156305	209905	257499	297504	345117	382795
第三产业（万元）	147920	171191	208389	238490	274277	306237
国内生产总值比上年增长（%）	19.6	16.5	14.9	15.4	14.1	12.9
第一产业（%）	11.6	2.7	5.2	3.3	3.2	4.0
第二产业（%）	32.9	26.6	17.4	18.7	16.3	15.4
第三产业（%）	9.3	10.3	15.7	15.5	14.9	11.9
全社会固定资产投资总额（万元）	91788	130350	179889	205796	241059	281554
比上年增长（%）	37.6	42.0	38.0	14.4	17.1	16.8
社会消费品零售总额（万元）	102652	122587	144184	180328	197033	216628
比上年增长（%）	8.5	19.4	17.6	25.1	9.3	9.9
地方预算内财政收入（万元）	17683	22055	33962	38860	43499	48466
比上年增长（%）	14.7	24.7	54.0	14.4	11.9	11.4
地方预算内财政支出（万元）	36440	43382	55806	64838	71795	84730
比上年增长（%）	7.8	19.1	28.6	16.2	10.7	18.0
职工年平均工资（元）	3986	4612	5292	6055	7487	8370
比上年增长（%）	15.1	15.7	14.7	14.4	23.6	11.8
城镇居民人均可支配收入（元）	3674	4208	4800	5052	5357	5646
比上年增长（%）	14.6	14.5	14.1	5.3	6.0	5.4
农民人均纯收入（可支配收入）（元）	1105	1283	1500	1692	1789	1822
比上年增长（%）	35.3	16.1	16.9	12.8	5.7	1.8

续表

指标名称	2001年	2002年	2003年	2004年	2005年	2006年
年末总人口（公安户籍人口）（万人）	110.93	111.46	111.50	111.57	111.78	112.45
比上年增长（%）	0.16	0.48	0.04	0.06	0.19	0.60
#非农业人口（万人）	26.54	27.61	28.77	30.47	31.75	32.22
#男（万人）	57.16	57.39	57.34	57.29	57.37	57.69
女（万人）	53.76	54.07	54.16	54.28	54.41	54.76
人口自然增长率（‰）	2.15	3.40	2.10	1.16	3.87	3.47
年末常住人口（万人）	103.86	103.34	101.81	101.48	101.32	101.31
#城镇人口（万人）	42.06	44.95	47.04	48.16	49.65	51.02
城镇化率（%）	40.5	43.5	46.2	47.5	49.0	50.4
社会从业人员（万人）	61.92	63.93	64.57	64.84	63.30	63.40
第一产业（万人）	32.17	32.18	31.62	30.10	29.10	25.10
第二产业（万人）	12.29	13.37	12.43	14.20	13.40	15.50
第三产业（万人）	17.46	18.38	20.52	20.54	20.80	22.80
国内生产总值（现价）（万元）	880666	994236	1156742	1349830	1607778	1852763
第一产业（万元）	100188	107694	121774	142056	154386	146052
第二产业（万元）	427456	482187	568451	662054	783444	927361
第三产业（万元）	353022	404355	466517	545720	669948	779350
国内生产总值比上年增长（%）	12.4	12.7	13.9	13.9	14.6	14.3
第一产业（%）	1.8	4.5	5.3	6.9	5.5	-5.0
第二产业（%）	15.2	15.2	16.7	15.3	13.7	20.2
第三产业（%）	12.2	11.9	12.5	13.7	18.0	11.9
全社会固定资产投资总额（万元）	341250	415367	494737	465363	499171	611748
比上年增长（%）	21.2	21.7	19.1	-5.9	7.3	22.6
社会消费品零售总额（万元）	239422	271505	300556	350036	402741	467564
比上年增长（%）	10.5	13.4	10.7	16.5	15.1	16.1
地方预算内财政收入（万元）	46817	54312	57476	64086	67863	82442
比上年增长（%）	-3.4	16.0	5.8	11.5	5.9	21.5
地方预算内财政支出（万元）	105744	130721	144567	143488	155207	203355
比上年增长（%）	24.8	23.6	10.6	-0.7	8.2	31.0
职工年平均工资（元）	9335	10657	11896	12932	14100	16282
比上年增长（%）	11.5	14.2	11.6	8.7	9.0	15.5
城镇居民人均可支配收入（元）	6050	6751	7641	8552	9424	10428
比上年增长（%）	7.2	11.6	13.2	11.9	10.2	10.7
农民人均纯收入（可支配收入）（元）	1892	2006	2153	2529	2780	2854
比上年增长（%）	3.8	6.0	7.3	17.5	9.9	2.7

续表

指标名称	2007 年	2008 年	2009 年	2010 年	2011 年	2012 年
年末总人口（公安户籍人口）（万人）	113.45	113.8	114.51	115.66	116.5	116.66
比上年增长（%）	0.89	0.31	0.62	1.00	0.73	0.14
#非农业人口（万人）	32.62	33.04	35.17	41.42	47.88	48.18
#男（万人）	58.2	58.35	58.64	59.09	59.39	59.45
女（万人）	55.25	55.45	55.87	56.57	57.11	57.21
人口自然增长率（‰）	1.41	1.10	2.76	2.86	1.91	2.79
年末常住人口（万人）	101.45	102.55	103.17	106.67	108.36	109.84
#城镇人口（万人）	52.55	54.66	55.92	59.52	62.37	65.11
城镇化率（%）	51.80	53.30	54.20	55.80	57.56	59.28
社会从业人员（万人）	64.10	66.75	67.50	68.54	70.90	72.50
第一产业（万人）	24.10	23.90	23.80	23.78	23.25	20.65
第二产业（万人）	16.60	19.35	17.90	18.80	21.39	23.44
第三产业（万人）	23.40	23.50	25.80	25.96	26.26	28.41
国内生产总值（现价）（万元）	2342285	3123900	3550379	4344866	5573392	6305288
第一产业（万元）	208873	249345	266440	302485	372911	420315
第二产业（万元）	1199324	1724316	1972924	2562028	3460927	3868298
第三产业（万元）	934088	1150239	1311015	1480353	1739554	2016675
国内生产总值比上年增长（%）	18.4	25.5	18.1	19.3	20.5	15.5
第一产业（%）	11.6	7.5	6.2	6.8	6.0	6.0
第二产业（%）	20.2	32.4	22.1	25.6	25.7	17.4
第三产业（%）	17.5	19.9	14.4	12.3	14.7	14.2
全社会固定资产投资总额（万元）	841881	1312830	1813002	2454331	3152480	4393616
比上年增长（%）	37.6	55.9	38.1	35.4	28.4	39.4
社会消费品零售总额（万元）	553720	711287	866405	1057078	1303252	1538821
比上年增长（%）	18.4	28.5	21.8	22.0	23.3	18.1
地方预算内财政收入（万元）	143719	235396	302002	472907	705637	783616
比上年增长（%）	74.3	63.8	28.3	56.6	49.2	11.1
地方预算内财政支出（万元）	261578	399524	506695	692859	1035761	1180245
比上年增长（%）	28.6	52.7	26.8	36.7	49.5	13.9
职工年平均工资（元）	19861	23452	28211	33303	40073	44737
比上年增长（%）	22.0	18.1	20.3	18.0	20.3	11.6
城镇居民人均可支配收入（元）	11902	13587	15109	16185	18875	21611
比上年增长（%）	14.1	14.2	11.2	7.1	16.6	14.5
农民人均纯收入（可支配收入）（元）	3499	4168	4651	5437	6720	7782
比上年增长（%）	22.6	19.1	11.6	16.9	23.6	15.8

续表

指标名称	2013 年	2014 年	2015 年	2016 年	2017 年
年末总人口（公安户籍人口）（万人）	116.77	116.67	116.19	116.42	115.83
比上年增长（%）	0.09	-0.09	-0.41	0.20	-0.51
#非农业人口（万人）	48.49	48.46	48.62	51.90	51.74
#男（万人）	59.48	59.41	59.18	59.27	58.91
女（万人）	57.29	57.26	57.01	57.15	56.92
人口自然增长率（‰）	2.13	2.80	3.02	2.38	2.41
年末常住人口（万人）	111.78	113.61	114.08	114.82	116.02
#城镇人口（万人）	67.83	70.64	72.76	75.15	77.94
城镇化率（%）	60.68	62.18	63.78	65.45	67.18
社会从业人员（万人）	75.17	76.30	76.50	76.90	77.60
第一产业（万人）	20.00	19.10	18.68	17.68	17.68
第二产业（万人）	26.40	26.85	26.70	27.40	27.60
第三产业（万人）	28.77	30.35	31.12	31.82	32.32
国内生产总值（现价）（万元）	6900374	7574764	8131946	8962164	9922417
第一产业（万元）	455268	479735	517697	582941	604485
第二产业（万元）	4314157	4660970	4932925	5386658	6048192
第三产业（万元）	2130949	2434059	2681324	2992565	3269740
国内生产总值比上年增长（%）	13	12	11.9	11.1	9.7
第一产业（%）	5.3	4.8	4.3	4.5	4.1
第二产业（%）	16.7	14.1	12.8	12.6	11.4
第三产业（%）	7.5	8.9	11.2	9.6	7.2
全社会固定资产投资总额（万元）	5014589	5785957	6704630	7892108	8000793
比上年增长（%）	14.1	15.4	15.9	17.7	1.4
社会消费品零售总额（万元）	1746888	2005427	2296993	2603076	2953456
比上年增长（%）	13.5	14.8	14.5	13.3	13.5
地方预算内财政收入（万元）	905888	1006157	1035061	860008	874456
比上年增长（%）	15.6	11.1	2.9	-16.9	1.7
地方预算内财政支出（万元）	1359098	1505416	1835332	1624214	1601745
比上年增长（%）	15.2	10.8	21.9	-11.5	-1.4
职工年平均工资（元）	48681	53501	56644	60123	63267
比上年增长（%）	8.8	9.9	5.9	6.1	5.2
城镇居民人均可支配收入（元）	23686	26149	28450	30897	33709
比上年增长（%）	9.6	10.4	8.8	8.6	9.1
农民人均纯收入（可支配收入）（元）	8817	9963	11089	12253	13466
比上年增长（%）	13.3	13.0	11.3	10.5	9.9

资料来源：由涪陵区统计局提供。

后　记

“涪陵经济地理”是重庆市社科规划委托项目（编号：2017WT13）、重庆市涪陵区人民政府重大委托课题（编号：FLZDKT2016001），长江师范学院武陵山片区绿色发展协同创新中心资助成果。目的是为“两江福地、神奇涪陵”城市形象增光，为“美丽涪陵、幸福涪陵”添彩，以专著形式全面展示涪陵经济地理概貌。专著的出版既是涪陵经济社会发展的需要，也是涪陵广大经济地理工作者的责任和愿望。

经济地理学是研究生产分布规律的科学。生产布局是生产的空间形式。任何社会生产总要落脚到特定的地区、地域。我国幅员辽阔，地区差异性很大，在全国、各省范围内合理地布置生产力，具有特殊的重要的战略意义。近年来，这一点已被越来越多的人所认识，产出了一大批学术研究的成果。但对区县一级的国土资源状况、经济地理特征、产业结构、发展战略等问题的调查研究做得还不够，远不能满足地方经济社会发展的要求。

党的十七大以来，涪陵学界就密切关注和思考涪陵的经济地理问题，对一些经济地理理论进行系统的学习和深入研究，阅读了大量的文献、著作，认真做好笔记、注解和资料收集工作，厚积薄发，充分地汲取养分。通过走访调研、专家咨询、专题座谈、文献查阅等方式，反复求证，数易其稿，历时3年，最终形成呈献给大家的这部《涪陵经济地理》专著。

本书由重庆市涪陵区社科联党组书记、主席何侍昌组织策划、统筹协调，涪陵区统计局副局长、高级统计师卢萍负责提供和审定涪陵区经济社会发展主要指标数据以及行业产业等相关数据，长江师范学院财经学院刘开华博士负责资料收集、调研梳理，长江师范学院武陵山区研究中心博士谢正发统稿统改、审校出版。各章作者是：第一章，刘开华；

第二章，孔然；第三章，曾超；第四章，谢正发；第五章，李彬；第六章，刘君；第七章，王凤羽；第八章，刘开华；第九章，吴黎围；第十章，何侍昌。涪陵区资深专家、区委党校李乾德教授指导研究并终审作序。

编撰《涪陵经济地理》这样一本区县级经济地理著作，在我国还是一个开创性的工作，加之涪陵行政区划多次调整，因此问题复杂、矛盾较多、难度较大。在编撰过程中，我们既充分吸收借鉴国内外经济地理学科前沿理论成果，更注重探索本土经济地理学科研究的实践经验，并努力从以下4个方面来展示编写特点：

一是科学性。引用的资料数据真实可靠；对经济地理现状描述清楚准确，紧密联系实际并给以科学的解释和阐述。为此，查阅了大量的文献资料和各行业的统计资料以及各年《涪陵统计年鉴》。

二是特色性。突出经济地理的学科特点，突出涪陵区的实际，尤其是将人文社会资源作为一个章节描述，创造性地提出人文资源也是影响区域经济地理的重要因素，众多的历史人文资源在一定经济社会发展条件下，也可以转化为促进经济社会发展的巨大能量。

三是实用性。从实际出发，提出分析、解决地区生产发展和布局中的重大问题，力求对涪陵区土地开发、产业结构与布局的调整提供一定的参考。

四是前瞻性。在全国首开区县经济地理研究之先河。对涪陵区经济发展迫切需要解决的战略性问题，从经济地理学角度提出有理有据的看法及建议。

《涪陵经济地理》一书从委托策划到协调开题，从文献收集到调研论证，从文稿编撰到结题评审再到出版发行，得到了区委常委、常务副区长杜海波，区委常委、宣传部部长徐瑛等区领导的协调指导，得到了涪陵新城区、白涛化工园区、龙桥工业园区、清溪工业园区，各乡镇、街道，区委办、政府办、社科联、财政局、金融办、发展改革委、经济信息委、教委、交通局、住房城乡建委、农业农村委、文化旅游委、卫生健康委、统计局、规划自然资源局、生态环境局、商务委、民政局、林业局、水利局、城管局、公安局、市场监管局、气象局、市邮政管理三分局、银保监分局、地方志办、博物馆、涪陵海关等单位的大力支持，得到了马传松、李良品、彭福荣、卢萍、熊正贤、王林林等专家的无私帮助。同时，在研究编撰《涪陵经济地理》过程中，参阅、吸收了大量公开和未公开的研究成果，有的已经注明，有的难以注明。在此，一并表示诚挚的谢意和衷心的感谢！

《涪陵经济地理》是一部具有原创性和系统性的学术著作。涉及内容多、时间长、跨度大，且资料零散，统计口径不统一、不系统，需要从散见于各行业、各单位及各部门的资料中挖掘、整合、梳理，从而导致各行业地理分布特征的归纳不是很明显。为保持书稿各行业数据统计的一致性，数据统计均截至 2017 年底。加之作者水平有限，书中的观点难免偏颇，疏漏之处在所难免，恳请读者批评指正！

作者

2019 年 8 月 20 日